**A ARTE DO CIRCO
NA AMÉRICA DO SUL**

SERVIÇO SOCIAL DO COMÉRCIO
Administração Regional no Estado de São Paulo

Presidente do Conselho Regional
Abram Szajman
Diretor Regional
Danilo Santos de Miranda

Conselho Editorial
Áurea Leszczynski Vieira Gonçalves
Rosana Paulo da Cunha
Marta Raquel Colabone
Jackson Andrade de Matos

Edições Sesc São Paulo
Gerente Iã Paulo Ribeiro
Gerente Adjunta Isabel M. M. Alexandre
Coordenação Editorial Clívia Ramiro, Cristianne Lameirinha, Francis Manzoni, Jefferson Alves de Lima
Produção Editorial Maria Elaine Andreoti, Simone Oliveira
Coordenação Gráfica Katia Verissimo
Produção Gráfica Fabio Pinotti, Ricardo Kawazu
Coordenação de Comunicação Bruna Zarnoviec Daniel

A ARTE DO CIRCO NA AMÉRICA DO SUL

TRAJETÓRIAS, TRADIÇÕES E INOVAÇÕES NA ARENA CONTEMPORÂNEA

Organizado
por Julieta Infantino

Tradução
de Adriana Marcolini

© Julieta Infantino, 2023
© Edições Sesc São Paulo, 2023
Todos os direitos reservados

Preparação Daniela Alarcon, Elen Durando
Revisão Andréia Manfrin Alves, Leandro Rodrigues
Capa, projeto gráfico e diagramação Bloco Gráfico
Foto da capa Hernán Paulos

Dados Internacionais de Catalogação na Publicação (CIP)

A11191
A arte do circo na América do Sul: trajetórias,
tradições e inovações na arena contemporânea
Organização: Julieta Infantino
Tradução: Adriana Marcolini
São Paulo: Edições Sesc São Paulo, 2023.
336 p.; ils.

ISBN 978-65-86111-97-2

1. Arte circense. 2. Circo. 3. História. 4. Política.
5. Cultura. 6. Inovação. 7. América do Sul.
I. Título. II. Infantino, Julieta. III. Marcolini, Adriana.

CDD 791.3

Ficha elaborada por Maria Delcina Feitosa CRB/8-6187

Edições Sesc São Paulo
Rua Serra da Bocaina, 570 – 11º andar
03174-000 – São Paulo SP Brasil
Tel. 55 11 2607-9400
edicoes@sescsp.org.br
sescsp.org.br/edicoes
/edicoessescsp

8　**Apresentação**
　　Danilo Santos de Miranda

10　**Introdução**
　　Julieta Infantino

PARTE I
Histórias localizadas: pensando a partir do Sul

26　**A contemporaneidade da teatralidade circense: diferenças e re-existências nos modos de se fazer circo**
　　Daniel de Carvalho Lopes e Erminia Silva (Brasil)

44　**Circo e gênero: as mulheres e suas possibilidades de existência simbólica e material**
　　Maria Carolina Vasconcelos Oliveira (Brasil)

62　**O surgimento e o desenvolvimento do novo circo em Buenos Aires, Argentina**
　　Laura Mogliani (Argentina)

79　**Não acontecia apenas conosco… Estéticas e políticas de um circo em construção**
　　Macarena Simonetti (Chile)

PARTE II
Contemporaneidades: o circo entre "o novo" e "o velho"

96　**Circo: arte limite**
　　Jean-Michel Guy (França)

112　**"Arte do circo": arte "popular" ou simplesmente arte generosa? Possibilidades para o futuro do circo no Brasil**
　　Rodrigo Matheus (Brasil)

131　**O espetáculo de circo social: a configuração de uma linguagem própria**
　　Fabio Dal Gallo (Brasil)

141　**Entre a lona e a academia: significados, conotações e tensões no circo contemporâneo argentino**
　　Antonela Scattolini Rossi (Argentina)

PARTE III
Entre técnica, estética e poética

156 **Uma estética do risco:**
treinamento acrobático e configuração sensível
Mariana Lucía Sáez (Argentina)

172 **Arte, corpo e técnica:**
fragmentos de uma etnografia do circo em Montevidéu, Uruguai
Virginia Alonso Sosa (Uruguai)

190 **Ofício, técnica e arte no circo**
Erica Stoppel (Argentina)

204 **Por uma política estética do circo em Córdoba, Argentina:**
Festival Circo en Escena
Jesica Lourdes Orellana (Argentina)

PARTE IV
Novos espaços culturais para o circo

226 **Não somos fantasmas que circulam invisíveis**
nas universidades brasileiras: somos pesquisadores do circo
Marco A. C. Bortoleto (Brasil)

243 **Circo presente**
Gerardo Hochman (Argentina)

261 **Projeto Migra cooperativa cultural:**
experiências organizacionais, criativas, pedagógicas e políticas
Tomas Soko (Argentina)

278 **Reivindicar políticas e legislação para o circo na Argentina:**
o caso do Circo Abierto
Julieta Infantino (Argentina)

PARTE V
Depoimentos

298 **O novo no novo circo contemporâneo**
Robson Mol (Brasil)

302 **A arte do extraordinário**
Pablo Tendela (Argentina)

307 **Em busca do verbo**
Rafael de Paula (Brasil)

316 **A instalação de uma arte cênica nova no Chile: a arte do novo circo**
Alejandra Jiménez Castro (Chile)

323 **Sou de circo!**
Verônica Tamaoki (Brasil)

327 **Epílogo**
Fernanda Vilela

330 **Sobre os autores**

Apresentação
Danilo Santos de Miranda
Diretor do Sesc São Paulo

Linguagens artísticas como o circo contam com o desenvolvimento de aspectos distintos e a consonância entre eles para sustentar suas práticas. São elementos de naturezas complementares, a saber: estéticos, políticos, afetivos, econômicos, conceituais etc. Nesse encadeamento que aponta para elaboração e continuidade, essas manifestações percorrem suas trajetórias, produzindo memórias e reflexões críticas direcionadas ao passado e ao futuro. No entanto, para que história e pensamento tenham seus efeitos potencializados, cabe à rede de envolvidos construir, fortalecer e fazer circular suas formulações pelos diferentes públicos.

Um panorama constituído pela pluralidade de discursos e realizações, no qual o adensamento de ideias procura por vazão, é ambiente fértil para surgirem iniciativas que sistematizem sua estrutura conceitual. O livro *A arte do circo na América do Sul: trajetórias, tradições e inovações na arena contemporânea*, organizado pela pesquisadora argentina Julieta Infantino, é desses exemplos. Ao propor o diálogo entre pesquisadores, gestores, críticos e artistas sul-americanos, especificamente de Argentina, Brasil, Chile e Uruguai – com um adendo francês que traz a experiência europeia como contraponto –, visa a apresentar a face teórica das artes circenses, pouco conhecida pelo público não especializado.

Por meio do aprofundamento de questões estilísticas, dramatúrgicas e estético-políticas, surge uma espécie de caixa de ressonância acerca das diferentes instâncias do circo contemporâneo. São análises que ecoam por vozes oriundas de países vizinhos, de idiomas distintos, mas que possuem uma arena em comum. Trata-se de esforço que procura reduzir a carência de estudos sistematizados na América Latina, além de fazer jus à historiografia dessa longeva linguagem. Desse modo, pretende servir de inspiração a outros movimentos de uma rede notadamente prolífica.

No contexto da ação cultural do Sesc, publicações de caráter teórico se afiguram como iniciativas coerentes no estímulo à reflexão, criação e fruição de expressões artísticas. No caso específico da linguagem do circo, ela hoje representa uma de suas áreas de pesquisa e atuação, contando com programações regulares que são compostas por atividades de difusão, circulação e formação. Uma ação importante realizada na área, no âmbito da formação de redes e políticas, é o *Circos – Festival Internacional Sesc de Circo*, que acontece desde 2013. Assim, ao articular campos variados de um terreno relevante em diversas culturas, a instituição objetiva contribuir com seu constante desenvolvimento.

As artes circenses muitas vezes se anunciam como porta de entrada dos cidadãos em seu contato com o maravilhamento dos espetáculos. Ao lançar luz sobre o terreno de seu pensamento, este livro colabora com a mobilização de suas dimensões, estimulando a formulação da linguagem e a formação de públicos. Ao publicá-lo, o Sesc pretende seguir, junto a tantos profissionais, levando sonhos e assombros às mais diferentes plateias.

Introdução
Julieta Infantino

O circo, essa arte que combina linguagens, desafia regras, que joga com o impossível, com os limites, a proeza, a poética, a política. Em virtude de suas especificidades estéticas e poéticas, o circo foi e tem sido historicamente uma arte desafiadora e transgressora; corpos que voam, se contorcem, que fazem o que não é possível fazer, que manuseiam o que não é manuseável, que parodiam e criticam o que não é passível de crítica, que brincam com mundos extraordinários. Mas o circo também carrega essa qualidade de desobediência aos cânones hegemônicos – artísticos, estéticos e sociais – por seu caráter coletivo. Atuar coletivamente num mundo cada vez mais individualizado é uma qualidade que fortalece e desafia qualquer obra, seja ela artística, política ou reflexiva. Por isso, o desafio de criar este livro como uma obra coletiva foi um mecanismo para conseguir que leituras, análises e reflexões realizadas individualmente por cada colaborador dialoguem, se cruzem, se completem e discutam entre si. Dessa forma, fortalecem-se os pontos de vista locais e particulares em um conjunto coletivo, que não apaga as individualidades, mas, pelo contrário, abre diálogos, acordos e desacordos, tal como no circo, onde a singularidade – de artistas, linguagens, disciplinas – se conjuga, fomentando essa arte diferente, múltipla, inclusiva e coletiva.

Os artigos deste livro nos falam de um circo que atravessa inegável reflorescimento e diversificação e ocupa cada vez mais espaços na cena cultural sul-americana. Artistas e companhias circenses apresentam suas produções em tendas, nas praças, em vários espaços de rua, em salas teatrais tanto de circuitos comerciais quanto oficiais e independentes, na televisão e nos mais variados eventos – dos empresariais aos promovidos pelo governo. No Brasil, no Uruguai, no Chile e na Argentina – países de onde surgem as reflexões desta obra coletiva – existem festivais, encontros e congressos de circo que mobilizam artistas e espectadores, renovando os circuitos de circulação dessa arte. O crescimento da atividade também se manifesta na quantidade e qualidade artística, na proliferação de atores interessados na aprendizagem dessas linguagens, assim como na multiplicação de espaços de ensino em todos os âmbitos e níveis educativos, formais e não formais, para a fase inicial e em grau universitário.

Do mesmo modo, assistimos a uma novidade, mais evidente nos últimos anos, em relação ao crescimento dos estudos – reflexivos, teóricos e práticos – que começam a proliferar nos vários centros de pesquisa e espaços de formação e reflexão de nossos países. Pesquisadores, artistas e trabalhadores/gestores culturais vêm refletindo e escrevendo sobre as trajetórias do circo na região, os espaços de circulação, as modalidades pedagógicas, seus processos de transformação – em termos estéticos, estilísticos, laborais, produtivos, técnicos – e as ligações que esses processos mantêm com a "tradição" circense. Contudo, grande parte dessa produção intelectual continua circulando em espaços de pouca visibilidade, situação que pretendemos começar a reverter com esta obra.

Muitas coisas se passaram desde aquele circo, classificado hoje como circo moderno/tradicional, que se reproduzia de geração em geração e mantinha seu caráter itinerante em tendas de cores primorosas, até o contexto contemporâneo. Nesses processos de mudança entram em disputa as maneiras legítimas de fazer circo, que na nossa região, assim como em outras latitudes, se caracterizam por uma tensão dinâmica entre a tradição e a inovação, entre o passado, o presente e o futuro. Vários capítulos deste livro abordam essas tensões a partir de características e especificidades locais. Alguns se debruçam mais sobre os aspectos dramatúrgico-estilísticos, outros sobre análises históricas, enquanto outros abordam as tensões em torno das classificações – entre o circo tradicional, o novo circo, o circo contemporâneo – e das particularidades que elas foram adotando nos contextos locais.

Apesar dessas grandes renovações e dos processos de ressignificação, crescimento e legitimação, essa arte continua a ser considerada menor na América do Sul, a ser desvalorizada com um viés pejorativo como arte popular, e em franca desvantagem em relação à valorização que recebem outras artes – situação apontada em vários capítulos do presente livro. Consideramos que esta obra, que mescla artigos acadêmicos, ensaios e reflexões na voz de profissionais de referência na produção, gestão e pesquisa circense sul-americana, pode ser o gatilho para a promoção, a valorização e o reconhecimento dessa arte milenar e de seus desenvolvimentos contemporâneos.

Não existe um livro com essas características no continente sul-americano, que misture saberes, procedências, histórias e debates, os quais em alguns momentos se entrelaçam, dialogam e complementam, e em outros entram em disputa, discutem e põem em evidência um campo interessante de debates e reflexões atuais. Assim sendo, o valor intrínseco – e importante – desta obra reside no fato de trazer eixos comparativos em função das especificidades locais e das reflexões sobre o circo na Argentina, no Brasil, no Chile e no Uruguai. Ela deseja contribuir para suprir uma lacuna nos estudos sociais da arte, em geral, e do circo, em particular. Nesse sentido, se constrói como uma obra coletiva cujo principal objetivo é o Circo Futuro, uma plataforma sul-americana de apoio ao circo. Por meio de ações colaborativas de diferentes agentes artísticos e culturais, essa plataforma procura contribuir para o reconhecimento e o desenvolvimento do circo na região, fomentando processos criativos e de produção de conhecimento que fortaleçam as redes de colaboração internacionais, com vistas a facilitar a profissionalização, a mobilidade e a visibilidade da arte e dos artistas circenses na América do Sul.

Uma obra coletiva: os tópicos do livro
Fazer a compilação de um livro desse teor trouxe um grande desafio. O desafio de buscar diálogos, os pontos em comum e as singularidades entre os maravilhosos trabalhos que cada um dos autores resolveu compartilhar e apresentar para todos. Igualmente, requereu um exercício de seleção marcado por certa arbitrariedade e alguns desejos. Desde o início dessa aventura, precisei incentivar o diálogo entre acadêmicos e artistas que produzem conhecimento prático, teórico e experiencial a partir de lugares diferentes. Uma necessidade que foi claramente influenciada pela convicção de que as práticas intelectuais acontecem tanto dentro da academia como fora, e ainda nos cruzamentos e nas inter-relações. Os artistas circenses na América do Sul refletem, escrevem, produzem conhecimento e atuam, mas também estudam nas universidades, da mesma forma que muitos intelectuais também fazem arte, participam da gestão e da reflexão junto aos artistas. Consequentemente, essa decisão também implicou a necessidade de colocar em dúvida a noção, ainda forte, de que *o saber* se constrói e se constitui como tal na esfera acadêmica e ainda a ideia de que existem saberes legítimos, consagrados pelo cânone, e outros que não são considerados como tais, próprios daqueles que põem a mão na massa, que experimentam. Evidentemente, muitas das reflexões que os leitores encontrarão neste livro nos revelam outros aspectos: saberes experienciais, corporalizados, situados entre a prática, o fazer e o pensar.

Eu argumentei que a seleção e a compilação deste livro coletivo foram marcadas por determinados desejos e arbitrariedades. Desejos de cruzar saberes provenientes de vários campos, de criar parcerias, redes e intercâmbios que transcendam fronteiras – nacionais, artísticas, no âmbito das disciplinas. Desejos de destacar e dar visibilidade às práticas intelectuais a que nós, intelectuais do hemisfério sul, nos dedicamos quando refletimos sobre as extraordinárias artes circenses. No entanto, a seleção sempre implica um ato de poder e de ponto de vista. Nesse sentido, existem na região muitíssimas outras práticas intelectuais, experiências e trajetórias de artistas e acadêmicos reconhecidos que mereceriam participar do livro. Países, artistas e acadêmicos que ficaram de fora, linhas de reflexão ausentes ou que poderiam ser ampliadas. Talvez no futuro consigamos fazer muitas compilações, com vários volumes, para mostrar mais diversidade, mais lugares, mais experiências e reflexões.

Neste livro, a partir das excelentes produções que tive o privilégio de reunir, tentei abarcar vários eixos que caracterizam a arte do circo na América do Sul – especificamente no Brasil, Argentina, Uruguai e Chile – e suas trajetórias, tradições e inovações na arena contemporânea. Assim sendo, a coletânea pela qual sou responsável propiciou outro exercício de poder: o de escolher quais aspectos seriam postos em diálogo com outros, numa ordem específica, embora não seja a única possível. O leitor pode se abster, portanto, de seguir essa ordem, optando por outros percursos entre os trabalhos que compõem a obra. O formato que escolhi divide o livro em *cinco partes* que tentam reunir consensos, debates e discussões em torno de temas que envolvem o circo *atual* na América do Sul.

Parte I: Histórias localizadas. Pensando a partir do hemisfério Sul
Esta seção reúne quatro capítulos que, a partir de vários pontos de partida e objetivos, percorrem histórias mais distantes e mais próximas no tempo. Os dois primeiros capítulos partem de revisões críticas sobre a história do circo e os modos de representá-la na atualidade. Ambos os trabalhos nos alertam quanto aos processos de simplificação e redução que atribuem, fora do contexto, certas características ao velho circo – geralmente pejorativas –, num processo de dicotomia/hierarquia em relação ao novo. Os capítulos seguintes nos transportam para uma época mais próxima, o período pós-ditadura em vários países sul-americanos entre os anos 1980 e 1990. A partir de dados históricos da Argentina e do Chile, propõem-se examinar as condições sociopolíticas que levaram ao surgimento de novas experimentações na arte circense, desde aqueles contextos até os dias atuais. Tais experiências certamente provocaram cruzamentos e apropriações locais que trouxeram características próprias ao chamado novo circo na região.

Começamos a primeira parte com "A contemporaneidade da teatralidade circense: diferenças e reexistências nos modos de se fazer circo", dos pesquisadores Daniel de Carvalho Lopes e Erminia Silva, da Universidade Estadual de Campinas (Unicamp). Os autores compartilham uma argumentação desafiadora e necessária que, graças à análise rigorosa de fontes históricas, pretende analisar determinados mecanismos de seleção – necessariamente arbitrários – para construir tanto o passado como o presente do circo no Brasil. Os autores têm uma posição crítica em relação às representações que reduzem o passado ao obsoleto, ao estagnado, deteriorado, morto, diante do novo como inovador, vanguardista e precursor. E o fazem trazendo ao leitor uma série de informações históricas que nos levam a enxergar o circo como uma arte que se redefiniu, se reinventou e inovou constantemente, incorporando – muito antes do circo novo ou contemporâneo – várias linguagens à proposta cênica (dança, música, teatro), além das inovações tecnológicas e dos mais variados diálogos com movimentos culturais, sociais e artísticos do Brasil e do mundo.

O capítulo seguinte se intitula "Circo e gênero: as mulheres e suas possibilidades de existência simbólica e material". A autora, Maria Carolina Vasconcelos Oliveira, é uma artista, educadora e pesquisadora de São Paulo. Ela propõe uma reflexão sobre a questão de gênero, especificamente sobre o lugar das mulheres no universo da produção circense. A partir de uma abordagem que recorre a conceitos e teorias feministas, argumenta ser imprescindível estudar o lugar histórico da mulher no circo e manter distância de uma visão reducionista. Essa operação de teor simplista enxerga a "tradição" circense com o mote de "machista", analisando apenas as práticas cênicas, negando processos sociais e históricos complexos, contraditórios e, sem dúvida, amplamente patriarcais e repletos de desigualdades, como os que nossa sociedade viveu historicamente, e que imprimem sua marca no circo enquanto prática cultural imersa nessa mesma sociedade. Assim, a autora aponta os espaços ambíguos das mulheres circenses, que combinaram representações hegemônicas e estereotipadas – beleza, ingenuidade, sedução – com, por exemplo, representações que questionavam o espaço de liberdade e poder atribuído às mulheres no circo. O artigo, então, fornece ferramentas para compreender e questionar o espaço da mulher no circo, mas acima de tudo para pensar o tema dentro de um contexto, abrangendo os processos histórico-culturais que marcaram esses espaços e procurando identificar os aspectos do passado que queremos manter e/ou rechaçar.

Com o artigo "O surgimento e o desenvolvimento do novo circo em Buenos Aires, Argentina", da pesquisadora argentina Laura Mogliani (Universidade de Buenos Aires, UBA, e Universidade de Três de Fevereiro), nos deslocamos para uma época mais próxima, aquela dos anos 1980 pós-ditadura na Argentina. Mogliani traça um panorama sobre alguns grupos e espetáculos de um novo teatro emergente dos anos 1980, que buscava no lúdico e no corporal a libertação simbólica da opressão da palavra, um teatro que incorporou uma grande quantidade de elementos do circo. Em seguida, se propõe a analisar distinções estilísticas e dramatúrgicas entre o chamado circo tradicional e o novo circo para relacionar a novidade no circo com o surgimento das escolas que ensinam a arte circense, tanto em nível internacional como local. Posteriormente, se debruça sobre vários espaços de formação que começaram a surgir nesse ambiente em Buenos Aires, e que depois se expandiram e se multiplicaram nas décadas seguintes, não somente na capital, mas em todo o país. Também traça um quadro sobre o surgimento de companhias e espetáculos do novo circo para chegar à conjuntura contemporânea e à gradual legitimação que a arte circense conquistou com o surgimento de políticas públicas, festivais e programas de governo e ao ingresso do circo em duas universidades nacionais.

Por sua vez, "Não acontecia apenas conosco... estéticas e políticas de um circo em construção", de Macarena Simonetti, artista, gestora cultural e antropóloga chilena, aborda o contexto dos anos 1990 e do nascimento de uma arte "nova" no Chile ou, como argumenta a autora, o regresso atualizado de uma arte milenar. A autora percorre espaços de encontro, de intercâmbio e construção de novas cenas artísticas, que no caso do circo entrelaçaram a juventude inconformada dos anos 1990 com a chegada de informação estrangeira, principalmente da França e do Canadá, mas também da Argentina e de outros países da região. Segundo a autora, essas novas estéticas tinham a força do coletivo e, embora contassem com poucos recursos técnicos, tinham muita vontade de dizer, fazer, experimentar. Essa estética da experimentação, da tentativa e do erro que se respirava nos circuitos *under* e se desenrolava nas ruas foi gradativamente abrindo espaço para uma época de "tecnicismo". Surgiram outras buscas, outros ensaios, outras habilidades, perdendo um pouco essa pulsão criativa característica da cena dos anos 1990. Apesar disso, a autora aponta que vários expoentes do circo local mantiveram um interessante movimento nesse pêndulo entre criatividade e técnica, e começaram a surgir estéticas e identidades próprias, dando origem a um novo movimento no outro extremo do pêndulo.

Parte II: Contemporaneidades: o circo entre "o novo" e "o velho"
Aqui entramos nos debates que, de uma forma ou de outra, estão ligados ao desejo de novidade e/ou às transformações do circo na época atual ou "contemporânea", ao mesmo tempo que questionam, atualizam e/ou disputam as definições/classificações que influenciam o circo atual: circo tradicional, novo circo ou circo contemporâneo. A meu ver, um aspecto fascinante dos artigos da segunda parte, mas que também está presente em muitos dos trabalhos reunidos em outras seções do livro, diz respeito à conceituação do gênero artístico e suas possibilidades de adquirir um novo sentido – uma ressignificação – de atualização e de inovação. Os autores discutem de vários ângulos o que é o gênero circo: alguns o fazem a partir de conceituações mais amplas, pensando no gênero artístico como maleável, atualizável, manipulável, até os limites que permitiriam desconstruir o próprio gênero e as fronteiras com outros gêneros artísticos; outros o fazem procurando algumas características específicas que, mesmo com as mudanças e transformações, manipulações e atualizações, continuam a nos deixar pensar no circo como circo.

Considero que essa seja a principal contribuição do livro como um todo. Principal porque nos leva a pensar, tal como também venho argumentando em meus próprios trabalhos, o quanto de contextual – em termos de localização geográfica e temporal – têm as categorias que usamos para definir as práticas que adotamos e/ou pesquisamos. Circo tradicional, novo circo e circo contemporâneo são categorias em pleno debate, discussão, ressignificação. Categorias que, enquanto construções sociais, se definem e se redefinem e encerram processos de hierarquização e disputas pela legitimação. O valor da inovação ou da tradição nesses processos costuma trazer preceitos que simplificam, julgam e hierarquizam práticas artísticas mais ou menos válidas, melhores ou piores. Em vez disso, considero que um percurso de reflexão crítica implica observar e repensar os processos sociais que estão por trás dessas classificações e hierarquias. Um pouco desse percurso perpassa o livro como um todo, mas adquire mais peso nesta seção.

Começamos a segunda parte com "Circo: arte limite", do pesquisador e pensador francês Jean-Michel Guy, especializado em arte circense. Seu argumento central é que se, historicamente, o circo se caracterizou por tentar transcender os limites, também se viu limitado em função dessa singular concepção, que reduz essa arte à encenação de habilidades corporais pouco comuns e excêntricas. O autor argumenta que as obras escandalosas, ousadas, radicais que podemos encontrar em outras artes são raras ou inexistentes no circo. Apoiando-se em alguns exemplos radicais baseados principalmente no contexto europeu contemporâneo, propõe-se a examinar novas transcendências e subversões que tentam livrar o circo de sua antiga restrição. Sua análise está estruturada em três eixos: as mudanças que o lugar de monstro – ou *freak* – teve no circo e as novas possibilidades de brincadeiras e transcendência de formas humanas e limites naturais; os cruzamentos e misturas com outras linguagens artísticas, que levam à indicação de alguns espetáculos como "inclassificáveis" para a crítica; as desconstruções de códigos e convenções dramatúrgicas fundamentais em alguns exemplos contemporâneos. Ele indica exemplos de algumas superações significativas, embora fique tentado a concluir que existe uma atitude inofensiva no circo contemporâneo, com certa falta de provocação, de radicalismo, analisando alguns dos motivos que detêm a trajetória do circo para que se converta em uma arte-limite.

    O artigo seguinte é do artista e pesquisador brasileiro Rodrigo Matheus, intitulado "Arte do circo: arte 'popular' ou simplesmente arte generosa? Possibilidades para o futuro do circo no Brasil". O autor adentra nas disputas para definir o que é circo no contexto contemporâneo brasileiro, em um circo que passou por grandes transformações, inicialmente no período desenvolvimentista após 1950 e, posteriormente, com o surgimento das escolas circenses nas décadas de 1970/1980. Os espaços de formação começaram a possibilitar o ingresso de artistas com outras histórias, outras formações e outros modos de pensar a arte circense, que por sua vez levaram a tensões entre "novos" e "velhos", entre a inovação e a tradição – as quais, segundo o autor, devem ser analisadas como lutas políticas e históricas para disputar legitimação. Assim sendo, Matheus propõe transcender essas tensões questionando-se o que é o circo e analisando as possibilidades metafóricas dessa arte. Para isso, baseia-se em sua própria experiência artística como integrante do Circo Mínimo. Ele argumenta que o circo é e sempre foi uma arte generosa, múltipla, diversa, e tem a particularidade de entremear os truques – células fundamentais da linguagem circense que impressionam rapidamente – com imagens que transcendem e se associam a outros sentidos. Dessa forma, a metáfora e os possíveis significados dos truques são a base da dramaturgia circense e oferecem ao espectador o espaço de construtor que descobre narrativas. Para o autor, é aí que reside o potencial comunicativo excepcional do circo, que proporciona a comunicação direta com o público e seu caráter popular. Portanto, é essa excepcionalidade que historicamente incomodou e continua a incomodar o *status quo* – e ela deve ser trabalhada, pesquisada e fortalecida.

    Dando prosseguimento ao tópico ligado à busca da particularidade/novidade na linguagem circense, o capítulo seguinte, "O espetáculo de circo social: a configuração de uma linguagem própria", a cargo de Fabio Dal Gallo, docente e pesquisador da Universidade Federal da Bahia, remete ao movimento do circo social nascido na década de 1990 como um fenômeno em que o ensino da linguagem converteu-se numa ferramenta pedagógica para a formação, educação e inclusão social de pessoas em situação de vulnerabilidade. O autor propõe que esse movimento não apenas trouxe novos usos da arte com objetivos diferenciados, mas que também fomentou o surgimento de um novo modo de organização circense. Segundo ele, essa modalidade se caracteriza por novas propostas cênicas que implicam o uso da linguagem circense peculiar, baseada em uma finalidade pedagógica e diferente de outros propósitos – ritualísticos, artísticos, comerciais – que caracterizaram o circo desde a Antiguidade. Assim, ao analisar os elementos performáticos – ou a dramaturgia implícita – que constituem o espetáculo de circo social, fica evidente que aqueles objetivos educacionais, políticos, sociais e artísticos que o distinguem são de fato uma linguagem própria que traz novos ares à variedade de possibilidades estilísticas do circo na atualidade.

Por sua vez, a artista e pesquisadora argentina Antonela Scattolini Rossi (Universidade de Buenos Aires e Universidade de Três de Fevereiro) aborda as definições e peculiaridades do circo na era contemporânea em seu artigo "Entre a tenda e a academia: significados, conotações e tensões no circo contemporâneo argentino", e argumenta que nem sempre existe um acordo entre o que a academia pensa da arte e o que a arte pensa sobre si mesma. A partir dessa premissa, propõe tratar das tensões em torno do conceito de circo contemporâneo e suas apropriações locais. Scattolini Rossi sintetiza alguns traços sociais e históricos – e estéticos – que caracterizaram os vários estilos circenses ao longo do tempo, desde o circo moderno até o contemporâneo, para finalmente abordar as particularidades deste último em relação às transformações que transcendem as artes circenses e se entrelaçam com debates conceituais em outras linguagens artísticas. A tensão entre o que é controlável e incontrolável na arte circense, o espaço aberto para tematizar a exigência física e o erro, e para questionar a centralidade ocupada pela destreza sobre-humana, a tematização do caos e a reflexão poética pessoal dos intérpretes são alguns dos pontos levantados pela autora como característicos do circo contemporâneo em relação à episteme pós-moderna. Por fim, ela apresenta uma análise sobre como esse estilo circense está se instalando gradativamente em Buenos Aires, apontando os anseios e as apropriações, mas também as tensões e disputas que os artistas desenvolvem em torno das renovações na arte circense e das conceituações artísticas, estilísticas e acadêmicas do circo contemporâneo.

Parte III: Entre técnica, estética e poética
Nesta seção estão reunidos trabalhos que tratam de um tópico central para o campo de estudos da arte circense: as tensões entre criatividade e técnica. Esses capítulos estão amplamente ligados às linhas de debate em torno do que é o gênero circo que apresentamos na segunda parte, mas o fazem a partir de um ponto de partida específico e complementar, que examina o lugar que ocupa o corpo e suas possibilidades. Baseados em pesquisas etnográficas ou em reflexões a respeito de experiências artísticas particulares, os autores compartilham análises sobre

ensaios, atuações e poéticas que questionam as possibilidades narrativas do circo e os espaços conferidos à proeza e ao risco, à técnica e à criatividade – espaços que mudam ao longo do tempo.

Em seu artigo "Uma estética do risco: treinamento acrobático e configuração sensível", Mariana Lucía Sáez, antropóloga, artista e pesquisadora da Universidade Nacional de La Plata, Argentina, se propõe a examinar as noções de "estética" e "risco" no âmbito dos processos de formação nas acrobacias circenses. A análise é realizada a partir de material obtido durante o trabalho de campo etnográfico no circuito circense de La Plata, capital da província de Buenos Aires. A autora investiga o processo de construção de corpos ambíguos que oscilam entre a estilização e o grotesco, a extravagância, a beleza e o risco. Ela introduz certa contradição em torno do prazer que a prática acrobática suscita, ao lado do risco, da ansiedade e do esforço inerentes ao treinamento. E considera o risco uma configuração sensível que se transforma em um instrumento para se conectar com os próprios sentimentos e com a percepção do corpo, se tornando também uma forma de expressão e de intensificação da experiência, tanto para o artista como para o espectador. A destreza, a proeza e o virtuosismo se integram nas buscas expressivas, dando origem à emergência de uma estética do risco. Sentimento inerente ao circo, o assombro está ligado a essa experiência do risco, e o treinamento, como garantia de um corpo "seguro", é uma condição para que essa forma de expressão possa ocorrer.

Em diálogo muito interessante com o texto que o antecede, "Arte, corpo e técnica: fragmentos de uma etnografia do circo em Montevidéu, no Uruguai", de Virginia Alonso Sosa, artista, pedagoga e pesquisadora da Universidade da República, de Montevidéu, traz algumas das discussões desenvolvidas em sua dissertação de mestrado, focalizada nas trajetórias, experiências e reflexões de artistas circenses contemporâneos no Uruguai. O artigo se concentra sobretudo no espaço ambivalente ocupado pela técnica no circo – que oscila entre a liberação, o domínio e a criatividade. A autora retoma narrativas de vários protagonistas do novo circo em Montevidéu e argumenta que, apesar de todas as rupturas que a arte se propõe a introduzir na contemporaneidade, existe uma fratura com a técnica que, para o circo, é impossível reivindicar sem desarticular sua própria condição. Para além das expressões particulares, a arte implica um saber fazer, dizer e mostrar. E esse saber fazer no circo traz uma operação em que estão em jogo o domínio e a liberdade corporal. Os artistas com quem a pesquisadora trabalha afirmam que a técnica é uma necessidade, uma aprendizagem que se deve dominar, automatizar e, em seguida, esquecer, a fim de dirigir a "atenção" e a "energia" para outro lugar, para outra finalidade, o que acarretaria certa transcendência e liberdade para atender a questões de caráter expressivo e comunicativo. Ao mesmo tempo que a técnica é avaliada de forma positiva, é considerada insuficiente para a expressão. Assim, a autora delineia a disputa entre pensar a linguagem técnica como um meio ou como um fim em si. Essas duas dimensões se associam e se traduzem em questões centrais da dinâmica do circo relativas à sua história (circo tradicional/novo circo), à sua delimitação como campo artístico (arte/esporte) e ao sentido que se confere às encenações (perfeição técnica/linguagem expressiva).

No texto "Ofício, técnica e arte no circo", Erica Stoppel, artista, criadora, diretora e pesquisadora formada pela Universidade Nacional das Artes (Argentina) e pela Universidade Estadual de Campinas (Unicamp), explora as diferentes noções que permeiam os debates contemporâneos para definir e delimitar o que é o circo. A autora se vale das discussões próprias dos estudos da arte, da filosofia e da antropologia para analisar noções fundamentais inerentes a esses debates, tais como ofício, técnica, arte, artesanato, corpos treinados/domesticados, ou corpos criativos, moldados pela técnica e adaptados, mas também capazes e desejosos de comover, comunicar, criar. Do mesmo modo, debate algumas definições que tentam classificar/ordenar a diversidade e a multiplicidade da arte circense sob o conceito de modalidades – ou técnicas –, que serviria para englobar um conjunto específico de habilidades circenses. Ela prossegue argumentando que, justamente em virtude do potencial criativo inerente ao circo como arte, essas modalidades costumam aparecer entremeadas, recriando-se e até se reinventando. Definitivamente, embora o treinamento circense envolva a domesticação do corpo e o domínio da matéria, também propicia a libertação, a criatividade e o que a autora chama de adaptação: um corpo que se adapta às necessidades do ofício e às possibilidades do artista, ou seja, um corpo criativo, um corpo em ação, em composição, que sensibiliza e é sensibilizado.

Finalmente, a terceira parte é concluída com o artigo "Para uma política estética do circo em Córdoba, na Argentina: Festival Circo en Escena", da artista e pesquisadora Jesica Lourdes Orellana, da Universidade Nacional de Córdoba. A autora estuda o caso do grupo Circo en Escena e as apresentações que acontecem nos festivais anuais realizados. Em um contexto contemporâneo de entrelaçamentos experimentais entre as artes e de reconfigurações, a autora se pergunta como se relaciona o Circo en Escena com a técnica, o corpo, o texto e a imagem. A partir desses pilares, analisa várias atuações e mostra a presença de corpos que se transformam em obra de arte, trazendo à tona a dor e o erro. A proeza e a técnica como fins em si mesmas são questionadas a fim de dar visibilidade aos mecanismos e à precariedade do corpo do acrobata, e identificar aí a obra de arte. O texto e a imagem como meios de comunicação que se entrelaçam com a destreza corporal também são analisados enquanto recursos de comunicação e expressão das performances, que questionam e expressam posturas ideológicas e políticas e reforçam mensagens disruptivas. Assim sendo, a autora propõe ampliar a noção de proeza circense para se pensar na vontade de criar a partir do risco, de treinar não apenas para incorporar a técnica, mas também para construir a partir da ideia de que não existe o impossível.

Parte IV: Novos espaços culturais para o circo

Nesta seção resolvi reunir textos a respeito das novas experiências do circo na região, experiências que se destacam na luta por disputar legitimação, por ocupar novos circuitos – acadêmicos, político-culturais, legislativos, autogeridos – e que condensam algo da especificidade do circo. Apesar das mudanças, debates e disputas, o circo continua sendo como um diacrítico que caracteriza os artistas, os gestores e os pesquisadores. Refiro-me especificamente a fazer, a desafiar limites, a debater de forma criativa e a sonhar melhores condições para o desenvolvimento da arte circense em todas as suas variadas modalidades estéticas, políticas, pedagógicas e investigativas. Assim sendo, os autores compartilham percursos, experiências e espaços na disputa por reconhecimento. Graças à ação, foram abrindo espaços nas universidades, nas políticas públicas, nas propostas educativas, em ofertas culturais ou na esfera legislativa em seus respectivos países.

Iniciamos com o artigo "Não somos fantasmas que circulam invisíveis nas universidades brasileiras, somos pesquisadores do circo!", de Marco A. C. Bortoleto, pesquisador do Grupo de Estudo e Pesquisa das Artes Circenses (Circus), da Universidade Estadual de Campinas. O texto parte da premissa de que existe uma contradição entre a invisibilidade das pesquisas sobre circo no país e a grande presença histórica somada ao crescimento atual que o circo vem tendo na sociedade brasileira, em todas as suas modalidades – circo de tenda, nas escolas, em festivais, novo circo e circo contemporâneo – e espaços artísticos, pedagógicos e de pesquisa. E recupera vários estudos que abordam processos de legitimação e deslegitimação que atingiram e atingem o circo no Brasil, colocando em destaque mecanismos de poder, ao estabelecer certa visão depreciativa em relação ao chamado circo tradicional como uma arte em decadência diante do "novo" ou "contemporâneo". Ao contrário disso, o autor recomenda considerar a natureza do circo no passado e no presente – múltiplo, diverso, eclético. Uma natureza que, mais do que trajetórias dicotômicas, manifesta interdependência de caráter técnico, estético, institucional, além de intercâmbios e múltiplas influências. No entanto, como sublinha Bortoleto, essas representações históricas depreciativas, que reforçam a invisibilidade do circo, também prejudicaram a ainda escassa consolidação de seu campo de estudos. O autor traz a necessidade de enriquecer e dar ainda mais visibilidade às investigações existentes, produzindo pesquisas transdisciplinares, multidisciplinares e interdisciplinares que transcendam os estudos de temas focalizados.

"Circo presente", de Gerardo Hochman, artista, pedagogo e diretor/criador da Licenciatura em Artes Cênicas com ênfase em Artes Circenses da Universidade Nacional de San Martín, em Buenos Aires, Argentina, dialoga com o artigo anterior e oferece um panorama instigante sobre o que, em suas palavras, é um dos fatos quase surreais que só podem acontecer em nossos países surrealistas: a chegada do circo à universidade. Antes de mergulhar nas particularidades e desafios do processo de criação dessa formação universitária, Hochman examina algumas das transformações pelas quais vem passando o circo atual. De acordo com ele, na qualidade de lírica da habilidade corporal humana, o circo traz a possibilidade de descobrir intenções, estilos e poéticas singulares que dão origem a várias correntes e gêneros que convivem no circo de hoje. Nas palavras do autor, também convivem os tradicionalistas com os adeptos da ruptura, os conservadores com os inovadores, os puristas com os não puristas, os que adotam a repetição com os criativos. Hochman apresenta então uma série de questionamentos que nos levam a repensar por que motivo as tendências atuais buscam transformações – estéticas, narrativas, dramatúrgicas – no circo contemporâneo. Por que e a partir de quando os espetáculos circenses devem "tratar de algo", "contar", "narrar", e quem pede que o circo se transforme? São perguntas esboçadas pelo autor que funcionam como gatilhos para que se continue a repensar o circo atual. Em seguida, Hochman delineia um percurso pormenorizado pelo processo de surgimento e construção de um curso universitário dedicado ao circo, abordando questões ligadas ao desafio de incorporar uma arte que, historicamente, foi intuitiva e informal, manteve-se distante da academia e não conheceu a hierarquia.

No texto de Tomas Soko/Projeto Migra, "Projeto Migra cooperativa cultural: experiências organizativas, criativas, pedagógicas e políticas", é abordada a experiência de autogestão desse coletivo de artistas que, por meio de várias linhas de ação, vem promovendo e disputando espaços para o circo na Argentina. Os autores vêm conduzindo uma série de projetos desde 2015, que incluem uma tenda cultural, um festival internacional de circo, programas pedagógicos, residências artísticas, entre outros. A partir de cada ação, desenvolvem alguns elementos que os identificam, como a necessidade de recuperar essa memória cultural que constitui o imaginário social do circo em torno da lona, que se converte em espaço cênico e de intercâmbio comunitário, um centro cultural em movimento. Nessa linha de ação, concebem o circo como território de inclusão de várias linguagens para delinear um universo cênico próprio, onde a proeza deixe de ser o eixo central da proposta artística e se mescle com o teatro, a dança, a loucura, a poesia, convertendo-se em proeza viva. Essa conceituação também inspira os programas de formação e as residências artísticas que tentam articular a proeza com o universo estético-poético de cada artista participante. Outra linha central das ações desse coletivo está ligada à realização do Festival Internacional de Circo Independente (FICI) – sem que houvesse interrupções. O evento tornou-se uma plataforma para a formação, criação e promoção do circo contemporâneo em Buenos Aires.

Essa parte é concluída com um texto de minha autoria, "Reivindicar políticas e legislação para o circo na Argentina: o caso do Circo Abierto", no qual analiso o processo de disputa política identificado na demanda por uma lei nacional do circo na Argentina. Um anteprojeto de lei. Nesse texto, analiso o surgimento desse coletivo e o processo de criação do anteprojeto de lei, analisando a transformação na noção do papel social e político da arte, uma vez que a demanda política não busca apenas legitimar as artes circenses no país, procurando transformar sua histórica ausência de hierarquia, mas também incentivar a politização dos artistas. Abordo também alguns processos de fomento para incentivar ações de comunidade/coletividade, levando em consideração que a demanda por melhores condições de desenvolvimento das artes circenses deve incluir as várias maneiras, espaços e estilos em que essas artes têm lugar na arte contemporânea; começando a partir dos circos "tradicionais" até as escolas, do circo de rua até o social, do novo circo até o contemporâneo. Por último, trabalho com os novos contextos políticos em curso no país, focalizando nas mudanças de concepção das políticas culturais como espaços democrático-participativos fomentados em outras circunstâncias, e os dilemas que o Circo Abierto tem enfrentado nesse contexto, oscilando entre táticas mais pragmáticas ou mais utópicas na demanda política.

Parte V: Depoimentos
Nesta última parte, agrupam-se uma série de textos curtos que incluem reflexões de artistas, gestores e referências do circo e que se articulam e dialogam com as várias arestas pelas quais passamos nas partes anteriores.

No que se refere ao lugar do espectador, em seu artigo "O novo no novo circo contemporâneo", o produtor, diretor e pesquisador do universo circense Robson Mol, de Salvador, Bahia, sugere mergulhar numa novidade no chamado circo contemporâneo, especialmente em relação ao surgimento de um novo paradigma estético que traz uma transformação na posição conferida ao espectador. Retomando a proposta teórica de Rancière, Mol argumenta que existe uma demanda por um espectador ativo, emancipado, que deve buscar sentidos mais do que observar passivamente. Essa transformação na forma de conceber o espectador anda de mãos dadas com o abandono de certa "lógica pedagógica" que, por muito tempo, caracterizou a arte política, na qual o artista se estabelecia como o detentor do saber, como alguém que transmitia a mensagem política libertadora que possibilitasse ao espectador se converter em intérprete. Nesse sentido, a busca por um espectador emancipado é uma disputa que confere um grande potencial político à arte circense.

Na sequência, temos o texto "A arte do extraordinário", de Pablo Tendela, artista e educador circense da cidade de Rosario, na Argentina, que parte do "convívio", um conceito do teórico argentino Jorge Dubatti que permite pensar a arte cênica como esse lugar/experiência comum, esse "aqui e agora" que não se repete e por onde se chegaria a essa "comunhão de auras", nos termos de Walter Benjamin. Essa experiência coletiva na arte do circo, que como poucas congrega o maravilhoso, o terrível e o incrivelmente estúpido, se apresenta como uma desculpa para que as pessoas possam se reunir e sonhar de maneira coletiva. Tendela sugere então questionar a categoria de "arte menor" na qual normalmente o circo é inserido. Assim sendo, ele argumenta que existe arte e ponto final. Em todo caso, uma arte com uma história marginal e nômade, mas com a força e a ousadia para continuar a ocupar espaços de convívio. Dessa forma, para Tendela o circo não é passível de ser apresado pelos limites – nem os geográficos, nem os artísticos. Além disso, está na sua natureza habitar o extraordinário, celebrando o encontro humano para testemunhar o impossível e o mistério.

Com Rafael de Paula, voltamos ao eixo das possibilidades e limitações que a técnica acarreta para a arte circense. Em seu artigo "Em busca do verbo", oferece uma reflexão a partir de sua experiência pessoal como artista especializado em mastro chinês. De Paula indica como sua busca artística tenta construir uma linguagem que lhe permita escrever poemas físicos com o corpo e o instrumento. Aprofundando-se na metáfora e no simbolismo, ele busca o sentido que emana do gesto e do movimento. Pois bem, pergunta-se o autor: a partir dessa linguagem, como narrar, como lidar com temáticas profundas, humanas e atuais – a desigualdade, os conflitos, a imigração, entre outras – que nos afetam na nossa época? Como falar, com o nosso corpo ou com um instrumento como o mastro chinês, desses temas sociais ou íntimos? O autor conta que, para superar a rigidez, a frieza e o inóspito do elemento, inspirou-se na metáfora da pedra e da água, pensando em si mesmo como a água que se adapta à pedra; assim o elemento deixou de ser "um inimigo para se tornar um apoio, um suporte e um companheiro". De Paula também aborda a maneira de pensar o espectador, recorrendo a algumas ferramentas de composição que utiliza em seus espetáculos – principalmente o uso e a suspensão do tempo – para acender no espectador a faísca da interpretação, da emoção e das metáforas.

Já a pedagoga, pesquisadora e gestora cultural chilena Alejandra Jiménez Castro oferece uma abordagem histórica que descreve a forma como o novo circo foi se instalando no Chile junto ao circo social. A autora traz dados históricos e os relaciona ao percurso da organização El Circo del Mundo-Chile, pioneira no país e na região, que desde sua criação, em 1995, dedica-se ao circo social e é referência do novo circo chileno. Assim, a partir da experiência singular desse coletivo com uma trajetória de mais de vinte anos, descreve os cruzamentos e inter-relações que se estabeleceram no Chile entre o circo social e o novo circo. Jiménez revela como o circo social foi crescendo e conseguindo o apoio coletivo, promovendo encontros, congressos, festivais nacionais e internacionais, chegando a formalizar uma Rede Chilena de Circo Social, com o objetivo de difundir o circo como uma ferramenta transformadora. Por outro lado, o novo circo também foi crescendo, com grupos, espetáculos, espaços de formação e de intercâmbio. A autora trata ainda da situação atual do circo chileno, discorrendo sobre a institucionalidade cultural alcançada nos últimos anos, quando o circo – tanto o novo como o "tradicional" – foi reconhecido como uma arte cênica dentro da política cultural oficial, ao lado de outras artes que contam com reconhecimento e recursos públicos estatais. No entanto, para a autora essa situação é apenas o começo: o início de um percurso que, ela prevê, deve continuar a lutar coletivamente pelo direito à arte circense, à formação de público, à profissionalização dos artistas. E que também procura organizar, buscar e formar outros públicos e artistas.

Por fim, o artigo de Verônica Tamaoki, artista, pesquisadora e gestora cultural do Brasil, discorre sobre uma experiência singular da qual ela é criadora: o Centro de Memória Circense, primeiro centro de memória do Brasil exclusivamente dedicado ao circo e suas artes, que nasceu da necessidade de reconstituir, preservar e difundir a história do circo no país. Localizado no largo do Paissandu, em São Paulo, principal referência do circo brasileiro no século XX, ele contém um acervo inigualável proveniente de companhias e famílias circenses, bem como pesquisas e ações que têm sido desenvolvidas. Em seu texto, a autora apresenta o programa Sou de Circo, criado há pouco tempo e destinado principalmente aos jovens oriundos de famílias e de escolas circenses. Tamaoki afirma que, passados nove anos da fundação do Centro de Memória Circense, ficou claro que era necessário começar a formar os próprios pesquisadores, museólogos e curadores, e que eles fossem oriundos do circo, uma vez que não basta conhecer história, museologia e arquivologia para organizar e catalogar um acervo da área; também é necessário *ser de circo*.

PARTE I
HISTÓRIAS LOCALIZADAS: PENSANDO A PARTIR DO SUL

A contemporaneidade da teatralidade circense: diferenças e re-existências nos modos de se fazer circo

Daniel de Carvalho Lopes
e Erminia Silva

> *E aprendi que se depende sempre*
> *De tanta, muita, diferente gente.*
> *Toda pessoa sempre é as marcas*
> *Das lições diárias de outras tantas pessoas.*
>
> *E é tão bonito quando a gente entende*
> *Que a gente é tanta gente onde quer que a gente vá.*
> *E é tão bonito quando a gente sente*
> *Que nunca está sozinho por mais que pense estar.*
>
> (*Caminhos do Coração*, Gonzaguinha)

Com os versos de Gonzaguinha iniciamos este texto, pois sua poética orienta nossos modos de pensar e existir, e inspira algumas das reflexões que apresentaremos neste trabalho. Ademais, se somos sempre as marcas das lições diárias de outras tantas pessoas e se "a gente é tanta gente onde quer que a gente vá", não podemos deixar aqui de prestar nossas homenagens à pesquisadora argentina Beatriz Seibel, amiga que tanto nos afetou com sua dedicação e militância pelas artes e em especial pelas artes do circo. Realmente, é muito bonito quando a gente sente que nunca está sozinho, por mais que pense estar.

Quando uma pesquisa sobre a produção das artes do circo se inicia, ou quando se pretende analisar os processos históricos dessas artes, são levantados inúmeros conceitos. Isso vale para qualquer campo de pesquisa – acadêmico ou não. Mas é preciso pensar que alguns (ou muitos) conceitos utilizados para definir o que significa "circo" ou as várias práticas circenses carregam em si a intenção de serem "a verdade" ou respostas únicas, com "verdades absolutas" sobre o que se quer demonstrar.
    Hoje em dia, não raro, interlocutores de diferentes origens – artistas diversos, alunos/artistas, professores/artistas, pesquisadores, jornalistas – fazem perguntas sobre esse tema aguardando como resposta uma definição única, como se fosse possível apenas um conceito para definir a complexidade, as misturas, antropofagias, pluralidades de encontros polissêmicos e polifônicos de cada período, sobre a constituição do espetáculo circense e, principalmente, dos corpos artísticos.

Dentre os vários conceitos-representações que se pretendem universais e que afirmam definir o artista, o espetáculo, a história etc., existem as ideias de "circo tradicional", "circo novo" e "circo contemporâneo". Será que alguma dessas tentativas de definição consegue expressar o que se produziu e se está produzindo nestes mais de duzentos anos de história de circo? O que elas incluem e excluem? Quais as disputas de saberes e poderes que orientam essas formas simplistas de ver a complexidade da produção histórica das artes do circo, sua transversalidade e suas multiplicidades?

Apesar dos intensos debates a respeito dessas categorizações das produções circenses, muitos deles tratados em algumas de nossas produções[1], as pesquisas recentes ainda são influenciadas por uma bibliografia europeia produzida desde o final dos anos 1990[2], e que adota conceitos universais que dividem o processo histórico circense em basicamente duas partes (como se isso fosse viável): o de "antigamente", sinônimo de "tradicional", e o "novo", sinônimo de "contemporâneo".

Grande parte dessa produção, em diversos campos do conhecimento, em particular entre os acadêmicos, é partidária de um ideal que defende a perspectiva de um "circo novo", e tende a iniciar suas narrativas/definições afirmando-se no lugar "definido" de certo "vanguardismo" das artes do circo, no sentido de ser representante de uma "nova onda portadora de ideais e de desejos", impulsionada pelo movimento de Maio de 68, conforme afirma Floriane Gaber[3].

Entretanto, será que somente após 1968 os artistas em geral, e os circenses em particular, tornaram-se portadores de ideais e desejos na busca de transformações e contemporaneidade nos seus fazeres? Não subestimamos as mudanças significativas ocorridas após os movimentos de 1968 na França, mas nos perguntamos se é possível generalizar seus efeitos para todos os processos históricos vividos/experienciados pelos artistas circenses nos vários lugares em que estabeleceram trocas e afetações. Ainda que se imaginasse que esses modos de compreender o processo histórico do fazer circense ocorressem apenas na Europa, esse processo se deu de forma homogênea em todos os países, cidades, ruas e praças europeias? Será o passado tão homogêneo a ponto de falarmos de um passado e de um presente?

Nossa proposta é analisar os processos dos fazeres circenses de 1790 a 2018, a partir da questão: em que momento histórico das artes circenses estamos inseridos atualmente, enquanto sujeitos implicados com essas artes, considerando sua produção artística, cultura e social? Ao enfrentarmos essa questão a partir da pesquisa em distintas fontes, colocamo-nos frente a narrativas que se cruzam, misturam, e principalmente disputam e selecionam memórias.

---

[1] Cf. Silva, 2007; Silva, 2008; Silva e Abreu, 2009; Silva, 2011; Lopes e Silva, 2014; Lopes e Silva, 2018; Lopes, 2015.
[2] Cf. Wallon, 2009; Guy, 2001; Gaber, 2009.
[3] Gaber, 2009, p. 49.

Ao "pegarmos na mão" dos que participam dos processos de construções das artes do circo – em qualquer período histórico – e com eles acompanharmos a diversidade de produção dos movimentos da vida, dos seus modos de se constituir, reconhecemos a multiplicidade e a multidão que habita cada fazer artístico, cada território, sempre atravessado e transversalizado por tudo o que está acontecendo nos inúmeros encontros; portanto, inúmeras formas, narrativas e disputas.

Nesse sentido, deparamo-nos constantemente com elaborações que conduzem à construção do passado como algo morto, como mera lembrança, e não como algo vivo que se produz no aqui e agora. A produção da memória é uma disputa que muda substancialmente o que se estabelece como presente, e o modo como as histórias se tornam oficiais acaba por valorizar certos caminhos para o viver do hoje. É da maior pertinência, nessa direção, se perguntar por que muitos pensam o passado como morto. Por que apenas o presente tem caráter de contemporaneidade e é portador do novo[4]?

Entender o passado como produção viva, ou seja, vivificá-lo e visibilizar as disputas travadas em sua construção pode modificar de maneira efetiva o que somos. Assim, por exemplo, não é irrelevante que em um país como o Brasil se produzam memórias oficiais de um país sem preconceitos, quando nos construímos sobre a matança de povos originários e africanos. Para nós, trata-se de uma disputa política/cultural de produção de memórias que abre para se pensar outras possibilidades, produzindo novas vidas em que a morte é instalada como mera lembrança.

Nesse sentido, não se deve pensar a arte do circo como uma divisão histórica dicotômica pautada no "antes" e no "agora", a não ser pela necessidade de disputar saberes e poderes. O conceito de tempo relacionado à ideia de "antes/antigamente/tradicional" é geralmente simplificado de forma grosseira e pobremente reduzido por meio de adjetivos desqualificadores como "obsoleto", "ultrapassado", "estagnado", "deteriorado". No entanto, em referência ao período pós-escolas de circo, da década de 1970 em diante, em que temos o surgimento da ideia de "circo novo" e "contemporâneo", as descrições de teor positivo dessas definições temporais são abundantes, em sua maioria, no sentido de serem "de vanguarda, inovadoras, progressistas, precursoras, pioneiras, revolucionárias, renovadoras, avançadas e modernas".

Em geral, as pesquisas acadêmicas que tomam por referência publicações[5] dentro de uma perspectiva colonial adotam o modelo binário como base para tecer análises sobre as produções circenses na América Latina. Com isso, desconsideram o fato de que as experiências de criação artística, suas estéticas e modelos de produção são vivenciados, ressignificados, mantidos e recriados em cada encontro, no

---

4   Emerson Merhy, "Isso só acontece no Brasil...: lutas políticas contemporâneas: disputar a produção da memória é abrir o presente para devires-outros", Disponível em http://www.semanaon.com.br/coluna/21/9168/isso-so-acontece-no-brasil, Acesso em: 30 ago. 2018.
5   A título de curiosidade, no portal Circonteúdo (http://www.circonteudo.com.br) é possível acessar diversas pesquisas e artigos que trabalham nessa lógica dicotômica de conceituação das produções circenses.

contato direto com as mais diferentes realidades, com os diversos sujeitos, períodos históricos e culturas. Assim, mesmo parecendo iguais num primeiro instante, são diferentes em cada rua, praça e no fazer de cada artista ou companhia, inclusive na própria Europa.

O que isso quer dizer? Que um artista, seja ele formado por escolas de circo ou projeto social, autodidata etc., em seu complexo trânsito formativo, teve influência de e contato direto com artistas de outras origens, que atuam ou atuaram em outros modos de organização, como os circos itinerantes de lona, também denominados "tradicionais".

É comum encontrarmos artistas/produtores/professores que defendem que a partir das escolas de circo se iniciou um modo de fazer circense que não tem ou não teve a ver com as produções anteriores. Porém, as próprias escolas de circo que se desenvolveram no Brasil (assim como na Argentina) no final da década de 1970, bem como o Circo Social[6], na década de 1990, foram constituídas por circenses ditos "tradicionais", oriundos de um modo de formação/aprendizagem totalmente distinto daquele operado nessas escolas. Em função disso, esses mesmos circenses se reinventaram, aprenderam novas e diferentes formas de ensinar as artes do circo, não mais pautadas na transmissão oral familiar do circo itinerante.

Os atravessamentos e as afetações na diversidade de se fazer artista colocam em xeque as inúmeras tentativas de compartimentalizar toda a multiplicidade de trocas de saberes que compõe a constituição desses artistas e das diferentes maneiras de se produzir o espetáculo circense. Os corpos artísticos sempre foram atravessados, transversalizados e rizomáticos, e realizam antropofagias nos encontros com os variados processos de formação, com os artistas e com os diferentes públicos, cidades, culturas.

Porém, como já apontamos, é muito comum a referência à ideia de um "circo novo" ou "contemporâneo" como um movimento de "vanguarda histórica", ou mesmo, como afirma Bauke Lievens[7], de que "um grupo de jovens diretores de teatro" estava à "procura de formas mais acessíveis e populares de se fazer teatro, fiéis às suas crenças de maio de 1968", de que a arte deveria "ser trazida para o povo".

Não ampliaremos esse debate sobre os movimentos de 1968 na França, pois o que nos interessa é, antes, ressaltar que muitas pesquisas brasileiras adotam

---

6   Na segunda metade da década de 1980, junto com as primeiras experiências de escolas de circo no Brasil, surgiram propostas de desenvolvimento de projetos sociais – de iniciativa de grupos governamentais e de organizações não governamentais – que viam no aprendizado circense em geral, e não somente nas técnicas, uma forma de educação, recreação e promoção de cidadania. Na sua maioria, essas ações, denominadas de Circo Social, eram e são destinadas a crianças e adolescentes em situação de risco ou vulnerabilidade social, desvinculadas ou não de processos educacionais, sociais e culturais, sem oportunidades de acesso a lazer e entretenimento.

7   Bauke Lievens, "Primeira carta aberta ao circo de Bauke Lievens: A necessidade de uma redefinição", Disponível em: http://www.panisecircus.com.br/carta-aberta-ao-circode-bauke-lievens-dramaturga-belga-e-um-convite-a-reflexao-diz-a-artista-erika-stoppel-do-zanni. Acesso em: 17 ago. 2018.

as publicações e ideais estrangeiros como modelos e "verdades" para analisar e compreender o processo histórico circense tanto no Brasil como no mundo.

Em seus modos de tratar o passado, defendem a ideia de que foi somente a partir do fim dos anos 1970, com o surgimento das escolas de circo, que nasceu o "circo novo", em contraste com o que se chamava de "tradicional" ou mesmo "clássico". Isso teria se dado por várias razões, entre as quais mudanças significativas quanto à interdisciplinaridade do espetáculo, à participação de diretores teatrais, cenógrafos e coreógrafos, à entrada da dança e de diversas outras expressões artísticas, e à incorporação de novas tecnologias, fazendo desse "circo novo" uma arte multimídia[8].

Nesse sentido, o "novo" espetáculo teria começado "a se libertar das limitações da pista, adotando algumas vezes o palco teatral (frontal) ou até reintegrando a rua, seu espaço primeiro da época dos acrobatas e equilibristas, a exemplo dos artistas/fundadores do *Soleil*"[9]. No conjunto dessas elaborações, há, portanto, a noção de que só atualmente o *circo virou moda*, e se aproxima mais intensamente do teatro, operando-se uma "cirquização" do teatro ou uma teatralização do circo.

Outro exemplo que ilustra em parte os pontos de que temos tratado até o momento é dado por repórteres, escritores e pela mídia em geral que se pronunciaram no ano de 2006, quando estreava pela primeira vez no Brasil o espetáculo "Saltimbancos", do Cirque du Soleil. Em apenas três meses daquele ano, um volume expressivo de registros informativos apareceu nos meios de comunicação, gerando a sensação de um período atípico de presença das artes circenses na imprensa brasileira desde a segunda metade do século XX[10].

O Soleil foi descrito pelos meios de comunicação naquele momento como:

> [...] o "enunciador" de uma "nova" linguagem artística que "revolucionou" a técnica circense. Um espetáculo e uma empresa que entram na categoria de "circo novo, novo circo ou circo contemporâneo". [Nele] Há contorcionismo, malabarismo, palhaços e trapezistas fazendo uso de música ao vivo, coreografia, cenografia, dança realizados por artistas de diversas nacionalidades[11].

A autora aponta ainda que, segundo as reportagens do período, os espetáculos da companhia eram:

> [...] realizados de forma diferente do "tradicional e antigo" modo de se fazer circo: além de não ter animais, há um fio condutor, uma unidade no espetáculo e não "apenas" uma sequência de números. [O circo] Possui, portanto, os mesmos ingredientes

---

8   Cf. Goudard, 2010; Heward e Bacon, 2006; Gaber, 2009.
9   Silva, 2008.
10 *Ibidem*.
11 *Ibidem*, p. 92.

que um espetáculo teatral, com um diretor, um coreógrafo, um compositor, os figurinos criados para o espetáculo, um cenógrafo, um iluminador.

Na série de reportagens, bem como em diversos trabalhos acadêmicos (nacionais e internacionais), chega-se a afirmar categoricamente que, a partir do início da década de 1980, com a constituição de grupos e companhias não oriundos do circo de lona, formados nas escolas de circo ou de modo autônomo, surge uma nova corrente "vanguardista" das artes circenses, que incorporava "técnicas modernas e uma estética contemporânea[12].

Nossa pergunta aos pesquisadores/alunos/jornalistas/produtores brasileiros que escrevem e defendem essa visão, pautados em parte pela bibliografia europeia: será que, de fato, tudo o que os autores estrangeiros afirmam ter se iniciado a partir de 1980 já não existia em nosso processo histórico circense, sob outro manto da contemporaneidade?

As pesquisas sobre o circo dos séculos XVIII, XIX e de parte do XX que utilizam como fontes jornais, revistas, textos de memorialistas, imagens, propagandas, entrevistas e folhetos musicais, permitindo que se entre em contato com a produção das memórias de mulheres, homens e crianças circenses, põem em dúvida o conjunto daquelas elaborações[13]. Além disso, essas pesquisas, pautadas em uma multiplicidade de fontes, tensionam a ideia de que só hoje *o circo virou moda*, e possibilitam questionar os que defendem que o "circo novo ou circo contemporâneo" foi portador de "inovações vanguardistas nunca experienciadas" pelos circenses chamados "tradicionais" ou "de antigamente".

Nesse sentido, partimos do princípio fundamental de que os circenses, particularmente os brasileiros e latino-americanos:

> [...] há mais de dois séculos, devem ser vistos como um grupo que sempre articulou saberes e técnicas artísticos tendo como referência definidora um processo permanente de (re)elaboração e (re)significação, bem como produziam um espetáculo para cada público, manipulando elementos de outras variáveis artísticas já disponíveis e gerando novas e múltiplas versões da teatralidade circense[14].

Como suporte essencial para a defesa desse princípio, vamos trabalhar com aquilo que torna uma pesquisa mais rica: as fontes. Assim, apresentaremos a seguir alguns exemplos sobre as produções circenses "de antigamente", com o bjetivo de questionar as percepções que "dicotomizam o processo histórico circense entre o "antes" e o "agora".

---

12   *Ibidem*.
13   Cf. Silva, 2007; Silva, 2008; Silva e Abreu, 2009; Silva e Nunes, 2015; Lopes, 2015; Lopes e Silva, 2015; Lopes e Silva, 2018.
14   Silva, 2008, p. 94.

Na revista *O Theatro* (Rio de Janeiro), de 1º de junho de 1911, o jornalista e dramaturgo Januário d'Assumpção Ozório, responsável pela edição do periódico, já expressava em um artigo sua confusão frente a alguns espetáculos circenses a que assistia no período: denominava-os "novo circo", pois apresentavam teatro falado, cantado e dançado e números de circo e música ao vivo.

Nas entrelinhas, o autor assumia que o espetáculo circense fazia parte de um novo circuito de produção e consumo de massa dos bens culturais, que incluía particularmente o cinema e a indústria fonográfica, e se constituía como um espaço que incorporava inovações tecnológicas e profissionais de várias outras áreas artísticas, além de apresentar-se nos palcos de diversos teatros.

Atenção: essa reportagem, de 1911, obviamente não se refere a produções pós-1980, ou seja, posteriores ao surgimento das escolas de circo, período que diversos autores[15] apontam como de "estruturação do novo circo, que doravante os alunos que saírem dessa escola [em especial, o *Centre Nacional des Arts du Cirque* (CNAC) em Châlons-en-Champagne, na França] farão o novo circo se desassociando do circo tradicional pela trama pluridisciplinar de espetáculos que não se contentam mais com uma sucessão de números"[16]. Entretanto, a reportagem indica que no Brasil já existia a noção de que emergia um "novo circo", curiosamente com as mesmas características assinaladas pelos autores atuais.

Assim, com essa reportagem, que faz referência a um espetáculo do Circo Spinelli de 1911, sabemos que nele havia acrobatas italianos, japoneses, espanhóis, brasileiros e franceses, além de palhaços que realizavam mímicas, cantavam, tocavam instrumentos musicais e dançavam. Ao final, apresentavam uma peça teatral, na qual os mesmos artistas acrobatas se juntavam a cenógrafos, coreógrafos, dançarinos, músicos, cantores que gravavam discos, maestros e adaptadores de peças teatrais para o circo.

> O nome da peça de que tratava também Ozório era *A viúva alegre* opereta de Franz Léhar, em três atos e quatro quadros, adaptada para o palco/picadeiro do Circo Spinelli por Benjamim de Oliveira, apoiado na tradução de Henrique de Carvalho e na parceria com o maestro Paulino Sacramento. A adaptação pressupunha a representação em fala e canto pelos próprios artistas acrobatas e convidados, sem o auxílio do ponto. Junto à apresentação dos atores/acrobatas no palco/picadeiro, seriam passadas projeções elétricas do filme homônimo, caracterizando um espetáculo "multimídia". O papel principal masculino seria representado por Manoel Pedro dos Santos, mais conhecido como Baiano. No feminino, o da viúva, estaria Lili Cardona. Cenário e figurinos por conta de Ângelo Lazary junto com Chrispim do Amaral. E, por fim, *mise en scène* e adaptação de Benjamim de Oliveira[17].

15   Particularmente, Guy, 2001; Heward e Bacon, 2006; Gaber, 2009.
16   Gaber, 2009, p. 51.
17   Silva, 2008, p. 95.

Os espetáculos circenses tiveram alto grau de visibilidade nos jornais cariocas em 1911, sendo descritos com os mesmos adjetivos: "é novo, é contemporâneo, distingue-se radicalmente do que era produzido nos circos de 'antigamente'; seus artistas realizam com maestria acrobacias, canto, dança e representação teatral"[18].

Com relação aos artistas daquele espetáculo, e como forma de dialogar com as referências de "novo" e "contemporâneo" a fim de incorporar diretores de teatro, diretores musicais, coreógrafos, cenógrafos e outros profissionais da área, vale mencionar que:

> Baiano foi um dos principais cançonetistas da história da música nacional, o primeiro cantor brasileiro a aparecer nas gravações de cilindros e chapas feitas no Brasil. Além do grande repertório que viria a gravar, ficou conhecido por ter sido o intérprete da gravação do samba *Pelo telefone*. Já Lili Cardona era filha de pai espanhol e mãe inglesa, artistas circenses. Sua formação profissional circense permitia que ela fosse acrobata, equilibrista, ginasta excêntrica e aramista e, além disso, possuía formação teatral, mímica e de dança. Por fim, Paulino Sacramento era compositor e músico de teatro e regente de banda, e Ângelo Lazary, junto com Chrispim do Amaral, foram nomes importantes da história da cenografia brasileira e pintaram os telões de inauguração do Teatro Municipal do Rio de Janeiro[19].

Com o intuito de seguir nessa discussão sobre a disputa das memórias nas narrativas de jornalistas, escritores e pesquisadores, voltaremos um pouco mais na história. Em 1907, os "espetáculos circenses já provocavam reações de surpresas e encantamentos"[20]. Um cronista não identificado do jornal *Gazeta de Notícias* (Rio de Janeiro) escreveu: "Tudo é moda. Os artistas de circo têm também a sua hora de moda e de aplausos esplêndidos".

Esses jornalistas/articulistas dos primeiros anos do século XX, assim como os do XXI, ao tratar do Cirque du Soleil, parecem "descobrir" o circo. Para eles, os espetáculos circenses adquiriam visibilidade porque "revolucionavam" o modo de fazer circo à medida que agregavam as diferentes formas de expressão cultural do período – música ao vivo, dança, teatro, acrobacia etc. Assim, se surpreendiam ao ver como aqueles espetáculos polissêmicos e polifônicos incorporavam descobertas e invenções tecnológicas como a energia elétrica, o cinematógrafo e o gramofone, conforme apontam Roger Avanzi e Verônica Tamaoki ao descreverem a presença dos aparelhos de cinema, fonógrafos e até a estruturação de uma estação de rádio dentro do Circo Nerino[21].

---

18   *Ibidem*, p. 7.
19   *Ibidem*, p. 96.
20   Silva, 2007, p. 236.
21   Cf. Avanzi e Tamaoki, 2004.

Para os autores brasileiros do início do século XX, esses espetáculos significavam um corte entre o antes e depois: era um circo "novo e contemporâneo", que nada tinha a dever ao que havia sido feito antigamente. Curiosamente, essa perspectiva é muito similar à dos pesquisadores europeus do fim do século XX, com a diferença de esses últimos afirmarem que o "novo circo" e seu "hibridismo" se deram somente com o surgimento das escolas de circo a partir dos anos 1970; antes, em 1968; ou antes ainda, com a Escola de Circo de Moscou, em 1926[22].

No entanto, essa perspectiva do "novo e contemporâneo" do início do século XX também não se sustenta, pois, como apontado anteriormente, as produções circenses ao longo do século XIX já eram polissêmicas e polifônicas, e agregavam as mais diversas formas de expressão artística e cultural do período.

Esse é o caso do espetáculo híbrido do Circo Spinelli, de 1911, já citado, e também podemos acrescentar aqui a riqueza de heterogeneidade que havia na novela *Jan Moreira*, de 1884, representada no palco/picadeiro do Circo Irmãos Carlos, em Buenos Aires, e publicada em folhetim pelo escritor argentino Eduardo Gutiérrez, considerado um autor popular[23]. *Jan Moreira* foi adaptada como pantomima em vários quadros, nos quais "Podestá cantava e dançava canções folclóricas rurais, junto com vários *payadores* contratados"[24].

Ainda no século XIX, dentre as várias produções do período que ilustram a contemporaneidade da linguagem circense, vale destacar parte da trajetória de alguns circos e companhias circenses atuantes no Brasil e demais países latino-americanos.

Em atuação na Argentina, no Uruguai e no Brasil em fins da década de 1820 e início de 1830, estiveram Giuseppe Chiarini, então um senhor de idade avançada, conhecido como o "mestre das arlequinadas"[25], com esposa e filhos, entre os quais José Chiarini[26].

Ao longo dos séculos XVI, XVII e XVIII, os Chiarini se caracterizaram como artistas de vida itinerante, que atuavam em grandes feiras como equilibristas, malabaristas, acrobatas e mímicos. A vinda dessa família para o continente americano foi recuperada pelos pesquisadores argentinos Raúl Castagnino, Beatriz

---

22 Cf. Ferreira, 2012.
23 Cf. Silva, 2007.
24 Seibel, 1993, p. 44.
25 A família de artistas Chiarini é composta por uma trama complexa de parentesco ao longo de diversos séculos (Lopes, 2015). Nela, encontramos dois personagens homônimos, respectivamente, Giuseppe Chiarini, referido como "mestre das arlequinadas", que na década de 1820 era considerado um senhor de idade avançada (Klein, 1994) e que atuou na América Latina de 1829 a 1840, conforme nossos levantamentos, e Giuseppe Chiarini, (auto)denominado "O Franconi da América", que nasceu em 1823 em Roma, na Itália, visitou o Brasil pela primeira vez em 1869 e faleceu no Panamá em 1897 (Cervellati, 1961). Trataremos de "O Franconi da América" posteriormente.
26 Cf. Lopes e Silva, 2014; Lopes e Silva, 2015.

Seibel e Teodoro Klein, autores importantes para as pesquisas sobre circo e teatro na América Latina[27].

Seibel e Klein informam que no mês de agosto os Chiarini estiveram em Montevidéu, no Uruguai; possivelmente, foi o primeiro país que visitaram assim que partiram da Europa, antes de chegarem à Argentina[28]. Atuaram no Teatro Coliseo, em conjunto com a Companhia de Gibraltrar, considerada um importante elenco espanhol, e com a Sociedade Dramática de Buenos Aires.

Em função da dimensão do espetáculo, mudaram-se para o *Vauxhall* ou Parque Argentino, que, segundo matéria do jornal portenho *Gazeta Mercantil* de 12 de janeiro de 1830, era um lugar mais adequado para as grandes e arriscadas atrações. Beatriz Seibel informa que o Parque Argentino se constituiu como um grande espaço de entretenimento e lazer, e sua estrutura arquitetônica era composta por um hotel ao estilo francês, jardins para passeio, salões de baile, espaços para alimentação, um pequeno teatro, um circo a céu aberto, também chamado de teatro-circo. Klein afirma que o teatro-circo podia comportar até 2 mil pessoas e possuía uma pista para provas circenses equestres e um cenário próprio para as representações teatrais, com o público sentado em cadeiras e arquibancadas ao redor do picadeiro[29]. Conforme Seibel, a companhia dos Chiarini foi responsável pela inauguração da pista circense do Parque Argentino[30].

Os Chiarini atravessaram a efervescência do século XVI ao XVIII e beberam das tensões, conflitos, diálogos e experimentações artísticas desse período, de modo a se tornarem herdeiros/produtores da *Commedia dell'Arte*. Desse caldo histórico, fica evidente o quanto uniam teatralidade, destreza corporal, dança, música, mímica e palavra. Para alguns dos autores aqui utilizados[31], Giuseppe e José Chiarini eram considerados especialistas na máscara de Arlequim. Esse gênero de pantomima, conhecido como arlequinadas, consistia em peças curtas, tocadas pelas diversas transformações pelas quais havia passado o gênero da *Commedia*. A partir de leituras, releituras e ressignificações, foram adaptadas para o espaço circense e muito enriquecidas pelas experiências de artistas como os Chiarini.

Nas pantomimas apresentadas pelos Chiarini, os papéis eram divididos por faixa etária, sendo que Giuseppe interpretava Pantaleão; José, Arlequim; Angela (esposa de José), Colombina; e María e Evaristo (filhos do casal), os papéis infantis. Para os outros papéis, eram contratados atores regionais, como ocorreu na segunda temporada uruguaia dos Chiarini, em setembro 1830, na qual foram escalados os renomados atores Juan Villarino e Juan Casacuberta para atuarem na peça *Arlequim Fingindo Esqueleto*, como o astrólogo e o cirurgião, respectivamente[32].

27 Cf. Castagnino, 1969; Seibel, 1993; Klein, 1994.
28 Seibel, 1993.
29 Klein, 1994.
30 Seibel, 1993.
31 Cf. Seibel, 1993; Klein, 1994; Silva, 2007.
32 Klein, 1994.

Nos anos de 1832 e 1835, a "Companhia Ginástica", de José Chiarini e família, esteve na capital fluminense e realizou apresentações variadas, permeadas por evoluções acrobáticas, exercícios ginásticos, exibições musicais, de dança e encenações teatrais que evidenciam esses artistas também como autores, divulgadores e disseminadores tanto de práticas ginásticas como de elementos culturais e artísticos dos países e períodos que vivenciavam[33].

No Brasil do século XIX, circenses como os Chiarini, em suas amplas atuações, estiveram à frente da divulgação de variadas práticas ginásticas em seus espetáculos, como também no ensino da equitação, da ginástica e do adestramento de cavalos em terras brasileiras dos anos 1800, estabelecendo permanentes e diretas interações com a sociedade da época. No âmbito desses diálogos, a produção do circo de Giuseppe Chiarini (1823-1897) evidencia elementos relacionados ao debate entre o circo e a educação do corpo do período, bem como outros elementos que marcaram a sociedade na época, a exemplo da crise de febre amarela que assolou o Rio de Janeiro nos anos de 1875 e 1876.

As propagandas do Circo Chiarini nesse período são exemplos disso, com divertidas vinhetas que se assemelham a bulas de remédios[34], e afirmavam:

> O circo Chiarini é o lugar mais fresco da Corte.
> O circo Chiarini é a concentração da mais brilhante sociedade da Corte.
> O circo Chiarini é o antídoto para todas as doenças epidêmicas.
> A medicina circopática é o remédio mais poderoso contra o flagelo atual.
> O circo Chiarini é o lugar mais higiênico da época, onde há um espetáculo altamente interessante para todas as classes da comunidade.
> O circo Chiarini recomenda-se a todas as crianças da capital, para que em união de seus pais e mães venham admirar os lindos meninos e meninas que formam parte dessa companhia, e que são verdadeiros portentos na ARTE DE EDUCAÇÃO FÍSICA.
> 30 minutos de divertimento no CIRCO CHIARINI equivale por 30 meses de boa saúde.
> O CIRCO CHIARINI é o espetáculo por excelência, o mais barato, pois está ao nível de todos os bolsos[35].

A ideia de que o Circo Chiarini era o lugar mais fresco e higiênico da corte, antídoto para todas as doenças epidêmicas, e de que a medicina circopática era o remédio mais poderoso contra o flagelo da época explicita quanto a companhia estava atenta e "conversando" com as questões de saúde pública advindas da epidemia de febre amarela. Quanto ao debate com a educação física, ao anunciarem o incrível grau de perfeição física dos extraordinários meninos e meninas da companhia, sustentando que eles eram "verdadeiros portentos na ARTE DE EDUCAÇÃO FÍSICA",

---

33 Silva, 2009.
34 Silva, 2007.
35 *Gazeta de Notícias*, 13 mar. 1876.

indicavam estar cientes das variadas práticas de ginástica executadas no Brasil no período, bem como das tensões com o campo da ginástica institucionalizada e de caráter médico higienista que imperavam então[36]. Outro indicativo é o fato de terem divulgado o espetáculo de 4 de abril de 1876 como uma exposição de educação física e palestra de agilidade, equilíbrio e força física.

Não por acaso, um ano antes dessas divulgações do Circo Chiarini, mais especificamente em setembro de 1875, o Circo Casali, montado no centro do Rio de Janeiro, realizou um espetáculo em benefício de "todos os ginásticos da companhia, os quais dedicam esta função a todos os distintos clubes ginásticos desta corte [...]"[37].

Assim, considerando as vinhetas das propagadas do Circo Chiarini do ano de 1876 e do espetáculo do Circo Casali de 1875, dedicado aos clubes ginásticos, é possível afirmar que os circenses na segunda metade do século XIX também estavam atentos aos discursos da ginástica e a suas diferentes expressões – nesse caso, representados pelas práticas corporais realizadas nos clubes fluminenses.

Frente a esses constantes diálogos e às incorporações de elementos sociais, estéticos, tecnológicos e culturais encabeçados pelos circenses na produção de seus espetáculos, é possível tensionar as classificações "de antigamente", "tradicional" e de passado morto a eles atribuídas, uma vez que foi justamente por meio desses diálogos e dessas incorporações que a linguagem circense se caracterizou pela sua multiplicidade, com permanências, transformações, criações e reinvenções contínuas, distanciando-se da ideia de algo estagnado, imutável e "congelado", como se sugere com o conceito de tradição.

Outra produção oitocentista que serve de ilustração é uma pantomima aquática encenada pelo Circo Pery, de Anchyses Pery, em 1898, no Teatro São Pedro de Alcântara (Rio de Janeiro), que passou por profunda reforma para recebê-la. Conforme apresenta Erminia Silva, instalou-se nesse teatro um picadeiro com uma grande bacia em seu centro, que seria abastecida por uma máquina a vapor:

> Cem pessoas de ambos os sexos tomariam parte na pantomima, com 20 números de música e *mise-en-scène* dos Irmãos Pery. Em pouco tempo, o circo, ou seja, o Teatro São Pedro tornava-se uma grande lagoa por onde navegavam diversas canoas, botes, além de lavadeiras e pescadores, com figurinos a caráter. Havia um momento em que o lago ficava iluminado pela luz elétrica, assim como uma ponte que atravessava de um lado a outro do picadeiro, e onde várias cenas se passavam: casamento, perseguição dos policiais, sua queda e a dos noivos na água, bailados, assim como o final apoteótico com fogos de artifício no centro da ponte[38].

---

36   Cf. Lopes e Silva, 2018.
37   *O Globo*, 13 set. 1875.
38   *Ibidem*.

Curiosamente, cem anos após essa realização dos Pery, em 1998, o Cirque du Soleil estreava o espetáculo "O", totalmente realizado sob a água, com os mais modernos efeitos cênicos e tecnológicos, de maneira muito similar à pantomima aquática encenada pelo Circo Pery em pleno 1898 no Teatro São Pedro de Alcântara.

Observando a atuação dos diversos circenses aqui apresentados, é possível compreender a multiplicidade de modelos, organizações e estruturas de circos em produção no período. Com isso, a contemporaneidade da linguagem circense pautada nos contínuos diálogos e incorporações de elementos sociais, políticos, artísticos, culturais, econômicos, tecnológicos etc., dos períodos nos quais os circenses atuaram e atuam, evidencia as constantes permanências, transformações, renovações, ressignificações e criações em suas produções e modos de organização. Consequentemente, reforça a importância de tensionar os conceitos de "tradição" e "novo", frequentemente atribuídos ao fazer circense, e relativizar as posturas e percepções dos que dicotomizam o processo histórico circense entre o "antes" e o "agora".

Apesar de tantos exemplos que nos mostram a diversidade das produções circenses ao longo de aproximadamente 220 anos, o que parece prevalecer atualmente é uma visão oriunda de uma perspectiva colonial eurocentrada, que produz a narrativa de que nada de novo se constituía antes, assim como para alguns trabalhos acadêmicos, e que somente o "novo circo" é híbrido. Como já demarcado, não utilizamos esse conceito, por trabalharmos com a ideia da transversalidade e dos atravessamentos constituídos a partir dos encontros e conexões com as diferenças. De todo modo, fazendo uso da ideia de hibridismo, cabem algumas perguntas. Por que há uma seleção de memória do que era o "antes" ou o "tradicional", apesar de inúmeras fontes brasileiras questionarem essa ideia? Por que o desconhecimento sobre quanto os palcos/picadeiros circenses se vincularam às variadas produções culturais, estabelecendo estratégias de articulação com as mais diferentes expressões culturais artísticas?

A partir das décadas de 1970 e 1980, quando entraram em cena no mundo das artes do circo os artistas procedentes de diversos lugares do urbano, participantes de distintos modos de aprendizagem que não mais sob o toldo do circo itinerante ou de grupos familiares circenses, passaram a operar novas formas de organização do trabalho e novos processos de ensino/aprendizagem, proporcionando novas vivências e experiências em relação aos que viviam sob a lona. Isso porque as produções artísticas em geral, e a circense não foge à regra, estão em constante processo de transformação, e os artistas pós-escolas de circo também estavam em sintonia e sinergia com o contemporâneo, assim como também estava um circense de seu próprio período.

A multidão de anônimos que vem produzindo uma forma de espetáculo artístico que se denominou circo, do final do século XVIII e início do XIX até o século XXI, são os artistas desse modo de produção herdeiro de outras multidões. Assim, assumimos a perspectiva de que estudar, pensar, levantar fontes das histórias dos artistas circenses não é só acessar o "passado morto": é fazê-lo aqui e agora perante um passado reinventado na disputa. Todos nós somos protagonistas, fazedores de história, e todos somos sabidos, temos diálogo, disputas, tensões, imitações, cópias, misturas constantes com os saberes já produzidos e com o que se está produzindo agora.

Quando nos voltamos para os processos das produções artísticas e das histórias dos circenses, é impossível definir cada momento – por exemplo, o ano de 1850 como sendo "antigo, tradicional" e o de 2020 como "novo, contemporâneo". Conforme apresentado, há fontes suficientes para afirmar que várias produções artísticas circenses no século XIX, em diversos momentos, foram tão inovadoras quanto um artista hoje oriundo de uma escola de circo, um profissional do Soleil. Dessa forma, conceitos e representações que se propõem universais não dão conta da riqueza das histórias dos encontros artísticos, pois eles criam mais esquecimentos que produção viva de outras memórias.

Posto isso, vale reforçar que os vários fabricantes de histórias das artes do circo que se constituíram ao longo dos últimos 220 anos sempre foram novos em seus modos e métodos de formação como artistas. A cada acontecimento da produção artística, há o que é herdado, mas também a produção do novo, pois os encontros são distintos a cada dia de espetáculo, de uma rua para outra, de uma praça para outra. Nesses encontros, qualquer que fosse o período, os artistas se produziam e se produzem a partir das caixas de ferramentas constituídas ao longo de todo seu processo de formação, reinventando-se, criando outras ferramentas. Ou seja, ser artista é se inventar em sinergia com seu tempo e com sua contemporaneidade.

Os artistas "da lona ou *carpa*", os oriundos das escolas de circo, do circo social, autônomos, da rua, da universidade etc. são fazedores dessa arte e, portanto, possuem características simétricas, ao mesmo tempo que se diferenciam. Ainda, são portadores de fazeres/saberes transversalizados, característica que não é privilégio de qualquer arte; porém, no caso das artes do circo, se constitui como o principal modo de viver e de se produzir. Mesmo os artistas itinerantes de lona, de famílias de circo, identificados como "tradicionais", também são hoje novos sujeitos históricos produtores de linguagens circenses contemporâneas, pois passaram por modificações significativas em sintonia com seu tempo. Nesse sentido, heranças não significam ausência de mudanças, ou seja, nenhuma produção herdada é estática: ela é viva, transformadora e criadora; ao mesmo tempo que contém a anterior, propõe tanto a diferença quanto guarda semelhanças. São herdeiros que produzem a partir da antropofagia, que digere e reprocessa todas as características dos envolvidos, que, em função da diferença, tornam-se sujeitos históricos em cada período.

Portanto, pensar sob a ótica da contemporaneidade do fazer circense parece-nos um exercício importante para a compreensão e valorização das artes do circo[39]. Entretanto, quando artistas, pesquisadores e produtores sentem a necessidade de

---

39   Cf. Silva, 2007; Lopes, 2015.

definir um tipo de artistas circenses ou em qual categoria se encaixam, enquadram essa multiplicidade de lugares, saberes, relações e trocas em apenas duas únicas visões históricas, como temos afirmado: ou são tradicionais, pois são da lona, ou são contemporâneos, pois não o são. Dessa forma, adotam modelos conceituais totalmente insuficientes para dar conta da quantidade e da diversidade de elementos que trouxemos neste capítulo.

Observa-se uma constante cobrança sobre os artistas para se definirem não como multidões, como é o modo próprio de se fazer humano, para que consigam responder às demandas do mercado cultural. Nesse caso, em geral respondem: "faço (ou fazemos) parte do circo contemporâneo" (lê-se também "novo"), enquadrando a multiplicidade de lugares, saberes, relações e trocas, principalmente do circense brasileiro, como citado anteriormente. Em última instância, parece-nos que o agente circense precisa ser reconhecido em uma categoria com fronteiras muito bem delimitadas e, com isso, acaba por produzir uma definição que obedece aos critérios estéticos e de mercado, e não somente de origem (lona, família, tradição)[40].

Contudo, é importante notar que, até pelo menos a década de 1950, os circenses brasileiros em geral disputavam a "autoridade" de serem os "verdadeiros" circenses – herdeiros dos primeiros que por aqui chegaram –, contrapondo-se àqueles que denominavam "aventureiros", ou seja, pessoas que não nasceram no circo e que nele "entravam para acabar de destruir a profissão, sem nenhum conhecimento, sem amor à arte"[41]. Conforme apontam Erminia Silva e Luís Alberto de Abreu[42], apesar dessas disputas, seus bisavôs ou avôs não se autodenominavam "tradicionais", simplesmente se apresentavam como artistas circenses em diferenciação aos "aventureiros".

No entanto, a partir de fins de 1970, com os grupos que se denominam "circo novo", há uma forte necessidade, entre os artistas itinerantes de lona, de se autodenominarem "tradicionais", em oposição aos artistas que, para eles, por serem oriundos de escolas de circo ou autônomos, não poderiam ser considerados artistas, pois artistas legítimos seriam unicamente aqueles nascidos numa família circense.

Do final da década de 1980 até hoje, como resultado de um intenso trabalho de militância política/pesquisa/ação, houve um aumento das pesquisas sobre o circo na universidade. Foi de responsabilidade dos vários profissionais artistas circenses não ligados à academia, mas vinculados a processos pedagógicos de formação nessa área – como as escolas de circo, a própria Escola Nacional de Circo (Rio de Janeiro) e os projetos de circo social –, a ampliação de seus

---

40 Cf. Silva, 2011.
41 Silva e Abreu, 2009, p. 179.
42 *Ibidem*.

conhecimentos e metodologias para atenderem aos alunos oriundos dos mais diversos lugares da sociedade. Parte dos alunos desses espaços já era iniciada nas artes do circo; realizavam, ao mesmo tempo, formações em graduação ou pós-graduação em distintas universidades brasileiras. Em geral, frequentavam cursos em artes cênicas, música, educação física, dança, história, jornalismo e arquitetura, entre outros.

De fato, o aumento das demandas (ou das problemáticas) gerou uma importante resposta acadêmica – embora ainda insuficiente, inclusive na oferta de disciplinas das artes do circo em currículos nos institutos de artes –, buscando novas explicações, entendimentos e diálogos entre a produção de conhecimento circense e a produção dentro dos muros universitários[43].

Enfim, neste vasto e complexo cenário de produções circenses que temos hoje, "novos", "contemporâneos" e "tradicionais" disputam o poder dos saberes e práticas. Os primeiros dizem, inclusive, que estão do lado do "discurso científico", enquanto os segundos creem que são herdeiros diretos da tradição e, com isso, os únicos conhecedores de fato do que é ser circense. Mas esses processos distintos, a partir de diferentes lugares, pessoas, técnicas, tecnologias e metodologias, não garantem por si que sejam tão diferentes. Quando abrimos o foco para a produção da linguagem circense, nada mais tradicional que o novo, e é marcante o quanto:

> Ambos os grupos desconhecem o processo histórico de constituição das artes circenses. Ao longo de mais de 220 anos de existência dessas artes, incontáveis vezes artistas, grupos, empresários, produtores, diretores, inventaram, transformaram, mudaram a forma de se fazer circo. Se analisarmos o cotidiano da produção circense nesses séculos, vemos que os espetáculos e os números passaram por estéticas, configurações, incorporações tecnológicas tantas vezes que é possível afirmar que os homens, mulheres e crianças que estiveram presentes na construção do circo, desde o final do século XVIII até hoje, independente do lugar e do modo como se deu a transmissão, mantiveram a característica da linguagem circense como um método pedagógico que se define em um processo de produção constante de saberes e fazeres. Uma escola permanente foi o que manteve o circo na moda[44].

Mas, então, não existe o novo? É claro que sim, mas não onde é apontado, na estética ou no espaço onde se trabalha (seja no picadeiro, no palco, na rua, na praça, no ginásio, no galpão etc.), pois a produção circense sempre foi e deve ser um diálogo tenso e constante com as múltiplas linguagens artísticas de seu tempo. É no processo de ensino/aprendizagem e no modo de organização do trabalho que se passam as transformações, que se pode identificar realmente algo novo[45].

43 Bortoleto e Ontañón Barragán, 2016, p. 3.
44 Silva, 2011, p. 12.
45 *Ibidem*.

Não podemos trabalhar com conceituações de modo desencarnado, sem entender que elas têm história, que são produções históricas, resultados de disputas políticas/ideológicas. Em cada período pode haver diferentes significados sociais, culturais e políticos, pois dependem de quem fala, de onde fala, de como fala e da capacidade de escuta. Enfim, como escreveu o poeta Mário Quintana, "o passado não reconhece o seu lugar: está sempre presente".

Referências

AVANZI, Roger; TAMAOKI, Verônica. *Circo Nerino*. São Paulo: Selo Pindorama Circus; Codex, 2004.

BORTOLETO, Marco Antonio Coelho; ONTAÑÓN BARRAGÁN, Teresa; SILVA, Erminia (org.). *Circo: horizontes educativos*. Campinas: Autores Associados, 2016.

CASTAGNINO, Raúl H. *El circo criollo: datos y documentos para su historia, 1757-1924*. Buenos Aires: Plus Ultra, 1969.

CERVELLATI, Alessandro. Questa sera grande spettacolo: storia del circo italiano. Milano: Edizioni Avanti!, 1961.

FERREIRA, Marcos Francisco Nery. *A metáfora do Bogatyr: o corpo acrobata e a cena russa no início do século XX*. 184 f. Dissertação (Mestrado em Artes) – Universidade Estadual Paulista Júlio de Mesquita Filho – Unesp. São Paulo: 2011.

_____. "No vertiginoso picadeiro soviético". *Repertório: Teatro & Dança*. Salvador: 2012, ano 13, n. 15, pp. 17-24.

GABER, Floriane. "O nascimento de um gênero híbrido". Em: WALLON, Emmanuel (org.). *O circo no risco da arte*. Belo Horizonte: Autêntica, 2009.

GOUDARD, Philippe. *Le Cirque entre L'Élan et la chute: une esthétique du risque*. Les Matelles: Éditions Espaces 34, 2010.

GUY, Jean-Michel. *Avant-garde, Cirque!: les arts de la piste en révolution*. Paris: Autrement, 2001.

HEWARD, Lynn; BACON, John U. *Cirque du Soleil: a reinvenção do espetáculo*. Rio de Janeiro: Elsevier, 2006.

KLEIN, Teodoro. *El actor en el Río de la Plata*. v. 2, De Casacuberta a los Podestá. Buenos Aires: Ediciones Asociación Argentina de Actores, 1994.

LIEVENS, Bauke. "Primeira carta aberta ao circo de Bauke Lievens: A necessidade de uma redefinição". Disponível em: http://www.panisecircus.com.br/carta-aberta-ao-circo-de-bauke-lievens-dramaturga-belga-e-um-convite-a-reflexao-diz-a-artista-erika-s-toppel-do-zanni. Acesso em: 17 ago. 2018.

LOPES, Daniel de Carvalho. *A contemporaneidade da produção do Circo Chiarini no Brasil de 1869-1872*. 168 f. Dissertação (Mestrado em Artes Cênicas) – Universidade Estadual Paulista Júlio de Mesquita Filho – Unesp. São Paulo: 2015.

_____. SILVA, Erminia. "A contemporaneidade da linguagem circense no Rio de Janeiro do século XIX". *ILINX - Revista do LUME*. Campinas: 2018, n. 13.

_____. SILVA, Erminia. *Circos e palhaços no Rio de Janeiro: Império*. Rio de Janeiro: Grupo Off-Sina, 2015.

_____; SILVA, Erminia. "Trajetórias circenses: a produção da linguagem circense por membros da família Chiarini na América Latina nos anos de 1829 a 1840". *Revista Ensaio Geral*. Belém: 2014, v. 3, n. 3.

MERHY, Emerson. "Isso só acontece no Brasil...: lutas políticas contemporâneas: disputar a produção da memória é abrir o presente para devires-outros". Disponível em: http://www.semanaon.com.br/coluna/21/9168/isso-so-acontece-no-brasil. Acesso em: 30 ago. 2018.

OZÓRIO, Januário d'Assumpção. "Um espetáculo no 'Spinelli'". *O Theatro*. Rio de Janeiro: 1911, ano 1, n. 6.

QUINTANA, Mario. *Poesia completa*. Rio de Janeiro: Nova Aguillar, 2006.

SEIBEL, Beatriz. *Historia del circo*. Buenos Aires: Ediciones del Sol, 1993.

SILVA, Erminia. *Circo-teatro: Benjamim de Oliveira e a teatralidade circense no Brasil*. São Paulo: Altana, 2007.

_____. "O circo sempre esteve na moda". Em: FURTADO, Beatriz; LINS, Daniel (org.). *Fazendo rizoma: pensamentos contemporâneos*. São Paulo: Hedra, 2008.

_____. "O novo está em outro lugar". Em: SERVIÇO SOCIAL DO COMÉRCIO. *Palco Giratório, 2011: Rede Sesc de Difusão e Intercâmbio das Artes Cênicas*. Rio de Janeiro: Sesc, 2011.

_____; ABREU, Luis Claudio. *Respeitável público... O circo em cena*. v. 1. Rio de Janeiro: Funarte, 2009.

_____; NUNES, Márcia. *Revista DUX 10 anos (Circo DUX)*. Rio de Janeiro: Circo Dux, 2015.

WALLON, Emmanoel (org.). *O circo no risco da arte*. Belo Horizonte: Autêntica, 2009.

Periódicos

Gazeta de Notícias. Rio de Janeiro: 1876.
Gazeta de Notícias. Rio de Janeiro: 1907.
Gazeta Mercantil, Buenos Aires, 1830.
O Globo. Rio de Janeiro: 1875.

Circo e gênero: as mulheres e suas possibilidades de existência simbólica e material

Maria Carolina Vasconcelos Oliveira

> *"Nós falamos de 'mulheres e voto feminino', não falamos de Mulher com M maiúsculo. Deixamos isso para nossos inimigos."*
> MILLICENT FAWCETT

O desafio de escrever sobre "o lugar das mulheres no circo", conforme me foi proposto, não é nada simples. Primeiro porque, na ideia de que nos caberia um "lugar", está implícita a prerrogativa de que não podemos ocupar todo e qualquer lugar – o que já causa alguns arrepios a uma feminista. Segundo, porque a categoria "mulheres" está longe de ser universal e abstrata – e essa é uma questão bastante sensível para uma cientista social; e terceiro, porque a própria categoria "circo", em suas práticas cênicas e sociais reais, tampouco pode ser tomada como homogênea – o que é bastante sensível para uma realizadora e pesquisadora de artes circenses contemporâneas. Com isso, já me apresento em primeira pessoa, posto que, se não me parece justo falar das mulheres como categoria abstrata, também não o seria deixar de situar a mulher por trás desta escrita: artista com formação e trajetória em circo e dança, cientista social e, antes de tudo isso, cis, branca e escolarizada – o que em nosso contexto latino-americano, infelizmente, ainda significa a demarcação de um lugar de privilégios.

Reformulando a missão, neste capítulo, pretendo apresentar algumas reflexões sobre possibilidades de existência que as mulheres encontram no universo das artes circenses. A meu ver, um caminho respeitoso e satisfatório para cumprir essa tarefa passaria por: 1) entender como as desigualdades no tratamento às mulheres se configuram tanto *dentro* quanto *fora* da cena – ou seja, observando tanto os lugares e papéis que as mulheres costumam ocupar dentro das poéticas e narrativas cênicas de espetáculos e performances circenses quanto suas possibilidades de existência no circuito e no mercado de trabalho circense; 2) passaria também por realizar pesquisa empírica em que se observassem conjuntos reais de "mulheres" em práticas reais de "artes circenses". Nos últimos anos, tenho me dedicado a levantar dados empíricos desse tipo[1]. Mas, devido à restrição de espaço, minha

---

1 Destaco um levantamento empírico que venho realizando desde 2018 sobre as possibilidades de trabalho e as transformações nas autonarrativas corporais e nos interesses criativos das mulheres artistas que se tornaram mães, com resultados ainda não publicados, mas já discutidos em alguns congressos e encontros.

opção será, neste texto, por trazer uma discussão mais abstrata e alguns conceitos que orientam minhas próprias entradas de pesquisa empírica, e que penso que também podem reverberar nos trabalhos de outras pesquisadoras e realizadoras cênicas interessadas no tema.

Em edição de 2011, a revista *Stradda*, publicação francesa relacionada às artes circenses, trouxe um conjunto de escritos sobre as mulheres no circo. Contando com um ótimo texto de Anne Quentin – que discutia o "lugar" da mulher no circo contemporâneo a partir de alguns exemplos recentes do contexto europeu –, a edição celebrava que, já a partir da emergência do novo circo, os papéis previstos para as mulheres finalmente poderiam ser pensados para além da "assistente do mágico ou da esposa do dono do circo que desfila sobre um elefante"[2]. Sendo uma realizadora e pesquisadora de circo que não faz parte e nem nunca vivenciou plenamente o contexto do circo-família tradicional, devo admitir que não me sinto confortável em, de saída, julgar o circo clássico como "machista" somente a partir de suas práticas cênicas e sem considerar suas dinâmicas internas de produção, seus contextos históricos e a trajetória social de seus integrantes. Entretanto, deixar de admitir que há representações da cultura patriarcal em muitas de suas narrativas também me pareceria uma postura relativista demais. Buscar situar essas representações e apontar as contradições envolvidas neste assunto me parece um caminho para que possamos refletir, de maneira autônoma, sobre o que nos interessa manter e o que nos interessa transformar deste universo, como realizadoras e pesquisadoras das artes circenses.

Mulheres?
O questionamento à concepção da "mulher" como um sujeito único, estável e abstrato, anunciado já pelas precursoras dos movimentos feministas, ganhou força especial a partir dos anos 1970 – tanto em nível teórico quanto na esfera do ativismo feminista. Um grande marco, sem sombra de dúvida, foi a emergência do feminismo negro, fruto de interseções entre os movimentos negros e de mulheres[3], que se tornou conhecido principalmente por suas expoentes do contexto estadunidense (com destaque para Angela Davis, Patricia Hill Collins e bell hooks), e que na América Latina também se fez pelas mãos de grandes mulheres, como a brasileira Lélia Gonzalez. Esse pensamento revela como as experiências e condições vivenciadas pelas afro-americanas (bem como pelas ameríndias) são diferentes das vivenciadas pelas brancas, o que configura, portanto, uma diversidade tanto nas formas de opressão – partindo do pressuposto de que o patriarcado também não opera de maneira genérica – quanto nas estratégias e nos feminismos possíveis de emergirem como respostas. Esse pensamento vem desvelando, sobretudo, um processo de invisibilização que tem lugar não só na ciência, como também dentro

---

2   *Stradda*, 2011, p. 43.
3   Cf. Gonzalez, 1988.

do próprio pensamento feminista branco/europeu, já que as experiências e epistemologias formuladas por mulheres afrodescendentes tenderam a ser "excluídas daquilo que se conta como conhecimento" no decorrer da história[4]. O pensamento feminista negro mostra, de maneira bem convincente, como a interseccionalidade entre as questões da raça e do gênero operam na definição de condições de vida e perspectivas para conjuntos específicos e reais de mulheres – ou, parafraseando bell hooks, como as opressões racista e sexista têm naturezas que se complementam interseccionalmente.

Mais recentemente, já no escopo de um pensamento feminista reconhecido como pós-moderno, o debate sobre interseccionalidade no pensamento sobre gênero passa a envolver também, além de aspectos condição de classe e condições políticas do contexto em questão, fatores como orientação afetiva e experiência de cis ou transgeneridade. Para Judith Butler, a insistência sobre a coerência e a unidade de uma categoria "mulheres" tomada de forma genérica e essencializada teria resultado numa negligência da "multiplicidade das interseções culturais, sociais e políticas em que é construído o espectro concreto das mulheres"[5]. Vale pontuar ainda que, para algumas feministas que partem de uma tradição marxista, como Silvia Federici, o clamor por uma abordagem interseccional entre gênero e condições sociais da forma como feito nos últimos anos é quase uma falsa questão, uma vez que o que entendemos hoje por patriarcado, bem como a própria construção de uma ideologia da feminilidade, constituem-se como tais no período de acumulação primitiva que desembocaria no capitalismo – e, portanto, a discussão de opressão de gênero seria indissociável de uma discussão de classe, já que ambas são decorrências de um mesmo processo histórico.

De qualquer maneira, vale trazer a ideia, esta sim nova, de que Butler, como algumas teóricas *queer* desse debate mais recente[6], entendem o gênero menos como "identidade" e mais como um *ato*, "que tanto é intencional como *performativo*, onde *performativo* sugere uma construção dramática e contingente do sentido"[7] – o que significa assumir que são os vários atos/performances sociais relacionados ao gênero que criam a própria ideia de gênero, e que, "sem esses atos, não haveria gênero algum, pois não há nenhuma essência que o gênero expresse ou exteriorize, [...] porque o gênero não *é* um dado de realidade"[8]. Indo além, algumas dessas teorias questionam a própria ideia de sexo como categoria plenamente biológica ou "natural", pois sua construção também envolve um processo social e discursivo – em que o binarismo, por exemplo, se impõe como forma hegemônica, assim como a heterossexualidade.

---

4   Collins, 2019 [1990], p. 401.
5   Butler, 2003 [1990], pp. 34-5.
6   Cf. Solà, 2012; Jiménez, 2002.
7   Butler, 2003 [1990], pp. 198-9.
8   *Ibid.*, p. 199.

Partilho de alguns desses pressupostos, pois eles têm implicações bem específicas no que se pode conformar como uma agenda de pesquisa sobre circo e gênero. Primeiro, a necessidade de abrir mão de qualquer tentativa de generalizar as "mulheres", ou mesmo as "mulheres do circo", como categorias abstratas. Se algumas representações romantizadas sobre o "feminino" e sua suposta "essência" têm sido amplamente usadas como matéria poética para construções que se dão no nível cênico – especialmente na arte feita por mulheres –, a meu ver, elas nos servem muito pouco quando o objetivo é mais crítico ou político. Segundo, a necessidade de abrir mão de conceber "mulheres" ou, pior, o "feminino" como únicas categorias de oposição a "homens"/"masculino", o que seria ceder à ideologia do binarismo – ainda que eu não seja capaz, neste texto, de dar conta de discutir a questão do gênero a partir de suas diversas identidades ou performances, o que exigiria uma abordagem empírica bem específica. Em terceiro lugar, a necessidade de assumir que a diversidade de práticas e performances incluídas no escopo real das "mulheres" é enorme e não previsível – já que o leque de "mulheres possíveis" engloba experiências que variam consideravelmente em relação a orientações afetivas, experiências de cis ou transgeneridade, condições de raça e classe social. Deriva daí a necessidade de fortalecimento de uma agenda de pesquisas empíricas que discutam de maneira mais específica como cada um dentre os tantos grupos de mulheres possíveis de um determinado tempo-espaço experimenta possibilidades de existência – que também são específicas – dentro do universo das artes circenses.

Circo?
Uma das peculiaridades das artes circenses é o fato de, dentro dessa mesma categoria *circo*, conviverem atualmente representações e práticas de pelo menos 3 modos de produção diferentes: o tradicional/clássico, o novo e o contemporâneo. Nem essa tipologia e muito menos essa nomenclatura são consensuais: há autores que incluem aí também o circo social; outros que não trabalham com a diferenciação entre novo e contemporâneo; outros que listam um circo neoclássico. Pior, esses termos muitas vezes são utilizados como referência a dimensões de análise diferentes: no senso comum, por vezes são usados para definir o recorte temporal das produções (sendo o circo tradicional o mais antigo, que se desenvolveu em sua forma moderna a partir do final do século XVIII; o circo novo, aquele que se desenvolveu na Europa nos anos 1980; e o contemporâneo, que emerge a partir dos 2000); outras vezes são utilizados com referência ao local/espaço onde ocorrem as apresentações (sendo o tradicional/clássico apenas aquele circo que acontece na lona, e, os outros, os que acontecem em espaços como teatros, centros culturais, rua etc.); outras vezes são usados para definir formas diferentes de espetáculos cênicos (sendo o tradicional/clássico aquele que se apresenta geralmente como uma colagem de números variados; o novo, pautado numa dramaturgia mais clássica, fundada na representação e na linearidade; e o contemporâneo, como aquele que tem mais

afinidade com as formas teatrais performáticas e não lineares)[9]. Provavelmente por ter uma trajetória de estudos na sociologia da cultura e das artes, partilho do olhar dos autores que distinguem os diferentes "circos possíveis", fazendo referência a todo um modo de produção, incluindo tanto os padrões organizacionais como os estéticos/discursivos das obras – destaco especialmente a abordagem de Erminia Silva para o circo-família[10].

O que me interessa chamar atenção aqui é que as artes circenses, da forma como produzidas nos dias de hoje, tendem a carregar, em maior ou menor medida, representações e parâmetros de diferentes modos de existência, tanto poéticos/discursivos como organizacionais. Como não poderia deixar de ser, a abordagem da mulher, nesse contexto, também tende a sobrepor representações que são, muitas vezes, contraditórias.

Mulheres e circo, uma história cheia de contradições

Quando se trata de observar o tratamento dado aos corpos femininos nas artes circenses, o que não faltam são contradições. De um lado, é comum identificarmos a presença de representações estereotipadas sobre a mulher e o corpo feminino em narrativas clássicas do circo, como as sugeridas pelo editorial da revista *Stradda* já mencionado. Traços do que associamos a uma cultura patriarcal podem ser identificados, por exemplo, nos figurinos (mulheres usam roupas pequenas e sensuais em muito maior proporção do que os homens); ou no fato de as mulheres frequentemente serem postas para interpretar ou encenar representações de "beleza" e "feminilidade" (por exemplo, por meio da reprodução de gestos e movimentações consideradas "líricas" e "suaves", de um lado, ou "sedutoras" de outro; ou mesmo pelos próprios padrões corporais esperados das mulheres); ou na recorrência com que aparecem compondo cenas ou cenários como assistentes, *partners* e até mesmo como espécie de enfeites. De outro lado, como bem coloca Janet Davis, ao imaginário do circo estão fortemente coladas também as ideias de liberdade e não conformidade (estética, física e relacionada a modos de vida). E, desse ponto de vista, as mulheres do circo sempre foram vistas como poderosas e livres, desde o momento

---

9   Para uma discussão mais ampla dessas classificações, sugiro, do contexto europeu, Lievens (2015 e 2016), Guy (2001a e b), Costa (2005) e Rosemberg (2004); e, do contexto latino-americano, Infantino (2013), Matheus (2016), Silva (1996) e Vasconcelos-Oliveira (2020, artigo específico sobre o "contemporâneo").

10 Silva usa o termo *circo-família* para se referir não só às obras e à espacialidade dessa forma de circo (feita na lona), mas a todo o modo de vida envolvido nessa produção. Para essa autora, "ser tradicional [...] não significa apenas representação do passado em relação ao presente. Ser tradicional significa pertencer a uma forma particular de fazer circo, significa ter passado pelo ritual de aprendizagem total do circo, não apenas de seu número, mas de todos os aspectos que envolvem sua manutenção. Ser tradicional é, portanto, ter recebido e ter transmitido, através de gerações, os valores, conhecimentos e práticas [...]. Não apenas lembranças, mas uma memória de relações sociais e de trabalho, sendo a família o mastro central que sustenta toda essa estrutura" (Silva, 1996, p. 56).

em que começaram a estar em cena. Para a autora, as mulheres que passaram a figurar nos picadeiros dos Estados Unidos por volta de 1900 simbolizavam e reforçavam a categoria *new woman*, que florescia na cultura estadunidense de forma mais ampla. Rompendo com o modelo vitoriano vigente no século XIX, uma nova geração de mulheres entrava na esfera pública como trabalhadoras, postergando o casamento, buscando independência econômica e social[11] e reivindicando os lugares do corpo e da fisicalidade, rompendo com o ideal de fragilidade do século anterior. Logo reivindicariam também o direito ao voto. Davis mostra como, nesse contexto histórico, aerialistas, artistas equestres, pilotas de carros – além de Josephine Mathews, a primeira mulher a realizar um número de palhaço no circo Barnum & Bailey em 1895 – encarnavam muito bem esse espírito de sua época.

É fato, no entanto, que algumas representações relativamente tipificadas da mulher que associamos às narrativas circenses mais clássicas parecem deixar marcas na produção que se faz até os dias de hoje ou pelo menos em parte dela – o que provavelmente pode ser explicado pelo próprio processo de transmissão das referências e dos entendimentos que fazem com que uma obra seja considerada "circense". Não raro (e aqui falo do cenário brasileiro que vivencio), mesmo em algumas produções autodefinidas como circo contemporâneo ainda nos deparamos, por exemplo, com corpos femininos encenando representações físicas e gestuais de "feminilidade" ou interpretando personagens tipificados (a figura da mulher ingênua/vítima, ou da mulher excessivamente doce/delicada, ou da mulher erotizada e animalizada). Até pela proximidade com o mercado de eventos/entretenimento – que certamente influencia na porção propriamente artística/autoral das produções circenses, visto que os corpos e as trajetórias são os mesmos –, o uso do corpo da mulher como recurso de deleite do "grande" público ainda é bastante frequente. Não analiso aqui o ponto de vista do que acontece fora da cena, mas vale mencionar que também não raro vemos ganhar projeção, dentro das esferas específicas do circo, casos de diretores ou mesmo professores (ou qualquer outra figura de poder masculina) que cometem práticas abusivas, físicas, morais e/ou econômicas contra artistas mulheres.

Obviamente, as condições de desigualdade com que mulheres e seus corpos são tratados não são exclusividade do circo. São fruto da desigualdade de gêneros e da dominação masculina que operam num nível estrutural mais amplo e que atingem basicamente todas as esferas da vida social, incluindo também os mundos das artes – e há uma tradição de estudos específica sobre esse tema, que conta com trabalhos muito consistentes sobretudo para o universo das artes visuais[12]. O tratamento estereotipado e a negação de subjetividade às mulheres e a seus corpos

---

11 Davis, 2011, p. 211.
12 Um marco é o texto *Why Have There Been No Great Women Artists?*, escrito por Linda Nochlin em 1971; ver também Pollock, 1988; além do consistente trabalho da socióloga brasileira Ana Paula Simioni (especialmente Simioni, 2008).

também são particularmente notáveis em expressões que se organizaram historicamente a partir de modos de produção mais comerciais ou capitalistas, como discutiremos adiante. Ainda assim, a meu ver, a compreensão de que se trata de uma questão histórica e estrutural não nos livra da tarefa de lutar pela superação de práticas e representações que refletem e reforçam um contexto de opressão – e essa é uma missão que considero imprescindível para um circo que reivindica o *status* de contemporâneo.

Nesse esforço, é fundamental incentivar uma agenda de pesquisa destinada a investigar o que as artes circenses têm de específico, e me parece útil, aqui, situar historicamente algumas possíveis interpretações (ainda na condição de hipóteses) para algumas das representações da mulher e de seu corpo que ainda operam nos mundos do circo – no intuito primordial de aumentar nossa autonomia para escolher como lidar com elas. Um primeiro ponto a ser destacado é a herança que o circo, em sua forma moderna, carrega de uma tradição ocidental de espetáculos com personagens/figuras construídos como tipos sociais – ou seja, por meio de um recurso discursivo de tipificação –, como a própria *Commedia dell'Arte* e algumas formas de arte popular que se espalharam entre Renascimento e Idade Média, marcadas por uma caracterização exagerada de atributos ou comportamentos – e vale destacar que, em muitas dessas tradições, o recurso da tipificação servia menos à afirmação de representações hegemônicas e mais à crítica da ordem e das convenções sociais estabelecidas[13].

Outro ponto importante de ser mencionado é que o circo, da forma como o conhecemos hoje, surge numa relação de paralelismo histórico com a modernidade e com o próprio capitalismo[14] – e, se seguirmos a tese de Federici, também com o que entendemos hoje por patriarcado e com a própria narrativa da feminilidade, portanto. Especialmente a partir do início do século XX, vemos o circo conectado a um outro modo de produção que também tende a trabalhar fortemente com a objetificação (ou, ao menos, a negação da subjetividade) e o estereótipo: o do entretenimento ou da cultura em suas formas mais comerciais. Em seu estudo publicado em 1997, Alisa Solomon, observando principalmente a esfera do cinema – que, assim como o circo, surge primeiro como entretenimento para só depois ser alçado à categoria de arte –, aponta como a associação entre a mulher e um leque predeterminado de representações estereotipadas tende a fazer sentido dentro dessas esferas, até pelo objetivo de atingir um grande público e se viabilizar como atividade econômica. Solomon argumenta que, nesses contextos, em que reiterar as grandes representações que operam na sociedade parece mais estratégico que questioná-las, a mulher é construída a partir do olhar do homem, ou seja, os espec-

---

13   Como nos mostra o próprio Bakhtin em seu clássico estudo sobre Rabelais (2010 [1963]).
14   Cf. Lievens, 2015 e 2016; Bolognesi, 2009.

tadores são levados a enxergar as personagens femininas e suas trajetórias a partir de um ponto de vista que é masculino e, portanto, hegemônico[15].

É interessante, sobre esse ponto, trazer novamente Erminia Silva, que argumenta que a produção circense não deve ser compreendida somente pela sua característica de empresa capitalista, já que, diferentemente do padrão ideal de uma empresa, seu modo de vida é fortemente baseado na ideia de comunidade[16]. A autora também defende que a produção circense não deve ser entendida somente a partir da relação com seu público, ainda que concorde com a centralidade de tal relação, mencionando algumas vezes a prerrogativa de "agradar ao público" como estratégia: "o público deseja a sensualidade, a magia e o fascínio e o circense atua nessa direção"[17].

Além desses fatores históricos, penso que a poética do extraordinário, que em alguma medida define o circo como linguagem, também tende a favorecer abordagens estereotipadas (e até "encenadas") do feminino e da alteridade de forma geral. Diversos pesquisadores do circo, tanto em suas formas mais clássicas como em suas formas mais contemporâneas, mesmo que lançando mão de abordagens e nomenclaturas diferentes, tendem a concordar que uma das características essenciais do circo seria a presença do risco e da proeza[18]. A meu ver, não seria exagero dizer que o circo, como linguagem, se constrói fundamentalmente sobre uma poética do extraordinário (como algo que se opõe ao ordinário), que inclui o risco e a proeza. Se, como bem coloca a socióloga da cultura Nathalie Heinich, a arte é, como um todo, construída sobre um regime de exceção (no sentido de que seu sistema de legitimação valoriza justamente aquilo que não é comum)[19], poderíamos dizer que o circo leva esse pressuposto ao seu extremo, estetizando o incomum como um fim em si mesmo. Aqui, o extraordinário e o atípico, tratados de forma quase alegórica, a ponto de serem encenados ou representados em cena, estão profundamente

---

15 Convém ponderar que, segundo Davis (2011), até por volta de 1900, o circo, dialogando com uma tradição anterior de artes cênicas de rua, tinha um papel importante de colocar em discussão algumas tensões culturais e políticas das sociedades que caminhavam em direção à modernidade – diferenciando-se, portanto, do modelo de entretenimento que depois seria associado às indústrias culturais, definidos por um caráter alienante e despolitizado.

16 Para ela, a maneira como as famílias circenses se articulam entre si e organizam seus saberes e práticas "não se explica simplesmente pelo movimento do capital" (Silva, 1996, p. 24). Mesmo em momentos em que o circo interage com formas culturais mais industriais ou "de massa", isso é feito sem que se percam suas próprias dimensões constitutivas (*ibidem*, p. 38), oriundas de uma organização social mais alinhada às representações de comunidade e família do que propriamente de indústria. Ainda assim, no trabalho da autora há inúmeros relatos e análises que reiteram a aproximação do funcionamento dos circos ao modelo do "mercado", por exemplo trechos relacionados à concorrência entre circos numa mesma praça, ou às relações entre patrão e empregados. Ver também Militello (1978), que menciona que o próprio "povo da lona" referia-se às companhias e aos circos como "empresas".

17 Silva, 1996, p. 119.

18 Cf. Wallon, 2009; Bouissac, 2010; além de outros que citamos aqui como Infantino, 2010; Matheus, 2016; Lievens, 2015.

19 Cf. Heinich, 2005.

ligados à eficiência simbólica das obras. Nesse contexto, é possível compreender que processos específicos de construção de narrativas que se reivindicam como circenses também tendam a usar como recursos a tipificação e a estetização das diferenças.

Um exemplo histórico muito ilustrativo, nesse sentido – e que cabe muito bem quando a discussão é gênero –, é o das personagens apresentadas como *anomalias* ou *monstros*, que foram elementos importantes nas formas de entretenimento anteriores ao circo moderno e regressaram, já no século XX, como uma categoria específica relacionada à produção circense, sobretudo dos Estados Unidos – os chamados *freak shows*. Figuras como a das mulheres barbadas são um objeto de estudo bastante interessante. Pilar Pedraza identifica a presença dessas mulheres em práticas de entretenimento desde o Renascimento – e não há de ser coincidência o fato de esse período representar o início do processo de acumulação primitiva que Federici aponta como origem da opressão de gênero que conhecemos hoje (e que inclui também os processos de colonização). Pedraza mostra como, no século XIX e início do XX, mulheres com padrões corporais diferentes do que era considerado *normal* no mundo branco e ocidental eram apresentadas a público como "híbrido entre animal e humano", ou como "elo perdido" (na esteira do pensamento darwinista), ou, ainda, para reiterar a ideia consolidada no Iluminismo de que haveria uma maior proximidade da mulher com o estado de natureza[20]. Pedraza traz registros de uma série de mulheres que sofriam de hirsutismo ou hipertricose e que figuravam no mundo do espetáculo originando a figura da mulher-barbada (como Fortune Clofullia, que trabalhou com Taylor Barnum, ou Olga Roderick, que participou do clássico filme *Freaks*, de Tod Browning, de 1932), como também de outras que, vindas de contextos que não o dos países do norte, eram marcadas por outros traços fenotípicos construídos sob a narrativa do "exótico" ou da "monstruosidade" – e aqui há histórias bastante trágicas como a de Júlia Pastrana, nativa mexicana com hipertricose grave, enquadrada como "híbrido de orangotango e humano", ou Krao, da Birmânia, ambas levadas para serem expostas em países europeus[21]. Além dessas figuras reais, existem ainda hoje construções cênicas ficcionais como a da Mulher-Gorila (ou Monga), bastante clássicas em circos, e que operam diretamente por meio da associação entre a condição feminina e um suposto estado de animalidade ou de natureza (e vale pontuar que, quando não está transformada em Monga, a mulher via de regra é dócil, delicada e sedutora).

Importante pontuar que a figura do monstro vem sendo usada há séculos como dispositivo de alterização na história cultural do ocidente. Antich, citando vários autores que se debruçaram sobre a ideia de "monstro" desde Aristóteles, mostra como ela foi constituída de maneira semelhante à noção de bárbaro, operando uma dimensão política e reforçando a normatividade perante à qual aparece

---

20   Pedraza, 2009, pp. 17-8.
21   *Idem*, 2011, pp. 80-3.

como desvio. Foucault, ao fazer sua genealogia da anormalidade, abordou-a como a representação do monstro construída nos séculos XVIII e XIX e apresentou-a como "o grande modelo de todas as pequenas discrepâncias"[22]. O monstro suscita, por violar a lei, a violência e o desejo de supressão ou, em outros casos, uma espécie de desejo de correção[23] a ser feita por meio dos saberes produzidos pelo polo "normal" – o que, voltando ao assunto que estamos abordando aqui, também pode nos remeter à narrativa dos "domadores", não só de animais, mas de figuras como a Monga ou a própria mulher barbada (e vale reparar que eles quase sempre são homens).

Tais figuras apresentadas como extraordinárias, via de regra por uma estetização ou mesmo encenação de certos atributos construídos sob a chave da alteridade, em suma, "servem" justamente para reforçar os limites da normatividade ou daquilo que é considerado humano e civilizado – e, por que não, também masculino, se concordarmos com Simone de Beauvoir na observação de que, nas sociedades ocidentais, a pessoa universal humana e o gênero masculino são representações que se confundem.

Enfim, caberia perguntar, já observando o contexto da produção circense mais recente, o quanto alguns dos papéis narrativos interpretados por mulheres – por exemplo, os lugares como o do *exótico*, do *misterioso*, do *selvagem*, que claramente operam na lógica da estetização da diferença e da diversidade dos corpos – não carregam, em alguma medida, um rastro daquela poética da anomalia. Para o leitor que achar exagerada essa comparação, gostaria de trazer um anúncio de *casting* de 2003 do *Cirque du Soleil* para seu show *Zumanity*, em que se buscavam "dançarinos masculinos viris e dançarinas femininas voluptuosas", além de "uma dançarina do Oriente Médio para um ato de dança exótica"[24]. A meu ver, esse tipo de associação de atributos de gênero ou mesmo de raça a supostas características comunicativas/poéticas é um mecanismo óbvio de construção de uma ideia de alteridade essencializada e estereotipada – que, nesse caso, também não pode ser dissociado de uma lógica do mercado de entretenimento.

Ou seja, uma interpretação possível é a de que a própria poética do extraordinário, sobre a qual o circo está fundado, tenda a favorecer uma ficcionalização de gêneros que opera por meio do binômio essencialização/estetização das diferenças dos corpos, num processo que envolve a construção de tipos com características exageradas ou pitorescas e a encenação dessas representações predeterminadas. Trata-se de algo que, se parece funcionar bem no nível cênico, no nível político precisa ter suas decorrências observadas com atenção, sobretudo entre aqueles que, como eu, reivindicam um circo "contemporâneo"[25]. E, se essa discussão parece complexa quando falamos somente em "mulheres", podemos

22 Foucault, 2001 [1975], p. 71.
23 *Ibidem*, pp. 71-3.
24 *Fascination Newsletter*, 2013.
25 Ver mais sobre essa discussão em Vasconcelos-Oliveira, 2020.

imaginar o quanto ela pode ficar ainda mais densa se trabalharmos com um recorte mais específico de mulheres negras (duplamente oprimidas e estereotipadas) e, de forma ainda mais drástica, com um recorte de mulheres trans, de orientação homoafetiva ou mesmo de pessoas não binárias. Faltam-me, além de espaço, conhecimento de causa e lugar de fala para desenvolver uma discussão desse teor aqui, mas recomendo ao leitor acompanhar as produções de realizadoras como Vulcânica Pokaropa (e as demais integrantes da companhia circense Fundo Mundo, composta só por pessoas trans/não binárias) e Raylander Mártis dos Anjos, no contexto brasileiro, que se dedicam a problematizar o caráter sexista, homofóbico, machista e racista de alguns discursos entendidos como "clássicos" no circo (especialmente na esfera da comicidade).

Para voltar às contradições, temos todo um caminho de ponderações que é fundamental apresentar. Seria injusto e falacioso sustentar que esse tipo de abordagem das mulheres é regra no mundo do circo como um todo, ou mesmo que reina absoluto nas narrativas circenses. Sobretudo porque, nas artes circenses, e mesmo em suas formas mais clássicas, os estereótipos femininos mais difundidos na sociedade (associados, por exemplo, à delicadeza/docilidade ou a um suposto caráter selvagem) nunca foram os únicos a figurar em cena: como bem pontuou Julieta Infantino em estudo de 2010, eles sempre foram tensionados pela presença de outras figuras femininas que fogem muito das representações do senso comum – por exemplo, as mulheres muito fortes (característica comumente associada aos homens) ou que realizam grandes proezas com seus corpos (desafiando, como bem coloca Anne Quentin, a ideia de que a performance física mais radical seria terreno masculino).

Isso fortalece meu argumento de que, se a existência do circo como uma forma cultural construída na lógica do entretenimento (principalmente no início do século XX) tende a favorecer representações de gênero hegemônicas e normativas, o seu apoio sobre a poética do extraordinário, em outro nível, favorece a presença do *incomum* – mas que, naquele contexto do entretenimento, só pode se tornar palatável se abordado de forma essencializada e estetizada. Ou seja, se não se pode dizer que, no circo, as representações mais hegemônicas e estereotipadas da mulher reinam absolutas, dificilmente se poderia sustentar também que elas são questionadas ou criticadas a fundo.

Outro contraponto que também se apresenta como fundamental tem a ver com a dimensão do modo de vida circense. Silva admite que, de fato, a organização social do circo-família se assenta no regime patriarcal, com a predominância das linhagens masculinas e de uma divisão do trabalho em que o homem trata dos assuntos externos da família e da companhia enquanto a mulher cuida dos assuntos internos/domésticos (incluindo os filhos[26]). A autora também traz indícios de como a estrutura patriarcal reverbera no nível cênico e discursivo, por exemplo, quando menciona a recorrência das personagens femininas sensuais e sedutoras

---

26   Cf. Carmeli (2011), que traz um estudo de caso do contexto europeu.

como parte da "estratégia de agradar" o público; tendência esta que se apresenta, pelo que colocam suas entrevistadas, como contraste ao rígido regime moral patriarcal que se impõe na vida real de fora da cena[27]. Mas, segundo ela, não se pode deixar de ponderar que, no circo, a mulher, "desde que nasce, vai ser preparada para realizar uma atividade que requer mais que o cumprimento de sua jornada de trabalho como mãe e doméstica: ela será uma artista de circo à noite"[28], além de desempenhar diversas outras atividades necessárias para que o espetáculo aconteça. A mulher, então, tem um papel importante para a manutenção do circo-família e, diferentemente do que ocorre como regra geral no regime patriarcal (especialmente do período observado pela autora, de meados do século XIX a meados do XX), esse papel não se restringe às atividades domésticas.

Qual circo nos interessa fazer hoje?
Por fim, também seria necessário ponderar que, na produção mais recente, questionamentos às representações normativas e hegemônicas sobre o corpo da mulher parecem estar se proliferando em vários contextos. Na já mencionada edição de 2011 da revista *Stradda*, Anne Quentin, ao observar algumas produções europeias, nota, por exemplo, que há cada vez menos uma separação de habilidades vistas como tipicamente femininas ou tipicamente masculinas, ainda que os padrões físicos da média das mulheres favoreçam a prática de certas modalidades como o contorcionismo ou a posição de volante em acrobacias em dupla ou grupo. De outro lado, a autora também nota que o circo, mesmo em suas vertentes contemporâneas, ainda assume postura bastante "hermética" em relação às questões políticas do mundo; e a questão de gênero é eminentemente política[29]. Também do contexto europeu, vale mencionar uma conferência internacional realizada em 2009 na Croácia, intitulada *Women & Circus*, que reuniu artistas e pesquisadores de diversos lugares do mundo e resultou numa importante publicação com o mesmo nome[30] – o que mostra que esse assunto está na agenda. Além disso, é importante destacar a existência de algumas companhias que já são reconhecidas mundialmente por problematizarem a construção dos gêneros que é considerada mais típica do circo clássico, como a australiana

---

27 Sobre esse ponto, Silva (1996) diz: "No picadeiro, [as mulheres] explodem, expressando artisticamente todo o aprendizado da técnica e da estética sedutora, procurando realizar com a máxima perfeição o seu papel na apresentação do espetáculo. Mas, quando têm que falar sobre esta situação, apresentam-na em um esquema restritivo [...], reportando-se sempre à reafirmação do fato de serem mulheres de família" (p. 119). A autora apresenta alguns relatos de como as circenses se incomodam com a imagem de que seriam mulheres que "não prestam" (ibidem, p. 120). Ela ainda mostra como algumas das próprias artistas enxergavam positivamente as rígidas regras morais a que eram submetidas, considerando o "controle" dos homens como algo necessário, primeiro por razão de proteção e depois porque aquela imagem hostilizada "impactava na reputação do circo como um todo" (*ibidem*, pp. 121-3).
28 *Ibidem*, pp. 58-9.
29 Quentin em *Stradda*, 2011, p. 44.
30 Cf. Kralj, 2011.

Circus Oz (fundada em 1979), associada ao contexto do novo circo, que buscou, por exemplo, trazer clowns femininos numa época em que isso não era comum, além de romper a predominância de certos tipos de representação feminina nos aparelhos aéreos[31]. Ou, de forma ainda mais potente, o caso do Circus Amok, de Nova York, fundado em 1989 pela artista, escritora e professora universitária Jennifer Miller – uma mulher que tem hirsutismo e que assume a figura da Mulher Barbada para articular um discurso bastante politizado, num circo repleto de personagens *queer* cujas narrativas "rompem com os padrões da normatividade"[32].

No contexto brasileiro que vivencio, há visivelmente uma mudança em curso – ainda que, de fato, o circo pareça problematizar muito menos as questões de gênero do que as demais artes cênicas contemporâneas (debates relacionados, por exemplo, aos corpos trans e não binários ainda são menos vistos no circo do que em outras linguagens, e destaco novamente a importância da Cia Fundo Mundo nesse tema). Cada vez mais, os grupos circenses autodefinidos como contemporâneos buscam questionar ou ao menos abrir mão de representações estereotipadas da mulher e da "feminilidade". Não há espaço aqui para analisar a fundo obras específicas, mas é necessário mencionar a força da cena de palhaçaria feminina (sugiro os trabalhos da palhaça e pesquisadora Maria Silvia do Nascimento e da pesquisadora Laura Salvatore[33], ou ainda as artistas que se reúnem em torno do *Cabaré das Divinas Tetas* e de diversos festivais e mostras específicas). Para além da cena da comicidade, destacaria alguns coletivos que se debruçam mais a fundo sobre o estudo da questão do gênero e trazem isso em suas obras cênicas direta ou indiretamente – como o Circo Soul (especificamente em *Nós não andamos sós*), a Cia da Pegada (especificamente em *Cabaré do Dr. D – manifesto contra machismo e homofobia no circo*), e menciono também os grupos que fundei com outras mulheres, A Penca e Núcleo Desastre. Para além disso, há uma série de trabalhos de circo contemporâneo que não tratam diretamente das questões de gênero, mas que trabalham fora dos registros mais tipificados de masculino e feminino, como o trabalho Íntimo, da Cia LaMala (que aborda a intimidade de um casal cis-heterossexual, mas de maneira não hierárquica e evitando mobilizar estereótipos de masculinidade e feminilidade como recurso narrativo); ou os trabalhos do Circo Enxame (com elenco misto e trabalhando num registro de bastante neutralidade de gênero, tanto na construção da narrativa como também nos gestuais/corporalidade e figurinos).

Para finalizar, gostaria de expressar minha percepção de que as consequências da adoção de abordagens objetificadas e estereotipadas das mulheres e seus corpos, assim como a omissão do debate sobre gênero e naturalização das opressões relacionadas a gênero, além de serem políticas, relacionam-se à própria

---

31   Cf. Tait, 2011.
32   Miller *apud* Hou, 2012.
33   Nascimento, 2018; Goudard e Salvatore, 2020.

eficiência artística[34] de um circo que se supõe contemporâneo – principalmente no contexto atual, em que esses debates têm sido tão caros a outras esferas artísticas. Como discuti em artigo de 2020[35], o próprio estatuto de contemporaneidade, nas artes, é fundado sobre a valorização de subjetividades e de um certo caráter crítico-reflexivo. Espera-se, portanto, uma especificidade ou até uma atitude, do circo que se reivindica "contemporâneo", relacionadas a essa classificação – não enxergo que essa categoria deva ser utilizada somente em oposição à de "circo tradicional", agregando toda e qualquer prática circense feita fora do modo de produção clássico ou tradicional.

Nesta última seção, gostaria ainda de listar quatro questões que considero importantes de serem analisadas tanto em reflexões teóricas quanto em práticas cênicas relativas a gênero nas artes circenses. A primeira, uma questão que se relaciona à discussão que apresentei no primeiro item: é imprescindível termos em mente a enorme *diversidade de performances de gênero possíveis* no contexto atual. Ainda que optemos por restringir a discussão às "mulheres", é preciso não perder de vista a amplitude do escopo de mulheres possíveis, levando em consideração as relações de interseccionalidade tanto com marcadores clássicos (raça, condições sociais) quanto contemporâneos (orientações afetivas, cis ou transgeneridade), sob o risco de trabalharmos com uma categoria que se pressupõe representativa de um universo que está longe de ser homogêneo.

A segunda questão diz respeito à *tentação de definir por "feminista" toda e qualquer prática artística circense feita por mulheres*. A pauta feminista (e do gênero, como um todo) tem tido bastante apelo atualmente no mundo das artes, em parte como resposta à própria emergência de uma onda conservadora, e há uma tendência de valorização dessas temáticas em alguns espaços de curadoria ou por certos mecanismos de apoio e financiamento. Isso, sem sombra de dúvida, é extremamente positivo para a evolução da agenda; mas, se podemos mencionar um efeito colateral, ele tem a ver com uma proliferação de trabalhos e realizadores que reivindicam tais classificações sem, de fato, terem engajamento com essas causas ou um mínimo conhecimento/vivência nelas. Num texto bastante provocativo sobre a forma nebulosa pela qual conceitos de "arte feminista" e "arte feita por mulheres" são frequentemente tomadas uma pela outra no mundo das artes visuais, Malin Hedlin Hayden questiona se o uso da "marca feminismo como metonímia"[36], implícito nesse processo, não se configura como uma abordagem essencialista (ainda que justificada por fins estratégicos). Indo além, parece-me que a compreensão de que nem toda arte feita por mulheres é "arte feminista", além de colaborar para uma maior consistência da própria agenda feminista, nos liberta também de uma *suposta relação de obrigatoriedade que as mulheres teriam de se posicionar sobre esses temas em seus trabalhos artísticos*, e esta é a terceira

34 Nos termos de Heinich e Schaeffer, 2004.
35 Vasconcelos-Oliveira, 2020.
36 Hayden, 2019, p. 315.

questão que me interessa apontar aqui. Não raro, presenciamos festivais ou mostras específicas de artes circenses "femininas" em que só o que está em cena são questões genericamente vinculadas ao que se entende por uma experiência feminina no mundo (por exemplo, relacionadas à liberdade do corpo, ao assédio, à maternidade, além de uma enxurrada de trabalhos recentes relacionados ao que vem sendo chamado "sagrado feminino" – a meu ver um discurso bastante problemático e essencialista). Menos raro ainda é esse tipo de programação ser definida como "feminista", o que é feito muitas vezes sem que se traga uma discussão mais comprometida com algum dos tantos tópicos que vêm sendo discutidos nessa agenda – tanto na produção intelectual quanto, principalmente, nos espaços de militância. Pior, também não é raro que muitas dessas práticas, mesmo fazendo uso da "marca feminismo", sigam mobilizando, no nível da cena, estereótipos associados às mulheres e seus corpos. Considero fundamental termos em mente, para o avanço dessa agenda, que nem toda arte feita por mulheres deve ser automaticamente classificada como "arte feminista", de um lado; e, de outro, que nem toda arte feita por mulheres deve estar fadada a abordar aspectos (via de regra, estereotipados) relacionados ao que se entende por "feminino". Que possamos perceber que uma prática artística feita por mulheres que verse sobre a física quântica pode ser tão feminista quanto (ou até mais do que) uma que fale sobre maternidade – e digo isso sem qualquer desrespeito ou julgamento, afinal alguns dos meus próprios trabalhos artísticos recentes são sobre o tema da maternidade!

Por fim, a quarta e última questão que considero importante levarmos em consideração neste debate está relacionada às possibilidades de *um uso "consciente" e até emancipatório de estereótipos ou representações tipificadas relacionados à mulher e às ideologias da feminilidade* como os que discutimos aqui. Sem dúvidas, é ilusório e pretensioso achar que todo e qualquer uso dessas representações, em cena, aconteça na simples lógica da reprodução ou da alienação. Poderíamos, por exemplo, listar diversas formas artísticas que, na atualidade, fazem uso da imagem da *femme fatale* ou da mulher altamente sexualizada numa lógica do empoderamento e da reivindicação ao próprio corpo – utilizando, paradoxalmente, registros construídos a partir da normatividade para questionar os padrões normativos (e algo semelhante ocorre com o discurso, que já mencionei, que reivindica à mulher, ou melhor, à mulher com útero, um lugar de continuidade com a natureza e com uma certa representação do "selvagem", numa chave positiva e celebratória). Considero esse um dos pontos para o qual mais precisamos de pesquisa empírica na agenda de estudos de gênero nas artes. Uma possível estratégia de compreensão – ainda hipotética – passaria por entender as atitudes e os posicionamentos relacionados ao tema do gênero que artistas que mobilizam esses estereótipos sustentam para além da cena, em seus engajamentos sociais e políticos mais gerais, de forma a tentar identificar em qual projeto artístico-político (mais amplo) está ancorado o uso dessas representações como recurso cênico (mais específico).

Finalizo apontando a necessidade de ampliação e aprofundamento das reflexões sobre gênero no universo do circo, tanto no âmbito da pesquisa quanto nas próprias produções artísticas. Considero de extrema importância desenvolvermos olhares críticos e plurais para pressupostos e representações que muitas vezes se apresentam como naturais ou inquestionáveis, o que passa também por compreender suas reverberações políticas no mundo contemporâneo e nas outras esferas da vida (para além da artística). Que tipo de discursos e valores queremos expressar, reiterar ou contestar em nossas produções e relações de trabalho? Quais são as possíveis decorrências dos discursos que mobilizamos? A meu ver, é plenamente possível desenvolver esse tipo de olhar crítico sem que isso signifique uma rejeição às tradições e ao repertório construído historicamente até aqui. Um caminho passa por buscar entender o contexto histórico e cultural em que se desenvolvem certas representações e práticas e nos perguntar o que, desses repertórios, nos interessa atualizar.

Referências

ANTICH, Xavier et al. *De animales e monstruos*. Barcelona: Museu D'Art Contemporani de Barcelona, 2011.

BACHELARD, Gaston. *A poética do espaço*. São Paulo: Martins Fontes, 2008.

BORTOLETO, Marco Antonio Coelho; SILVA, Erminia. "Circo: educando entre as gretas". *Rascunhos – Caminhos da Pesquisa em Artes Cênicas*. Uberlândia: 2017, v. 4, n. 2.

BOUISSAC, Paul. *Semiotics at the Circus*. Berlin; New York: De Gruyter Mouton, 2010.

BRUSCHINI, Cristina. "Trabalho doméstico: inatividade econômica ou trabalho não-remunerado?". *Revista Brasileira de Estudos de População*. Rio de Janeiro: 2006, v. 23, n. 2.

BUTLER, Judith. *Problemas de gênero: feminismo e subversão da identidade*. Rio de Janeiro: Civilização Brasileira, 2003.

CARMELI, Yoram. "At the Circus Backstage: Women, Domesticity, and Motherhood, 1975-2003". Em: KRALJ, Ivan (org.). *Žene & Cirkus: Women & Circus*. Zagreb: Mala performerska scena, 2011.

COSTA, Isabel. "As artes do circo". *Sinais de cena*, 3, 2005.

COLLINS, Patricia Hill. *Pensamento feminista negro*. São Paulo: Boitempo, 2019 [1990].

CULLER, Johnatan. *Structuralist Poetics: Structuralism, Linguistics and the Study of Literature*. London; New York: Routledge, 2004.

DAVIS, Janet. "Brazen, Bare, Beautiful and Bearded: Circus Women and the Making of Modernity". Em: KRALJ, Ivan (org.). *Žene & Cirkus: Women & Circus*. Zagreb: Mala performerska scena, 2011.

FASCINATION! NEWSLETTER. *Zumanity: 10 Years of Sensuality*. Disponível em: <https://www.cirquefascination.com/?p=4158>. Acesso: 22 maio 2022.

FOUCAULT, Michel. *As palavras e as coisas: uma arqueologia das ciências humanas*. São Paulo: Martins Fontes, 2000.

_____. "Aula de 22 de janeiro de 1975". Em: FOUCAULT, Michel (org.). *Os anormais*. São Paulo: Martins Fontes, 2001.

GOUDARD, Philippe; SALVATORE, Laura Marques de Souza. "Piolin, Cadilac, Mafalda Mafalda et Clowndette Maria: tradition et l'élargissement de la scène clownesque vivante". *Repertório*, Salvador: 2020, ano 23, n. 34, pp. 179-99.

GUY, Jean-Michel (org). *Avant garde, cirque! Les arts de piste en révolution.* Paris: Autrement, 2001a.

_____. "Les langages de cirque contemporain. Em: Ministère de la Jeunesse, de l'Éducation nationale et de la recherche. *L'école en piste, les arts du cirque la rencontre de l'école*. Avignon, 2001b.

HAYDEN, Malin. "Artistas mulheres versus artistas feministas: definições por ideologia, retórica ou puro hábito?". Em: PEDROSA, A.; CARNEIRO, A.; e MESQUITA, A. (ed.) *Histórias das mulheres, histórias feministas*. Volume 2: Antologia. São Paulo: MASP, 2019 [2010].

HEINICH, Nathalie. *L'Élite artiste: excellence et singularité en régime démocratique.* Paris: Éditions Gallimard, 2005.

_____; SCHAEFFER, Jean-Marie. *Art, création, fiction: entre sociologie et philosophie.* Nimes: Éditions J. Chambon, 2004.

HOU, Christine Shan Shan. "Queer Spetacle: Jennifer Miller and Circus Amok". Disponível em: <https://hyperallergic.com/56289/queer-spectacle-jennifer-miller-and-circus-amok/>. Acesso em: ago. 2018).

INFANTINO, Julieta. "Prácticas, representaciones y discursos de corporalidad: la ambigüedad en los cuerpos circenses". *Runa*. Buenos Aires, 2010, v. 31, n. 1.

JIMÉNEZ, Rafael M. Mérida (org.). *Sexualidades transgresoras: una antología de estudios queer.* Barcelona: Icaria, 2002.

LEHMANN, Hans-Thies. *Teatro pós-dramático*. São Paulo: Cosac & Naify, 2007.

LIEVENS, Bauke. "First Open Letter to the Circus: The Need to Redefine". Disponível em: <http://e-tcetera.be/first-open-letter-to-the-circus-the-need-to-redefine/>. Acesso em: 06 maio 2022.

_____. "Second open letter to the circus: The myth called circus". *Etcetera*, 7 dez. 2016. Disponível em: <http://e-tcetera.be/the-myth-called-circus/>. Acesso em: maio 2022.

KRALJ, Ivan (org.). *Žene & Cirkus: Women & Circus*. Zagreb: Mala performerska scena, 2011.

MATHEUS, Rodrigo. *As produções circenses dos ex-alunos das escolas de circo de São Paulo na década de 1980 e a constituição do Circo Mínimo.* Dissertação (Mestrado) – Instituto de Artes da Universidade Estadual Paulista, 2016.

MILITELLO, Dirce Tangará. *Picadeiro*. São Paulo: Guarida, 1978.

NASCIMENTO, Maria Silvia. "Casada consigo mesma: mulheres palhaças e a busca de uma comicidade feminina". *Revista Ártemis*, v. XXVI, n. 1, jul.-dez. 2018.

OLIVEIRA, Maria Carolina. "Impurezas, hibridismo e relação com as técnicas 'puras'". Disponível em: <https://movimentoimpuro.wordpress.com/2014/04/04/impurezas-hibridismo-e-relacao-com-as-tecnicas-puras/>. Acesso em: 06 maio 2022.

_____. "Reflexões sobre o circo contemporâneo: subjetividade e o lugar do corpo". *Revista Repertório*, n. 34, 2020.

PEDRAZA, Pilar. *Sobre la mujer barbuda y otras anomalías.* Em: ANTICH, Xavier *et al. De animales e monstruos.* Barcelona: Museu D'Art Contemporani de Barcelona, 2011.

_____. *Venus barbuda y el eslabón perdido*. Madrid: Ediciones Siruela, 2009.

RICOEUR, Paul. "Rethoric – poetics – hermeneutics". Em: MEYER, Michel (org.). *From Metaphysics to Rhetoric*. Dordrecht: Springer, 1989.

ROSEMBERG, Julien. *Arts du Cirque: esthétiques et évaluation*. Paris: L'Harmattan, 2004.

SILVA, Erminia. *O circo: sua arte e seus saberes: o circo no Brasil do final do século XIX a meados do XX*. 184 f. Dissertação (Mestrado em História) – Universidade Estadual de Campinas. Campinas: 1996.

SOLÀ, Miriam. "La re-politización del feminismo, activismo y microdiscursos posidentitarios". *Desacuerdos*. Madrid: 2012, n. 7.

SOLOMON, Alisa. *Re-dressing the Canon: Essays on Theater and Gender*. London; New York: Routledge, 1997.

STOPPEL, Erica Raquel. *O artista, o trapézio e o processo de criação: reflexões de uma trapezista da cena contemporânea*. 134 f. Dissertação (Mestrado em Artes da Cena) – Universidade Estadual de Campinas. Campinas: 2017.

STRADDA. Les fabriques du possible. "Dossier Art au féminin, Un cirque d'un nouveau genre". Paris, 2011, n. 21.

TAIT, Peta. "Legendary Performances: Gendered Outrage in Australian Circus (Oz)". Em: KRALJ, Ivan (org.). *Žene & Cirkus: Women & Circus*. Zagreb: Mala performerska scena, 2011.

TAYLOR, Verta; RUPP, Leila J. "Chicks with Dicks, Men in Dresses: What It Means to Be a Drag Queen". *Journal of Homosexuality*. Philadelphia, 2004, v. 46, n. 3-4.

WALLON, Emmanuel (org.). *O circo no risco da arte*. Belo Horizonte: Autêntica, 2009.

O surgimento e o desenvolvimento do novo circo em Buenos Aires, Argentina

Laura Mogliani

Ao longo da sua história, do período colonial até a atualidade, o circo teve uma presença constante em Buenos Aires. Sua presença em nossa cidade foi antecedida pelos acrobatas coloniais, de origem espanhola, seguida da chegada do circo moderno europeu, com as companhias estrangeiras que, a partir de 1819, trouxeram para o país o modelo de circo inglês criado por Philip Astley no final do século XVIII. A presença das companhias estrangeiras fomentou, mais tarde, a formação das primeiras companhias locais, a partir de 1836, até a criação e consolidação de um modelo próprio: o circo *criollo*, ou nativo, cuja consolidação e auge ocorreram a partir da estreia da pantomima *Juan Moreira*, de Gutiérrez-Podestá, em 1884. Essa fase inicial assinala uma constante na história do circo em nosso país, uma história marcada pela articulação de duas forças: por um lado, o incentivo do exterior – primeiro europeu, em seguida canadense e estadunidense –, que chegou com as companhias estrangeiras em turnê; por outro, a criatividade e a produtividade locais, as companhias e produções argentinas, que em grande parte nasceram como uma resposta à presença de suas congêneres do exterior e foram sempre impulsionadas pela diretriz estrangeira.

  A partir da recuperação da democracia, em 1983, teve início uma nova etapa para o circo em Buenos Aires, caracterizada pela sua revalorização no campo cultural porteño, pelo aumento da difusão e da prática, pela fusão com outras artes como o teatro e a dança, com as quais compartilhou procedimentos e artistas. O advento do governo democrático após a última ditadura militar (1976-1983), com a ascensão de Raúl Alfonsín como presidente da República em 10 de dezembro de 1983, repercutiu no campo cultural, trazendo um sentimento generalizado de esperança e otimismo com a recuperação da liberdade de expressão. Nesse sentido, o teatro de rua, as expressões artísticas ligadas ao lúdico e ao corporal, em contraposição ao teatro falado, tiveram um auge: assim como nos libertávamos da ditadura militar, simbolicamente nos libertávamos da opressão da palavra.

O novo circo

O novo circo é uma tendência estética que nasceu na França e no Canadá em meados da década de 1970 e ao longo dos anos 1980, em resposta e em contraposição ao modelo do circo tradicional. Essa tendência busca espaços públicos e não tradicionais para o circo e toma elementos das feiras livres e do teatro de rua. Assim sendo, na França surgiram companhias de artistas que provinham do teatro de rua, da dança contemporânea e da música, entre os quais se sobressaiu a figura de Pierrot Bidon, ator e equilibrista que criou o Circo Bidon no final dos anos 1970, com a fusão de elementos de reminiscência antiga com uma estética moderna. Outros destaques do novo circo foram a companhia Roncalli, na Alemanha, o Circo Grüss, dirigido por Alexis Grüss, e o Big Apple Circus, em Nova York. Dentre as principais diferenças em relação ao modelo do circo tradicional, estavam o surgimento de novos artistas, graças ao desenvolvimento da formação em circo, o fim do uso de animais, a extinção do risco que corriam os intérpretes com a adoção de medidas de segurança e o fim do apresentador como um elo entre os números, uma vez que os espetáculos têm uma estética unificadora e um fio condutor que se desenrola ao longo do espetáculo, que já não é mais a soma de números sem conexão entre si, desenvolvendo uma dramaturgia própria e original.

Consideramos esta última a diferença fundamental entre o circo tradicional e o novo circo: a evolução da estrutura dos espetáculos circenses. Os de tipo tradicional são heterogêneos e se caracterizam por seu caráter fragmentário. O princípio construtivo do circo é a montagem[1] entre unidades independentes chamadas números (solos, duos, trios ou números grupais ou da companhia). Um espetáculo circense no formato tradicional costuma ter uma média de dezoito números e ser constituído por duas partes com um intervalo no meio. A primeira costuma ter dez números ou atos, enquanto a segunda tem oito. Cada parte, por sua vez, é organizada de acordo com uma lógica interna, na qual a tensão e a importância dos números vão aumentando até o final. Cada parte é concluída com os números mais significativos e impressionantes, aqueles que, na linguagem do circo, são considerados "a atração"[2]. A montagem que se estabelece entre os números do circo tradicional é feita sem uma conexão entre eles: a passagem de um número para outro acontece sem nenhuma transição ou justificativa. O elo, o gatilho que une ou conecta os números geralmente se dá com o discurso do apresentador ou por entreatos musicais ou de dança. Dessa forma, um espetáculo de circo tradicional se caracteriza pela heterogeneidade e diversidade, e por estar constituído de números sem correlação ou sequência entre si, cuja ordem pode se alterar.

Já no novo circo, ao contrário, a montagem não tem interrupções, dois números consecutivos são unidos pela presença de um mesmo personagem em ambos, de modo que o cenário nunca fique vazio, ou por algum outro tipo de elemento que

---

1   Cf. Pavis, 1998.
2   Gurievich, 1986, p. 16.

estabelece o encadeamento. Graças à utilização dessas conexões, o espetáculo do novo circo pode estabelecer uma relação de sentido entre seus números, tentar firmar uma linha ou eixo de significado, contar uma história, incorporar uma dramaturgia unificante. A estrutura do espetáculo do novo circo se caracteriza por sua unidade, uma vez que estabelece, entre cada uma de suas partes, uma continuidade que forma uma estrutura orgânica. Em resumo, da estrutura do circo tradicional, marcada pela diversidade e a montagem descontínua entre números justapostos, chega-se ao novo circo, que trabalha com a montagem sem interrupções e a unidade estética do espetáculo, que busca harmonizar a música, o figurino e todos os elementos cênicos. Ele mantém uma estrutura episódica que integra várias especialidades circenses, mas se aproxima da unificação conferida pela homogeneidade estética (de figurino, maquiagem, musical etc.), sobretudo por uma trama ou unidade dramática que abrange todos os números. O componente teatral tem uma presença muito maior e, além de divertir, o espetáculo tenta contar uma história[3].

A formação do artista de circo

A possibilidade de existência do novo circo se deve basicamente ao desenvolvimento da formação do artista circense, para além do âmbito endogâmico das famílias e companhias de circo tradicional. Novos artistas criam e possibilitam o surgimento dessa nova tendência estética no âmbito do circo. O início de uma formação circense fora do seio da companhia foi o principal fator que permitiu a chegada desses novos artistas ao mundo do circo. Antes disso, se o interessado não pertencesse a uma família circense, não entrava em uma companhia.

Em nível mundial, a formação nas artes circenses começou no circo soviético e serviu como modelo de toda formação que veio posteriormente no Ocidente. A primeira escola foi inaugurada em 1927, em Moscou, e chamava-se Curso de Arte do Circo, conhecida como Escola de Moscou. A primeira turma de alunos formou-se em 1930 – entre eles estava o célebre palhaço Karandash (lápis, em russo). A antiga União Soviética contava com três escolas de circo oficiais, com um modelo semelhante: em Moscou, Kiev (Ucrânia) e Tbilissi (Geórgia). Seguindo o mesmo modelo, inauguraram-se escolas nos outros países socialistas europeus. Na Hungria, a Escola de Budapeste foi aberta para estudantes do Ocidente, possibilitando que artistas franceses e suíços se formassem ali. Em 1952, na Coreia do Norte, foi criada a Escola e o Circo Nacional em Pyongyang, e em 1967, na Polônia, foi fundada uma escola em Julinek (a trinta quilômetros de Varsóvia). Já em Cuba nasceu, em 1977, a Escola Nacional de Circo Yuri Mandich, a primeira das Américas.

Por isso o circo soviético se tornou o principal antecessor do novo circo. Ele inspirou o surgimento do conceito de espetáculo circense como um todo unificado, ligado ao desenvolvimento da direção cênica circense; o formato estético inovador de um número de duração longa, de apenas um tema, no qual começou a se desen-

[3] Cf. Mogliani, 2017; Scattolini Rossi, 2017.

volver um princípio de dramaturgia que se aproximava da criação de um espetáculo completo; a incorporação de elementos de segurança até então empregados apenas nos treinos; e o desenvolvimento de uma arte do próprio *clown*, diferente do tradicional Tony. Esse modelo de circo soviético chegou à Argentina graças às sucessivas visitas do Circo de Moscou, que se apresentou em Buenos Aires entre 1966 e 1998[4].

Já no restante do mundo ocidental, as primeiras escolas tiveram origem nas grandes dinastias dos circos tradicionais. O circo Ringling, modelo do grande circo norte-americano de três pistas, fundou em 1968 o Ringling Bros and Barnum & Bailey Clown College, que inicialmente funcionou na Flórida até 1997 – onde era sediado durante o inverno. Não se tratava de uma escola de circo completa, mas apenas de *clown*, com o objetivo de preservar a arte e a tradição cômica dos palhaços norte-americanos.

A formação na área do circo prosseguiu com os empreendimentos particulares na França. O primeiro foi a Escola de Circo Grüss, fundada em 1972 por Alexis Grüss, filho, e pela atriz Silvia Monfort. Os formados apresentavam seu número (elaborado durante os dois últimos anos do curso) em seu circo, o Cirque à l'Ancienne, em Paris. O segundo empreendimento foi a Escola Nacional de Circo, fundada em Paris por Annie Fratellini e Pierre Etaix, em 1974. Annie Fratellini provinha de uma célebre e antiga família de artistas circenses, e era especialista na arte do palhaço, integrando um duo com Pierre Etaix: ela era o augusto e ele, o palhaço branco. Convencida de que "para que uma arte possa sobreviver faz-se necessário uma escola, e onde há escolas o circo sobrevive"[5], com o apoio do Ministério de Cultura da França, Fratellini e seus parceiros fundaram, em 1971, a Associação da Escola Nacional de Circo, e, em 1974, a Escola Nacional de Circo, em Paris. O sucesso foi imediato: imaginavam receber vinte jovens e receberam seiscentos. O projeto previa que os professores fossem os melhores artistas de cada especialidade – e que tivessem interesse em ensinar. Em 1977, a escola foi instalada em um casarão adjacente ao Parc de la Villette, em Paris, onde foi montada uma lona de circo e começou a operar um centro de ensino técnico, que oferecia o certificado de "montador de material de lona". Essa escola se diferenciava das demais por oferecer um ensino tanto artístico quanto técnico (incluía a montagem e a desmontagem da lona, iluminação, som etc.). Os formados mostravam seus números no circo Fratellini – em cuja lona apresentaram-se, entre 1972 e 1988, em duzentas cidades diante de 1,5 milhão de espectadores.

Essa escola funcionou como um elo entre o circo tradicional e o novo circo, já que por ela passaram artistas que em pouco tempo entraram para os circos que deram início ao novo circo, como o Cirque du Soleil e o Big Apple Circus. Este último, fundado em 1977 por dois *clowns* norte-americanos – Paul Binder e Michael Christensen – que haviam trabalhado com Annie Fratellini em Paris,

---

4   Pacheco, 2012, pp. 12-5 e 24-9.
5   Fratellini, 1988, p. 27.

também abriu sua escola em 1979, a New York School for Circus Arts, dirigida por Dominique Jando.

Outro polo fundamental na história da formação circense foi o Canadá, com a fundação, em Montreal, da Escola Nacional de Circo, em 1981, por Pierre Leclerc e Guy Caron – que estudou na escola de Budapeste. Como sempre costuma acontecer, a abertura dessa escola levou ao surgimento de novos artistas e companhias, cuja principal referência foi a fundação do Cirque du Soleil, verdadeiro modelo paradigmático dessa tendência. O Cirque du Soleil foi fundado por Guy Laliberté, aluno da Escola Nacional de Circo e membro de uma companhia de pernas-de-pau perto de Québec, em 1984. O primeiro diretor artístico foi o próprio Guy Caron. Seu modelo empresarial teve um sucesso e uma difusão esmagadores, tornando-se uma referência do novo circo. Não por acaso, um de seus primeiros espetáculos intitulou-se *Reinventemos o circo* (1988).

Em seguida, nasceram as escolas profissionais estatais francesas, frutos de uma política cultural pública de valorização do circo. A primeira foi a Escola de Chalons-en-Champagne, que depois deu origem à criação do Centro Nacional de Artes do Circo (CNAC), em 1982, na mesma cidade. A instituição recebeu alunos franceses e estrangeiros a partir dos 16 anos de idade, entre 1987 e 1989. O diretor executivo era Guy Caron, já mencionado anteriormente como fundador da Escola de Circo de Montreal, e ex-aluno da Escola de Budapeste. Em 1988, foi fundada a Escola de Circo de Rosny-sous-Bois, dirigida por Bernard Turin – a partir das oficinas municipais que tiveram início em 1983. Em 1991, essa instituição passou a depender do CNAC, transformando-se na Escola Nacional de Artes do Circo de Rosny-sous-Bois.

Como podemos ver, no Canadá e na França o circo atravessou processos semelhantes: são dois polos fundamentais da formação estatal de circo no Ocidente. Ambos são, portanto, os principais centros de criação e difusão do novo circo.

A formação circense em Buenos Aires

Assim como aconteceu na França e no Canadá, a possibilidade de desenvolvimento do novo circo em Buenos Aires foi uma consequência do surgimento da formação circense. Os cursos na área de circo tiveram início na década de 1980, com oficinas dedicadas a apenas uma disciplina, entre as quais se destacam as de *clown* ministradas por Cristina Moreira (2009), e as de acrobacia, por Osvaldo Bermúdez. O Centro Cultural Ricardo Rojas, da UBA, destacou-se por ofertar oficinas ligadas às várias disciplinas circenses. Oferecidas isoladamente, essas oficinas se difundiram e aumentaram na quantidade e na variedade dos campos abordados, e continuam a crescer nos dias atuais. A formação em circo se consolidou na nossa cidade com a abertura de instituições formais dedicadas especificamente à área e que tratam das diferentes técnicas circenses. A primeira foi a Escola de Circo Criollo, fundada pelos irmãos Jorge e Oscar Videla, em 1982, pioneira e antecessora das que vieram depois, e responsável pela formação de toda uma primeira geração de artistas de circo. Foi a primeira escola do país e a segunda da América Latina – depois da Escola Nacional de Circo de Cuba, fundada em 1977 –, e contemporânea de experiências pioneiras no Brasil. Jorge e Oscar Videla são da terceira geração de uma família circense e procuram transmitir essa tradição[6].

A partir dos anos 1990, surgiram outras escolas. A segunda foi a Escola de Circo La Arena, fundada em 1994 por Gerardo Hochman, que se formou na Escola Municipal de Arte Dramática, na Escola de Mimo, de Angel Elizondo, e na Escola Nacional de Circo de Cuba, e dirigiu o grupo La Trup[7]. Na Escola de Circo La Arena, abordam-se as técnicas de acrobacia, acrobacia aérea, malabares e equilíbrio. O trabalho enfatiza a acrobacia de chão em convergência com a dança e se caracteriza pela criação da companhia La Arena, que encenou numerosos espetáculos.

A terceira confere mais atenção a outra das características do novo circo: sua função social. Assim, o Circo Social del Sur (hoje denominado Circo del Sur), fundado por Mariana Rúfolo e Pablo Holgado, em 1998, concebe o circo como uma ferramenta social de integração para crianças e jovens em situação de vulnerabilidade social. Ele organiza várias oficinas com o objetivo de levar a esses jovens ferramentas de trabalho e possibilidades de promoção e inserção social[8].

A quarta foi a Escola de Circo El Coreto, fundada no ano 2000 por Gabriela Ricardes, atriz e bailarina contemporânea[9], e Mario Pérez, artista circense da quinta geração. Acrobata entre os 6 e os 37 anos, Mario Pérez pertence a uma família de equilibristas sobre arame e fez arame, báscula, trapézio, hamaca russa etc. Apresentou-se em muitos circos, até que, em 1992, resolveu abandonar a lona e se dedicar à docência. Em parceria com Gabriela Ricardes, dedicou-se a vários projetos, como o Circo de la Costa, e a uma tentativa de ensino formal na província de Buenos Aires. E dirige a Escola Nacional de Circo de Berazategui, fundada em 1993.

Além das primeiras oficinas de malabares, acrobacia, equilíbrio e acrobacia aérea, El Coreto deu origem a uma Escola de Formação Profissional, que se caracterizou por suas relações internacionais com o circo francês.

A quinta é Redes Clube de Circo, dirigida por Mariana Paz e Roxana Rodríguez, especializada em técnicas aéreas. Foi fundada em 2004 por Mariana Paz, participante de La Trup, integrante de La Arena, formada em Artes (UBA), que estudou na França e na Bélgica, e por Roxana Rodríguez, aluna da Escola de Circo Criollo. Assim, nota-se que na Redes já se fundem as tendências das duas primeiras escolas, dando início a uma "segunda geração" de escolas.

Já a sexta, o Clube de Trapezistas Estrelas do Centenário, fundada por Mariana Sánchez em 2005 e dirigida por ela, é uma instituição especializada exclusivamente em técnicas aéreas. Mariana fez parte do grupo La Trup, cursou

---

6   Croce, 2012, pp. 8-11.
7   Sher, 2012, pp. 30-4.
8   Pino Moreno, 2012, pp. 40-4.
9   Cf. Pacheco, 2012.

expressão corporal com Patricia Stokoe e dança contemporânea, e estudou circo no Brasil, na Espanha, no Canadá e na França. O Clube conta com uma companhia própria, o Circo Negro, e uma sala própria em que apresenta seus próprios espetáculos.

Essas são as escolas de circo mais importantes, às quais foram se somando outras instituições, como a escola Espacio Zero, dirigida por Cecilia Roche e Leandro Aita; o Centro Cultural Trivenchi (oficinas de malabares, acrobacia etc., pagas com o sistema de "passar o chapéu"); o Circo del Aire (espaço de circo, dança e acrobacia); Sexto Cultural, além de outras na Grande Buenos Aires e no interior do país, como Entre el Cielo e la Tierra (Ramos Mejía); Dispar Nuevo Circo (Río IV); a Escola de Circo de Tigre; a Escola Municipal de Circo de Berazategui etc.

O novo circo em Buenos Aires a partir dos anos 1990
Podemos estabelecer a criação do grupo La Trup, em 1992, como marco do início do novo circo, no que diz respeito à montagem de espetáculos. Sua primeira apresentação, *Emociones simples* (Emoções simples), estreou em 1993 no Teatro Regina. Inicialmente o grupo era formado por Gerardo Hochman, Marcelo Katz, Pasta Dioguardi, Gustavo "Mono" Silva, Mariana Paz, o palhaço Chacovachi, Mariana Sánchez, o mágico Firu e Mariana Chichisola, que cursavam as disciplinas dedicadas às técnicas de perna-de-pau, monociclo, malabares, acrobacia, trapézio, *clown*, fogo, corda indiana e mágica. O grupo La Trup foi o primeiro que concebeu a si mesmo como pertencente ao novo circo, categoria na qual foi reconhecido pela crítica especializada da época.

Em 1994, Gerardo Hochman fundou a Escola de Circo La Arena, e La Trup (em formação reduzida) continuou a se apresentar no seu local, além de encenar em escolas e instituições e de realizar turnês pelo interior com seu espetáculo intitulado *En la arena* (Na arena). Em 1995, estreou *En órbita* (Em órbita), com direção de Gerardo Hochman e Marcelo Katz, autor da ideia e do roteiro, o que demonstra a relevância conferida à dramaturgia na criação dos espetáculos. A coreografia foi de Ricky Pashkus e a música, de autoria de Edgardo Rudnitzky e Marcelo Moguillansky. A montagem foi exibida na Sala Casacuberta, do Teatro San Martín, durante as temporadas de 1995, 1996 e 1997. A rápida conquista de uma sala oficial revela a legitimação do grupo, que era formado por Marcelo Katz, Gerardo Hochman, Mariana Paz, Gustavo "Mono" Silva, Pablo Algañaraz, Carolina Della Negra, Diego Lejtman e Paula Robles.

O espetáculo era constituído por dezoito quadros, cuja unidade era conferida pela temática "espacial": os objetos utilizados se identificavam como planetas e estrelas, o espaço cênico remetia ao céu com uma iluminação azul. Um navio com mastros com três tripulantes funcionava como elemento de ligação. Ele aparecia no Quadro I – Abertura, em que estrelas, planetas e satélites no céu azul eram acesos com varas compridas, e reaparecia no Quadro Final, quando esses elementos iam se apagando. Tal operação também acontecia nos demais números dessa viagem de ida e volta. Em cada quadro havia malabares com pratos chineses, cama elástica,

Espetáculo **En órbita** (Em órbita). Grupo La Trup, Teatro San Martín, 1995-1996. Na foto: Gerardo Hochman, Paula Robles, Carolina Della Negra e Mariana Paz Marcolla. Foto: Carlos Flynn/Teatro San Martín.

contorcionismo, garrochas, monociclo, corda indiana, *clowns*, malabares com bolas gigantes, esgrima com armadura, pernas-de-pau acrobáticas, patins e equilíbrio em arame, e pirâmides humanas.

O próprio grupo e a crítica jornalística da época os identificam como um grupo de "novo circo", o que os diretores Hochman e Katz definem da seguinte maneira:

> "[...] é a nossa linguagem, uma maneira de contar que visa menos ao virtuosismo e mais ao objetivo de emocionar, comover". Também esclarecem que não procuram utilizar as técnicas de circo com a intenção de apresentar recordes ou alinhavar números soltos, e sim para produzir um espetáculo que seja imbuído pelo mesmo olhar poético do começo ao fim[10].

Em 1996, o grupo celebrou as cem apresentações de *En Órbita*, passando do Teatro San Martín para o cenário do Dr. Jekyl, o que os obrigou a adaptar alguns números em virtude da redução de espaço, como o da cama elástica. Cabe destacar que as sessões no San Martín estavam marcadas para as 21h30, e por isso eram dirigidas ao público adulto, ao passo que as da sala Dr. Jekyl aconteceram às 17h e, portanto, eram voltadas ao público infantil. Trata-se de uma característica dessa ala do novo circo: seus espetáculos podem ser destinados a todas as idades; podem ser desfrutados por crianças, adolescentes e adultos. Em virtude disso, podem figurar nos circuitos de espetáculos adultos e infantis.

La Trup nasceu do novo circo, uma vez que seus componentes continuaram a desenvolver diferentes tendências dentro dele. Marcelo Katz foi protagonista e dirigiu muitos espetáculos de *clown*, dedicando-se a esse segmento. Além disso, fundou uma companhia e uma escola que leva seu nome, desenvolvendo uma trajetória frutífera.

Em 1998, Gerardo Hochman criou a companhia La Arena, que divide o nome da escola que ele fundara em 1994, e que utilizava especialmente o espaço dessa escola para suas apresentações, mas também outros espaços teatrais particulares e públicos. Essa companhia encenou muitos espetáculos, todos dirigidos por Hochman, entre os quais podemos citar: *Bellas Artes* (Belas Artes, 2000), *Vibra* (2002), *Fulanos* (2004), *Sanos y salvos* (Sãos e salvos, 2006), *Travelling* (2009). La Arena inspirou e deu origem a várias outras companhias, como a Rancho Aparte, que apresentou a obra *Milagro* (Milagre, 2007), ou a Vaivén, dirigida por Gustavo "Mono" Silva, membro da La Trup e depois da La Arena, que apresentou *Nocturna* (Noturna, 2009).

Pasta Dioguardi e o palhaço Chacovachi[11], que participaram do início do La Trup, se separaram ao optar por um circo de rua, concebido como uma prática social,

---

10   Cf. Hopkins, 1995.
11   Cf. Salatino, 2016.

e se tornaram referências dessa modalidade muito vigente na década de 1990[12]. Esse movimento se apresentava nos espaços públicos, nas praças e parques, usava o sistema de "passar o chapéu" para se sustentar e reivindicava uma ideologia de democratização da cultura, buscando levar o circo para os lugares distantes e para os públicos que não costumavam ter acesso à arte. Essa característica os distinguia dos outros espetáculos de novo circo como La Trup, cujos integrantes se apresentavam em salas teatrais públicas e particulares, se consideravam profissionais e cobravam pelo trabalho[13] – ao contrário dos artistas de rua, que na maioria atuavam de forma individual e se organizavam no modelo de autogestão, recusavam a esfera pública e cobravam do público "passando o chapéu". Levando em conta essa diferença, Infantino identifica dois estilos diferentes no circo deste período: o circo de rua e o novo circo. Essas duas tendências também se diferenciavam em sua estrutura: "Os espetáculos de circo de rua [...] mantêm uma estrutura semelhante, que se divide nos momentos a seguir: a convocação prévia, a convocação, o desenvolvimento do espetáculo, o momento de passar o chapéu e o encerramento. Da mesma forma, o estilo de rua envolve o uso da comicidade e a comunicação constante com o público"[14].

Essa tendência do circo de rua foi fortemente ligada à Escola de Circo Criollo, que em 2004 inaugurou a Sala Piolita, em sua sede na rua Chile 1584, em Buenos Aires – um espaço com dez metros de altura onde eram realizados os espetáculos. Ali se apresentou em 2007 a companhia Circo Chico, fundada em 1995 e constituída por vários artistas da Escola de Circo Criollo. O espetáculo de 2007, dirigido por Walter Velázquez e interpretado por Gabriel Bonini e Alba Richaudeau, incluía malabares com diabolô e clavas, acrobacia, pirofagia, corda marinha e corda indiana, equilíbrio sobre rolo e escapismo. A unidade era conferida pelas transformações e inconvenientes provocados pelo fato de o duo ter sido abandonado pelo resto da companhia de circo, o que os obrigava a desempenhar vários papéis. Nessa mesma sala, em 2007, se apresentaram o Circo Xiclo e Circovachi, a companhia fundada em 1995 e dirigida pelo palhaço Chacovachi, à qual se somavam outros artistas que também se apresentavam nas ruas de Buenos Aires, como na Plaza Francia, ou ainda no balneário de San Bernardo (2005 e 2006).

Em 2005, foi criada a Companhia Circo Negro, dirigida por Mariana Sánchez, que participou do grupo La Trup. Essa companhia se apresenta na sala do Clube de Trapezistas Estrelas do Centenário, espaço circense adquirido de uma família europeia de circo, onde funciona a escola homônima criada e dirigida por Mariana Sánchez. Tanto a Circo Negro como a Escola do Clube de Trapezistas são especializadas em acrobacia aérea e na sua convergência com a dança. Os espetáculos apresentados são: *Mamushka* (2005 a 2008), *Mandalah* (2008 a 2009),

---

12   Cf. Infantino, 2014.
13   Cf. Barneda, 1996.
14   Infantino, 2014, p. 63.

Grandes éxitos del Circo Negro (Grandes sucessos do Circo Negro, 2010), *Brumadia* (2011), com dramaturgia de Cristina Martí e direção de Mariana Sánchez, *Treptikon* (2013) e *Aniversario* (Aniversário, 2014). A sala do Clube de Trapezistas é aberta para outras companhias, o que a converte num espaço com uma constante programação do novo circo em Buenos Aires.

A Escola de Circo El Coreto também começou a apresentar nesse espaço espetáculos dirigidos por seus fundadores, Gabriela Ricardes (atriz e bailarina contemporânea) e Mario Pérez (artista de circo de quinta geração). Seus intérpretes eram membros da Escola de Formação Profissional e apresentaram os espetáculos *Circo de una noche de Verano* (Circo de uma noite de verão), em 2006 e 2009, e *Ludus*, em 2008. Essa escola se caracterizou pelas relações internacionais com o circo francês, que se concretizaram na difusão de espetáculos de circo contemporâneo e na produção de espetáculos conjuntos: como exemplos citamos *Circo efimero 2. Parfum de vie* (Circo efêmero 2. Perfume de vida), em 2007, um trabalho de coprodução entre El Coreto e a Escola Nacional de Artes do Circo, da França.

O Circo del Aire, dirigido por Maria del Aire, é constituído por uma escola de circo, uma companhia circense e uma sala onde são apresentados seus próprios espetáculos, além daqueles de artistas convidados. Em 2009, foram apresentados os espetáculos individuais de dois artistas de circo de rua, Maku Jarrak e o palhaço Chacovachi, além de produções da própria companhia, como *Fondo del Mar* (Fundo do Mar) – este último também foi levado ao Teatro Margarita Xirgu.

Além desses novos grupos e espaços circenses, devemos acrescentar a criação de muitos eventos em Buenos Aires e no interior do país, que atraíam e aglutinavam os artistas de circo, como os congressos argentinos de circo, palhaços e espetáculos de rua, apresentados por seus organizadores como "reuniões anuais criadas por artistas e para artistas do humor e do circo", organizadas pelo palhaço Chacovachi desde 1996. No âmbito dessa multiplicação de agentes culturais ligados ao circo, destacamos uma publicação especializada, a revista *El Circense. Magazine de Circo*, uma publicação virtual que começou a ser editada mensalmente em novembro de 2008, com novidades sobre eventos da área artística circense e entrevistas com artistas reconhecidos[15]. Teve setenta edições até 2015, quando foi suspensa.

A legitimação do circo no século XXI

O Cirque du Soleil, companhia paradigmática do novo circo, chegou tardiamente a Buenos Aires, mas trouxe uma adesão tão fervorosa do público que levou ao prolongamento ininterrupto das apresentações, a partir de então. No âmbito de sua primeira turnê latino-americana, ele trouxe o espetáculo *Saltimbanco*; em seguida, apresentou *Alegría* (Alegria, 2008), *Quidam* (2010), *Varekai* (2012), *Corteo* (Cortejo, 2014), *Kooza* (2016), e *Séptimo Día* (Sétimo Dia), espetáculo criado e estreado na Argentina em 2017, em homenagem à banda argentina Soda Stereo, e *Amaluna* (2018).

---

15   Disponível em: www.elcircense.com. Acesso em: dez. 2020.

As apresentações do Cirque du Soleil na nossa cidade, e aquelas de outras importantes companhias canadenses, como o Cirque Eloize e Los Siete Dedos de la Mano, aproximaram, sem dúvida, o público portenho dessa nova modalidade de fazer circo e provocaram uma mudança estética no público circense, introduzindo uma nova concepção e um novo olhar sobre esse universo. Isso foi determinante para a legitimação do circo ocorrida a partir da segunda metade da década de 2000.

O processo de legitimar as artes circenses na política cultural pública e de considerá-las no mesmo patamar das outras artes cênicas no campo cultural concretizou-se em 2009. Foi então que se produziu a legitimação acadêmica do circo, com a criação de dois cursos de graduação universitários em âmbito nacional: a graduação em artes do circo da Universidade Nacional de Três de Fevereiro (Untref), a partir de um convênio com El Coreto, e a especialização em circo da licenciatura em artes cênicas da Universidade Nacional de San Martín (Unsam), a partir de um convênio estabelecido com La Arena. Além disso, em 2009 aconteceu um fato de fundamental importância na política cultural portenha: a criação do Polo Circo e das oito edições do Festival Internacional de Circo de Buenos Aires, promovidas pelo governo da cidade de Buenos Aires de 2009 a 2016, cuja grande audiência revelou a existência de um público ávido por circo.

O primeiro festival foi realizado em julho de 2009. A partir de 2010, a data foi transferida para maio, muito mais propícia por motivos climáticos, e reuniu significativos espetáculos internacionais de circo, entre os quais se destacam em particular *Loft*, do grupo canadense Los Siete Dedos de la Mano, os grandes e massivos espetáculos de rua com ingresso gratuito *Caídos del cielo* (Caídos do céu), e os realizados no encerramento, no próprio Polo Circo, ou na Plaza San Martín, como foi o caso de *Plaza de ángeles* (Praça dos anjos) – criação do Studio du Cirque, dirigido por Pierrot Bidon, fundador do Circo Archaos e um dos nomes de ponta do novo circo. Desde então, o festival continuou a crescer muito em quantidade de espetáculos tanto nacionais quanto internacionais, e incorporou novos espaços, como o Teatro 25 de Mayo ou o Centro Cultural San Martín. A partir de 2013, cada espetáculo passou a ter uma sessão a preços populares, a fim de fomentar a audiência. Em 2014, foi lançada a publicação *Circo expandido*, uma espécie de memória dos festivais entre 2009 e 2013, compilada por Alejandro Cruz e por Gabriela Ricardes[16], diretora do Polo Circo e do Festival. Em 2015, os destaques ficaram por conta dos espetáculos *Cuisine & confessions* (Cozinha & confissões), da companhia Los Siete Dedos de la Mano; *A Simple Space* (Um espaço simples), da companhia Gravity; e *Under Art* (Sob a arte), da companhia sueca Circus Cirkor. Na última edição, a oitava, em maio de 2016, o grande destaque foi o espetáculo francês *Oktobre* (Outubro). Encerrou-se assim um ciclo realmente significativo para o circo em Buenos Aires.

16   Cf. Ricardes e Cruz, 2014.

Polo Circo, Buenos Aires, 2014. Foto: Daniel Fernández Harper.

Além do aumento da difusão do novo circo, esses festivais permitiram a chegada à cidade de um novo estímulo vindo do exterior: o circo contemporâneo. Essa tendência teve início principalmente na Europa e no Canadá a partir da década de 1990. No circo contemporâneo, as técnicas começam a adquirir independência; são concebidos espetáculos dedicados a apenas uma delas e cada uma pode ter seu próprio roteiro, sem que seja necessária uma sucessão de várias práticas. Além disso, o motor de criação não é mais apenas o virtuosismo, mas também a dramaturgia, a visão estética. O circo descobre que pode ter uma dramaturgia própria; reconhece-se uma autoria, um texto pensado e escrito especialmente para ele. Por isso, atenuam-se ainda mais os limites entre circo, teatro, dança e performance.

O circo contemporâneo "trai" as expectativas dos espectadores que foram ver um espetáculo de circo tradicional – essa é uma de suas particularidades. Isso acontece porque, nele, os códigos de representação da arte circense são rompidos a tal ponto que chegam a perder suas características principais. Por um lado, deixam para trás a justaposição, a estrutura definida por episódios e o propósito principal da diversão. Costumam ser concebidas tomando como ponto de partida uma ou duas especialidades técnicas – cujas possibilidades expressivas norteiam a estrutura da representação. Se o circo tradicional e o novo circo representam a destreza sobre-humana do corpo do intérprete, no contemporâneo o artista aparece como ele mesmo, privando o circo das construções de "personagens" e elaborando uma reflexão pessoal sobre o homem contemporâneo[17]. Podemos citar como exemplo a presença de três artistas que são referências internacionais do circo contemporâneo, em várias temporadas desse festival: Camille Boitel, Johann Le Guillerm e Phia Ménard[18].

Além dos festivais, a importância do Polo Circo se consolidou na abertura de um espaço permanente em Buenos Aires para a apresentação de espetáculos circenses, que contava com três lonas fixas no prédio localizado entre as ruas Garay, Brasil e Combate de los Pozos (cada uma batizada com o nome dessas ruas) e com uma programação intermitente de espetáculos nacionais (que teve um caráter esporádico e nunca chegou a ser constante). Também havia um espaço para que as várias escolas de circo fizessem suas apresentações de fim de ano, como aconteceu em 2010 e 2011. A programação nacional, tanto a do festival quanto a externa, privilegiava as expressões do novo circo em detrimento daquelas do circo tradicional e do circo de rua. Assim sendo, foram apresentados principalmente espetáculos ligados às escolas de circo, como *Sueño de una noche de verano* (Sonho de uma noite de verão, 2009), *Ludus* (2010), *La pista tango* (A pista tango, 2011), da El Coreto; *Tiempos que corren* (Tempos que correm, 2011) e *Leonardo. Trabajo práctico Nro. 1* (Leonardo. Trabalho prático n. 1, 2012-2013), da La Arena, e *Bangladim* (2010), da Escola de Circo de Tigre. Outros grupos,

17 Cf. Scattolini Rossi, 2017.
18 Cf. Ricardes e Cruz, 2014.

como Los Wilson Brothers, que apresentou *Carcajada mata galán* (Gargalhada mata galã, 2012), marcaram presença. A programação estrangeira do Polo Circo fora do festival também se enquadrou nessa linha estética: nas férias escolares de inverno, em 2011, foi apresentado o espetáculo australiano *Circa*, com um trabalho audiovisual inovador. Em 2012, depois de se exibir no festival, a companhia canadense Los Siete Dedos de la Mano, referência fundamental do novo circo, continuou a se apresentar fora do festival. A programação do Polo Circo foi além do evento e prosseguiu até o primeiro semestre de 2016, com o espetáculo *Tigrou*, da companhia argentina-suíça Innovacirco (fundada em 2006 pelo argentino Pablo Pérez e pelo suíço Harald Krüger), e *A Simple Space* (Um espaço simples), da companhia acrobática australiana Gravity and Other Miths. Após o VIII Festival, realizado em maio de 2016, a programação foi suspensa, mantendo-se apenas espetáculos esporádicos, como aconteceu nas férias escolares de inverno, em 2018.

O Polo também alcançou grande relevância porque em seu espaço nasceram outros festivais, todos extremamente produtivos, como o Festival Circo/Dança, Circo em Dança, organizado em novembro de 2012 numa parceria entre o Polo Circo e a Prodanza, que buscavam promover a convergência entre as linguagens do circo e da dança. As inscrições para participar eram destinadas a espetáculos que incluíssem alguma especialidade circense e fossem dirigidos por um coreógrafo. Entre outras obras, foram selecionadas *Manifest* (Manifesto), um solo que reunia dança e malabares com bolas, tinha coreografia de Chimene Costa e era interpretado por Tomi Soko, artista que se tornou referência no circo contemporâneo argentino. Foram ainda selecionadas *Escape*, interpretada e dirigida por Gloria Villavicencio, que incorporava cintas aéreas e dança acrobática, e *sms*, com coreografia e direção de Juan Cruz Bengoechea, que tomava o celular como elemento central e integrava acrobacia no chão, parada de mãos, diabolô e, principalmente, dança. Entre os intérpretes havia alunos da graduação em circo da Untref, onde Bengoechea era professor de dança. O espetáculo deu origem à fundação da companhia aRiesgo, que montou *Sin despertar* (Sem despertar, 2013 e 2017) e *En el aire* (No ar, 2016), apresentados na Ciudad Cultural Konex e em outros espaços.

Durante o período de atividade do Polo Circo, de 2009 a meados de 2016, o espaço procurou legitimar as artes circenses na política cultural oficial, nos mesmos moldes do que acontece nos países utilizados como referência, a França e o Canadá. Da mesma forma, buscou conferir visibilidade ao circo em Buenos Aires com a organização do festival e, sobretudo, com a promoção de grandes acontecimentos massivos no âmbito do evento. Também tentou ampliar a presença do circo com uma programação anual intermitente, em particular com atividades durante as férias escolares de inverno. Julieta Infantino argumenta que, embora esse objetivo da política pública tenha incidido na legitimação do circo na cidade e no país, por outro lado gerou controvérsias no setor circense local, principalmente em virtude da atenção a referências artísticas estrangeiras em detrimento das locais[19].

A criação do Polo Circo ampliou a presença do novo circo no cenário cultural portenho, culminou com o paulatino processo de revalorização e legitimação do circo, iniciado nos anos 1980, e funcionou como um acontecimento histórico que nos permite entender a história do circo por períodos, uma vez que afirmamos que existe um antes e um depois do Polo Circo. Os espetáculos apresentados nesse espaço, tanto nacionais quanto estrangeiros, alimentaram a presença constante do novo circo em Buenos Aires e abriram as portas para uma nova etapa. Esses fatos – somados ao início dos cursos de graduação e à presença do Cirque du Soleil na Argentina – constituem a chave que leva à passagem da primeira fase do novo circo, de experimentação e inovação, para a segunda fase, canônica, de consolidação, em que ele é legitimado.

No entanto, a forte presença do Polo Circo e seu Festival foram interrompidos em meados de 2016, já que após o VIII Festival, realizado em maio, infelizmente tudo foi paralisado. Isso se deve ao caráter cíclico e personalista das políticas culturais públicas, que diante das mudanças das autoridades modificam sua orientação e não apoiam os projetos criados anteriormente. Nesse caso, não coincide com uma alteração da gestão política no governo da cidade de Buenos Aires, mas com a mobilidade dos funcionários que apoiaram o projeto, o secretário da Cultura, Hernán Lombardi, e a diretora do Polo Circo, Gabriela Ricardes. Quando Mauricio Macri, até então prefeito da cidade de Buenos Aires, assumiu a presidência da Argentina, em dezembro de 2015, os dois migraram da administração municipal para a administração nacional, representada pelo Sistema Federal de Meios e Conteúdos Públicos. Nesse novo contexto, algumas atividades ligadas ao circo passaram a ficar sob a responsabilidade de duas entidades que estavam sob a égide desse órgão: Tecnópolis e Centro Cultural Kirchner. Esse ciclo de legitimação do circo na política cultural pública se prolongou de 2009 a meados de 2016, e, embora lamentemos que tenha terminado, acreditamos ter sido extremamente produtivo para as artes circenses locais e ter propiciado a criação de grupos e espetáculos dedicados ao circo. Como exemplos, citamos a companhia aRiesgo, já mencionada antes, dirigida por Juan Cruz Berecoechea e fundada a partir de um edital, e Circo en Danza, que fez suas primeiras apresentações no Polo Circo e, em 2017, mostrou seu espetáculo *Sin despertar* na Ciudad Cultural Konex, demonstrando não apenas que pôde dar prosseguimento a seu projeto, mas que também encontrou novos espaços para mostrar seu trabalho.

Referências
BARNEDA, Daniel. "El teatro circense llegó para quedarse". *Hoy*. Santiago: 1996.
CROCE, Isabel. "Familia de circo". *Cuadernos de Picadero*. Buenos Aires: Instituto Nacional del Teatro, 2012, ano V, n. 22, pp. 8-11.

19   Cf. Infantino, *op. cit.*

FRATELLINI, Annie. "La pista es la libertad: una mujer payaso enseña circo haciéndolo". *El Correo de la Unesco*, número especial "El circo: un espectáculo del mundo", 1988, ano XLI, pp. 27-8.

GURIEVICH, Zinovvi. *Sobre los géneros del circo soviético*. La Habana: Pueblo y Educación, 1986.

HOPKINS, Cecilia. "La Trup, el circo del fin de siglo". *Página/12*. Buenos Aires: 1995.

INFANTINO, Julieta. *Circo en Buenos Aires: cultura, jóvenes y políticas en disputa*. Buenos Aires: Instituto Nacional del Teatro, 2014.

MOGLIANI, Laura. *Historia del circo en Buenos Aires. De los volatineros a la formación universitaria*. Buenos Aires: Edición de la Cátedra de Historia del Circo de la Universidad de Tres de Febrero, 2017.

MOREIRA, Cristina. *Las múltiples caras del actor*. Buenos Aires: Instituto Nacional del Teatro, 2009.

PACHECO, Carlos. "Circo de Moscú: una atracción que marcó a generaciones". *Cuadernos de Picadero*. Buenos Aires: Instituto Nacional del Teatro, 2012, ano V, n. 22, pp.12-5.

_____. "Una actividad que está en 'ebullición'". *Cuadernos de Picadero*. Buenos Aires: Instituto Nacional del Teatro, 2012, ano V, n. 22, pp. 24-9.

PAVIS, Patrice. *Diccionario del teatro: dramaturgia, estética, semiología*. Barcelona: Paidós, 1998.

PINO MORENO, Martín. "En busca de la transformación personal y social". *Cuadernos de Picadero*. Buenos Aires: Instituto Nacional del Teatro, 2012, ano V, n. 22, pp. 40-4.

RICARDES, Gabriela; CRUZ, Alejandro. *Circo expandido: una mirada del arte circense del siglo XXI desde la perspectiva del Festival Internacional de Circo de Buenos Aires*. Buenos Aires: Ministerio de Cultura del Gobierno de la Ciudad Autónoma de Buenos Aires, 2014.

SALATINO, Lucía. "Payaso Chacovachi: el método del ajedrez en el Payaso Callejero". *Actas de las VI Jornadas Nacionales y I Jornadas Latinoamericanas de Investigación y Crítica Teatral*. Buenos Aires: AINCRIT, 2016, pp. 69-73.

SCATTOLINI, Antonela. "Hacia una definición del Circo Contemporáneo: cuerpo, identidad y performance en las prácticas artísticas de la posmodernidad". *In*: XXVI Congreso Internacional de Teatro Iberoamericano y Argentino. Buenos Aires: GETEA/Facultad de Filosofía y Letras, UBA, 2017.

SHER, Edith. "Gerardo Hochman: el circo es la hazaña humana". *Cuadernos de Picadero*. Buenos Aires: Instituto Nacional del Teatro, 2012, ano V, n. 22, pp. 30-4.

Não acontecia apenas conosco... Estéticas e políticas de um circo em construção[1]

Macarena Simonetti

Quando nos propomos a abordar um tema amplo, de múltiplas dimensões e complexo como qualquer questão social ou cultural, definitivamente precisamos adotar um ponto de vista. A subjetividade da ótica qualitativa, da experiência particular, tem alguma coisa única, mas que curiosamente é ou pode ser representativa de um todo, de uma época, de um devir.

Portanto, falar do novo circo no Chile me traz a ideia de abordar uma série de tópicos que, assim como o mais complexo dos quadros de Sigmar, ao ser visto de longe, consegue dar conta de uma cena.

Dessa forma, tal como uma fileira de personagens num desfile de Carnaval, surge uma série de elementos que compõem essa cena, que teve sua primeira versão na Europa em determinado contexto, e posteriormente na América do Sul. Assim, surge a primeira reflexão: como falar de estética sem falar de política, se uma é tão cultural quanto a outra e se nós, seres humanos, oscilamos entre uma e outra fazendo sociedade, ou tentando fazer? Como dissociar uma da outra se no Chile, assim como na Argentina e na França, e em tantos outros lugares, o advento dessa "nova" arte, ou melhor, o retorno, em versão atualizada, de uma arte milenar tornou-se realidade novamente em virtude da necessidade de mudanças de paradigma, da recuperação dos espaços públicos, das pós-ditaduras, das pós-academias, das crises econômicas, das juventudes inconformadas?

Não acontecia apenas conosco... que saímos da letargia própria de anos de um *status quo* cultural, e encarávamos a ameaçadora e perturbadora era neoliberal, a incerteza lamacenta de uma "pós-modernidade" ainda imatura, que se dava o gosto de derrubar, partindo de todos os lados, os últimos traços do idealismo do século XX, e com isso levava nossas adolescências revolucionárias para arder e nos deixava sentados solitários, nos bancos das praças vazias, com a sensação lúgubre de um passado convalescente e um futuro já condenado antes de começar. Então, sem sabê-lo, assim como não o souberam em tantos outros lugares e

---

1   Este texto foi escrito antes da explosão social que aconteceu no Chile em outubro de 2019.

circunstâncias, alguma coisa começou a acontecer, não apenas no circo nem com o circo, mas também em outras esferas e grupos – não acontecia apenas conosco –, e começaram a se forjar dinâmicas estéticas e políticas de algo parecido com um *movimento* que se tornou uma área disciplinar, que por sua vez transformou-se em políticas públicas embrionárias, que posteriormente foram institucionalizadas, e assim... O que, do ponto de vista social, se espera de todo processo de transformação na trama infinitamente sutil da cultura.

Ao longo do processo começam a surgir as reflexões: o que fazemos? Tomando como ponto de partida a ótica do estético e do político, como nos articulamos? Em que parte do percurso estamos?

Então, e sem o afã de fazer uma historiografia, há determinados marcos que assinalam o percurso e vão lançando luzes sobre esse universo em construção.

O texto

Pertenço ao grupo de pessoas que cresceram na ditadura[2]. Em um país sombrio, silencioso, triste, amedrontado, ferido. Sem muita opção cultural além de uma TV local que foi empobrecendo com os anos, enquanto crescia o modelo de mercado que o novo "regime" trazia debaixo do braço para substituir a televisão universitária, educativa e democrática que havia começado a ser construída nos anos 1960. Em meio a essa paisagem de espaços públicos subutilizados, de famílias fragmentadas pelo exílio, pelo desaparecimento, pela perda (de pessoas e de sonhos), uma vez por ano apareciam timidamente os circos. Justamente em setembro, um mês estranho para o Chile, que até hoje mescla festas patrióticas (em outro momento podemos discutir sobre esse conceito), cheias de bandeiras tricolores (durante a ditadura era obrigatório colocar uma bandeira em todas as casas), com a lembrança do dia 11 desse mesmo mês, data em que chilenos bombardearam chilenos, com o forte apoio dos gringos, com um plano que tinha tantos detalhes imperceptíveis dos quais ninguém suspeitava.

Com todos esses acontecimentos, herdamos um país que, quando recuperou a democracia, se encontrava tão atravessado pelos códigos de oferta e demanda que já estava estremecido entre lutas e desilusões. A volta à democracia foi insípida, resignada, "na medida do possível", e dessa forma um pouco medíocre. Progrediu como uma madressilva. Roubou-nos a juventude. E, como é inevitável, estava cheia de sonhos, de ideais e de buscas, e com tamanha energia transformadora que ocorreria de qualquer forma. E, se não era isso, pelo menos era a vontade de sair da letargia, de sacudir algo ou alguém, ou de sacudir a nós mesmos.

---

2   A ditadura civil-militar teve início no Chile com o golpe de Estado e o bombardeio do Palácio de La Moneda (sede do governo) em 11 de setembro de 1973, e terminou em 11 de março de 1990.

O fenômeno das tribos urbanas

Assim, como não acontecia apenas conosco, foram muitos que, a partir de lugares diferentes, começaram a manifestar essa sensação de impaciência, de alguma coisa contida, de um estado de adormecimento tão distante das lutas sociais e demandas por justiça.

Surgiu então uma série de grupos que começaram a fazer parte de estudos e investigações sociais no âmbito da sociologia, da psicologia social e da antropologia. A literatura a esse respeito é abundante, com obras como *Culturas juveniles, narrativas minoritárias y estéticas del descontento* (Culturas juvenis, narrativas minoritárias e estética do descontentamento, 2012), de Raúl Zurzuri e Rodrigo Ganter; *Las barras bravas* (As barras bravas, 1995), de Andrés Recasens; e *Tribus urbanas. El ansia de identidad juvenil: entre el culto de la imagen y la autoafirmación a través de la violencia* (Tribos urbanas. O anseio pela identidade juvenil: entre o culto à imagem e a autoafirmação pela violência, 1996), de Pere-Oriol Costa *et al.* Alguns autores como Eugenio Ortega afirmam que esses textos são, em maior ou menor medida, depositários da obra do filósofo francês Michel Maffesoli: *El tiempo de las tribos: el declive del individualismo en las sociedades contemporáneas* (O tempo das tribos: o declínio do individualismo nas sociedades de massa, 1993) e *El instante eterno: el retorno de lo trágico en las sociedades posmodernas* (O instante eterno: o retorno do trágico nas sociedades pós-modernas, 2001).

> [...] vários trabalhos realizados sobre grupos e tribos urbanas concluem que, diante do isolamento individualista próprio da sociedade competitiva, dentro de todo jovem aflora uma reação instintiva e explosiva, provocada especialmente pela necessidade do contato humano: apesar da televisão, a juventude continua a se encontrar, reunindo-se nas praças, botequins, galerias comerciais, no estádio[3].

As tribos urbanas reinstauraram os modos clássicos de representação identitária em um contexto social, político, global, em que as utopias de outrora se despedaçavam como os escombros do velho muro, e as promessas utópicas locais não passavam de frases escritas em papéis de cores que desbotavam sob os pés de transeuntes ocupados demais para prestar atenção. As tribos também foram chamadas de "subculturas juvenis" por se considerar que elas caracterizavam apenas uma parte da juventude. No entanto, vários autores afirmam que são:

> Extremamente representativas porque, por um lado, são uma revelação do novo espírito hedonista distante da ética calvinista do trabalho e, por conseguinte, constituem um modelo paradigmático para estudar a mudança cultural; por outro lado, porque se tornam construtoras de estilo, não só por absorverem as mercadorias do mercado

---

3   Olguín Hevia, 2007, p. 4.

juvenil, mas também por produzirem, de forma criativa, novos estilos subculturais, que por sua vez são reutilizados pelo mercado de consumo juvenil[4].

O golpe de Estado de 1973 mudou radicalmente a ênfase nas representações da juventude chilena. A imagem do juvenil se estruturou em torno de três representações: em primeiro lugar, os jovens eram o futuro da pátria, por isso e para isso deviam ser disciplinados; em segundo lugar, eram vulneráveis à penetração ideológica esquerdista, da qual deviam ser protegidos; e, em terceiro lugar, se transformariam progressivamente em um grupo alvo para as estratégias de mercado, tornando-se assim consumidores. Em virtude das duas primeiras imagens, pelo menos, a ação governamental da ditadura estruturou-se em torno da criação, pela primeira vez na história do Chile, de um aparato administrativo especializado: a Secretaria Nacional da Juventude[5].

A juventude foi encontrando maneiras de sobreviver na nova ordem, dando vida a essas comunidades ou subculturas, muitas delas enraizadas na arte, desenvolvendo tendências artísticas na música, nas artes visuais, nas artes cênicas, na performance, em confluência com as gerações mais velhas, atingidas por uma ditadura que as pegou em plena juventude e desenvolvimento. A resistência aconteceu longe dos órgãos públicos, por meio de um circuito de espaços e reuniões, centros culturais autogeridos, como o emblemático Perrera, festas que abriam espaço para a cultura da diversidade sexual e tinham como fio condutor a energia de manifestar, de comunicar, de continuar a falar, de se posicionar contra o silêncio imposto, de onde e como fosse possível.

Essa convergência foi dando origem a uma série de correntes, grupos, companhias, coletivos, alguns dos quais continuam a existir até hoje. Todos marcaram tendências nas novas linguagens em construção. Em meio a esse terreno fértil, o novo circo encontrou confluências, apoios, influências, redes de pessoas e lugares que contribuíram para a sua gestação a partir de um grupo que também procurava o mesmo que as outras tribos: comunidade, pertencimento, espaços de expressão, uso e recuperação das ruas, manifestação de uma pulsão discursiva e artística. Muitos dos primeiros participantes eram estudantes de artes visuais, de artes cênicas e de audiovisual, mas também havia cientistas sociais. Eram pessoas com inquietações intelectuais, sociais e comunitárias, com vontade de dar asas à criatividade, que começaram a se encontrar em frente ao Museu de Arte Contemporânea, na Plaza Juan Sebastián Bach, todas as tardes de domingo, em fins dos anos 1990. Esse encontro tornou-se um ritual quase sagrado e uma batalha subterrânea e sutil contra a letargia de um país esgotado e adormecido.

---

4   Hormigos e Cabello, 2004, p. 266.
5   Instituto Nacional de la Juventud, 2006, p. 259.

O conhecimento individual era compartilhado generosamente na própria praça, entre os presentes. Às vezes um visitante ou um viajante trazia alguma coisa, em outras ocasiões a novidade chegava por intermédio de um vídeo convertido em VHS e passado de mão em mão. Ao mesmo tempo, nos primórdios desse movimento, incentivado por alguns e seguido por outros, instala-se no Chile um projeto de desenvolvimento social com o programa Jeunesse du Monde (Juventude do Mundo), promovido pelo Cirque du Soleil. Também começa a formação mais organizada de monitores com o propósito de se tornarem instrutores no trabalho com crianças e jovens em situações complexas, em várias regiões da cidade.

Tentar descrever a complexa engrenagem de acontecimentos, encontros de pessoas e circunstâncias que foram acontecendo naqueles precários, mas ativos anos de construção seria uma ilusão e, ao mesmo tempo, uma ousadia. O fato é que, assim como no universo, certas forças se juntaram para começar a concretizar o que foi então um fenômeno social, que não acontecia somente conosco e que hoje chega a ser uma matéria de estudos sempre abalizada pelo corpo como *locus* expressivo, de atenção e de trabalho, como eixo de suporte de um exercício de autonomia significativo num entorno que via os significados se esfumarem e que, cada vez mais, se enriquecia com fatos novos. O ato do treinamento do corpo, da aprendizagem física e da expressão através do corpo traz uma reminiscência da *performance* como ato político que se posiciona contra o controle, que também teve expoentes ferrenhos e admiráveis ao longo da ditadura e durante a chegada incipiente da democracia. Isso deixou um rastro de cuja dimensão, no mundo de hoje, aberto às diversidades, talvez não tenhamos ideia, mas que naqueles anos era um firme gesto de resistência.

As visitas de companhias como Cirque Baroque ou os espetáculos como *Que-Cir-Que* e *Cirque O* representaram um importante intercâmbio com a França e foram fonte de inspiração e conhecimento para mestres do teatro como Mauricio Celedón (Teatro del Silencio) e Andrés Pérez Araya (Gran Circo Teatro).

O passar dos anos trouxe a propagação territorial que era esperada. O encontro não era mais numa praça, mas em muitas, e não apenas na capital, mas nas diferentes regiões do país. As viagens cada vez mais acessíveis e frequentes eram fonte de informação, de motivação e novos desafios. Como tudo na área social, novos caminhos foram abertos de forma espontânea e natural. Desde o fim dos anos 1990 se adquiriu o costume de promover um encontro anual, a Convenção Chilena de Circo, que em 2019 realizou a edição número 21. O encontro, que convoca e reúne essa comunidade heterogênea, mas reconhecida, renova o vínculo entre os membros, ao mesmo tempo que propõe espaços de intercâmbio de formação e de trocas artísticas, que fomentam a reflexão do público. Também foram criadas as convenções regionais, que replicam a ideia do encontro em escala regional e de acordo com suas próprias necessidades, e constituem um circuito que mantém aceso o fazer criativo e social.

Plaza de Armas em Santiago, no Chile. A trapezista é Fernanda Ledesma, em um evento organizado por Andrés Pérez Araya em 1999. Foto: Macarena Simonetti.

E, como todo grupo humano, à medida que cresce, ocorrem divisões. Aqueles que não participam do encontro anual têm suas próprias maneiras de se reunir, de fazer intercâmbios e apoiar seus pequenos novos núcleos.

O associacionismo aparece como um estímulo óbvio quando se pensa no componente de pertencimento desse movimento desde o início, e por ser uma forma de fazer as coisas acontecerem quando as circunstâncias são adversas. A colaboração e o cooperativismo são elementos fundamentais do trabalho circense e da possibilidade de realizar projetos, montar companhias, criar, apoiar espaços, crescer. Esse componente associativo sustentou-se ao longo do tempo e adquiriu várias formas, em escalas diferentes de acordo com as necessidades e projetos de cada lugar e de cada grupo. Hoje existem diferentes grupos e associações, coletivos e companhias que alcançam um público novo e mais amplo. Eles desenvolvem várias ações para promover a área, o intercâmbio e a gestão nos circuitos formais e informais, com vistas a dar visibilidade ao setor. Também foram criadas plataformas de participação de várias companhias em apoio ao desenvolvimento do circo em diferentes aspectos, oferecendo assessoria em gestão, apoiando iniciativas locais, emprestando material, fazendo a conexão entre pessoas e ideias, para que o circo contemporâneo tenha sempre oportunidades maiores e melhores, mas mantenha a essência coletiva, colaborativa e repleta de sentido que o viu nascer. Entre elas pode-se mencionar o Agrupamento Circo Chile, a Rede Chilena de Circo Social, a Cirkolaborativa, a Associação Gremial do Novo Circo e uma rede de gestores. Em resumo, o setor não deixa de buscar maneiras de formar alianças e de amalgamar-se, porque o circo se faz com parcerias e requer a colaboração de todos para acontecer.

Até aqui o político, agora o estético

Se fosse possível lançar um olhar retrospectivo no percurso de uma atividade de origem híbrida, que nasce e elabora ações criativas – em busca de um espaço e de uma identidade –, parece que inicialmente as estéticas do novo circo tinham uma pulsão criativa própria do espaço-tempo em que brotavam e das circunstâncias que o rodeavam, uma força na comunicação de imagens que na época eram simples, com um nível técnico em evolução, mas que tinham grande poder simbólico. Naquele espírito dos anos 1990, carregados de certa melancolia pós-moderna, havia um ar reflexivo e poético que transcendia muitas das criações e propostas. Em parceria com as outras artes cênicas, o novo circo era implantado com a força vanguardista de uma juventude em processo de ruptura. Talvez houvesse poucos recursos técnicos ou metodológicos, mas existia o desejo de se expressar, de fazer, de experimentar. Eram criados espaços permanentes para mostrar trabalhos, naquela época em formato *variété*, em que também atuavam outros artistas e se formavam os alicerces de uma nova geração de criadores em várias especialidades. O teatro trazia conhecimentos adaptados para a encenação e a dança colaborava com elementos do uso do espaço, ritmos e dinâmicas, mas era principalmente da experimentação, da prova e do erro, e da busca de referenciais, que se alimentava uma estética latente. Uma estética nova, contemporânea no mais amplo sentido do conceito, que respirava nos circuitos *under*, em que havia muito intercâmbio e reflexão.

Paralelamente, em um país com uma fortíssima tradição circense, de famílias que cultivam a arte do circo no formato convencional, também houve a corrente do novo circo inspirada nas cores e formas da pista de então, com contornos familiares, de humor e de palhaços, e esse carisma próprio do circo festivo, muitas vezes interpretado sob uma nova ótica e montado com um olhar atual, que retrocedia com base na homenagem ou na paródia, ou da reconstrução atualizada dos personagens clássicos. Em outros casos, o encontro era no circo tradicional, mas naquele de outrora, que tinha cortinas de veludo vermelho e adornos dourados, de cartolas e tacos largos, onde o picadeiro é um álbum de recordações que cheira a papel usado, em que o sépia foi tomando as margens.

Ao mesmo tempo que isso ocorria, também iam surgindo as estéticas de rua – assim chamadas porque o sentido estava parcialmente ligado ao espaço público e a rua era um dos principais pontos de encontro. Poder-se-ia dizer que há um tipo de personagem de circo de rua que foi tomando forma: o individual, com força nos malabares e no humor, com muitos recursos na maleta e elementos chamativos, como grandes monociclos e figuras de globo. Esse formato, semelhante a seu congênere argentino, tornou-se popular especialmente entre aqueles que almejavam o promissor nomadismo da vida circense, e a maleta transformava-se numa boa companheira de périplos latino-americanos e europeus.

Vinte anos mais tarde, podemos ver como esse cenário inicial foi mudando e, quase emulando a teoria pendular de Hegel, o outro extremo foi alcançado. Um período de "tecnicidade", no qual a própria evolução dos centros de treinamento, o advento da internet com sua informação sem limites, a abertura da Escola Profissional El Circo del Mundo, a consolidação de "casas-circo" dedicadas à transmissão de conhecimentos, e a busca, típica dos artistas, por maiores e melhores recursos para as disciplinas do circo, aqui ou em outros países, pareceu girar o periscópio para outro objetivo, o da perfeição técnica. E foi assim que vimos os corpos se transformarem.

Outros treinamentos, outras destrezas, outras precisões, outros parâmetros. Alturas de três metros, duas ou três vezes mais equilíbrios, contorções, saltos, resistências, muitos abdominais. Corpos fortes e competentes, novas habilidades e raios de ação. Tal como todo deslocamento para uma extremidade do pêndulo, vemos diluir um pouco a pulsão criativa. A exigência da própria tecnicidade – supomos – deixa menos tempo para o jogo. A exigência da própria tecnicidade faz com que o foco esteja na forma. Conseguir a forma perfeita no circo é um percurso longo que às vezes não permite o despropósito da falta de técnica e que não tem a expectativa do truque. Contudo, como não tinha tantos truques, valia-se de milhares de recursos criativos para "dizer", para expressar, para arriscar. Substitui-se um risco por outro, vai-se de uma extremidade a outra do pêndulo.

Buenos Aires, 1999. Lançamento da Convenção Argentina de Malabares. Foto: Macarena Simonetti.

A sorte é que houve companhias que encararam o desafio e avançaram, indo de uma extremidade a outra do pêndulo sem soltar. Elas têm sido o sutil fio vermelho que une todas as coisas e têm continuado a aceitar o desafio ao longo desses anos de buscas. Têm o valor de se arriscar em cada etapa e a ousadia de manter o trabalho coletivo – outro grande labor das práticas cênicas. Têm tido a coragem de resistir com ou sem recursos em um ambiente economicamente complexo. E não deixaram de criar. Já é possível identificar que essas companhias têm estéticas e identidades próprias. Isso é saudável para o picadeiro. Há os mais novos, os esporádicos, os que em sete e dez anos de existência deixaram sua marca indelével. E há os que estão encarando o desafio hoje, porque já vamos voltar para a outra extremidade do pêndulo, que desponta promissor. Atualmente é possível falar de uma cena circense contemporânea no Chile – com companhias de melhor preparação técnica, com programas de difusão e formação oferecidos pelo Estado, que preveem um número maior de candidatos aptos a receber as subvenções disponíveis, uma diversificação territorial e redes de intercâmbio criativo. Além disso, as iniciativas públicas e privadas que resultaram na abertura de espaços para o circo contemporâneo em salas e teatros têm contribuído para que a cena circense no Chile ganhe cada vez mais destaque.

De volta às políticas
Essa etapa da reflexão nos leva inevitavelmente de volta às políticas. Abordaremos as políticas públicas e, dentro de seu contexto, as culturais. É crucial lembrar que a política cultural propõe e estabelece relações entre as dimensões política e simbólica das sociedades contemporâneas. As características dessa relação se manifestam em instrumentos específicos de administração pública do campo cultural.

No Chile, o começo da administração pública no campo da cultura e da institucionalização da educação com vistas à autonomia se deu entre os séculos XIX e XX. Uma ampla gama de instituições compartilha da definição da identidade e do patrimônio nacional, tais como museus e bibliotecas, entre outras. Trabalha-se a fim de levar infraestrutura própria e adequada a essas instituições.

O período entreguerras e os anos posteriores à crise econômica de 1929 representaram a consolidação democrática na América Latina, configurando um modelo de desenvolvimento em que os Estados e as políticas públicas desempenharam um papel central na organização industrial da produção em nível nacional, na constituição da estrutura social e de seus operadores em seus respectivos eixos culturais. Esse processo se expandiu e se aprofundou ainda mais no final da década de 1960 em nosso país. Surge então a presença mais determinante da universidade pública em nível nacional, e desenvolvem-se certas correntes artísticas e culturais como a Nova Canção e os selos discográficos. Tem início um desenvolvimento mais sustentável do cinema e das artes cênicas (com precedentes desde os anos 1940), e um cenário diferente nas artes visuais. Essas são algumas das características do setor cultural nacional da época, sob um modelo de forte mecenato estatal.

Como costuma acontecer nos processos de instalação de governos autoritários, com o início da ditadura, em 1973, deu-se a destruição das políticas culturais democratizantes que haviam sido desenvolvidas durante os primeiros dois terços do século XX.

Conforme explica J. J. Bruner em *Un espejo trizado* (Um espelho quebrado), durante a ditadura, a política pública se caracterizou pelo abandono do papel estatal na promoção e difusão da cultura, confiando sua regulamentação ao mercado. Além disso, também se perdeu o caráter plural da construção do sentido público. Tudo isso foi seguido pela ampliação das bases técnicas da fruição individualizada de bens culturais, do uso dos recursos repressivos do Estado não mais em termos jurídicos, mas simbólicos, provocando uma guerra de natureza ideológica e configurando um inimigo interno contra a memória social do Chile.

Embora o documento catalogado na Biblioteca Nacional em 26 de junho de 1975 estabeleça o reconhecimento da cultura como um elemento-chave para o desenvolvimento social, também determina diretrizes de controle e reestruturação do circuito cultural: "o regime militar busca a reformulação integral das bases que apoiaram a atividade cultural no Chile, aplicando uma política de Estado que se caracteriza por seus propósitos nacionalistas, messiânicos e geopolíticos"[6].

De acordo com o que afirma esse documento oficial, os pilares fundamentais que devem orientar a política cultural se assentam na civilização cristã ocidental e nas raízes da chilenidade. Dessa forma, procura-se respaldar a "nova sociedade" com valores permanentes que incentivem a moralidade, a exaltação de nossas melhores tradições histórico-culturais, o conceito de hierarquia e autoridade, entre outros aspectos[7].

Tudo isso é acompanhado pela municipalização das instituições educativas públicas primárias e secundárias, e pela criação, em 1974, dos Institutos Culturais Municipais – aqueles que, em 1977, serão substituídos pelas Corporações Culturais dos Municípios.

A democracia é restabelecida no Chile em 1990. Naquele mesmo ano, no âmbito de uma reforma tributária cujo trâmite foi extraordinariamente rápido, é promulgada a Lei de Doações Culturais, que reduz a carga tributária das empresas doadoras. Em 1991, é criada a Comissão Para a Cultura, equipe que assessora o presidente da República (colaboração entre intelectuais, cientistas, artistas e membros da sociedade civil, característica das várias iniciativas de administração pública da cultura durante os anos seguintes). Tomando como referência as instituições francesas, britânicas, argentinas e mexicanas, em 1992 é criado o Fundo de Desenvolvimento das Artes e da Cultura (Fondart). Em 1996, acontece o Encontro de Políticas Públicas, Legislação e Propostas Culturais, realizado por iniciativa do Congresso Nacional.

---

6   Errázuriz, 2006, p. 13.
7   *Ibidem*, p. 15.

Somente em 2003 é promulgada a Lei n. 19.891, que estabelece o Conselho Nacional da Cultura e das Artes (CNCA) e formaliza juridicamente o Fondart, batizado com o nome de Fundo Nacional de Desenvolvimento Cultural e das Artes.

A criação do Conselho Nacional da Cultura e das Artes assinala a passagem de ações dispersas a favor das artes para uma instituição coerente, cujo planejamento abrange tanto o nível nacional quanto o regional, e conta com a intervenção e a participação do setor público e da sociedade civil.

Em 2007, o circo é incluído como um campo que pode receber recursos de criação e difusão do Fondart.

Em fevereiro de 2011, nasce a Área de Artes Circenses no Departamento de Fomento às Artes e Indústrias Criativas do CNCA, no qual já figuravam, desde o início, a dança e o teatro. A inclusão do circo advém paralelamente à entrada de áreas novas como desenho, arquitetura e novas mídias. Na época, a Área de Artes Circenses foi criada com vistas a reconhecer, valorizar e fomentar uma disciplina que, em seu formato tradicional, é parte de nosso patrimônio imaterial, e em seu formato contemporâneo foi abrindo o caminho para o aperfeiçoamento técnico, a integração de linguagens e a busca de novas formas de expressão.

Essa Área faz parte do Departamento de Fomento das Artes e Indústrias Criativas e, como tal, define seus propósitos com base em eixos estratégicos destinados a fortalecer o desenvolvimento artístico e profissional do setor, contribuindo para a valorização das várias manifestações da disciplina. "A Área de Artes Circenses reconhece a diversidade de expressões artísticas em torno dessa disciplina, que vão desde as mais tradicionais até as mais contemporâneas, e se propõe a cooperar para o seu desenvolvimento no contexto dessas diferenças"[8]. Assim sendo, naquele momento se estruturaram linhas de ação com vistas a contribuir com cada segmento, atendendo a seus estágios e processos, reforçando o desenvolvimento artístico e criativo, fortalecendo as capacidades de gestão e associacionismo, e contribuindo para o reconhecimento e a valorização da disciplina, tanto em nível nacional como internacional.

Isso acontecia por meio de programas que abordavam as seguintes esferas: formação e profissionalização (desenvolvimento da especialidade); circulação e valorização; geração de conhecimentos.

Esses programas continuaram entre 2011 e 2015. Em 2016, com a mudança de governo, foram definidas novas ações sem estrutura programática, e a área passou a ser direcionada para o circo tradicional. Os programas foram a primeira grande alavanca para o setor e hoje vemos os resultados nos artistas, nas criações, no incremento dos financiamentos obtidos, na evolução metodológica e técnica dos artistas nas regiões e na visibilidade do novo circo no mundo do espetáculo.

---

8   Disponível em: https://www.cultura.gob.cl/artesescenicas/artes-circenses/informacion-institucional. Acesso em: dez. 2020.

O breve panorama histórico tem o objetivo de contextualizar nossa situação em um Estado que culturalmente continua em reconstrução, cuja fragilidade segue oscilando entre os governos e que, no que diz respeito às políticas culturais, ainda está na fase inicial. Vale lembrar que o Chile continua a ser governado pela mesma Constituição redigida em 1980, durante a ditadura.

Em 2018, o Conselho Nacional da Cultura e das Artes passou a ser o Ministério das Culturas, Artes e Patrimônio, com toda a autoridade que isso implica. No entanto, esse processo traz um impasse administrativo que se manifesta em lentidão e dificuldade, que certamente levará um tempo para ser superado. E acaba de ser aprovada uma Lei de Artes Cênicas. Esboçada pelas organizações artísticas, com a participação de integrantes de todos os níveis, a lei foi proposta ao Estado para dar alicerce a acordos sólidos em torno do fomento, da pesquisa, da salvaguarda e do orçamento para o teatro, a dança e o circo, o teatro de marionetes e os contadores de histórias, usando como referência setores como o audiovisual, a música e o livro, que haviam estabelecido suas leis anteriormente.

Durante os anos de 2016 e 2017, foram realizadas reuniões e sessões abertas com os artistas, no antigo CNCA, a fim de coletar informações que contribuíssem para construir as políticas culturais do quinquênio, estabelecidas no documento Política Nacional de Cultura 2017-2022[9], aberto a consulta. Na ocasião também foram sistematizados os planos para cada região. Estamos diante de um Estado que começou a nos reconhecer há pouco e às vezes não sabe como fazê-lo. Ainda dependemos das pessoas que dirigem os governos, mas estamos avançando.

Do ponto de vista político, nosso setor tem uma história que vai da rua à instituição, ditada pela vontade própria de fazer mudanças sociais, de ter voz, de intervir na época em que vivemos com a criação e a reflexão, sem passar pela gestão política de leis que se apliquem especificamente à área. Não herdamos direitos consuetudinários ao nosso patrimônio. Elaboramos nosso percurso passo a passo, de forma coletiva. E também com amor.

As poéticas
Portanto, o cenário político repercute a ponto de levar a pensar novamente nas poéticas que deram origem e que, hoje, dão vida a uma disciplina, a um movimento, à comunidade e à família que nos congrega e envolve. O percurso que não podemos perder e que se sustenta na ideia de mudança; que, se propõe instituições e diretrizes, não é para permanecer nelas, mas para sugerir possibilidades novas e diferentes; que se estrutura em conflito com o *status quo*; e que, a partir desse conflito, adota um ponto de vista particular, que não apenas questiona, mas também propõe, realiza, movimenta, transforma.

O circo contemporâneo transformou estética, fazeres artísticos, políticas e práticas. O circo atual transformou percursos, visões, encontros e pessoas. É por

---

9 Disponível em: https://www.cultura.gob.cl/politicas-culturales/nacional. Acesso em: dez. 2020.

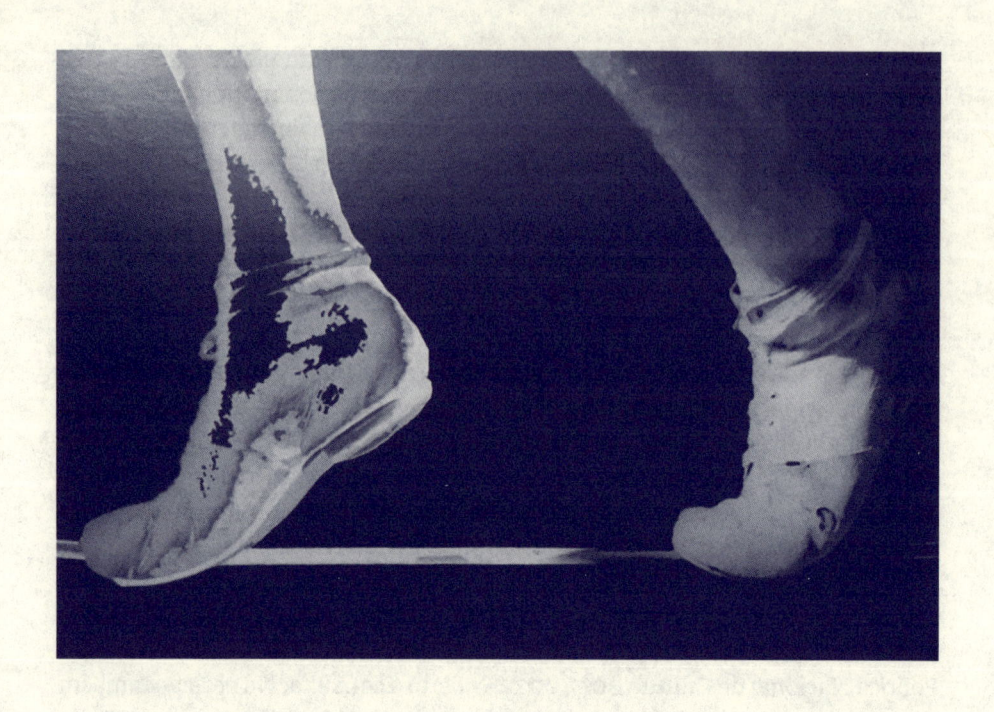

Serigrafia em vidro feita a partir de uma foto tirada em Santiago no ano 2000. Os pés são de Qermán Caro e a serigrafia compõe a instalação chamada **Todos los sólidos se evaporan en el aire** (Todos os sólidos se evaporam no ar), parte da exposição coletiva **El desfase** (A discrepância). Escola de Pós-graduação, Faculdade de Artes, Universidade do Chile, Sala Juan Egenau, julho de 2001. A obra era acompanhada pelo seguinte texto: "A cidade é um espaço disponível/ Há quem domine a cidade/ O importante é o que acontece e, quando acontece, alguma coisa na cidade muda/ A cisão se dá no inconsciente, há certo incômodo rotineiro, um conflito não resolvido, espaços de relações, apropriações corporais, começam a aparecer uma vez que acontece... isso que acontece". Arte: Macarena Simonetti.

isso que continuamos com cruzadas quixotescas como este livro e o projeto Circo Futuro, que propõem novas maneiras no que já é novo, que praticamos o exercício de questionar a nós mesmos para não corrermos o risco de cristalizar nosso modo de pensar e de agir. É por isso que subimos no palco com prazer e inspirados em nossas convicções, e que avançamos traçando novos caminhos.

A poética da mudança, da diferença, das perguntas e da falta de certezas é a que nos diferencia dos códigos mais eruditos de toda tradição. É também a que nos confere identidade, pertencimento e vida. É nesse terreno incerto que caminhamos e fazemos o exercício de refletir, humildes, desfrutando das surpresas de uma estrada com desvios, usufruindo o enriquecimento da interdisciplinaridade, aprendendo a viver, porque não acontece apenas conosco.

Referências

BRUNNER, José Joaquín. *Un espejo trizado: ensayos sobre cultura y políticas culturales*. Santiago: FLACSO, 1988.

CARRASCO, Eduardo; NEGRÓN, Bárbara (orgs.). *La cultura durante el período de transición a la democracia 1990-2005*. Santiago: Consejo Nacional de la Cultura y las Artes, 2006.

ERRÁZURIZ, Luis Hernán. "Política cultural del régimen militar chileno (1973-1976)". *Aisthesis*. Santiago: 2006, n. 40, p. 62-78.

HORMIGOS, Jaime; CABELLO, Antonio Martin. "La construcción de la identidad juvenil a través de la música". RES – *Revista Española de Sociología*. Madrid: 2004, n. 4.

INSTITUTO Nacional de la Juventud. *Segundo informe nacional de juventud: condiciones de vida y políticas públicas de juventud desde la transición al bicentenário*. Santiago: Injuv, 2006.

OLGUÍN HEVIA, Raúl. "Ciudad y tribus urbanas: el caso de Santiago de Chile, 1980-2006". *DU&P – Revista de Diseño Urbano y Paisaje*. Santiago: 2007, v. IV, n. 10.

SUBERCASEAUX, Bernardo. *Conferencia: Políticas culturales en Chile: una perspectiva histórica*. Disponível em:https://www.estudiospublicos.cl/index.php/cep/article/view/142/149. Acesso em: ago. 2022.

PARTE II
CONTEMPORANEIDADES:
O CIRCO ENTRE
"O NOVO" E "O VELHO"

Circo: arte limite

Jean-Michel Quy

Como toda expressão artística, o circo supõe uma superação: a dos limites pessoais do artista, a do próprio gênero, a dos preconceitos contra si mesmo. Apesar disso, parece limitado... por sua própria concepção do limite, que o reduz à exibição de habilidades corporais particularmente pouco comuns e – por isso mesmo? –, na maioria das vezes, incríveis. Um número crescente de artistas circenses, ainda em minoria, se esforça para livrar sua arte da antiga restrição. Analisando a criação dos dias atuais à luz da noção de limite, tão própria e tão cara ao circo, e com o apoio de alguns exemplos radicais – ao pé da letra –, convidamos os leitores a se atreverem a percorrer novas transcendências e subversões.

No modelo do circo ocidental clássico, depois de ter se exercitado duramente e por muito tempo, o artista circense transforma a baliza de seu "nível técnico" em um limite imaginário, fazendo os espectadores acreditarem, por meio de procedimentos estritamente dramatúrgicos (o uso de tambores, por exemplo), que a sua arte em geral, ou a sua competência pessoal, têm um limiar intransponível. É claro que o artista recorre a esse artifício para produzir – superando-o – um efeito de admiração... sem limite. Ainda hoje, a concepção do limite transmitida tanto nas famílias circenses como nas escolas de circo está restrita a duas dimensões, a corporal e a espetacular. A superação dos obstáculos técnicos é tema de programas pedagógicos racionais, e os progressos são mensurados com o auxílio de uma grande quantidade de critérios, inclusive nas disciplinas mais rebeldes a uma abordagem científica do rendimento – por exemplo, a corda de arame. A identificação e o tratamento das regras da dramaturgia continuam a ser objeto de poucos estudos teóricos e pouco ensinadas, a não ser sob o formato de um catálogo de "truques do ofício" (como sorrir, cumprimentar, impressionar, relaxar). Como exemplo, lembremos que 70% dos artistas do Cirque du Soleil não haviam feito circo até três meses antes de entrar na pista. Esses atletas e outros ginastas, que dispõem de uma capacidade acrobática excelente, geralmente adquirida com uma formação esportiva de alto nível, não estão iniciados na arte do circo; eles são formados em tempo recorde nas artimanhas do espetáculo. O modelo dominante, personificado pela empresa canadense, é baseado na espetacularização da proeza esportiva.

Isso posto, a superação das limitações corporais geralmente não é senão a tradução concreta e visível de um esforço mais difícil para superar certas deficiências invisíveis e indescritíveis, inseparavelmente íntimas e sociais. Essa resiliência tem o nome comum de "coragem", e o público não está errado quando interpreta sempre nesses termos a performance milagrosa do artista. Na dança clássica, ninguém ignora que a bailarina, "transcendida" por seu papel, sofre com suas sapatilhas martirizantes. O conforto do artista circense não permite esquecer o custo psicossomático que esse mesmo conforto exigiu. Assim como na dança, no curso de sua formação o artista circense tem a sua própria experiência da dor – que se prolonga durante a carreira. Essa experiência pode se transformar e adquirir outra natureza, que ele domestica e com a qual se acostuma, chegando às vezes a negar que exista, ou até a procura (embora um crescente número de artistas circenses proclame em alto e bom som sua recusa a sofrer)[1]. O mesmo vale para o medo: um balanço de trapézio volante pode não suscitar mais do que a absoluta liberdade de voo, mas o artista que se lança está, na verdade, invadido pelo medo: com o tempo, simplesmente aprende a "trabalhar" o medo. Dor, medo, angústias, reminiscências de um passado que dói, seja rangendo os dentes ou com uma suspensão das emoções: são os limites invisíveis que enfrenta o artista circense. E que ele decide ocultar ou deixar transparecer na sua performance. Apesar disso, os espectadores não são enganados, sucumbem de livre e espontânea vontade ao próprio desejo de ficarem fascinados, comparam seu trabalho ao do acrobata, às vezes com a referência das quantidades (tempo de formação, salários, litros de transpiração). Eles são indagados pelo artista a respeito de suas próprias limitações: o medo que paralisa, o tempo necessário para obter um nível de excelência, a coragem de fugir da sua situação – e aqui vamos nos deter um momento. Hoje, provavelmente menos, mas ainda bastante, exceder os limites econômicos ainda traz motivação para os artistas circenses. Com exceção de alguns *stars* do século XX, como Enrico Rastelli ou Grock, e os empresários de outrora Louis Dejean[2] e Barnum[3] ou os de hoje, os franceses Bouglione[4] e o canadense Guy Laliberté[5], o mínimo que podemos afirmar é que o circo nunca foi um ofício muito lucrativo para os artistas. Porém, permitiu que muitos saíssem da miséria. A questão econômica não diz respeito apenas às condições de vida ou de

---

1   Cf. as declarações de Mélissa von Vépy em *Talk-show* (2017), de Gäel Santistesva.
2   Louis Dejean (1792-1879), um antigo açougueiro, foi o fundador de numerosos circos na Europa, entre eles o Circo Napoleão, atual Cirque d'Hiver de Paris.
3   Phineas Taylor Barnum (1810-1891) fundou, em 1871, o Circo Barnum, também conhecido pelo nome de Ringling Bros and Barnum & Barley Circus, que cessou suas atividades em 2017.
4   Atuais diretores do Cirque d'Hiver de Paris. A família Bouglione conta com mais de cem membros, quase todos artistas circenses. O fundador da dinastia era um cigano domador de ursos.
5   Fundador do Cirque du Soleil. No ano 2000, desembolsou 35 milhões de dólares para passar alguns dias a bordo da Estação Espacial Internacional.

sobrevivência, mas também àquelas da criação dos espetáculos, principalmente os projetos mais audazes, arriscados do ponto de vista econômico. A precariedade dos meios de produção não é o menor dos limites ao desenvolvimento do circo como arte.

Resumindo: em virtude de sua técnica artesanal, da consciência da diferença entre "picadeiro" e "sala" e seu tratamento dramático, da representação de emoções fundamentais (o medo, o riso, a vertigem etc.), e em razão do grau de fantasia de que precisa dispor em um entorno social e econômico que não lhe é favorável, o circo exalta sua natureza artística. Ao mesmo tempo, essas características não são suficientes para diferenciá-lo do espetáculo de entretenimento. A passagem do circo à arte supõe outra categoria de limites.

Cruzar a linha

Le Déjeuner sur l'herbe (Café da manhã na grama), de Édouard Manet; *L'Origine du monde* (A origem do mundo), de Gustave Courbet; *Fontaine* (Fonte), de Marcel Duchamp; *L'Après-midi d'un faune* (Tarde de um fauno), de Vaslav Nijinsky (música de Debussy); *4'33"*, de John Cage; *Anticristo*, de Lars von Trier; *L'Histoire des larmes* (A história das lágrimas), de Jan Fabre; *Sul concetto di volto nel figlio di Dio* (Sobre o conceito do rosto do filho de Deus), de Romeo Castellucci; *América*, de Mauricio Cattelan... Há 150 anos contamos com centenas de obras de arte escandalosas, e há milhares de anos, se recuarmos ainda mais no tempo. Embora elas não representem mais do que uma minoria da produção artística de uma época, contribuem com o paradigma do limite extremo na arte: a profanação do tabu. Em muitos casos, esse limite é uma proibição de caráter legal (ofensa aos símbolos pátrios ou à dignidade das pessoas, incitação ao ódio racial, pedofilia...). Entretanto, a "liberdade de criação" (consagrada por uma lei especial na França) ou a "liberdade de expressão" (garantida em todas as democracias, e nos Estados Unidos, pela inviolável Primeira Emenda da Constituição estadunidense) prevalece em outros princípios jurídicos. Alguns artistas utilizam essa liberdade de acordo com a interpretação clássica do termo, segundo a qual "o que não está proibido está permitido"; outros enfrentam conscientemente algumas proibições (impudência em público, por exemplo), correndo o risco de sofrer censura ou prisão (reincidindo, como Sade). Em geral, o escândalo provém da transgressão de um limite moral ou religioso que não necessariamente está estabelecido pelo direito, ou ainda quando o artista não havia tentado ultrapassar os limites – as "caricaturas de Maomé" do jornal dinamarquês Jyllands-Posten e outras "blasfêmias" realizadas pelo periódico satírico Charlie Hebdo, a evocação do desejo sexual em *The Last Temptation of Christ* (A última tentação de Cristo), de Martin Scorsese... Alguns artistas foram muito longe na provocação: as obras escatológicas *Mierda de artista* (Merda de artista), de Piero Manzoni, e *Cloaca*, de Win Delvoye[6], são destinadas aos entendidos do mercado mais do que ao cidadão comum, mas sua existência choca. Particularmente chocantes são as obras que

---

6   Cf. as obras de Nathalie Heinich, em particular, *L'Art contemporain exposé aux rejets!*, Paris: Pluriel, 2012.

parecem ter como alvo a integridade do corpo humano (e não apenas a sua representação visual), sobre as quais nos debruçaremos mais adiante.

Em todas as esferas da expressão, encontramos obras que produzem escândalo, mas são as artes plásticas que oferecem os exemplos mais numerosos: sua frequência poderia ser resultado da *hiperconcorrência* reinante na área, o que forçaria os artistas a uma disputa desenfreada a todo custo. A impressão de que os exemplos de obras "insustentáveis" se multiplicam há meio século, um período caracterizado por uma fase paroxística do capitalismo, é pelo menos enganosa: não podemos nos esquecer das ousadias literárias de Sófocles (incesto e parricídio em Édipo) ou de Eurípedes (infanticídio em *Medeia*), que há 2.500 anos foram produto da rivalidade entre os candidatos às contendas da tragédia. Cada era teve sua cota de obras irreverentes, infames ou simplesmente audaciosas, para serem compreendidas ou admitidas na vida dos artistas. Certamente, os valores que eles desafiam variam de acordo com a época – a tal ponto que hoje temos dificuldade de entender o burburinho que provocou a *Pequeña bailarina de catorce años* (Bailarina de catorze anos), de Edgar Degas. Se, por um lado, a natureza do limite é mutante, a ideia de superação parece ser uma constante artística muito antiga, inerente à organização do ambiente da arte em "campo", para falar como Pierre Bourdieu. Porém, o "campo" não seria mais do que outro nome para designar a rivalidade, pelo menos após o renascimento no Ocidente. Já a superação talvez esteja enraizada mais profundamente numa concepção do ideal humano baseada na curiosidade, na liberdade, na conjunção do poder divino ou temporal. Em outras palavras: quando, em determinado gênero artístico, a concorrência for fraca ou inexistente (o caso da pintura não assinada, como os ícones ortodoxos), o artista poderia se inclinar à superação (pelo menos de suas próprias limitações técnicas).

A relativa autonomia do campo da arte ocidental atual encoraja a diferenciar os limites desse campo (suas regras de produção e o próprio mercado) e seus limites externos: grande parte das reações de repulsa da arte contemporânea, ou da perplexidade que ela inspira, acontece porque os leigos ignoram os termos próprios das distinções consideradas dentro do campo. Com frequência, esses termos são de natureza formal ou de mercado (pintar grandes quadros quando a moda é de formatos pequenos, pintar paisagens quando só os temas históricos podem assegurar a glória, inventar o *ready made* quando a norma exige a virtuosidade técnica, voltar para a figuração quando a arte conceitual predomina etc.). O mercado teve tal importância na determinação da hierarquia dos "valores" da arte (audácia, perspicácia, tecnicismo etc.) que um grande número de artistas se apropria do próprio mercado como objeto, seja para moldá-lo com cinismo (Damien Hirst, Jeff Koons...), seja para sabotar os fundamentos através de sua arte "improdutiva" (Banksy, Petr Pavlenski[7]). Certas obras que acabamos de mencionar são de caráter radical, e sua

---

[7] Cf. Turine. Disponível em: https://www.huffingtonpost.fr/natalia-turine/petr-pavlenski-artiste--anti-poutine-doit-il-mourir-pour-parachever-son-oeuvre_a_23296398/. Acesso em: dez. 2020.

existência pode ser explicada pela preponderância que a visibilidade adquiriu no nosso mundo saturado de informação. Alguns pensam que são "fáceis" ou "sem valor", embora custem milhões de dólares: vamos tentar não confundir a arte – nos dizem – com as extravagâncias dos ricos. Tenham eles razão ou não, ou apenas em parte, o fato é que muitas expressões artísticas atuais estão marcadas pelos excessos e pela importância que conferem ao radicalismo.

Não podemos deixar de observar até que ponto as obras desse tipo são raras ou inexistentes no circo. Será que o circo precisará buscar mais além da "superação de limites" que lhe é tão cara? Sem tentar esgotar o assunto, propomos analisar três tipos de limites artísticos com que o circo trabalha hoje de forma privilegiada, embora parcimoniosa: os limites próprios da natureza (monstruosidades aumentadas), os limites elementares (desordem no gênero) e a oposição às convenções e conveniências.

Monstruosidades aumentadas

Os progressos impressionantes da genética, das ciências cognitivas, da inteligência artificial, da robótica, da nanotecnologia e a interconexão de saberes de toda natureza estão em vias de transformar a ficção de Frankenstein em um sonho premonitório? Os transumanos nos anunciam a fusão próxima do homem e da máquina, em benefício apenas da última. Sabemos que a empresa Calico, criada pelo Google, trabalha atualmente em um grande projeto de pesquisa chamado "matar a morte". Estamos na iminência de uma revolução antropológica sem precedentes. O cinema e a literatura produzem agora ficções "distópicas", esboçando as perguntas e angústias diante dessa nova "superação do humano", mas raramente as esperanças que essa superação inspira. Conhecido por testar os limites físicos, do corpo e da natureza, o circo pouco aborda essas novas questões. Usa e abusa da figura do anjo (seria necessário fazer uma lista das suas infinitas variações), mas ainda não se arriscou a transplantar verdadeiras asas nos ombros de seus intérpretes. Uma brincadeira? Vejamos. As transformações do corpo – um corpo "aumentado", da mesma forma que se costuma dizer "realidade aumentada" – estão no cerne do trabalho de alguns artistas plásticos. Há algum tempo, Marina Abramović abriu o caminho, submetendo seu corpo a experiências "limite"[8]; Orlan seguiu seus passos, modificando sua aparência com incrustações subcutâneas[9]; Stelarc foi ainda mais longe, no início transplantando em si mesmo membros artificiais, e depois submetendo o movimento dos membros ao volume de dados que circulam na internet[10]. Essas performances visam questionar a aparência do corpo humano e o estatuto da prótese (ainda na era medieval, os primeiros óculos eram malvistos), suas funções internas (para além do constrangimento que inspira e de seu cinismo mercantil,

---

8   Cf., por exemplo, sua obra *The Great Wall Walk* (1988).
9   Cf., por exemplo, *Omnipresénce* (1933).
10 Cf., por exemplo, *Ping Body: An Internet Actuated and Uploaded Performance* (1996).

Cloaca também é uma oportuna modelização robótica do sistema digestivo), assim como a dimensão social em Stelarc. Trata-se da elaboração de *monstros*, uma noção muito familiar ao circo. Por sorte, os *fenômenos* – os *freaks* – deixaram as pistas, e ficamos horrorizados com os "zoológicos humanos", que na (mal) chamada Belle Époque expunham os "espécimes" – africanos e asiáticos, vítimas da colonização – à curiosidade bisbilhoteira dos europeus. Os monstros desapareceram, mas não a *monstration*[11], título de uma exposição de Johann Le Guillerm[12], interpelando de uma só vez a pulsão escópica, nossa relutância em enxergar o outro simplesmente como diferente e nosso desejo de *fazer ver* (atualmente exacerbado pelo uso do *like* nas redes sociais). A monstruosidade tem sido definida pelos teratologistas como toda diferença anatômica significativa trazida por um indivíduo em relação a um tipo específico. Proibimos a apresentação de pessoas portadoras dessa diferença e condenamos com veemência todo aquele que atenta contra sua dignidade: "o lançamento de anões" que abre o filme de Martin Scorsese, *The Wolf of Wall Street* (O lobo de Wall Street), tem sido julgado indigno, em virtude de sua segunda intenção implícita. A deficiência ou a diferença morfológica mudaram de *status*, como comprova o tom de recompensas que a atuação de Peter Dinklage lhe valeu em *Game of Thrones*. E como mostram as leis adotadas recentemente em muitos pontos do planeta para garantir a *acessibilidade*, um conceito mais amplo elaborado pelas pessoas com deficiência física (surdos, mudos, cegos, pessoas com deficiência motora ou mental), a partir de sua própria experiência, mas que do ponto de vista filosófico valem para todos os seres humanos.

No que se refere a esse tópico, o circo contemporâneo sabe como ir longe: *Ali*, espetáculo da companhia MPTA[13], ficará na memória por ter recorrido à ampliação da deficiência para conseguir que ela fosse esquecida. Seu autor, Mathurin Bolze, e o artista Hèdi Thabet, que só tem uma perna, se aproveitam da doença e da muleta para criar acrobacias inéditas, não apenas as exibindo. Também não devemos nos esquecer de *Nos limites* (Nossos limites) – um bom título para esse trabalho tão próximo de nosso texto –, obra na qual Mathias Pilet[14] e Alexander Fournier, prestando homenagem ao pranteado Fabrice Champion[15], põem sua tetraplegia no palco, usando suas pernas como se eles não as controlassem e ultrapassando os limites da acrobacia, do circo e do corpo humano, criando formas estupendas.

11 Ação e ato de mostrar.
12 Artista circense e artista plástico francês de renome internacional, Johann Le Guillerm trabalha de várias formas a noção de ponto e, em particular, a de "ponto de vista" em todas suas obras (*Secret*, *La Motte*, *Monstration*...).
13 Abreviatura de Les Mains, les Pieds et la Tête Aussi, companhia fundada por Mathurin Bolze.
14 Artista franco-chileno que o público latino-americano pôde admirar em *Acrobates*, de Olivier Meyrou e Stéphane Ricordel, ou em sua obra *TU*.
15 Trapezista membro fundador de Les Arts Sauts (1972-2011). Recomendo o filme *Acrobate*, que Olivier Meyrou dedicou a ele, assim como o espetáculo *Acrobates*, de Stéphane Ricordel e Olivier Meyrou.

É o momento de mencionar a *sobrerrestrição* (*surcontrainte*). A palavra é do malabarista Sylvain Julien, que a explica claramente em suas próprias obras[16], mas que podemos generalizar: os artistas de circo, longe de se resignar a ultrapassar seus próprios limites físicos, os inventam! Esqueçamo-nos da compostura: entrar na merda, esse é o programa, como afirma sem ambiguidade o malabarista Nathan Israël, que na sua obra *L'Homme de boue*[17] (O homem de lama) se molda com argila líquida. Dizem que o mal nunca chega sozinho, e a lei de Murphy afirma que a torrada sempre cai com o lado da manteiga para baixo: longe de baixar os braços diante de semelhantes calamidades, o circense (o *clown* por excelência) as multiplica. Constrói a sua deficiência; não tem uma deficiência física. A arte do circo consiste na invenção de problemas *corporais* específicos, de tal forma que a distinção corpo-espírito já não tem sentido. A sobrerrestrição é antiga: não podemos explicar de outra maneira o gênio de Enrico Rastelli, "o maior malabarista de todos os tempos", que já nos anos 1920-30 se *sobrerrestringia*, embora seu talento fosse tão grande que só a metade já lhe teria garantido sucesso. Uma grande parte da criação artística atual provém deste princípio: fazer um corpo a corpo com as mãos nos bolsos, como em *Histoire amère d'un douce frénésie* (História amarga de um doce frenesi), do coletivo Prêt à Porter; fazer malabares sem as mãos, como em *Lard* (Banha) de La Scabreuse, ou com as mãos dentro das caixas, como Loïc Faure em seu espetáculo *Hom(m)*; fazer corda lisa sob a chuva, como em *Ex Madame V* da companhia Le Nadir; mastro chinês quando as alças cedem, como em *Petit mal* (Pequeno mal) da Race Horse Company; figuras acrobáticas em 50°, como em *Warm* (Quente) de David Bobée. *Nec plus ultra*: manter um artista em cadeira de rodas em equilíbrio sobre uma placa em equilíbrio precário, como em *Extrémités* (Extremidades) montado pela In Extremis, a companhia cujo nome indica sua especialidade – a produção de situações críticas. Seu diretor artístico, Yann Ecauvre, é próximo desses novos exploradores do extremo, como, por exemplo, os *Flying frenchies*. Esse grupo coloca suas *slacklines*[18] nos fiordes noruegueses e nos cânions do mundo inteiro, ou se jogam no vazio (em *jumping*) com suas divertidas asas de morcegos, feitas de *nylon*. Circo é isso? É arte? Essas perguntas não aparecem entre seus adeptos, que cultivam apenas um valor, idealizado e concretizado "ao extremo": a liberdade.

Nos dias atuais, uma monstruosidade ousa se exibir em espetáculos: é a amargura que produz a intolerância. Essa é a primeira mensagem de *Vortex* (Vórtex), um trabalho importante de Phia Ménard: com uma dramaturgia clássica, baseada em uma sequência narrativa de quadros dotados de uma estética totalmente inovadora, a artista exibe as etapas do pesadelo de sua transformação de

---

16 Especialmente em *Ïopido (ou l'inverse)*.
17 Companhia Le Jardin des Délices.
18 O *slackline* é um esporte de equilíbrio em que se usa um cinturão pendurado e esticado entre dois pontos fixos, geralmente árvores.

homem em mulher. O monstruoso não é o *transgênero*, mas sim a nossa incapacidade de aceitar a diferença e a estranheza que sentimos em alguma coisa rara, embora saibamos que somos amáveis e amantes, que somos solidários por natureza e que estamos sós na intimidade de nossa consciência corporal. De qualquer forma, para além do problema do gênero e de seu caso pessoal, o que Phia Ménard questiona é a própria construção do humano, ou melhor, do humano enquanto ser construído culturalmente.

Já a gravidade, que inevitavelmente está no alicerce de toda acrobacia e de todo malabar, não pode mais ser o elemento de suporte do circo a partir do momento em que o homem começou a viajar para o espaço. Levado pela coreógrafa Kitsou Dubois, um grupo de artistas – bailarinas, trampolinistas, malabaristas, trapezistas – teve o privilégio de testar seus conhecimentos de gravidade a bordo de aviões em voo parabólico. Os artistas voltaram transformados, e com eles o circo! Por meio de recursos cênicos ou imersões sofisticadas, Kitsou Dubois tentou, e sempre tenta, transmitir aos espectadores *terrestres* a sensação de abandono provocada pela falta de gravidade: perdendo a noção de centro e de contornos, perderíamos nada menos que a psique, afirma em sua tese de doutorado. Fazer malabares sem gravidade? É possível desde que se defina o malabar como uma relação com o objeto. Jörg Müller, que participou da experiência, afirma: "Cada objeto tem uma maneira de dar um curso a seu movimento. Todas as vezes o objeto não faz nada além de deixar que você saiba se vai conseguir pegá-lo ou não. Isso significa que sou eu quem se adapta"[19]. A maioria de seus colegas exprime a mesma ideia pela fórmula: "é o objeto que me manipula". A influência de sua experiência com a gravidade pode ser detectada em sua obra *Mobile*[20] (Móbile): baseada na forma pura (o malabar pendular, em que a música é produzida pelo choque entre os canos), parece atemporal ignorar qualquer atualidade e contexto. Isso provém da consciência do essencial, da relatividade das coisas. É possível notar o mesmo tipo de relação com o mundo na obra de Chloé Moglia, que depois da experiência da gravidade alterada, trabalha apenas com o peso e a suspensão: trapezista excepcional, para ela o trapézio não é mais do que uma ferramenta, entre outras, para sondar os fundamentos físicos da humanidade, remontando, se necessário, a Toumaï[21], longe das contingências que nos angustiam.

---

19 Extraído do documentário de Netty Radvanyi, *Cirque Hors-Piste*, Paris: Program 33, 2016.
20 Cinco canos de metal de vários comprimentos formam um carrilhão pentatônico, suspenso em apenas um ponto. No malabar pendular, o malabarista faz movimentos complexos, segundo modelos rítmicos comparáveis a "cinco bolas". Jörg Müller executa a música fazendo-os chocar entre si.
21 Nome dado a um dos espécimes de *Sahelanthropus tchadensis*, hominídeo bípede datado de seis a sete milhões de anos, atualmente considerado nosso mais antigo ancestral conhecido.

Desordem no gênero
Embora os esforços dos artistas se direcionem com frequência para superar um limite, observamos que este também assinala a fronteira entre as artes, os gêneros e as linguagens. A primeira contestação se dirige às separações hierárquicas, entre temas nobres e plebeus (como a primazia conferida aos assuntos religiosos até Botticelli), entre as "artes maiores" e as "artes menores" ou "superiores" e "inferiores". Uma segunda superação consiste em questionar a especialidade supostamente irredutível de cada meio de expressão: Alejandro Jodorovsky e Jean-Luc Godard, por exemplo, com estilos opostos, criticam a confusão dominante no meio cinematográfico e as mensagens veiculadas, quase apenas narrativas. As noções abstratas de musicalidade, de teatralidade e fisicalidade, presentes em doses variadas em toda forma cênica, permitem superar a ideia de música, de teatro e de dança. Os conceitos de artes em movimento, artes do tempo, de obra aberta, mista e *in progress*, tiram as fronteiras de lugar. Desde o surgimento do "teatro pós-dramático"[22], são muitos os espetáculos que utilizam várias formas de expressão. O circo está mais perto dessa grande mestiçagem do que outros gêneros de espetáculo. Sua natureza historicamente híbrida o predispõe a tal: apresentado frequentemente como um "caldeirão", desde que esse gênero nasceu, congregou não apenas disciplinas corporais díspares (adestramento equestre, *clown*, acrobacia), mas também trouxe a música *ao vivo* para a arena, para o teatro (principalmente as pantomimas do início do século XIX) e a dança. Portanto, não surpreende que hoje também se incluam o vídeo, a mágica e as artes plásticas.

Existem misturas e misturas: sugerimos os nomes de *maionese* e *salada de frutas* para distinguir duas maneiras de enxergar, por fusão ou por simples justaposição, embora a primeira seja a que apresenta mais problemas, não só porque abandona a convenção dramática do circo tradicional (o "programa" formado por uma dezena de "números" sem relação lógica entre eles), mas também porque produz obras inclassificáveis, que poderiam ser catalogadas como dança, teatro, música etc. – de acordo com o ponto de vista. O novo circo foi particularmente marcado por essa mistura de gêneros, encontrado sobretudo sob a égide do teatro narrativo. O paroxismo das interferências se produziu com a chegada do circo contemporâneo, identificada na França por *Le Cri du caméléon* (O grito do camaleão), espetáculo escrito por Josef Nadj em 1995 para a sétima edição de um evento promovido pelo Centro Nacional das Artes do Circo (CNAC). O espetáculo mesclou a tal ponto a dança, o teatro e a acrobacia que obrigou a redefinir o circo como uma arte fundamentalmente "transfronteiriça". Os anos 2000 presenciaram o nascimento de um grande número de obras dessa natureza, como *Taïteul*, de La Scabreuse, que colocava texto, música, malabares e acrobacia a serviço de uma ficção tragicômica, ou *Les Sublimes* (Os Sublimes), da companhia HVDZ, misturando vídeo, texto, dança e várias especialidades acrobáticas em um tipo de "teatro documental". A difusão desses espetáculos sempre foi problemática: muitas obras híbridas pagaram o

---

22 Cf. Lehmann, 2002.

custo por serem tão diferentes das representações de costume. Também virtuosa, a evolução de Marie-Anne Michel[23] em mastro chinês é considerada por seus espectadores como dança, em virtude da fluidez e delicadeza de seus movimentos. *Zooo*, do coreógrafo Denis Plassard, também foi considerada dança: interpretado pelos estudantes do CNAC que praticam arame, mastro chinês, malabares e acrobacia, o espetáculo deixou a impressão de ser demasiado "dançado", ou seja, muito fluido. Será que poderíamos então dizer que o caráter explosivo é próprio do circo?

O uso do texto é outra causa de mal-entendidos: o espetáculo *Human (articulations)* (Humano (articulações)), com o subtítulo *peça de circo*, de Christophe Huysman, é encenado por acrobatas que não poupam seu compromisso físico e representado principalmente em circuito teatral. Muitos profissionais estrangeiros, responsáveis pela agenda da programação teatral fora da França, queixam-se com frequência da propensão dos artistas circenses franceses a falar em seu próprio idioma nos espetáculos, comprometendo assim a circulação das montagens em países não francófonos e, sobretudo, infringindo um acordo tácito (muito antigo) que exige um circo mudo. Esse acordo, herdado da proibição de falar na pista, que vigorou na França até 1864, foi transformado em mito positivo: o circo seria uma linguagem internacional por natureza, ignorando as barreiras da língua. Aqui é necessário abrir um parênteses: o circo tem reputação de transcender fronteiras, mas será que realmente faz isso? A escassez mundial de talentos (ou, nos dias atuais, de escolas superiores) explicaria seu ser cosmopolita: presença de várias nacionalidades nos espetáculos, assim como uma grande mobilidade geográfica, poliglotismo, pacifismo dos artistas. Há quem pretenda ignorar as fronteiras com sua ação militante; há outros que com sua indiferença angelical as negam, mesmo quando ainda há muros e guerras bastante reais (como entre Israel e Palestina). Existem ainda os que obrigam os refugiados a se empilhar nos campos (onde, por sorte, operam associações como a batizada com o nome feliz de *Clowns sem fronteiras*, que vêm em sua ajuda). Embora sejam abertas ou invisíveis, como na União Europeia, as fronteiras nacionais estão cheias de normas dissuasivas, que dizem respeito à circulação e à segurança das lonas, ao *status* fiscal dos artistas etc.

A dissolução das barreiras entre as artes provocou uma grande "confusão no gênero", para retomar uma expressão de Judith Butler a propósito de *gender*[24]: elementos até pouco tempo atrás considerados *fundamentais*[25] (como a presença de números com animais, sobretudo equestres, entradas de *clowns*, acrobacia aérea ou a pista redonda) rapidamente se tornam eventuais. A separação entre o circo tradicional e seus congêneres já desgastados – o cabaré, as jaulas de animais, algumas práticas acrobáticas (capoeira, BMX) – cai por terra. Por conseguinte, o

---

23   Principalmente em suas obras *Rivages* e *Sieste verticale* (Companhia Carpe Diem).
24   Trata-se de um jogo de palavras possível em francês: ambas as palavras inglesas – *genre* e *gender* – são traduzidas como *genre*. No português, traduz-se como *gênero*.
25   Os artistas tradicionais franceses chamam de *fundamentais* as várias artes do circo que, segundo eles, devem obrigatoriamente fazer parte de um programa.

público perde a estabilidade, já que o circo é percebido como algo que não muda. A emancipação de cada "arte do circo" das pistas e a proliferação de espetáculos com apenas uma técnica (só de malabares, ou só de corda lisa, ou apenas de arame etc.) não colaboram: embora hoje seja percebido com naturalidade que o malabar faça parte do circo, foi necessário que, nos anos 1990, os malabaristas manifestassem com franqueza que o que eles fazem não é uma arte "de circo", mas simplesmente arte. Se, hoje, ainda são muitos os espetáculos que mesclam os gêneros, faz-se necessário notar que a tendência atual é mais "purista" – uma postura estética oposta, que reivindica o máximo de autonomia para cada uma das especialidades, ou disciplinas, circenses. É assim que vemos proliferar espetáculos de uma só especialidade, que rechaçam qualquer influência teatral, musical ou coreográfica de fora, concentrando-se nas "questões específicas do circo". A última criação da companhia Un Loup pour l'Homme, *Rare Birds* (Pássaros raros), pode servir de exemplo paradigmático: seis acrobatas desenvolvem um princípio novo (figuras acrobáticas que nunca produzem uma figura "fotográfica", mas que se transformam, sem parar, umas nas outras, de forma quase imperceptível, sem a mínima intenção narrativa ou coreográfica, e com uma breve passagem musical). Podemos pensar como tranquilizante – ou retrógado – esse retorno à dramaticidade do gesto próprio do circo: embora Chloé Moglia utilize elementos insólitos, diferentes do trapézio, isso não impede que possamos ler em suas performances o desafio, a penúria, a dificuldade de que desfrutávamos no circo tradicional. Embora a acrobacia em *Rare Birds* seja inédita, não por isso deixa de ser virtuosa. Assim sendo, os princípios da criação que regem as disciplinas em que os artistas se especializaram – e aos quais eles se submetem – acabam por deixá-las irreconhecíveis. Nesse sentido, o malabar em *Vortex*, de Phia Ménard, é exemplar: procuramos em vão uma figura que nos seja pelo menos minimamente familiar, mas para os espectadores o espetáculo é "tudo menos malabar". Contudo, é malabar se aceitamos a mudança de perspectiva para a qual nos convida a artista: o malabar acontece quando um artista nos coloca a pergunta sobre a manipulação de um objeto *injonglable*[26] e encontra as condições materiais da resposta, inventando a sua própria linguagem, em vez de usar um vocabulário já existente. Em *Vortex* o que é manipulado são as correntes de ar invisíveis, criadas por cerca de vinte ventiladores com uma circulação de ar muito sofisticada. As formas de plástico jogadas nesse redemoinho trazem à luz essa estrutura profundamente malabarista. Essas formas nos lembram de certas pesquisas plásticas do século XX (Kasimir Malevich, Yves Klein e sua busca por um efeito cromático puro) ou, mais recentemente, o coreógrafo Jêrome Bel (que combate a representação da dança como performance de virtuosismo, tentando recuperar o prazer primordial da dança ao convidar os espectadores para dançar no palco).

---

26   Para o conceito de *injonglabilité*, criado por Phia Ménard, consultar o *site* da companhia Non Nova. Para a tradução, preferimos manter o vocábulo original, que podemos traduzir como "com o que não é possível fazer malabares".

A técnica: uma das últimas fronteiras que separam os profissionais dos amadores, "a arte que se ensina" nas academias superiores e a que se pratica no dia a dia sem que o saibamos. O conceito de *arte bruta*, elaborado por Jean Dubuffet, nos diz algo sobre essa última transgressão: não existe arte que não seja concebida fora de qualquer campo profissional, de qualquer mercado, de qualquer consciência sobre suas consequências. A extrema dificuldade e a singularidade da aprendizagem da acrobacia parecem tornar indispensável frequentar uma escola superior de circo ou, pelo menos, recorrer a um sistema de transmissão de saberes, seja familiar ou no círculo de amizades: assim sendo, a noção de arte bruta não teria sentido no circo. No entanto, a ideia de autenticidade é central. Tende a suplantar a ideia de originalidade em muitos artistas: "lamento se o que digo ou o que faço tem sido dito ou feito cem vezes antes que eu diga ou faça, para mim é a primeira vez que o faço ou o digo". Em todo caso, embora ainda rara no circo, a virtuosidade do artista pode ir contra a noção de concorrência que fundava o *ars*[27]. Vejamos o trabalho de superação realizado pelos artistas que se atêm a valores sacrossantos.

A crítica das convenções e conveniências

A desconstrução derridiana não é uma decomposição, uma simples análise das propriedades de uma noção que até o momento não foram percebidas. Em vez disso, se compromete a buscar a razão política das misturas, a compreender por que consideramos uma unidade aquilo que é um composto, como simples o complexo, como natural o construído. Insuficientemente compreendida, a noção de desconstrução, que apaixona o circo, na maioria das vezes chega a uma simples dissecção formal das características dos elementos: já que a corda lisa é de uma cor, por que não inventaríamos uma amarela ou outra na cor azul petróleo? Já que um trapézio é feito de uma barra e duas cordas, o que acontece se alterarmos o comprimento e o material da barra, a forma da trama das cordas etc.? Uma grande parte da atual criação circense é baseada na invenção de novos artefatos e dispositivos a partir da análise dos elementos padrão. A lista seria interminável. Acontece que a desconstrução atinge níveis mais profundos, seja com relação às convenções vigentes da representação (como a saudação final, por exemplo), seja com relação às conveniências (a proibição de fumar ou aparecer nu no palco).

A oposição a códigos dramatúrgicos é frequente; poderíamos afirmar que é até um clássico, para não dizer uma banalidade: o teatro pós-dramático, que desconstruiu todos os demais, enxerga a si mesmo como desconstruído. O circo não está à margem desse movimento, em última análise narcisista, fazendo do ato de "levantar a cortina" uma crítica a não fazê-lo. O encontro (do circo tradicional por parte do circo contemporâneo e vice-versa) e a *mise en abyme*[28] (o circo dentro

---

27 Noção latina que traduzia a noção grega de *tecné* e significava "habilidade técnica".
28 *Mise en abyme*: expressão francesa que se pode traduzir como "pôr no abismo", mas que geralmente é utilizada no original. Refere-se ao procedimento narrativo que consiste em sobrepor

do circo) são figuras retóricas habituais. Mas finalmente nos perguntamos o que de fato está em crise. No conjunto de espetáculos que sobrepujam as convenções da representação, aparecem algumas pérolas. *Le Vide* (O vazio), por exemplo, de Fragan Gehlker, Alexis Auffray e Maroussia Díaz-Verbèke, inspirado no mito de Sísifo[29], termina em uma lógica absurda de uma falta de fim: o artista, sozinho na corda lisa, não deixa de subir e descer sem parar, mesmo após a saída do último espectador. O público se encontra então diante de uma responsabilidade moral: quanto mais fica para admirá-lo, mais Sísifo se esgota. É preciso resolver abandonar a sala sem nunca aplaudir o artista, sem conhecer o impossível fim. A ruptura de uma convenção do espectador apresenta-se ali a serviço do sentido. *ApartéS*, da Compagnie Singulière, também rompe com eficácia outro código: em virtude de problemas técnicos recorrentes (corte de luz, atraso de um técnico por causa de um engarrafamento imprevisto etc.), os artistas do espetáculo, confusos, convidam o público a subir no palco para dançar ou cantar com eles, enquanto esperam. Alguns espectadores protestam, outros aceitam a brincadeira, incomodados, satisfeitos, generosos, corajosos, ridículos. Uma discussão acalorada no público aflora duas concepções opostas de "estar presente", no sentido teatral, mas só é possível perceber quando a tática chega ao fim: os espectadores vítimas ou irritados eram atores e o espetáculo era o jogo proposto. "Apesar de tudo", há circo no palco, um tipo de circo em que a virtuosidade é relativizada e exaltada pela situação. Não há como não evocar também a transgressão da transgressão da transgressão que pratica o *clown* Ludor Citrik – o artista Cédric Paga –, provavelmente o único hoje capaz de mudar o registro do jogo numa velocidade vertiginosa, de desconectar... o *clown* que vira bufão ou que adota a seriedade, fazendo as pessoas rirem não da inocência e dos seus modos desajeitados, mas da própria desconexão.

Além do *clown* – uma figura que, de forma lúdica, coloca em questão as normas –, a oposição às convenções sociais é tão rara que chega a ser inquietante. O nu no palco? Na dança é frequente e é discutido. No circo é difícil encontrar isso: no *Cirque nu* (Circo nu, 1999), de Maripaule B. e Philippe Goudard, os artistas apareciam nus (com o sexo coberto). No ano 2000, Regina Trachsler ousou tirar totalmente a roupa em uma cena antológica de *La tribu iOta* (A tribo iOta), mas seu ato foi recebido com choque, embora tivesse a intenção de levar à reflexão. Mais recentemente, Alexander Vantournhout ficou nu em *Aneckxander*, mas o fez em teatros onde o público havia sido "alertado". Em *Ah com'è bello l'uomo* (Ah, como o homem é belo), da companhia italiana Zenhir, o gesto tornou-se um desafio interessante. Os artistas Giulio Lanfranco e Elena Bosco faziam um duo corpo a corpo e de dança *contact* de tal maneira que nem os seios nem o órgão genital eram vistos. A representação

29   dentro de uma narração outra semelhante ou da mesma temática, de maneira análoga às bonecas russas (*matrioskas*). É utilizada no cinema, nas artes plásticas, na literatura e na fotografia. Particularmente, no ensaio de Albert Camus, *O mito de Sísifo*, sobretudo em sua última frase: "É necessário imaginar Sísifo feliz".

do sexo, a evocação da sexualidade? São raríssimos, com exceção dos *clowns*. Em *L'Ange est là, l'or y est* (O anjo está aí, o ouro está lá), de Angela Laurier, do ano 2000, a extraordinária contorcionista, empoleirada nos joelhos de um espectador em uma posição obscena, evocava o tema sem escrúpulos. Também havia uma cena sadomasoquista em *Lard*, de La Scabreuse. Já o monstro interpretado pelo *clown* Bonaventure Gacon em *Par le boudu* (Por Deus) era claramente pedófilo. A quase inexistência do tema sexual no circo contrasta com um erotismo onipresente, mas nunca verbalizado, particularmente nas figuras acrobáticas, e se explica talvez por si só. A violência também não tem espaço, mas faz sucesso no cinema. E o relativo fracasso (no circo, mas não no teatro) dos espetáculos que ousam fazê-lo também se explica pela onipresença de uma violência latente no mínimo gesto do circo, em função de sua irredutível estranheza para o espectador. *La Dévorée* (A devorada), última obra de Marie Molliens, diretora artística do Cirque Rasposo, se diferencia pelas imagens em que a beleza não iguala o furor: vê-se um artista que interpreta a rainha Pentesileia, coberta de sangue, desmembrar seu amante Aquiles numa cena de amor (no número aéreo) que, em princípio, parece um estupro, e depois distribuindo os pedaços para uma manada de cães rottweiler e lebreiros afegãos presentes no palco. Em *Optraken*, de Galactik Ensemble, dezenas de sacos de areia, suspensos como espadas de Dâmocles, caem continuamente de cabides enquanto explodem rojões, evocando a guerra. Os seis artistas são obrigados a fazer uma *acrobacia de situação*, como eles a denominam. Mas a montagem mais poderosa é, sem dúvida, *Café de la paix* (Café da paz), da israelense Orit Nevo: um artista se engessa os dois braços, como se a metáfora fosse incapaz de dar conta, sozinha, da violência no Oriente Médio. Também é necessário mencionar como são incomuns os temas sociais no circo (desemprego, doença, racismo...), ou certos sentimentos (amargura, vergonha, pena...) abordados com muita frequência no cinema e na literatura.

    Após sobrevoar algumas superações significativas, existe a tentação de concluir com uma reflexão sobre certa atitude pusilânime do circo contemporâneo. Uma arte pode ser essencialmente inofensiva? Abstenhamo-nos de tal julgamento: comparação não é razão. Que o circo esteja menos inclinado do que outras artes a chocar, a interpelar, a deslocar ou a superar os limites não supõe que não tenha uma mínima eficácia artística. O que não impede que se pague um preço alto por renunciar a certa audácia, para não dizer autocensura.

Sacudir o jugo do passado

A "tradição" que o circo reivindica é, na verdade, recente, já que até a Segunda Guerra Mundial uma inovação não chegava a apagar o que existia anteriormente. Para dizer a verdade, a expressão "circo tradicional" é contemporânea ao surgimento do novo circo: na época se dizia simplesmente circo. Por isso o circo parece ser muito antigo. Extremamente estereotipada, hoje a imagem do circo é o primeiro limite que os artistas precisam romper. Possui duas dimensões solidárias particularmente consistentes: a ideia de que o circo é uma "arte popular" (as outras artes, inclusive a música, não seriam?) e um conjunto de recursos de dramaturgia padronizados. Johann Le Guillerm afirmou que "o circo não é uma arte popular e não tem de o ser nem não o ser"[30]. A suposta popularidade do circo, sendo a única arte capaz de reunir espectadores de todas as camadas sociais, é uma via de mão dupla. Permite a mistura de públicos que o teatro e a dança se esforçam em vão para conquistar (todos os estudos realizados no mundo sobre práticas culturais confirmam que o hábito de ir ao teatro se dá de forma desigual de acordo com a classe social e também a homogeneidade social de algumas formas de "artes de rua"), o que de fato limita os riscos artísticos. Hoje na França é muito difícil apresentar obras ousadas na lona, já que, no imaginário, o espaço está associado a um espetáculo familiar. Mesmo que aconteça em salas de espetáculos, diante de espectadores socialmente favorecidos ou sem crianças, o circo não consegue se desligar da marca de "popular". A estratégia que os artistas mais colocam em prática provém dessa imagem e das restrições econômicas que dificultam a produção: não enfrentar o público, inovar em pequenos detalhes, mudar a imagem progressivamente. Isso exige uma profunda reflexão sobre a dramaturgia (é por isso que o CNAC e a Escola Superior das Artes do Circo, de Bruxelas, lançaram em 2016 o "certificado de dramaturgia circense", destinado a artistas experientes, mas carentes de ferramentas teóricas). A dramaturgia no circo consiste essencialmente em tomar posição diante do peso exorbitante que têm os efeitos espetaculares herdados pela história do circo (de caráter emocional, de distância em relação às normas, de legibilidade, sentido, gostos, mobilização do público...). Sem querer desenvolver esse tópico aqui, podemos afirmar que uma grande parte da busca dos artistas atuais consiste em minimizar as repercussões da fascinação ("o efeito *uauhhh*" de que fala Guy Laliberté), para ampliar os efeitos dos sentidos: não se trata de proibir a admiração nem eliminar os meios que a produzem, mas de fazer isso passar para um segundo plano (da mesma forma que no cinema a identificação com o personagem central, *durante* o filme, é mais importante que admirar o ator). O recurso às noções de teatro clássico (personagem, ficção, conflito, texto) tem sido certamente a principal maneira de levar a atenção do público para outro aspecto que não seja a proeza, mas existem milhares de outras formas de criar sentido.

A revolução do circo, o único jeito de fazê-lo receber o estatuto de arte, consiste precisamente nessa busca múltipla de sentido: às vezes, o sentido surge de "fora" (o *tema* é tão forte, tão impactante que faz esquecer a performance física), mas também pode surgir de um trabalho em cima da prática acrobática em si: *Il n'est pas encore minuit* (Ainda não é meia-noite), da associação XY, é, por exemplo, um hino à solidariedade, enunciado apenas pelo número de acrobatas – cerca de vinte – envolvidos nesse espetáculo. Por sentido não se deve entender necessariamente um questionamento filosófico hermético, nem a recusa ao sensacional ou ao poético.

30   Cf. nossa reportagem com Johann Le Guillerm na revista *Beaux-Arts Magazine*, de 2002.

Hoje, na maioria dos espetáculos de circo contemporâneo, o sentido se dá por meio da categoria de "imaginário", o que implica a ideia de que é o próprio espectador que deve construir os significados, as eventuais interpretações, e a sua própria fruição, projetando no que vê os elementos que o artista deliberadamente omitiu. Talvez a arte esteja nessas pequenas lacunas voluntárias que a artista Vimala Pons, em *Grande*, nos convida "a preencher"[31].

Ao finalizar esse breve percurso pelos novos desafios que o circo deve assumir para ser considerado no mesmo patamar que as outras artes, e impor obras "limite", que assinalem um marco, ainda é necessário analisar o conjunto das condições simbólicas e materiais que o tornam possível, e os obstáculos econômicos, sociológicos e políticos que, todavia, o detêm. Não fazemos aqui mais do que sugerir ideias, talvez apontando com os exemplos que a arte é produto de um gênio individual, mas só um movimento coletivo pode garantir sua existência e crescimento. Mas isso, como se diz, é outra história.

Referências

GUY, Jean-Michel. "Le Cirque, attracteur étrange" – diálogo com Johann Le Guillerm. *Beaux-Arts Magazine*, 2002.

HEINICH, Nathalie. *L'Art contemporain exposé aux rejets!*. Paris: Pluriel, 2012.

LEHMANN, Hans-Thies. *Le Théâtre postdramatique*. Paris: L'Arche, 2002.

TURINE, Natalia. "Petr Pavlenski, artiste anti-Poutine, doit-il mourir pour parachever son oeuvre?". Disponível em: https://www.huffingtonpost.fr/culture/article/petr-pavlenski-artiste-anti-poutine-doit-il-mourir-pour-parachever-son-oeuvre_113665.html. Acesso em: dez. 2020.

Documentário

CIRQUE hors-piste. Netty Radvanyi. Paris: Program 33, 2016. 52 min., DVD, colorido.

---

[31] Nessa obra de circo de 2016, os artistas realizam listagens (por exemplo, os tormentos infringidos às mulheres, como a bandagem dos pés nas chinesas, mulheres girafas etc.) e concluem com cansaço, utilizando a expressão "a preencher".

"Artes do circo": arte "popular" ou simplesmente arte generosa? Possibilidades para o futuro do circo no Brasil

Rodrigo Matheus

Em 2016, finalizei minha dissertação de mestrado, orientada pela professora Erminia Silva, no Instituto de Artes da Universidade Estadual Paulista (Unesp), acerca das transformações do circo em São Paulo (Brasil) e suas implicações a partir do início do século XX. Os temas foram: mudanças ocorridas nos modos de fazer circo nesse período; disputas políticas em torno das definições do que seria "circo" e exclusões decorrentes; e os desdobramentos a partir do surgimento das escolas de circo.

Neste artigo, pretendo retomar de forma breve aspectos apresentados no meu estudo, apontando para o que pode ser o circo do futuro, tema deste livro. Me proponho a descrever o caminho do Circo Mínimo, com possibilidades éticas, estéticas e formais, para um circo que vem ganhando corpo no Brasil.

As disputas políticas envolvendo o circo

Desde a segunda metade do século XIX, há registros da disputa que os circos tiveram que travar com os teatros, no sentido de serem aceitos pela mídia, pelos órgãos públicos e pelas classes dominantes. De acordo com fontes levantadas na pesquisa sobre o período[1], é fácil notar que os espetáculos circenses tinham grande aceitação por parte do público, mas nos meios frequentados pelo poder ou pela elite intelectual isso era um problema, já que normalmente o circo tinha mais público que as produções teatrais ou da dança (por exemplo, Sarah Bernardt, que esteve em cartaz no Brasil)[2].

Neste trabalho, lidamos com a ideia de que "um conceito é resultante de um processo histórico"[3], e que os conceitos são fruto de muitas disputas históricas. Vemos que muitos tentaram se apropriar de definições sem que estas, de fato, pudessem definir o que tentavam determinar. Circo, Circo-Teatro, Novo Circo, Circo Contemporâneo, Circo Tradicional foram alguns dos termos discutidos no meu

---

1 Cf. Duarte, 1995; Silva e Abreu, 2009; Lopes, 2015, por exemplo.
2 Silva, 2007, pp. 148-64.
3 Deleuze e Guattari, 1992, p. 27.

Fotografia 1: Rodrigo Matheus em **Orgulho**, de Rodrigo Matheus, direção de Carla Candiotto. Fotografia de Qilson Camargo, 1998.

estudo[4]. Mais que conceitos ou definições, são posições políticas em uma disputa que dura muito tempo. A discussão sobre "o que é circo" persiste, ainda que venha perdendo a relevância.

As transformações no século XX e no circo brasileiro

O circo sempre sofreu grandes mudanças em sua história, mas, a partir do final da Segunda Guerra Mundial, houve transformações políticas e sociais no Brasil que alteraram o modo de vida circense. Pela opção de alinhamento com as políticas econômicas do governo norte-americano, o governo brasileiro optou por construir rodovias, relegando as ferrovias a um lento esquecimento que favoreceu as montadoras de automóveis. Isso fortaleceu também as grandes construtoras, que mantêm grande poder político e econômico até hoje, mais do que poderia ser aceito por governos democráticos. Essa opção obrigou diversos circos a adquirir caminhões, em vez de alugar vagões de trem, mas possibilitou uma liberdade maior aos artistas, que passaram a trocar de empregador com maior frequência.

A partir dos anos 1950, os brasileiros começaram a valorizar a especialização, em detrimento da formação dos generalistas, para seus jovens. Famílias que formavam seus filhos em ofícios familiares passaram a preferir a escola formal, uma educação "de verdade", para dar a seus filhos melhores condições de vida. Assim, muitas famílias passaram a enviar os jovens para grandes cidades. Isso aumentou a densidade urbana e diminuiu a rural. Para o modo de vida circense itinerante, essa mudança foi decisiva. Além de muitos circenses passarem a preferir uma especialização, uma única técnica na qual fossem muito bons, deixando outras de lado, o número de descendentes aprendendo na "escola única e permanente"[5] que era a lona diminuiu substancialmente. A principal consequência desse processo para o circo foi a fundação de escolas, inicialmente para a preparação dos filhos de circenses que não mais estudavam na lona itinerante. Mas isso não ocorreu. Poucos foram os que buscaram as escolas de circo, surgidas no Brasil no final dos anos 1970 e início dos anos 1980. Na verdade, pessoas de vários meios, além dos próprios circenses, buscaram esses espaços, fato que só aumentou a disputa por rótulos.

De acordo com Silva, "Arthur Azevedo não deixou de expressar as relações tensas que mantinha com as companhias circenses que 'invadiam' os 'templos do teatro nacional'"[6]. Também é possível ler várias matérias em jornais abordando a "crise" por que passava o "verdadeiro circo" desde os anos 1950[7]. A partir dos anos 1970, circenses de lona tentaram se reapropriar do conceito de "Circo Tradicional", demandando para si o crédito de únicos detentores da "verdadeira arte circense", já que surgia, a partir das escolas de circo, um movimento de "novos" circenses, cla-

---

4   Matheus, 2016, p. 134.
5   Cf. Silva e Abreu, 2009.
6   Silva, 2006, p. 43.
7   Matheus, 2016, pp. 24-33.

mando para si a responsabilidade da renovação da linguagem. Nesse caso, os "tradicionais" implicavam que esses "novos", mais tarde "contemporâneos", não eram circenses, apenas amadores. Esqueciam que muitos lograram fazer disso um modo de vida e passaram, sem problemas, a se denominar circenses. No nosso trabalho, optamos por estar de acordo com Alexandre Roit, palhaço e pesquisador circense paulistano que, em entrevista, afirmou: "O que é ser circense? Acho que é suficiente você se reconhecer circense e o seu entorno reconhecer isso em você. Nenhuma das duas isoladas atende ao ser circense. Se uma das coisas não acontecer, a coisa não funciona. Por mais que o que seja ser circense seja completamente dúbio"[8].

Paralelamente, os *novos* e *contemporâneos* consideravam-se a nova expressão do circo, em oposição ao que era *velho*. Passaram a defender seu protagonismo da tão esperada renovação da linguagem – na época (1970-80), vários dos espetáculos que se apresentavam na capital paulista se repetiam e não agradavam uma parte dos alunos recém-iniciados nas escolas de circo. Aqueles alunos esqueciam-se de que o circo sempre tinha sido "novo", sempre tinha sido "contemporâneo" a seu tempo, já que sempre respondeu e assimilou as inovações técnicas, estéticas e de gênero artístico, bem como a mistura de linguagens que de certa forma caracterizam muitos grupos contemporâneos. O circo sempre foi uma arte miscigenada, múltipla e generosa, que aceita quase tudo[9]. Não nos esqueçamos: ele surgiu da mistura do teatro com a acrobacia, os saltimbancos e apresentações militares com animais.

Em 1997, matéria no jornal *O Estado de S. Paulo* falava sobre o Novo Circo, que chegava ao Brasil com a companhia de Pierrot Bidon, em projeto no Rio de Janeiro[10]. A matéria enfureceu circenses não só de São Paulo, mas do próprio Rio de Janeiro. O jornalista dizia: "O Novo Circo, movimento de renovação surgido na França na década de 70, vai poder ser conhecido pelos brasileiros a partir deste ano"[11]. Para nós, circenses brasileiros, era inaceitável que nem o jornalista nem o respeitável artista francês soubessem das inúmeras companhias brasileiras que já faziam sucesso no Brasil, chamando-se de "circo novo". Dois anos depois, em 1999, um grupo de circenses "novos" envolvidos na recente fundação da Central do Circo organizou, junto ao Sesc Belenzinho, em São Paulo, o Circonferência – "Festival de Circo Novo". No evento, foram apresentadas todas as companhias atuantes de circo "novo" de que a curadoria tinha notícia até o momento. Foi um marco na história do circo paulista e brasileiro (vieram companhias de todo o país). Nos debates, discutiram-se rótulos, e foi sugerido que éramos "contemporâneos", em oposição aos "clássicos", e não "novos", em oposição aos "velhos". Ficou clara a inadequação do título do Festival, nunca usado novamente.

---

8   Entrevista de Alexandre Roit para minha dissertação de mestrado (*ibidem*, p. 125).
9   Cf. Silva, 2008, 2009, 2011 e 2015; Lopes, 2015.
10 Alves, 1997, p. D2.
11 Matheus, 2016, p. 137.

Em 2017 foi fundado em São Paulo um movimento político chamado "Circo Diverso", para que os circenses não itinerantes de lona tivessem representação política e pudessem participar e atuar nas políticas públicas de Estado, demandando principalmente que somente nós (eu faço parte do movimento) podemos avaliar projetos com as nossas características, da mesma maneira que somente os "tradicionais", ou "itinerantes de lona", podem analisar projetos de circos itinerantes. Trata-se de um movimento contra a exclusão. Até hoje a disputa segue, com muitos capítulos que escancaram o debate: o circo é múltiplo, misturado, diverso, diferente e generoso. Generoso como modo de produção, como linguagem artística, como grupo social. O circo é diverso.

O circo, segundo os franceses, deve ser definido pelo risco[12]. Para o diretor circense russo Wladimir Niemtchinsky, em um curso no Circus Space, em Londres, o circo era definido pelo truque, pela proeza. Dizia que o "truque é a célula fundamental da linguagem circense". Por esse viés, pode-se entender que o truque – a proeza, o feito extraordinário – é o que diferencia o circo das outras linguagens, ainda que não se possa realmente separá-las. E o truque pode ser aquilo que o circense faz para impressionar a plateia, pela maestria ou pela astúcia. O circo sempre busca impressionar, e a plateia sempre quer ser impressionada, mesmo quando sabe que a mágica não é de fato magia, apenas uma "mentira" bem executada.

No circo há espaço para ainda mais do que isso. Além de diversas novidades que já apareceram em espetáculos circenses ao longo da história (judô, capoeira, televisão, debates, palhaços cantores, pantomimas históricas etc.), o truque abre espaço para a metáfora, para símbolos diversos. Há espaço também para que o truque comunique uma ideia, um sentimento, uma visão de mundo, como o fazem o teatro e a dança. Há espaço para que o truque signifique. Porém, como não perde sua característica de grande feito, "impressionante", pode agradar a/o espectador/a em duas camadas. Permite que se impressione sem pensar, com o truque em si, e que faça conexões mais complexas, juntando imagens a experiências pessoais, traduzindo essas imagens em signos e ideias. E isso pode emocionar, pode alegrar e fazer rir e pode até fazer transcender. Ao demandar sua participação, como cúmplice que decifra as imagens, o espetáculo inclui a/o espectador/a e demanda sua atenção e atividade; isso a/o valoriza. E esta/e espectador/a se sente, dessa forma, valorizado/a, pois "consegue" participar da criação da narrativa. As pessoas da plateia se sentem capazes. Assim, o circo descobre narrativas muito poderosas ao misturar imagens de fácil compreensão (os truques), que impressionam facilmente, a imagens que carregam sentidos e significados e são, em certos casos, os próprios truques. Essa forma de construção do espetáculo cênico possibilita obras em que, no mínimo, os espetáculos circenses se aliem a outras linguagens artísticas, no sentido das possibilidades conceituais.

12 Cf. Wallon, 2009.

O circo pode, também, ter profundidade e "valor", como o teatro e a dança. Não que precise disso, já que sempre teve seu valor, independentemente de como o espetáculo é construído. Mas, com essas possibilidades, e com as mudanças nas formas de produção do espetáculo circense, o circo volta a demandar protagonismo e relevância. E, com isso, recupera espaço na mídia e nos editais públicos[13]. Na Europa, nos anos 1980, a demanda era para que o circo pudesse ser considerado arte e não apenas entretenimento.

Primeiras produções paulistanas
Se o truque é a célula fundamental do circo, as metáforas e os truques significantes são a base da dramaturgia circense contemporânea, com suas possibilidades mais amplas e diversas. Desde o drama circense *Onde estás?*, de 1979, de Breno Morone[14], inspirador de muitos e precursor dos espetáculos com esse viés no Brasil[15], cada vez mais há artistas buscando essas possibilidades para os truques e a linguagem circenses. O Circo Mínimo é um dos grupos com essa pesquisa.

Três anos antes do surgimento do Circo Mínimo (1988), com o espetáculo de mesmo nome, São Paulo tinha sido sacudida pela estreia de *Ubu, folias physicas, pataphysicas e musicaes*, do grupo Ornitorrinco, uma montagem que se valia de técnicas circenses em profusão e que tinha alguns ex-alunos da Academia Piolim[16] em seu elenco, coordenados por José Wilson Leite, dono do Circo Escola Picadeiro, primeira escola de circo privada do Brasil, de 1986[17]. Muitos debates aconteceram acerca dessa mistura de linguagens, e seu sucesso foi estrondoso. Foi claramente influenciado pelo Le Grand Magic Circus, de Jérome Savary, que havia estado em São Paulo no início dos anos 1970. Era um espetáculo que aproximava as personagens principais da figura dos cômicos, senão dos palhaços, e usava muitos elementos do teatro popular, do "circo Music Hall", como banda de música ao vivo

---

13 O Movimento Pró-Circo, movimento de circenses "contemporâneos" de São Paulo, colaborou para a retomada da abandonada Abracirco em 2003 e teve influência na indicação do primeiro Coordenador Nacional de Circo da Funarte, órgão ligado ao extinto Ministério da Cultura, assim como na indicação de interlocutores em outras instâncias do poder público e na criação de políticas públicas para o circo (ainda insatisfatórias, mas, diferentemente dos anos 1980 ou 1990, hoje o circo discute e negocia, e dispõe de alguns mecanismos concretos de apoio e financiamento).

14 Breno Morone foi o primeiro aluno de uma escola de circo no Brasil (Academia Piolim de Artes Circenses – ver nota 16) a criar um espetáculo (*Onde estás?*, em 1979, juntamente com Malu Morenah) em que misturava técnicas circenses a uma narrativa teatral, em um palco paulistano. Breno inspirou muitos alunos da Academia Piolim e, quando se mudou para o Rio de Janeiro, inspirou também a criação da Intrépida Trupe, o mais antigo grupo de circo formado por alunos de escolas de circo em atividade no Brasil. Atualmente vive em Campo Grande, Mato Grosso do Sul, onde ensina e cria espetáculos.

15 Matheus, 2016, p. 184.

16 Primeira escola de circo brasileira, a Academia Piolim de Artes Circenses (Apac) foi fundada em 1978 por artistas circenses de famílias tradicionais e financiada pelo Estado; funcionou embaixo da arquibancada do Estádio Municipal Paulo Machado de Carvalho, o Pacaembu. Fechou suas portas em 1982, por falta de continuidade do apoio estatal.

17 Matheus, 2016, p. 106.

e "*trouvailles* visuais"[18]. Aliás, Raulino destaca a "tendência no teatro europeu dos anos 1980 de incorporar as artes circenses ao espetáculo teatral"[19]. Na verdade, a mistura de linguagens é uma tendência das artes contemporâneas. Se o teatro incorporava o circo, este também incorporava o teatro. Aliás, o circo sempre incorporou o teatro, a dança e a música, mas isso raramente entrou para os anais da história da arte.

A produção do Circo Mínimo
Depois de *Ubu* (1985), o espetáculo *Circo mínimo* (1988) sofreu comparações, como era de se esperar. Bráulio Mantovani, falando sobre a mistura de linguagens na matéria de estreia do espetáculo *Circo mínimo*, escreveu:

> um exemplo disso [o circo não significar mais que um apêndice nos espetáculos teatrais] é o *Ubu*, do Ornitorrinco. Havia ali uma feliz integração de efeitos circenses e uma proposta de encenar um texto específico. Mas as duas coisas permaneciam distintas, exceto em alguns momentos.[20]

Na época, o que buscávamos era o impacto do circo, mas imerso no contexto teatral. Era assim que descrevíamos o que buscávamos. Aimar Labaki escreveu, no mesmo jornal, uma crítica sobre essa montagem:

> Cacá Rosset (*Ubu*) e Luís Antônio Martinez Correa (*O percevejo*) já utilizaram elementos circenses em seus espetáculos, inclusive com ressonâncias do trabalho de Jérôme Savary. Mas a proposta de Rodrigo Matheus [...] está mais próxima dos experimentos de Savary. Ele não busca a coexistência, mas a simbiose, o encontro de duas linguagens e técnicas díspares em um campo neutro: estruturas em que as duas são igualmente importantes. Quando os atores falam sobre seu dia a dia, enquanto fazem malabarismos com objetos em chamas, tanto o diálogo quanto o malabarismo ganham outra dimensão.[21]

Em *Circo mínimo*, os malabares de fogo eram associados a um diálogo adaptado de Karl Valentim, no qual dois operários comentavam sobre o calor que a atividade lhes causava – a cena remetia a uma caldeira, ou aos próprios malabares de fogo. A pontuação e a atividade mecânica da fábrica eram o próprio malabarismo. Ou seja, para além do impressionante (que tem sempre gradações; os truques – as habilidades – podem ser melhores ou piores), os malabares tinham um significado. Mais de um até, já que o sentido do fogo colaborava com a dramaturgia, assim como o

---

18 Raulino, 2006, pp. 87-8.
19 *Ibidem*.
20 Mantovani, 1988, p. A-44.
21 Labaki, 1988, p. A-52.

sentido da ação repetitiva dos malabaristas também colaborava com a dramaturgia. E, pelo fato de essa sobreposição de sentidos não ser explícita, cabia ao espectador colaborar na criação da cena, preenchendo as lacunas, formulando entendimentos, para chegar a uma fruição. Essa fruição podia se dar nas diversas camadas, ou seja, alguém podia não compreender uma das camadas, mas aproveitar as outras, sem problemas para o entendimento geral. Isso tornava o espetáculo aberto para plateias diversas.

Em outro momento, os malabares eram usados como metáfora da imobilidade, do esforço repetitivo em busca do amor. Um texto, também repetitivo, era falado enquanto o artista jogava três bolas. Esse jogo se tornava cada vez mais cansativo e desesperado, até que as bolas eram jogadas nas paredes, onde ricocheteavam e ocupavam todo o espaço da cena (o local das apresentações era uma sala alta, com paredes aparentes). Então, extenuado, o artista sentava-se em uma cadeira, ao fundo da cena, diante de uma mesa e de outra cadeira, vazia. Na mesa, uma vela acesa e dois copos. Depois de esperar um tempo, ele bebe o seu, depois de mais uma espera ele bebe o conteúdo do outro copo. Espera mais um pouco e, ao mesmo tempo que as luzes se apagam, ele "cospe fogo", na direção da cadeira vazia (usando o fogo da vela acesa). Nesta cena, os truques circenses dos malabares e da pirofagia permitiram uma narrativa quase apenas imagética, que causava espanto, surpresa e impacto independentemente da compreensão da progressão da narrativa. As imagens eram fortes, e a compreensão só permitia uma fruição diferenciada. Quem buscava o circo, os truques, a técnica e a virtuose, os encontrava (talvez não em um nível tão impressionante, mas ainda assim estava lá). E quem procurava sentido intelectual, narrativa, complexidade das imagens e metáforas significantes, também.

Em 2001 fiz uma apresentação de *Prometeu*, um espetáculo solo na rua, vivendo a personagem da tragédia de Ésquilo por cerca de 45 minutos. Algumas crianças entre 8 e 10 anos que assistiram ao espetáculo, claramente impressionadas, vieram falar comigo no final e me perguntaram se eu era Jesus Cristo. Isso me deu a dimensão transcendente da linguagem do circo, da estética com a qual eu estava lidando. Eles entenderam tudo do texto, sem entender quase nada da história, já que não dominavam a tragédia grega. Eles entenderam o circo, e entenderam também as ramificações do mito de Prometeu, suas similaridades com a história de Jesus Cristo. A força das imagens e da própria situação (eu ficava o tempo todo pendurado pelos pés, frequentemente de ponta-cabeça) fez com que o espetáculo fosse acessível a crianças de 8 anos, na periferia do Distrito Federal. Se elas não entendiam exatamente o que era narrado, os detalhes da narrativa – no contexto da mitologia grega –, entendiam a força das imagens, o risco, a raiva, a emoção, o desafio à morte, a revolta do herói e associavam a quem conheciam, o herói mais próximo de sua formação. Seus olhos brilhavam como se tivessem visto algo impressionante ou como se tivessem entendido tudo. E acho que entenderam. Talvez o espetáculo delas não fosse exatamente o meu, mas desfrutaram do mes-

Fotografia 2: Rodrigo Matheus, em **Prometeu** de 1993, direção de Cristiane Paoli Quito. Foto: Mila Petrillo, 1997.

mo modo. Porque o circo é generoso, aceita todo mundo e se comunica com todo mundo. Ali entendi a potência que o truque circense carrega.

No caso do *Prometeu*, uma linguagem "popular", no sentido de acessível, que é a do circo, era posta junto a outra, elaborada e mais complexa: a do teatro, da tragédia grega. O texto tinha nuances, como textos em segunda pessoa do plural para referir-se aos deuses olímpicos e textos em terceira pessoa para referir-se aos humanos (os do texto grego, metamorfoseados nos espectadores presentes). A personagem passava boa parte do espetáculo contando as injustiças que lhe foram atribuídas. Em determinados momentos, o "interlocutor" eram os deuses; em outros, eram os elementos que o rodeavam – os ventos, as ondas do mar, o sol, "que tudo vê", e a terra, mãe de todos; e, em outros, ainda, os espectadores, o tempo todo tratados por suas limitações, já que não podiam ajudar Prometeu, impotentes diante do poder de Zeus.

O texto permitia explosões de emoção que sem dúvida ajudavam a prender a atenção do espectador. Mas a complexidade do texto trágico só era palatável a plateias diferentes pelo fato de o ator/artista estar o tempo todo pendurado pelos pés e pouco ficar quieto nas cordas – associada ao sentido do texto, foi criada uma coreografia nas cordas que agregava visualidade e emoção a um texto que poderia ser considerado hermético, de pouca comunicabilidade. Mas isso não é um problema para o circo. Nunca foi. O circo sempre se comunicou com todo mundo. O circo pode até montar tragédias gregas, sem o uso da paródia, e mesmo assim atrair plateias diversas. O circo é generoso.

Ana Francisca Ponzio, crítica do jornal *O Estado de S. Paulo*, escreveu sobre o inusitado da montagem de *Prometeu* fixando-se na "inquietude de seu autor e intérprete":

> Optando por não se fixar em ideias ou condutas de encenadores específicos, ele vem pesquisando a simbiose entre teatro e circo, sua grande paixão. Com isso, sem se dar conta, Matheus sintoniza sua busca particular com preocupações recorrentes de alguns criadores contemporâneos. [...] Contém o risco como elemento fundamental (assim como fazem muitos artistas da dança e do teatro contemporâneos), além de diluir as fronteiras entre as expressões artísticas. Para as artes cênicas brasileiras, Rodrigo Matheus pode representar uma interessante contribuição[22].

Já Carmelinda Guimarães considerou *Prometeu* uma "pequena obra-prima", em que "tudo é preciso e perfeito"[23].

Em *Deadly*, espetáculo produzido pelo Circo Mínimo e criado pelo duo No Ordinary Angels, formado pela neozelandesa Deborah Pope e por mim, as técnicas eram melhores, mais impressionantes, de nível mais elevado. As imagens

22   Ponzio, 1993.
23   Guimarães, 1993, p. 3.

desse espetáculo eram particularmente fortes, inspiradas nos sete pecados capitais, criadas com influência da dança-teatro – o diretor, Sandro Borelli, é bailarino e coreógrafo –, do teatro – a assistência de direção foi feita pela diretora de teatro e atriz Carla Candiotto – e do circo – que era a especialidade dos dois artistas, que criavam propostas cênicas pela manhã, para apreciação do corpo diretivo à tarde. O espetáculo começava com o casal que se lambia e depois se mordia, rolando da plateia até o palco. Não havia uma conotação sexual óbvia, mas havia a sugestão da gula característica do início de um relacionamento. Sem a obviedade, a plateia se perguntava o que os artistas estavam fazendo. E, aos poucos, numa postura ativa, espectadores começavam a desvendar os possíveis mistérios do espetáculo. Mais adiante, talvez o melhor número do espetáculo: um número de *double*-trapézio, no qual o casal foi orientado a não fazer pontas-de-pé, não estender os braços, mas seguir a movimentação sem qualquer "agradecimento" ao público ou pedido de aplausos na finalização dos truques. O prólogo envolvia sedução, e ambos se punham de torso nu, realçando a situação de tensão sexual, imediatamente antes de subir no trapézio. Essa cena explorava sim o desejo, as provocações e o caminho para o ato sexual propriamente dito (que aconteceria após a descida do trapézio, depois de rolarem pelo chão até caírem do palco na plateia, mas a progressão é interrompida por um telefonema). No número, a tensão dos truques era acrescida da tensão sexual. Dois corpos atraentes, em parte despidos, realizando truques de impacto, relativamente desconhecidos, com quedas e surpresas (o número era considerado tecnicamente forte[24]) que deixavam a plateia bastante envolvida. Depois disso, em reação ao telefonema que é atendido pela mulher, e às repetidas afirmações de que ela está sozinha, o homem começa a andar pelo palco, com raiva. Ela se aproxima e ambos começam a brigar, em um número de acrobacia. Uma briga física, como são as piores brigas. Subidas, portagens e acrobacias a dois eram realizadas como tentativas de jogar o outro no chão, empurrões, tapas, desequilíbrios e chutes. Aqui, assim como na cena anterior, o cansaço real transparecia na respiração, que enfatizava a própria intenção de cada uma das duas cenas. Desejo ou raiva, semelhantes em energia, se beneficiavam de respirações ofegantes reais. Mais adiante, um número de trapézio em balanço sob uma chuva de purpurina dourada era o êxtase individualista dentro da relação, uma cena bela e cruel ao mesmo tempo. Um número de interação nas cordas lisas, onde ele tenta subir e ela o derruba várias vezes, terminando em um vômito, sugerindo as violências sutis em um relacionamento, que terminam por machucar a ambos. E o espetáculo terminava com um solo de dança da mulher, primeiro ao redor de uma cadeira – em uma mesa, com o homem desinteressado por ela, lendo um jornal –, e depois no chão, masturbando-se com uma garrafa, sugerindo a distância entre o casal, e a própria impossibilidade de mudança – nem todo o desejo latente da mulher fazia

---

24   O espetáculo está disponível na íntegra em: <https://www.youtube.com/watch?v=2NMjhhJMM-ZY>. A cena em questão ocorre a partir de 12'30".

o homem percebê-la. *Deadly* era praticamente sem texto. E muito forte, além de belo e contundente. Muitas foram as críticas positivas a esse espetáculo[25]. Jotabê Medeiros escreveu, por ocasião da estreia no Festival de Curitiba, em 1997:

> O espetáculo *Deadly* já pode ser considerado um marco definitivo no chamado "teatro físico". Não é dança, não é teatro, não é circo e é tudo isso ao mesmo tempo. Mais do que tudo, no entanto, o espetáculo *Deadly*, o mais radical e ao mesmo tempo o mais lírico apresentado até agora no 6º Festival de Teatro de Curitiba, abre nova era de perspectivas cênicas para o exaurido teatro-dança brasileiro. Apresentado na noite de domingo no Teatro Paiol, *Deadly* firma definitivamente a carreira do coreógrafo Sandro Borelli e revela um talento praticamente desconhecido do grande público, o bailarino Rodrigo Matheus[26].

Alberto Guzik, cinco anos depois da crítica ruim a *Prometeu*, escreveu, desta vez mais satisfeito com o resultado, que *Deadly* foi o "grande sucesso do Festival". E seguiu afirmando que "[...] é um espetáculo obrigatório para o público que ama emoções intensas".

> Se o trapézio é uma das mais complexas técnicas circenses, o trapézio teatralizado de Matheus e Pope é extremamente desafiador. O trabalho corporal no trapézio torna quase impossível a construção de uma personagem. No entanto, os intérpretes de *Deadly* superam essa barreira. [...] *Deadly* é teatro da melhor qualidade e também circo e pantomima[27].

Nelson de Sá resumiu a capacidade narrativa das imagens do espetáculo, traduzindo tudo como teatro, que é sua especialidade:

> O que chega ao público, que assiste extasiado, não faltando espectadores em lágrimas, é uma trama sem maior linearidade, mas bastante conhecida de todos: da paixão em seu início, suas crises, sua neurose e fim, não necessariamente nessa ordem. [...]
> Na ação de Rodrigo Matheus/Deborah Pope, a interpretação se mistura, se confunde com os números aéreos, não faltando sustos próprios do circo, mas aqui ligados inteiramente à dramaticidade, à emoção da cena. [...]
> Aqui, com texto quase nenhum, Rodrigo Matheus e Deborah Pope revelam um teatro maior[28].

---

25   Matheus, 2016, pp. 262-88.
26   Medeiros, 1997, p. D2.
27   Guzik, 1997, p. 8c.
28   Cf. Sá, 1997.

Sem dúvida, *Deadly* foi um sucesso. Foram muitos os veículos da mídia que publicaram matérias ou críticas[29] exaltando a competência comunicativa, a emoção que emanava da cena, a clareza das imagens e a força das acrobacias e técnicas aéreas do espetáculo. Foi um acerto. E que mostrou, para muitos circenses, que o circo dos anos 1990 podia narrar e comunicar, poderosamente, como sempre o fez na sua história, usando diversas estéticas e técnicas.

O truque circense, aliado às possibilidades simbólicas da imagem significante, torna-se uma arma poderosa na comunicação. Em geral, o truque consegue ser mais contundente que outras imagens que não carregam em si o risco ou o inusitado. O lado "popular" do impacto imediato que quase sempre é agregado ao truque circense arrebata o espectador e o leva a fazer conexões imediatamente e com muita facilidade. O espectador se vê imerso na obra sem grande esforço; ou, melhor dizendo, o esforço é bem-vindo, porque a imagem é, geralmente, cativante. O espectador "quer" decifrá-la, para além do que já absorveu do truque. A dificuldade está em encontrar imagens que sejam compatíveis com os truques que podem ser realizados pelos artistas, sem se fazer aproximações forçadas que possam levar à impressão de que ele não deveria estar ali. Quando o truque é gratuito, ou vazio de sentido, em um espetáculo que busca uma narrativa, a frustração é enorme, e a força dele é bastante diminuída. A força e a fraqueza da linguagem estão na beleza das associações dos truques com os significados. Nem tudo funciona. Uma boa ideia pode se tornar uma realização ruim. E é aí que reside a arte: na dificuldade das escolhas.

O circo também permite possibilidades específicas para os trabalhos que envolvem texto. A linguagem circense opera com esforço físico, o que significa que o texto sofrerá alterações na sua emissão, e o artista precisará de uma respiração específica, em virtude do esforço exigido. Esse esforço é inerente ao circo, aos truques circenses, à atividade física e à atenção demandada, e provoca uma mudança no estado real do ator que fala, já que seus músculos necessariamente estarão comprometidos com a execução do truque. Em geral, o resultado é uma verdade diferente da do ator, que está tranquilo em cena. E o esforço real permite um novo jogo com a "realidade paralela" que é a narrativa cênica. Apesar de toda

---

29 "uma obra empolgante de puro teatro físico" (Rentell, 1999); "deslumbrante combinação de dança, teatro e circo" (*The Scotsman*, 1999, p. 3); "o grupo é extraordinário. [...] É um espetáculo diabólico: sensual, seguro, com um forte apelo emocional, no casamento das técnicas circenses ao teatro, com efeito estupendo. [...] Seu grande sucesso está em criar uma rara e perfeita união entre circo e narrativa, e atuações nas quais cada acrobacia tem um sentido metafórico muito além da sua simples demonstração de habilidade" (Gardner, 1999, p. 4); "O mais próximo que uma encenação jamais chegou na comunicação da agonia extasiante da experiência sexual. [...] Não se pode esperar nada melhor que *Deadly*" (Judah, 2000, s/p); "nunca se curva à mera exibição técnica. As intenções dos artistas são sempre impressionantemente claras e seu detalhe emocional, preciso" (*Time Out*, 2000); "Move e toca a plateia em um nível diferenciado" (*The Herald*, 2000); "Já é um dos espetáculos mais comentados no mundo da dança" (*The Metro*, 2000); "*Deadly* é um delírio sensacionalmente mortal" (*AZ*, 2000).

narrativa ser uma mentira, o esforço imbuído na realização do truque é real, pois tem que ser realizado naquele momento. Por outro lado, a realização do truque não é, necessariamente, a criação da realidade em si, é apenas um caminho, uma metáfora para a narrativa. O que faz com que a "mentira" da narrativa ganhe uma "verdade" diferente do teatro. Algo semelhante à dança, quando a dança trabalha com narrativas perceptíveis. Aqui também falo por experiência própria. Ressalto que meu forte não é o humor, ainda que tenha tido algumas incursões satisfatórias no campo da comédia. Falo de um ator que foi para o circo, que tem experiência na emissão de textos em cena e percebeu a diferença que faz o esforço real do circo. Baseado nisso, escrevo sobre os resultados obtidos e como foram obtidos. Acredito que, por seu impacto, merecem ser explicados e podem servir como referência para o circo do futuro.

Nos espetáculos do Circo Mínimo, buscamos relações consistentes entre as imagens que são sugeridas pelos aparelhos e técnicas circenses e conceitos filosóficos ou políticos. Por exemplo, em *NuConcreto* usamos um cenário de mastros chineses, sua verticalidade e simplicidade, para explorar paralelos da sociedade capitalista, a busca pela ascensão social e conceitos como verticalidade e horizontalidade. Em *New Breed*[30], criamos um formigueiro em um mastro chinês, com seis artistas subindo e descendo em espiral, ao mesmo tempo, criando uma ideia de cidade que não se importa mais com a gravidade. Seus fluxos e tráfegos são ininterruptos, e os movimentos acontecem "apesar dos outros". Em *Babel*, o cenário é formado por quatro tecidos, que são usados de diversas formas para permitir imagens e diferentes interações dos quatro artistas, que retratam as dificuldades de comunicação e a competição na sociedade contemporânea – longas imagens dos artistas ocupando os tecidos, inclusive uma cena com os quatro no mesmo tecido, entremeadas por cenas com os quatro falando ao mesmo tempo, disputando quem será ouvido. *NuConcreto* e *Miranda e a cidade* usam mastros chineses como base para o cenário, e a ocupação da cena e a criação de imagens se constroem a partir dessa técnica.

Reflexões finais

Apesar de o Circo Mínimo sempre ter tido grande aceitação da crítica, ainda assim posso afirmar que a ocupação desse espaço foi limitada em virtude da eventual insegurança dos jornalistas, que se defendiam afirmando não poderem escrever sobre circo por não conhecerem o universo, e também em virtude da disputa de poderes de que tratamos no início deste artigo, em que alguns grupos tendem a diminuir os circenses por medo de ter que "dividir o bolo" da atenção da mídia ou dos parcos

---

30   Espetáculo dirigido por mim e por Carla Candiotto para o National Institute of Circus Arts (Nica), em Melbourne (Austrália), em 2005, para temporada na Sidney Opera House. Não é um espetáculo do Circo Mínimo, mas nos foi dada total liberdade criativa, de maneira que podemos considerar um espetáculo autoral.

Fotografia 3: Ricardo Neves, Marcela Vessichio, Célia Borges e Mariana Duarte, em **NuConcreto**, espetáculo do Circo Mínimo, Sesc Pompeia, São Paulo. Foto de Tainá Azeredo, 2009.

Fotografia 4: Ricardo Rodrigues, Ziza Brisola, Ana Luisa Leão e Geraldo Filet, em **Babel**, direção de Rodrigo Matheus, na Central do Circo, Cotia. Foto de Luiz Doro Neto, 2002.

recursos para a cultura. Não foram poucas as vezes que o Circo Mínimo foi preterido, pois o edital não seria para circo (quando entrávamos em um edital voltado para o teatro), ou não seria para teatro (quando entrávamos em uma concorrência entre circenses). Ao longo da história, essas disputas acontecem frequentemente, opondo profissionais da arte a detentores de poderes transitórios, a camadas mais altas da sociedade ou mesmo à *intelligentsia* acadêmica (ou não), incapazes de aceitar conhecimento vindo de lugares menos "respeitáveis".

O circo sempre foi visto com desdém pelas instituições e pelo *status quo*, que de certo modo se incomodam com a fácil comunicação dessa manifestação artística com o público. E isso se mantém até hoje. Mesmo quando os espetáculos são "herméticos", "inteligentes", "complexos" ou "elitistas", eles têm um canal de comunicação invejável com o público. Por isso, é imperativo que os circenses pensem o circo, escrevam sobre o circo, estudem (mais) o circo – a sociedade – e exijam espaço para a pesquisa e os estudos sobre o circo. Em todas as esferas. Nesse sentido, acredito que o trabalho do Circo Mínimo tenha colaborado bastante junto a outros artistas e grupos. O movimento contemporâneo tem facilitado a aceitação e o respeito pelo circo, mas essa aceitação e esse respeito ainda são muito incipientes, e raramente incluem o formato itinerante, que, por seu caráter popular e "comercial", é sempre relegado a um lugar inferior.

O circo brasileiro necessita de apoio para a formação de novos artistas e para a especialização de seus formadores. É preciso que o poder público e a academia entendam que, apesar de ser uma linguagem extremamente "popular", de fácil aceitação e grande potencial de comunicação, é também uma das mais custosas no meio das artes cênicas, por demandar muito espaço, altura, equipamentos para treinar com segurança, quer dizer, custos que nunca são recuperados nas relações de mercado.

O circo ainda não tem o respeito que outras artes têm. E em nenhum lugar do mundo há uma escola de formação de nível superior de circo que se mantenha apenas com recursos do mercado, com as mensalidades pagas por seus alunos. Todas, sem exceção, têm apoio de seus governos, para assim poderem investir em formação de excelência – há exemplos na Rússia e em outros países da Europa, na China, na Austrália ou no Canadá. Circo é uma atividade muito cara. E pesquisa, em circo, é mais cara que no teatro ou na dança, por exemplo, porém é tão fundamental quanto para o desenvolvimento da linguagem. Sem pesquisa, a linguagem se enfraquece e, aos poucos, cai no limbo da história, triste e envelhecida.

Na história do Ocidente, quase toda a pesquisa nas artes do circo foi feita por iniciativas individuais, sem subsídio ou apoio público ou institucional. Apenas em países socialistas como China, Rússia e Cuba houve escolas de circo que investiram na pesquisa de linguagem, antes dos anos 1980, e se tornaram referência na linguagem até hoje. No mundo capitalista, somente depois de 1986, após as ações propostas por Jack Lang[31] na França, começou a haver o fomento de pesquisas pelo Estado. De lá para cá, tais pesquisas mudaram a estética do circo em nível mundial.

No Brasil, os únicos passos nesse sentido foram dados por ocasião da fundação da Academia Piolim de Artes Circenses (1978) e da Escola Nacional de Circo, no Rio de Janeiro (1982), mas nunca houve apoio de fato para a pesquisa. A Academia Piolim durou poucos anos, e a Escola Nacional de Circo, subvencionada pela Funarte, sofreu e sofre com a falta de recursos, tendo que enfrentar grandes dificuldades para formar seus alunos com segurança – continua sendo um curso técnico. Há muito pouco subsídio para a pesquisa. Seus mestres devem ser elogiados por conseguirem fazer o que fazem, formar os alunos no nível que os formam, mas não têm como alcançar o nível de investigação que a arte circense demanda.

Hoje, no Brasil, há inúmeros artistas que investem em pesquisa. Há algumas instituições acadêmicas que fomentam o circo como tema de pesquisa (como FEF-Unicamp, IA-Unicamp, Unesp-São Paulo e UFBA-Salvador), mas não há nelas um curso regular de formação circense. Isso ainda é muito pouco para uma linguagem tão presente na cena cultural brasileira.

O circo é uma linguagem muito generosa. Aceita todos os públicos, aceita todos os lugares, todas as influências e pode agradar a muitos. Permite enorme multiplicidade em seus espetáculos e, com seus truques, permite até intelectualidade e complexidade. Mas demanda pesquisa. Há que se valorizar a pesquisa no circo, seja ela teórica ou prática, como nas outras linguagens artísticas. Da mesma forma que o circo itinerante no Brasil precisa de apoio institucional, apoio de Estado – já que no mercado não há mais espaço para a itinerância como a conhecemos –, o circo como linguagem precisa da pesquisa para continuar se renovando ou corre o risco de se repetir e se esvaziar. O circo é generoso, mas temos que ser generosos com o circo. Precisamos oferecer apoio ao circo latino-americano, bem como subsídios para que ele possa ser ainda mais seguro e, sobretudo, para que possa se manter generoso, múltiplo e diverso.

Referências

ALVES, Gustavo. "Brasil verá técnicas do Novo Circo". Caderno 2, *O Estado de S. Paulo*. São Paulo: 1997.

AZ. München: 2000, p. 8.

DELEUZE, Gilles; GUATTARI, Félix. *O que é filosofia*. São Paulo: Editora 34, 1997.

DUARTE, Regina Horta. *Noites circenses: espetáculos de circo e teatro em Minas Gerais no século XIX*. Campinas: Editora da Unicamp, 1995.

GARDNER, Lyn. *The Guardian*. London: 1999, p. 4.

---

31   Jack Lang, ministro da Cultura francês que realizou estudo e identificou o circo como a forma de arte mais procurada pelos franceses na época, que resultou na primeira escola de formação de nível superior do mundo ocidental, o Centre nationale des arts du cirque (Cnac), em 1986.

GUIMARÃES, Carmelinda. "Rodrigo Matheus, o ator-trapezista que é um genial Prometeu, de Ésquilo". *A Tribuna de Santos*. Santos: 1993, p. 3.

GUZIK, Alberto. "Intensas emoções em 'Deadly'". *Jornal da Tarde*. São Paulo: 1997, p. 8C.

JUDAH, Hettie. *The Times*. London: 2000, s/p.

LABAKI, Aimar. "Matheus obtém resultado incompleto em Circo Mínimo". *Folha de S. Paulo*. São Paulo: 1988, p. A52.

LOPES, Daniel de Carvalho. *A contemporaneidade da produção do Circo Chiarini no Brasil de 1869-1872*. 168 f. Dissertação (Mestrado em Artes Cênicas) – Universidade Estadual Paulista Júlio de Mesquita Filho. São Paulo: 2015.

MANTOVANI, Braulio. "Estreia no Bixiga um Circo-Teatro com Batman e Beckett". *Folha de S. Paulo*. São Paulo: 1988, p. A44.

MATHEUS, Rodrigo Inácio Corbisier. *As produções circenses dos ex-alunos das escolas de circo de São Paulo, na década de 1980 e a constituição do Circo Mínimo*. 339 f. Dissertação (Mestrado em Artes) – Universidade Estadual Paulista Júlio de Mesquita Filho. São Paulo, 2016.

MEDEIROS, Jotabê. "Dança de Borelli é a maior entre as revelações". *O Estado de S. Paulo*. São Paulo: 1997, p. D2.

PONZIO, Ana Francisca. "Prometeu voa, do mito ao herói". *O Estado de São Paulo*. São Paulo: 1993, p. 2.

RAULINO, Berenice. "O circo em Ubu, Folias Physicas, Pataphysicas e Musicaes, espetáculo do Teatro Ornitorrinco". *Sala Preta – Revista de Artes Cênicas*. São Paulo: 2006, v. 6.

RENTELL, Anne Louise. *Total Theatre*. London: 1999, p. 21.

SÁ, Nelson de. "'Deadly' leva Paixão ao Trapézio". *Folha de S. Paulo*. São Paulo: 1997, p. 6.

SILVA, Erminia. "Arthur Azevedo e a teatralidade circense". *Sala Preta – Revista de Artes Cênicas*. São Paulo: 2006, v. 6.

_____. *Circo-Teatro: Benjamim de Oliveira e a teatralidade circense no Brasil*. São Paulo: Altana, 2007.

_____. "O circo sempre esteve na moda". Em: FURTADO, Beatriz; LINS, Daniel (org.). *Fazendo rizoma: pensamentos contemporâneos*. São Paulo: Hedra, 2008.

_____. "O novo está em outro lugar". Em: SERVIÇO SOCIAL DO COMÉRCIO. *Palco Giratório, 2011: Rede Sesc de Difusão e Intercâmbio das Artes Cênicas*. Rio de Janeiro: Sesc, 2011.

_____; ABREU, Luís Alberto de. *Respeitável público... o circo em cena*. Rio de Janeiro: Funarte, 2009.

THE HERALD. Glasgow: 2000, p. 4.

THE METRO. Glasgow: 2000, p. 4.

THE SCOTSMAN. Edinburgh: 1999, p. 3.

TIME OUT. London: 2000, p. 54.

WALLON, Emmanuel (org.). *O circo no risco da arte*. Belo Horizonte: Autêntica, 2009.

O espetáculo de circo social: a configuração de uma linguagem própria

Fabio Dal Qallo

O circo social

As instituições que utilizavam a linguagem circense como ferramenta pedagógica se difundiram e levaram ao surgimento do fenômeno que é comumente definido como circo social. Conforme se constataram os resultados obtidos nos campos educacional, social e artístico, e se identificaram as diferentes possibilidades pedagógicas do circo para com os seus atendidos, o circo social foi difundido pelo mundo de maneira cada vez mais consistente. Esse termo – que acabou se popularizando gradativamente, de forma capilar, no contexto internacional – passou a ser empregado por pesquisadores e operadores, além da população em geral. Entretanto, não faltaram posições adversas e críticas quanto ao seu uso.

De um lado, afirmava-se que o circo, enquanto linguagem artística, sempre se direcionou a todas as classes sociais e a todos os públicos, e por isso, por si só, deveria ser considerado social. Em função disso, o circo social, como tipo de abordagem de ensino das técnicas circenses, não poderia ser considerado a única forma social ou uma forma privilegiada de trabalho social no contexto circense e, portanto, a denominação não seria pertinente.

De outro lado, o termo foi criticado por haver registros destacando que, antes do surgimento do circo social, já existiam escolas de circo que ofereciam e disponibilizavam bolsas, atividades e cursos gratuitos, e que assinavam parcerias com instituições que atuavam no âmbito social, para permitir que sujeitos oriundos de camadas populares participassem das aulas de atividades circenses oferecidas pelas escolas. Vale marcar, entretanto, que as ações de cunho social oferecidas pelas escolas se direcionavam à formação técnica dos alunos atendidos, sem necessariamente priorizar os aspectos pedagógicos e sociais.

Pode-se dizer que ações de artistas e companhias de teatro de rua e circos itinerantes, como o oferecimento de espetáculos e oficinas gratuitos para permitir a aproximação de indivíduos ao contexto do circo, também foram consideradas sociais. Todavia, elas se distanciam do conceito de circo social pelo fato de as atividades não preverem uma continuidade do atendimento ou uma sistematização teórico-prática.

As diferentes posições referentes ao termo revelam que, na história do circo, antes do circo social, a linguagem circense não tinha sido utilizada como ferramenta pedagógica. O circo social traz consigo modificações no modo de organizar o trabalho e de produzir espetáculos, envolvendo finalidades sociopedagógicas. Por isso, pode-se afirmar que a diferença marcante do circo social é que a formação de cidadãos é a prioridade e a formação artística, sua consequência.

No circo social, o processo vivenciado por quem é atendido, valorizado constantemente, é considerado mais importante que o resultado artístico alcançado. Nas outras organizações de circo, a formação de artistas é o centro nevrálgico, seja como elemento fundamental da manutenção do espetáculo e da família circense, seja da formação profissional como artista, no caso das escolas de circo.

Hotier, por exemplo, aponta que no circo social a proposta principal não é formar artistas de circo e, ainda menos, levar os beneficiários a acreditar que essa é a finalidade da ação[1]. A proposta é usar o circo como pedagogia alternativa para jovens em dificuldade, ajudando em sua inclusão social. Após anos de discussões e argumentações, porém, foi amplamente reconhecido que a valorização da formação artística no circo social também é uma estratégia sociopedagógica que interfere nos processos educacionais propostos.

O circo social começou a ter visibilidade principalmente com as experiências realizadas na América Latina e, ao longo do tempo, adquiriu uma crescente influência no âmbito do circo contemporâneo. Hoje, existem projetos e instituições que podem ser definidos como circo social em todos os continentes, em quase todos os países do mundo.

Vale marcar também a existência de redes articulando as instituições que atuam com o circo social, entre as quais podemos elencar o programa Cirque du Monde, a Rede Circo do Mundo Brasil, Caravan Network, AltroCirco e Asian Social Circus Association, entre outras.

Deve-se reconhecer que um grande percentual dos sujeitos que praticam a atividade circense hoje teve os primeiros contatos com essa linguagem e o aprimoramento de seus conhecimentos técnicos por meio do circo social, fato que o identifica como um fenômeno que contribuiu de forma significativa para a divulgação das técnicas circenses e sua transmissão nas últimas décadas, permitindo, por meio de pressupostos socioeducacionais, a aproximação de um notável número de sujeitos ao mundo do circo.

A partir das experiências acumuladas com o circo social, desenvolveram-se nos últimos anos outras linhas de atuação específicas, como o *handicirque*, que propõe atividades circenses para sujeitos com deficiências, e o circo lúdico e educativo, que, sendo direcionado a um público específico de crianças e adolescentes, está atrelado a metodologias específicas de ensino das técnicas circenses.

---

1   Cf. Hotier, 2001.

O circo social, portanto, constituindo-se como uma abordagem que utiliza determinada pedagogia para orientar as dinâmicas de atuação – as quais, cada vez mais, são divulgadas e compartilhadas entre os projetos sociais e as instituições interessadas – contribuiu também para uma mudança consistente nos métodos de ensino-aprendizagem das técnicas e na formação de instrutores. Colaborou, inclusive, para o desenvolvimento do circo em questões éticas, estéticas e políticas que concorreram para que houvesse uma crescente divulgação do circo, transmissão das técnicas e a investigação de novos processos de criação e novas dramaturgias circenses que se destacam em muitos espetáculos produzidos atualmente.

A pedagogia do circo social

Ao ponderar sobre a pedagogia do circo social, vale pensar nos potenciais pedagógicos que podem emergir e que foram amplamente investigados nas últimas décadas, favorecendo o desenvolvimento do circo social e permeando toda a prática circense, entre os quais se podem destacar: a popularidade do circo e a universalidade da linguagem circense, que desperta o interesse de todas as classes sociais, sem distinção de idade, etnia, gênero, idioma ou cultura; o caráter lúdico presente na prática das técnicas; o risco envolvido na atividade circense; a corporeidade e a busca da superação dos limites do corpo vivo em cena, que está na base da própria linguagem circense, contrastando com aspectos artificiais e virtuais que caracterizam de forma determinante os padrões da vida cotidiana na contemporaneidade; o poder educacional do circo que, de acordo com Hotier e Bolton, se demonstra em nível físico, psicológico e social[2].

As experiências empíricas levaram a constatar que, por meio da aprendizagem das disciplinas circenses, é possível estabelecer valores, como o respeito ao outro, a cooperação, o reconhecimento e a valorização das diferenças; desenvolver determinadas capacidades, como o autocontrole e a disciplina; buscar ultrapassar os próprios limites, por meio do treino; e incrementar a autoestima e o bem-estar individual. Igualmente, por meio da prática das disciplinas circenses, é possível transmitir informações e noções sobre a cultura e conteúdos geralmente encontrados no âmbito da educação formal que podem estar ligados, ou não, ao contexto e ao cotidiano de cada um.

A pedagogia do circo social procura estimular, por meio da convivência e da prática circense, a valorização da diversidade, a inclusão, a acessibilidade, a igualdade de gênero, a tolerância e a criatividade – tudo isso com o compartilhamento de experiências e o aprendizado através do jogo.

Quando se fala sobre a pedagogia utilizada no circo social, deve-se evidenciar que ela se baseia na premissa de que a prática circense é um meio eficaz no processo de desenvolvimento integral dos sujeitos, sendo um canal de integração, expressão, desenvolvimento pessoal, promoção da cidadania e de transformação social.

2   Cf. Hotier, 2003; Bolton, 2004.

Os programas dos projetos sociais que oferecem cursos de técnicas circenses atuam com a proposta de utilizar o circo como instrumento de educação não formal, contribuindo para ampliar o conceito de educação e permitindo a abertura de espaços alternativos de socialização, lazer e cultura.

Ao observar os quatro pontos fundamentais da educação não formal delineados por Gohn, nota-se que eles podem ser aplicados também ao circo social[3]. O primeiro envolve a compreensão política dos direitos individuais enquanto cidadãos, que acontece por meio da inserção, do acompanhamento e da educação dos sujeitos atendidos. O segundo se refere à formação profissional dos indivíduos com o desenvolvimento de suas habilidades e potenciais – no caso do circo social, a formação como artista circense ou atividades ligadas à produção do espetáculo.

O terceiro diz respeito ao exercício das atividades que permitem que os indivíduos sejam agentes em contextos comunitários, incluindo as comunidades geográficas, de identidade e de interesse. As comunidades geográficas podem ser definidas como aquelas que interagem em determinado espaço; as comunidades de identidades são aquelas que reúnem grupos ou etnias independentemente de fronteiras e de limites predefinidos; e as comunidades de interesse, as que existem em função do compartilhamento de interesses. O quarto e último ponto direciona para a aprendizagem de conteúdos próprios da educação formal, fortalecida por meio das relações entre instituições, escolas e famílias, em conjunto com as atividades de acompanhamento escolar que são desenvolvidas de forma específica nos diferentes projetos.

Nas ações propostas pelo circo social, o conceito de arte-educação é prioritário, e o ensino e a prática das técnicas circenses são considerados, por natureza, um espaço profícuo para o desenvolvimento de capacidades individuais e para a vivência de experiências coletivas que colaboram para promover o respeito, a confiança mútua e a atenção pelos outros e pela segurança de si mesmo e do grupo.

O foco principal do circo social é a utilização da linguagem circense como ferramenta pedagógica em ações socioeducacionais. Essas ações se constituem, na prática, em cursos de técnicas circenses atrelados a atividades complementares, que podem incluir o estudo de outras linguagens artísticas ou atividades ligadas a fundamentos e técnicas do espetáculo, chegando à concepção e produção de aparelhos. Todas essas ações acontecem, normalmente, em paralelo a um acompanhamento pedagógico, que, entre outras finalidades, visa geralmente dar um apoio de ordem sociopedagógica e colaborar para a permanência dos sujeitos atendidos no ensino formal e para a sua inserção no contexto social comunitário.

Além disso, por meio do processo criativo para montagem de espetáculos, é possível criar um espaço para refletir, discutir, abordar e transmitir informações sobre a cultura local e global, que podem ser internas ou externas ao contexto dos alunos.

---

3   Cf. Gohn, 1999.

A fundamentação teórica que está na base da pedagogia do circo social, compartilhada entre as diferentes instituições, independentemente de sua localização geográfica, pode ser facilmente reconduzida às teorias formuladas por Paulo Freire.

Entre os pontos delineados por Freire, nota-se que os que mais interessam ao fazer no circo social são os que se referem à busca de um diálogo entre instrutor e aluno, e à utilização de temas geradores na prática pedagógica.

No que se refere à necessidade de instauração de diálogo entre instrutor e aluno, fato que já é marcante na história do circo, principalmente em função da oralidade que o caracteriza, a transmissão das técnicas tem relevância no desenvolvimento do circo social, por ser fundamental para a consolidação de duas linhas importantes de ações.

De um lado, o fato de que para trabalhar com um público específico é necessário questionar e refletir sobre as metodologias de ensino das técnicas circenses e pensar um percurso formativo peculiar para o operador ou instrutor que deve lidar com esses sujeitos. Nessa linha, inserem-se todas as produções teóricas, práticas e metodológicas que se debruçaram sobre os possíveis modos de ensino-aprendizagem das técnicas e sobre a transmissão da linguagem circense. Recentemente, esses procedimentos acabaram estimulando a produção de novas metodologias de ensino e cursos de formação de instrutores de circo não apenas para o circo social, mas também para outras áreas da pedagogia circense, entre as quais, além das supracitadas, que se direcionam a sujeitos com deficiências e a crianças e adolescentes, também se destacam as ações direcionadas a adultos e idosos, as atividades realizadas com sujeitos que vivenciaram experiências traumáticas (circo-terapia) e as atividades holísticas que envolvem a prática circense.

Os temas geradores e sua utilização na prática pedagógica do circo social foram e continuam sendo relevantes, pois são catalisadores que permitem abordar questões ligadas ao cotidiano dos alunos, das comunidades nas quais estão inseridos e, frequentemente, tornam-se o ponto de partida para a produção de material criativo que constitui os espetáculos.

A poética do circo social
Um ponto importante quando se analisa a produção teórico-metodológica sobre o circo social nas últimas décadas é que há uma crescente elaboração de pesquisas sobre a prática pedagógica, a formação dos instrutores e a influência do circo social no tecido comunitário, mas existem ainda poucas produções em torno do espetáculo de circo social e dos processos de criação envolvidos nesse tipo de produção artística. No entanto, observando o fazer das instituições e dos projetos sociais, percebe-se que a quase totalidade opta pela criação de apresentações, mostras e espetáculos como momento de culminâncias das atividades desenvolvidas ou como produto a ser inserido no mercado cultural.

Pode-se deduzir, portanto, que independentemente do tipo de instituição ou de projeto, o espetáculo e seu processo de criação são pontos fundamentais da prática artística e pedagógica, pois permitem gerar e consolidar relações entre os sujeitos atendidos, a instituição, o contexto familiar e as comunidades geográficas, de interesse e de identidade. Assim, a dimensão pedagógica presente no espetáculo de circo social coloca em evidência uma nova página da história do circo, que tem a ver especificamente com o seu espetáculo.

Na Antiguidade, os espetáculos que contavam com números de técnicas circenses como elemento constitutivo da própria cena, como os jogos organizados nos circos romanos, eram ligados a atos religiosos e políticos[4].

Considerando também os espetáculos dos saltimbancos das trupes itinerantes, especialmente com o surgimento do circo moderno, por volta do final do século XVIII, a finalidade comercial e profissional do espetáculo de circo tornou-se a sua forma mais emblemática, se não a única forma de espetáculo circense. Nesse caso, a cena existe em função de um mercado e de uma relação de trabalho-empresa que tem o dever de manter os artistas e as famílias circenses; assim sendo, a vertente empresarial do circo se fortalece com espaço de criação de um produto que existe para ser vendido ao público, frequentemente em conjunto com alimentos que podem ser consumidos durante a apresentação e mercadorias de diferentes tipos que podem ser levadas para casa como *souvenir*.

Contudo, é apenas no início da década de 1990, com o advento do circo social, que a finalidade pedagógica de cunho social do espetáculo de circo evidencia uma produção que é feita em função dos artistas que se apresentam em cena, não apenas do público, na maioria dos casos constituído por uma plateia específica, que geralmente reúne familiares, amigos, vizinhos e conhecidos dos artistas.

A experiência artística pode se articular no fazer, na apreciação e na contextualização da obra de arte; entretanto, é justamente o fazer, através da prática, do treino e da criação, o aspecto que aparece de maneira mais evidente nas atividades do circo social, seja no momento das aulas, seja na poética do espetáculo. Vale marcar, entretanto, que isso não significa que nas atividades realizadas pelas instituições e nos projetos não seja dada relevância aos aspectos da apreciação circense, da mediação cultural e da contextualização do circo por meio de estudos e do compartilhamento de conhecimentos teóricos e históricos sobre essa linguagem. A prática do circo para a criação do espetáculo se mostra mais evidente, sendo o elemento determinante das ações do circo social.

É por isso que, de acordo com os processos de criação, presentes também em outras linguagens artísticas, os espetáculos de circo social seguem algumas fases: produção de material criativo, busca da coerência interna da obra, seleção da linguagem e, por fim, montagem e apresentação do espetáculo. Essas fases, porém, não devem ser interpretadas necessariamente como blocos que seguem padrões rigorosamente sequenciais ou apresentam delimitações determinadas.

---

4   Cf. Bolognesi, 2003.

Em relação ao processo criativo próprio do circo social, Simard indica que ele segue quatro etapas, que, em seus fundamentos, encontram analogias com as fases supracitadas[5]. Segundo o autor, a primeira seria a preparação, que, constituindo o primeiro nível do processo criativo, visa recolher sensações, ideias, emoções e pensamentos, sem buscar necessariamente uma ordem, configurando-se como um momento de investigação no qual se percebe um desejo de mudança. Essa etapa se identifica, por analogia, com a fase da produção de material criativo. A segunda, definida como incubação, seria o momento no qual todos os dados cognitivos reunidos começariam a se tornar mais organizados, ensejando novas ideias sem, porém, se fundir ainda na forma desejada e satisfatória. Essa etapa se aproxima da busca pela coerência interna.

A terceira etapa é a da inspiração, momento em que se descobrem as ideias e as soluções às perguntas que foram formuladas. É quando os pensamentos se unem e se organizam estabelecendo os alicerces de uma obra maior. Ela coincide com a fase da busca da linguagem. A quarta etapa, por fim, é a da confirmação, com a ideia ou solução finalmente encontrada. A relevância e a qualidade do trabalho são, assim, confrontadas com o retorno do público e com os outros agentes que participaram do processo criativo. Essa etapa, que se configura na fase final, conclui, portanto, a preparação da montagem e finaliza o processo que antecede a apresentação pública do espetáculo.

No âmbito da poética do circo social, constata-se que a instituição de redes e programas internacionais, a articulação entre projetos e o compartilhamento de informações e experiências levaram a uma semelhança marcante entre os processos de criação utilizados. Além disso, a visão amplamente compartilhada, segundo a qual a criação do espetáculo é um momento de destaque da pedagogia utilizada e lugar de produção de conhecimento, aprendizagem e desenvolvimento dos sujeitos atendidos, levou à utilização de métodos similares.

Se trouxéssemos um exemplo dos procedimentos utilizados, não se poderia deixar de marcar a utilização de temas geradores. No circo social, é frequente reconhecer que cada espetáculo tem um tema que alimenta as pesquisas artísticas e as narrativas, e que ele, comumente, pode ser conduzido a um dos temas geradores utilizados na própria pedagogia. A escolha de um tema permite pesquisas individuais e em grupo para a reunião de informações e estímulos criativos que compõem, assim, o princípio de um possível material criativo.

A partir de informações reunidas na pesquisa sobre o tema, pode ocorrer a troca de conteúdos em grupo ou entre sujeitos, que, por meio de treinos, levam à construção de rotinas, números e coreografias, nos quais são utilizadas técnicas circenses e outras linguagens artísticas, quando cabem e que consolidam a coerência interna entre células que futuramente serão parte constitutiva do espetáculo.

---

5   Cf. Simard, 2014.

Nos ensaios em grupo com foco em cenas coletivas e nas transições, encontra-se o que se define como busca da linguagem. Nessa etapa, é comum que seja dada atenção à construção de elementos do espetáculo como os figurinos, as cenografias, trilhas musicais, maquiagem e todos os elementos que possam reforçar a relação entre os elementos técnicos circenses, o tema do espetáculo e os conteúdos trabalhados nas aulas, criando assim um vínculo entre as habilidades e as capacidades desenvolvidas por meio das atividades do circo social e os conhecimentos adquiridos pelo sujeito atendido na própria comunidade.

Com a apresentação do espetáculo se encerra o ciclo pedagógico, permitindo que a poética do circo social presente no processo criativo se torne também o lugar-chave para reconhecimento público dos resultados artísticos e socioeducacionais alcançados pelo aluno, assim como para demonstrar os potenciais educacionais do próprio circo como linguagem artística.

A performance do circo social

O espetáculo de circo social, sem dúvida, faz parte do conjunto em que se reúnem as produções circenses contemporâneas, ao lado das outros tipos de espetáculo de circo, como o circo moderno, de variedades circenses e outras formas de miscigenação cênica que caracterizam o circo na atualidade.

Analisando o espetáculo de circo social sob a ótica do quadro teórico dos estudos da performance, assim como formulado a partir das obras de Schechner, Phelan e Lane e Parker e Sedgwick, entre outros autores, nota-se que esse tipo de espetáculo demonstra diferenças marcantes em relação a todas as outras formas cênicas que envolvem as técnicas circenses[6].

É evidente que, considerando o desempenho do artista circense em cena e a impossibilidade de representação que caracteriza os números circenses, todos os espetáculos de circo e todos os números circenses podem ser vistos como performance. O espetáculo de circo social, porém, pode ser considerado como performance também pelo conteúdo discursivo que o permeia. Isso quer dizer que o que mais se sobressai no circo social, sem dúvida, é a presença de uma pedagogia que fundamenta o seu espetáculo e que solicita uma avaliação diferenciada em relação às outras manifestações artísticas, que são criadas e veiculadas com outros propósitos.

Ao ser analisado como performance, o espetáculo de circo social pode se destacar pelo conteúdo pedagógico, político e cultural que apresenta. Na cena existem, portanto, duas lógicas diferentes e mutuamente dependentes que podem ser relacionadas com duas dramaturgias que se entrelaçam no espetáculo.

De um lado, a lógica espetacular, passível de ser identificada com o que se pode denominar dramaturgia explícita, ou seja, o conjunto de ações cênicas, narrativas e números circenses que compõem o espetáculo. Esse aspecto é, sem dis-

---

6   Cf. Schechner, 2002; Phelan, 1998; Parker e Sedgwick, 1995.

tinção, inerente a todos os espetáculos de circo, assim como todos os outros tipos de espetáculo ao vivo.

A outra lógica é a performativa. Entendida como elemento discursivo, político e ideológico, ela pode ser relacionada a uma dramaturgia implícita que se torna evidente ao público somente quando ele tem conhecimento de estar assistindo a um espetáculo de circo social e tem informações sobre o que o circo social é e o que faz, ou seja, reconhecimento de que o espetáculo dispõe de finalidades sociopedagógicas, que têm prioridade sobre os aspectos artísticos.

Essa lógica se estrutura a partir da formação circense, do acompanhamento pedagógico dos atendidos e da formação artística profissional.

A utilização de temas geradores nos processos de criação dos espetáculos de circo social é um instrumento que permite revelar a história e o contexto dos artistas.

Outro aspecto recorrente é a presença de elementos ligados à cultura local e ao contexto de atuação da instituição e dos atendidos, que, além de se tornarem com frequência elementos constitutivos da cena, são também utilizados como ferramenta pedagógica para a produção de conhecimento e transmissão de saberes.

No espetáculo de circo social existe ainda, em relação aos outros espetáculos de circo, a inversão do conceito de presença-ausência. Há uma clara empatia entre o artista de circo que se expõe em uma situação de risco e o público que contempla. No caso do circo social, o fato de o risco e a vulnerabilidade social serem parte do cotidiano dos atendidos, o conceito de risco é ressignificado por meio da presença desses artistas na própria cena.

Todos os elementos discursivos que compõem a performatividade do circo social, e que influenciam não apenas a poética e a criação do espetáculo, mas também a recepção do público, colaboram para que haja diferenças marcantes entre um espetáculo de circo social e as outras formas de espetáculo de circo.

Pode-se concluir que, sendo um aspecto novo na história do circo, o circo social proporcionou a existência de uma nova organização circense, ao lado de artistas independentes, famílias circenses, trupes e companhias de circo, e que, com o seu advento, surgiu também um espetáculo com características próprias, não presente antes na história do circo.

Referências

BOLOGNESI, Mario Fernando. *Palhaços*. São Paulo: Editora Unesp, 2003.

BOLTON, Reginald. *Why Circus Works: How the Values and Structures of Circus Make it a Significant Developmental Experience for Young People*. 233 f. Tese (Doutorado em Filosofia) – Murdoch University. Perth: 2004.

GOHN, Maria da Gloria. *Educação não formal e cultura política*. São Paulo: Cortez Editora, 1999.

HOTIER, Hugues (org.). *La Fonction éducative du cirque*. Paris: L'Harmattan, 2003.

_____. *Un Cirque pour l'éducation*. Paris: L'Harmattan, 2001.

PARKER, Andrew; SEDGWICK, Eve Kosofsky. *Performativity and Performance*. New York: Routledge. 1995.

PHELAN, Peggy; LANE, Jill (org.). *The Ends of Performance*. New York: New York University, 1998.
SCHECHNER, Richard. *Performance Studies: an Introduction*. New York: Routledge, 2002.
SIMARD, David. *Participant Handbook: Cirque du Monde Training – part 1*. Montréal: Cirque du Soleil, 2014.

Entre a lona e a academia: significados, conotações e tensões no circo contemporâneo argentino

Antonela Scattolini Rossi

> *As formas da arte, antiga e moderna, não são cópias do que o artista tem em mente, como não são cópias do que ele vê no mundo exterior. Em ambos os casos*, são transposições para um meio de expressão escolhido, para um meio desenvolvido pela tradição e pela habilidade, a do artista e a do observador.
> Ernst Hans Gombrich

A problemática que nos interessa abordar neste artigo diz respeito às tensões entre o trabalho artístico e sua nomenclatura ou categorização por parte da academia e, num esforço para trazer de volta um debate tão antigo quanto a noite, que função tem esta. O pesquisador de circo se apresenta muitas vezes diante da comunidade circense como uma espécie de dragão-de-komodo: um tipo raro cuja existência não parece suficientemente comprovada e que, ao se aproximar, suscita uma mistura estranha de fascinação e terror, já que nunca se sabe o que pode acontecer, nem para que se precisa dele.

Parece que nem sempre existe um acordo entre o que a academia pensa da arte e como a arte pensa a si mesma. Nesse contexto, a denominação "circo contemporâneo" é um exemplo interessante que pode se aplicar à arte circense em geral. Segundo a teoria da arte, o nome "circo contemporâneo" se enquadra nas definições em torno da arte contemporânea em sentido amplo (artes plásticas, música, dança etc.) e "não designa um período, mas o que acontece depois que um relato legitimador da arte é concluído, e menos ainda um estilo artístico do que um modo de utilizar estilos"[1]. Essa definição, elaborada com base nas artes plásticas, pode estar ligada ao que autores como Calabrese[2] definem como neobarroco, e ao que Lyotard[3] ou Habermas[4], entre outros, chamam de pós-modernidade. Mais adiante veremos que esse último termo é mais produtivo para abordar as disciplinas que não têm relação com as artes plásticas. Por isso consideramos que o circo contemporâneo está diretamente ligado ao contexto epistêmico e artístico da pós-modernidade.

---

1   Danto, 1995, p. 32.
2   Cf. Calabrese, 1987.
3   Cf. Lyotard, 1987.
4   Cf. Habermas, 1989.

De acordo com essa afirmação, a arte contemporânea poderia ser pensada, em primeiro lugar, como originária de certos espaços de problematização conceitual e, por conseguinte, acadêmica.

Apesar disso, essa primeira aproximação parcial implicaria não considerar a prática como uma forma de conhecimento e, além disso, em entender a teoria e a prática como opostos, e não como ações complementares. Eduardo Grüner argumenta:

> [...] é porque sempre existe a práxis – porque a ação é a condição do conhecimento e vice-versa, porque ambos os polos estão essencialmente comprometidos – que podemos distinguir "momentos" diferentes (lógicos e não cronológicos), [...] ambos no âmbito de um mesmo movimento. E esse movimento é o movimento (na maioria das vezes "inconsciente") da própria realidade (social e histórica), não o movimento do puro pensamento "teórico" [...] nem da pura ação prática [...][5].

Se pensarmos a prática artística a partir desse princípio, veremos que ela é veículo de conhecimento, além de ser também produtora. A práxis na arte configura uma episteme, uma forma de compreender o mundo, e questiona a si mesma. Como vivemos? Como vivenciamos o mundo à nossa volta? Quais são nossas balizas de percepção? Nesse sentido, como representamos o mundo? Existe uma realidade objetiva fora das percepções do mundo de cada sujeito? Essa realidade é acessível? Desde a modernidade, que sancionou a arte e a ciência como veículos de conhecimento – e construção – do nosso entorno, podemos pensar que essas perguntas têm sido iguais para a arte ou para a gnosiologia. Só são diferentes os percursos para chegar às respostas.

O principal interesse do presente texto é arriscar que os artistas de circo sabem como a maneira de ver o mundo e o ser humano se materializa no circo contemporâneo (ou moderno), e também sabem quais são as formas de configurar a representação a que respondem, sem necessidade de citar Danto.

No entanto, a tradução desse conhecimento em categorias do campo intelectual e cultural talvez possa estabelecer uma linguagem comum que amplie os espaços de legitimação da prática circense, os espaços onde essas práticas possam ser desenvolvidas e também sua articulação com as demais disciplinas artísticas no mesmo nível de hierarquia.

Gêneros e estéticas no circo

Assim sendo, se consideramos o circo (como qualquer arte ou manifestação da cultura) como forma de expressão de um determinado paradigma epistêmico que atravessa tanto as ciências como os modos de representação na arte, veremos que seus

---

5   Grüner, 2006, p. 108.

desenvolvimentos estéticos mantêm uma relação estreita com o contexto histórico e social em que acontecem. Portanto, mencionaremos essas estéticas.

No que diz respeito ao circo, podemos distinguir cinco correntes principais. Uma primeira, que costuma ser chamada de circo tradicional ou circo moderno (e, em sua composição, responde ao paradigma epistêmico da modernidade), se consolida entre 1770 e 1970, aproximadamente. Ao longo de dois séculos, o circo solidifica os códigos que o definem com base em determinadas regras de ouro: a circularidade do espaço de representação (que, entre outras coisas, permite que todos os espectadores tenham o máximo de visibilidade, onde quer que estejam sentados), a variedade dos números, o caráter itinerante e a difusão, para citar alguns. O circo será então definido como espetáculo que enxerga o risco (e seu domínio) como centro da representação, com uma estrutura de episódios que justapõe vários números de habilidades diferentes, simples (em sua compreensão, não nas destrezas requeridas) e pensado para entreter e divertir o público. Parece-nos que o nome "circo moderno" é mais produtivo que o de "circo tradicional", tendo em vista que relaciona seus códigos de representação à episteme da modernidade, que se configura a partir do pensamento iluminista e se sustenta com base no predomínio da razão sobre outras faculdades humanas, na crença em um sentido unívoco e em verdades absolutas formadas pelo pensamento científico – além de conceber o sujeito como uma unidade. O ser humano que domina a natureza com o poder da razão pode ser visto tanto na representação de um corpo-máquina que parece desafiar as leis da biologia humana como na visão enciclopédica que também influi na codificação dessa estética circense (a exibição e o adestramento de animais, por exemplo).

Na Argentina se verifica uma apropriação produtiva específica do gênero, designada circo *criollo* ou circo de segunda parte. O circo *criollo* se caracteriza por ter uma primeira parte de destreza circense e uma segunda parte de representação dramática, em geral com uma presença muito forte de elementos de melodrama, um código de atuação específico do ator popular e elementos folclóricos realistas no palco (um churrasco realizado durante a encenação, por exemplo)[6].

Outra corrente que podemos identificar e que está relacionada ao circo moderno, mas que desenvolve sua própria especificidade em nosso país, é o circo de rua. Como argumenta Julieta Infantino, trata-se de "uma modalidade estritamente vinculada à utilização de técnicas circenses levadas para o espaço de atuação na rua. É um estilo de espetáculo com uma forte marca local que se define e consolida em Buenos Aires"[7]. O processo de consolidação desse tipo de espetáculo na capital argentina tem início na década de 1980. Ganha força e torna-se predominante nos anos 1990. O principal traço que o relaciona ao circo moderno tal como o definimos seria conferido por um código de representação que geralmente enfatiza a proeza

---

6   Cf. Mogliani, 2017.
7   Infantino, 2014, p. 56.

física ou a "figuração", e que não necessariamente procura contar uma história, mas sim divertir. No entanto, sob outra ótica, podemos encontrar aspectos que voltarão a aparecer no circo contemporâneo, como a estrutura criada a partir de uma habilidade (ou uma dupla de habilidades combinadas) ou o fato de que, em geral, seus intérpretes se apresentam com o próprio nome ou com o de seus *alter egos* artísticos, que costumam ser personagens fixos.

A quarta corrente – chamada novo circo – surge por volta de 1975, principalmente na França e no Canadá, alicerçada nos antecedentes do circo desenvolvido na União Soviética a partir de sua estatização em 1919[8]. Ela mantém uma estrutura episódica que integra várias disciplinas circenses, mas que tende à unificação conferida por uma homogeneidade estética (de figurino, maquiagem, musical etc.) e especialmente por uma trama ou unidade dramática que abrange todos os números. Tem, por sua vez, uma estreita relação com o surgimento de espaços de formação ou escolas integrais de circo. A partir dessa formação integral, o componente teatral tem uma presença muito maior, e o foco não está principalmente no risco ou no assombro em torno da proeza humana: além de divertir, o espetáculo tenta comover e contar uma história. Por um lado, e em função de um hibridismo maior entre as disciplinas, ou habilidades artísticas, seria possível interpretar essa corrente como um momento de paisagem para o paradigma epistêmico da pós-modernidade (que atingirá o auge na corrente do circo contemporâneo); por outro lado, a maioria de seus códigos de representação tem um nítido prosseguimento com o circo moderno. Como afirma o malabarista britânico Sean Gandini, "o Cirque du Soleil iria desenvolver uma tendência clássica muito bem produzida e com um *marketing* incrível, isso é evidente, mas suas obras se parecem muito com a produção circense dos anos 1930 ou 1940"[9].

Finalmente, entre o final do século XX e o início do XXI, surge a corrente que abordamos, a mais jovem e que é objeto de menos estudos na área do circo, chamada de circo contemporâneo, que no nosso entender responde ao paradigma epistêmico pós-moderno, como mencionamos anteriormente. Na pós-modernidade, está desacreditada a razão toda poderosa e das verdades absolutas, questionadas ou relativizadas como uma construção possível em relação a outras, e o sujeito é pensado como uma entidade em permanente construção e transforma-

---

8   No dia 26 de outubro de 1919, aceitando uma proposta do comissário de Cultura Lounartcharski, Lênin assina a nacionalização dos teatros e circos, que passam para a esfera estatal. As políticas estatais soviéticas também envolvem a fundação do Soyouzgoscirk, um organismo de criação, produção e difusão da arte circense. Na segunda metade do século XX, o escritório central do Soyouzgoscirk se ocupava da difusão de 7 mil artistas e tinha a seu cargo setenta circos nacionais construídos em todo o território da URSS, além de muitas escolas de formação integral em circo, às quais podiam ter acesso artistas que não pertenciam a dinastias ou famílias circenses. É o caso da Escola de Circo de Budapeste, aberta a artistas ocidentais, onde se formarão alguns dos catalisadores da renovação estética do novo circo, como Guy Caron, um dos primeiros diretores artísticos do Cirque du Soleil. Cf. Jacob, 2002.

9   Guy em Ricardes e Cruz, 2014, p. 117.

ção. Assim sendo, no que se refere à área artística, a pós-modernidade pode ser entendida como uma fase de questionamento dos cânones estabelecidos para as diversas disciplinas artísticas, um questionamento que leva à experimentação e em que o próprio processo criativo configura as normas de cada obra de arte. No circo contemporâneo, as obras não buscam se definir segundo os cânones da disciplina já estabelecidos, e tentam sempre um salto lógico-ontológico para além do ideal teleológico-historicista moderno.

Cabe aqui uma pequena digressão em torno do que foi mencionado antes. Assim como a maioria dos autores que trabalham com o tema, não entendemos que a modernidade e a pós-modernidade sejam épocas ou períodos históricos e estéticos, mas sim paradigmas epistêmicos, isto é, uma estruturação de princípios que atravessam certos modelos científicos, cosmológicos, e ainda uma produção simbólica que representa um episteme: um modo de explicar e representar o mundo. Pessoalmente, consideramos que nossas matrizes de pensamento, assim como nossas formas artísticas atuais, estão atravessadas por ambos os paradigmas epistêmicos. Por isso, embora o circo moderno possa ser explicado relacionando os princípios do pensamento da modernidade, e o contemporâneo em função do pós-moderno, nenhum deles se adequa mais ou menos ao período histórico que abordamos. Em outras palavras, não existe um "velho" e um "novo" circo: como em todas as artes, a obra se define por sua eficácia. Existe o circo bom e o circo ruim.

Circo contemporâneo
Uma das particularidades dos espetáculos de circo contemporâneo é que, de alguma forma, ele "trai" as expectativas dos espectadores que foram assistir a um espetáculo de circo (que costumam ter o circo moderno como modelo). Isso acontece porque nas obras de circo contemporâneo os códigos de representação dessa arte são distorcidos até quase se chegar a subvertê-los. Por um lado, essas obras deixam para trás a sobreposição, a estrutura de episódios e a tarefa central de divertir (o que não quer dizer que não o façam), e costumam ser criadas a partir de uma ou duas disciplinas, e estruturam a representação em função de suas possibilidades expressivas. Por outro lado, o circo contemporâneo joga com a tensão entre o controlável e o não controlável da arte circense. Se o circo moderno representa a destreza sobre-humana do corpo do intérprete (que o novo circo ainda mantém), o cosmos, o circo contemporâneo tematiza o caos. Como última característica, podemos acrescentar que o artista aparece como ele mesmo, privando o circo das construções de "personagens" e construindo uma reflexão pessoal sobre o homem contemporâneo.

Como afirma Michel Guy, o circo é a arte de compor um espetáculo com a ajuda das artes do circo, de outras artes (o teatro, a dança ou as artes plásticas, para citar algumas) e de várias outras competências. Essa definição, que parece tomar como modelo as possibilidades abertas pelo circo contemporâneo, põe ênfase na composição, na escrita para o palco e na heterogeneidade dessa arte completa. Ironia da história e da língua, o circo contemporâneo subordina o circo às artes do circo, que começam a ser definidas como sete disciplinas cada vez mais autônomas: arte do *clown*, arte do adestramento, arte aérea, arte acrobática, arte da manipulação de objetos e "outras" artes (nas quais se incluem tragadores de espadas, transformistas, lança-chamas, ventríloquos etc.). Segundo o autor, a estas seis se somaria a arte do circo no singular[10].

Isso implica a volta a uma autonomia prévia à codificação da própria arte circense – quando a acrobacia, o adestramento ou a manipulação de objetos eram considerados ofícios independentes –, porém a partir de uma visão pós-moderna que já não os conceitua apenas como "atrações", mas também como ramificações de uma arte. Como conclusão, podemos acrescentar que o circo de rua, por exemplo, mantém a construção da representação por meio da autonomia das disciplinas ao longo da história.

Circo contemporâneo e performance
Considerando que as artes do circo contemporâneas problematizam uma relação permeável com outras disciplinas artísticas, própria da pós-modernidade, podemos pensá-las a partir do ponto de vista da performance. Não é por acaso que muitos artistas do circo contemporâneo definem a si próprios ou são definidos como *performers*. A performance, epítome das práticas artísticas pós-modernas, pode ser pensada como a expressão de uma problemática em que o corpo está no centro do palco, onde o artista costuma se apresentar com seu próprio nome (sem representar um personagem) e o espectador é chamado a completar o sentido.

Em *Performance: la violencia del gesto* (Performance: a violência do gesto), Jorge Zuzulich entende a performance como uma forma de linguagem artística híbrida que pode reconhecer várias fontes, mas que surge como um traço das artes plásticas. Desenrola-se numa progressão gradual a partir do corpo do artista, que culmina na pincelada até a irrupção do próprio corpo na representação. É esse gesto do artista, a violência arbitrária da construção de sentido, que cria a obra, não os cânones de representação de uma disciplina[11].

A essa altura nos parece pertinente esclarecer que, embora o universo teórico que abre à performance sirva para pensar novas possibilidades da práxis artística e circense na pós-modernidade (especialmente em relação ao corpo como suporte à obra), uma obra de circo contemporâneo não se enquadraria no que se costuma definir como uma performance, se tomarmos como referência o arcabouço teórico do qual partimos. Embora o sentido do termo "performance" implique a atuação de um gênero qualquer e seja entendido a partir de algumas perspectivas antropológicas como a adoção de um gênero comunicativo expressivo (que passa por várias formas de representação), para os autores em quem nos baseamos a performance é entendida como uma obra de arte executada uma única vez. Para Zuzulich, por

10   *Ibidem*.
11   Cf. Zuzulich, 2012.

exemplo, implica sempre uma "execução sem sobra", um gesto criador sem ensaio[12]. Para María Cristina Perea, a performance também é uma obra que pode ser planejada, mas não é ensaiada e se esgota em sua pura execução. "Uma performance pode definir-se como aquilo que um artista faz, um aqui e agora que faz dela um ato único que não pode ser repetido, compartilhado com o espectador"[13].

As encenações do circo contemporâneo, ao contrário, são realizadas por corpos treinados depois de passar por um longo período de ensaio e investigação. Porém, assim como a performance, na qualidade de prática artística específica, o circo contemporâneo também se nutre de aspectos do conceitual, que entende a arte como elemento de reflexão e desconfia de todo princípio de representação, inclusive da própria linguagem. De acordo com essa visão, a arte é uma forma de ritual não sagrado, que abre um caminho purificador através de sua experiência. O *real*, o que estava por trás do palco, se faz presente. Em conformidade com o que reivindicam as novas vanguardas, na performance trata-se de incorporar a vida na arte, não a arte na vida. Um laboratório de novas formas de vida que rechaça predeterminações, projetos, e inverte os valores estabelecidos. Em virtude disso, "se oferece ao analista como um tipo de prática artística que, para ser compreendida, requer a construção de um arcabouço teórico específico, para ser utilizado em cada caso"[14].

Isso também influi no tipo de corporalidade que a performance encena. De acordo com a tradição ocidental moderna, nosso corpo se estrutura a partir de uma divisão mente/corpo, o dualismo de René Descartes, que na arte pode adquirir duas formas principais: a de incluir todos os sentidos no sentido da vista ou a de construir um corpo-máquina, modelado e controlado perfeitamente pela razão (como se viu em relação ao circo moderno). Já o corpo performático, ao contrário, se percebe como um corpo sensível, aberto, movido pelo desejo, uma ferramenta para explorar os limites de suas próprias possibilidades. Podemos relacionar esse corpo mais passível de falha, que não é perfeito, com o que aparece no circo contemporâneo: trabalha-se muitas vezes com o erro e com a perda do domínio (mas para isso, cabe acrescentar, é necessário um domínio perfeito do corpo ou do elemento). O choque do performático está na irrupção de algo incontrolável, obsceno, o que não se pode, não se quer ou não se aguenta ver; isso é o que o circo contemporâneo introduz de forma decisiva. A situação se torna mais importante que a proeza e se metaforiza até o infinito, servindo-se da abstração. Os truques e sua dificuldade são mais uma ferramenta para criar sentido. O gesto surge a serviço da poesia e, como todas as artes pós-modernas, o circo contemporâneo estabelece um diálogo constante com as premissas de sua disciplina: o peso e a gravidade no espaço, e a dificuldade de controlá-los.

12   *Ibidem*.
13   Perea, 2012.
14   *Ibidem*.

Camile Boitel, Johann Le Guillerm e Phia Ménard são artistas franceses que se apresentaram em nosso país durante o Festival Internacional Polo Circo de Buenos Aires. Ménard participou da primeira edição do festival, em 2009, com seu espetáculo *PPP* (*Position Parallèle au Plancher* [Posição paralela ao chão]), e voltou com *L'Après midi d'un foehn* (Tarde do vento *foehn*), na terceira edição, em 2011. No ano seguinte, foi a vez de Johann Le Guillerm, que apresentou *Secret. Monstration* (Segredo. Demonstração), e finalmente Boitel chegou ao país na quinta edição do festival, em 2013, quando apresentou *L'Immediat* (O imediato), *Cabaret* e *La Machine à jouer* (A máquina de brincar).

Embora disponhamos de exemplos do que chamamos de circo contemporâneo em várias companhias nacionais e internacionais que se apresentaram ao longo das edições do festival, escolhemos esses três criadores porque as formas estéticas que eles encenam ilustram perfeitamente o que discorremos até aqui em relação ao gênero; além disso, essas decisões formais não aparecem em uma ou duas montagens, mas perpassam sua obra e sua visão sobre a arte circense e também adquirem formas bastante particulares em cada caso. Como abordaremos mais adiante, mesmo quando a organização do Festival Internacional Polo Circo foi marcada pela polêmica dentro da comunidade circense (principalmente nas primeiras edições), também funcionou como espaço aglutinador e de intercâmbio de várias propostas, o que contribuiu para estimular o debate em torno dos gêneros circenses. Esse é o caso do circo contemporâneo, termo que foi adotado por um programa apoiado pelo Estado, no âmbito do festival.

Vamos para os exemplos selecionados. Boitel, um acrobata e parador de mãos (entre outras coisas), treinou na escola de Annie Fratellini. O acaso, a desordem e a catástrofe são algumas das constantes em seu trabalho, que ele próprio define como uma mescla de circo, teatro e performance. Em consonância com o que abordamos anteriormente, não lhe interessa a façanha, mas sim o contrário: o erro. Ele baseia sua prática na poética do que não dá certo, no domínio perfeito da fragilidade, da surpresa e do acidente, para refletir sobre o que está além de nós e sobre nossa capacidade de resistência diante da ruína. Por sua vez, Johan Le Guillerm formou-se no CNAC como equilibrista, malabarista, *clown*, criador e manipulador de objetos. Em seus espetáculos, não se limita a encenar, mas constrói uma cosmologia com sua arte: estabelece na pista seus próprios limites físicos e mentais com objetos e máquinas, e trava combates reais e simbólicos. Essas mesmas máquinas e objetos podem ser visitados depois em exposições que o espectador interpreta sem solução de continuidade – como componente da mesma obra. Uma delas é um circo mental e espetacular que mistura arte e ciência, no qual o personagem parte de uma consideração estilizada de si mesmo: a figura do anti-herói em eterna inadequação com seu entorno. Por último, Phia Ménard é *performer* e malabarista. Sua obra se apoia nas reflexões sobre aquilo que nos rodeia. Ela escolhe matérias como a água e o vento, que criam e tolhem a vida, nos obrigam a nos despojar, a perder o controle. Materiais impossíveis de envergar, cujas características não permitem que o malabarista tenha o controle total dos elementos, próprio de seu ofício. Para Phia, que começou sua vida artística como Philippe Ménard e cujo percurso no palco colaborou para que compreendesse sua própria identidade também como uma construção mutável e performática, nosso entorno e nossas identidades estão em eterna mudança. Sua obra atesta como o circo contemporâneo fundamenta seu discurso na intensidade do corpo do artista, que redefine o mundo que habita.

Circo contemporâneo em Buenos Aires
Em relação à sua apropriação produtiva e reprodutiva em nosso território, o circo contemporâneo tal como tem sido definido aqui ainda é um termo que muitas vezes provoca tensão no setor circense argentino. As entrevistas e intercâmbios realizados com artistas de circo revelam, em linhas gerais, três posições: a) que o circo contemporâneo acontece na era contemporânea, por isso ele é sempre contemporâneo e suas várias manifestações não se enquadram no conceito ao qual nos referimos mais acima; b) que essa caracterização toma como modelo a cultura europeia, isto é, que o circo contemporâneo é, definitivamente, um fenômeno estrangeiro que não os afeta totalmente[15]; c) por último, que o circo contemporâneo reúne as disciplinas do teatro e da dança com as circenses, definição que poderia ser identificada no chamado novo circo (cabe acrescentar que existem muitas produções que não podem ser submetidas a nenhuma dessas categorias).

Tentaremos então uma primeira aproximação com certas variáveis históricas, sociais e culturais que podem ter condicionado as formas que essa apropriação apresenta.

Em primeiro lugar, a nomenclatura "circo contemporâneo" começa a ganhar protagonismo (e a gerar tensões) no mundo artístico nacional a partir dos festivais internacionais Buenos Aires Polo Circo, cuja primeira edição aconteceu em junho de 2009[16]. Embora, como já argumentamos, a problemática que o circo contemporâneo aborda esteja relacionada a um paradigma epistêmico pós-moderno, que na época também estava presente nas práticas nacionais, a chegada de obras etiquetadas como circo contemporâneo (por parte de um programa de política pública como o festival e pelos próprios intérpretes), assim como de artistas circenses que se definiam como *performers*, fomentou os debates em torno dessa corrente do circo nacional.

Conquanto, tal como observa Infantino, a intenção principal do festival tenha sido legitimar as artes circenses dentro das práticas artísticas da cidade, da mesma

---

15   Um artista circense, quinta geração de uma família pertencente ao circo moderno, fala desse circo como uma corrente estranha à prática artística nacional e que fracassa em nosso país quando tenta ser imitado, porque não provém de nosso campo cultural ou de nossa tradição artística, nem se alimenta delas.

16   O Festival Internacional Buenos Aires Polo Circo aconteceu no âmbito do Programa de Política Cultural Oficial Buenos Aires Polo Circo, da Secretaria da Cultura da Cidade de Buenos Aires, na gestão (2007-2011) do governo de Mauricio Macri, do partido União PRO. O festival teve sete edições – uma por ano – entre 2009 e 2016, ano em que, inesperadamente, deixou de ser realizado.

forma que essas artes são legitimadas em países como a França e o Canadá, esse propósito não foi interpretado assim por todos os integrantes do campo artístico do circo. A principal objeção dos artistas circenses foi em relação à falta de inclusão de artistas locais, e a observação de que nada existia nessa área antes da chegada do festival, negando a longa tradição circense de nosso país, especialmente do circo de rua, que vinha se construindo desde os anos 1980, se consolidou nos anos 1990 e se legitimou nos primeiros anos da década de 2000[17]. Nesse sentido, o circo contemporâneo é às vezes visto como um estrangeirismo, ou diretamente como alguma coisa que "não é circo" (de fato, muitos artistas circenses argentinos se referem ao circo contemporâneo como "novo circo francês", mesmo quando, conscientemente, ilustram suas características tomando como exemplo espetáculos canadenses).

Essas tensões entre nomenclaturas, que acontecem entre os vários agentes de um campo cultural (por um lado os artistas e, por outro, parte da academia e dos gestores públicos), ou as resistências a certos gêneros, também podem ser fruto de vários fatores conjunturais que formaram a prática circense nacional e, especificamente, de Buenos Aires. Além da fragmentação e da inconstância dos espaços de inserção e formação, os artistas de rua eram perseguidos de forma recorrente pelo aparato policial.

> Dessa maneira, dentro do setor artístico vai se configurando uma representação do Estado e de suas políticas como um "outro" identificado principalmente pela arbitrariedade da força policial. Isso favorecerá que grande parte da formação cultural se dissocie do Estado como possível agente promotor de reconhecimento das práticas artísticas. Ao lado da construção da identidade dos artistas de rua amplamente assentada na reivindicação da independência, da autogestão e da autonomia, as estratégias próprias de formação cultural nessa área se caracterizam por ver o Estado quase como um todo homogêneo diante do qual é preciso resistir[18].

Assim sendo, a arte circense se caracteriza por se consolidar em um espaço de resistência, contestador e transgressor. De acordo com Infantino, o marco histórico dos anos 1990 foi a ruptura da ideia de uma Argentina meritocrática[19]. Esse rompimento questiona a identidade da classe média que, até então, defendia o esforço e o investimento no futuro como garantia de ascensão social. Nesse contexto, muitos jovens se voltam para a tarefa de "'levar a arte para as ruas', com apresentações em que passam o chapéu para arrecadar fundos, recuperando uma arte execrada e desprestigiada'"[20].

---

17   Cf. Infantino, 2014.
18   *Ibidem*, p. 74.
19   *Ibidem*.
20   *Ibidem*.

Além disso, com a crise de 2001 acontecem dois fenômenos que, simultaneamente, terão influência sobre o campo artístico: por um lado, os representantes mais profissionalizados do circo de rua aumentam a itinerância e o trabalho no exterior. Por outro, começam a proliferar na Argentina os espaços de formação particular e/ou autogeridos – que, ao lado da popularidade que as companhias como o Cirque du Soleil começam a desfrutar no país, podem ser considerados um incentivo para o desenvolvimento e o predomínio do novo circo. Apesar disso, no contexto de crise e de falta de políticas públicas, os chamados representantes do novo circo refletirão a mesma identidade independente, estruturada na autogestão e na autonomia, distanciando-se, ao mesmo tempo, do que consideram serem estilos estrangeiros e capitalistas. É o caso do grupo La Trup, que se afasta do novo circo, percebido como o estilo do Cirque du Soleil, já que entendem que sua ética de trabalho está longe do que consideram uma visão mercantilista (por parte da companhia canadense). Nesse sentido, escolhem um artista pelo que ele tem para dizer, que não é substituível ou selecionado com base em sua vida útil.

Concluindo, as posturas da maioria dos setores da cena cultural circense na década de 1990 e no início dos anos 2000 dão conta de um espírito que poderíamos considerar próximo à contracultura, disputando as ideias hegemônicas em torno da arte. Por isso, podemos nos aventurar em afirmar que esse posicionamento social e político permeava as exibições de circo mais que as preocupações por uma desconstrução dos princípios da disciplina.

Apropriação produtiva atual
No entanto, existem situações de permeabilidade mesmo diante das especificidades e/ou resistências do campo cultural. Enquanto gênero, o circo contemporâneo é uma estrutura artística, e, se o pensamos como forma de expressão de um determinado paradigma epistêmico (que permeia tanto as ciências como os modos de representação na arte), revela certas características que se definem como próprias da arte contemporânea ou pós-moderna.

É por isso que, apesar de uma resistência inicial a uma prática artística percebida como estrangeirismo, hoje se podem ver números ou espetáculos circenses com características do circo contemporâneo em várias montagens nacionais, com as particularidades estéticas que está adquirindo em nosso país.

Existem numerosos exemplos. Em 2017, o encerramento do Festival de Circo Independente, a cargo do grupo La Varieté Experimental do Projeto Migra (projeto itinerante que nasceu na cidade de Buenos Aires), pode ser um deles. A construção de espetáculos como *La cerimonia*, de Tomas Soko, é outro exemplo, ainda que seu criador se refira a ele como um espetáculo de teatro físico[21]. O espaço de

---

21   Mesmo quando suas obras são batizadas como performances pela crítica, Soko não faz menção ao termo, o que talvez seja sintoma da chegada tardia da denominação "circo contemporâneo" à cena do nosso universo cultural.

experimentação Laboratório de Circo Contemporâneo, dirigido por Gabriela Parigi, e o emprego do corpo em números como *ENsueño* (EMsonho), é outro exemplo. Centros de aprendizagem como a Escola Circo das Artes, em Tigre, perto de Buenos Aires, ou a especialização em teatro acrobático da graduação em artes cênicas, da Universidade Nacional de San Martín (Unsam), trabalham na criação de números que põem lado a lado o novo circo e o circo contemporâneo. A companhia A Riesgo Circo Danza, formada por professores e ex-alunos do curso de graduação em artes do circo, da Universidade Nacional de Três de Fevereiro (Untref), muitas vezes faz a fusão de ambas as estéticas. Por último, para incluir um exemplo fora da região de Buenos Aires, na noite de gala que encerrou o Festival Circo en Escena, na cidade de Córdoba, uma das apresentações mais celebradas foi a de Elisa Vallania, um número de trapézio em torno da possibilidade do erro, da queda e da falibilidade do corpo, que incorporava várias problemáticas e características que examinamos como sendo próprias do circo contemporâneo. Essa lista incompleta, pensada apenas como orientação, revela a produtividade atual dessa estética e das apropriações, variadas, focalizadas, aprimoradas, que os artistas levam adiante na cena local.

Os motivos que dão vida a essas criações são variados. Aqueles que tiveram mais relação com os espaços de formação integral e/ou que participaram de intercâmbios internacionais (festivais, temporadas no exterior etc.) têm uma visão conceitual mais próxima à desenvolvida neste artigo. Nesse sentido, em nossa cena cultural, só nos últimos oito ou dez anos o circo contemporâneo parece estar chegando a uma linguagem comum a outras artes e a outras partes do mundo. Muitas vezes, os artistas circenses de números ou obras que poderíamos caracterizar como circo contemporâneo não têm um vínculo com as produções, com a formação ou as problemáticas que esse circo introduz do ponto de vista conceitual. Quando se pergunta o porquê do espetáculo, a problematização teórica, estética e política surge como uma busca pessoal, baseada na intuição e na necessidade de refazer certos caminhos conhecidos tanto no circo quanto na dança, ou em outras artes nas quais o corpo costuma ser representado como infalível e apolíneo. É nesse sentido que voltamos a constatar que a arte é uma forma de conhecimento que está em conflito com nosso modo de conceber o mundo, respondendo ao paradigma epistêmico que nos permeia, conformando-o, conferindo-lhe uma forma plástica e poética.

Referências
CALABRESE, Omar. *La era neobarroca*. Madrid: Cátedra, 1987.
DANTO, Arthur. *Después del fin del arte: el arte contemporáneo y el linde de la historia*. Madrid: Paidós, 1995.
GRÜNER, Eduardo. "Lecturas culpables: marx(ismos) y la praxis del conocimiento". Em: *La teoría marxista hoy: problemas y perspectivas*. Buenos Aires: CLACSO, 2006.
HABERMAS, Jürgen. *El discurso filosófico de la modernidad*. Buenos Aires: Taurus, 1989.

INFANTINO, Julieta. *Circo en Buenos Aires: cultura, jóvenes y políticas en disputa.* Buenos Aires: Instituto Nacional del Teatro, 2014.

JACOB, Pascal. *Le Cirque: du théâtre équestre aux artes de la piste.* Bologne: Larousse, 2002.

LYOTARD, Jean-François. *La posmodernidad (explicada a los niños).* Barcelona: Gedisa, 1987.

MOGLIANI, Laura. *Historia del circo en Buenos Aires. De los volatineros a la formación universitaria.* Buenos Aires: Edición de la Cátedra de Historia del Circo de la Universidad de Tres de Febrero, 2017.

PEREA, María Cecilia. "Performance y espacio público: repensar la performance desde la perspectiva del lugar". *In*: Primeras Jornadas de Estudios de la Performance. UNC. 2012. Disponível em: https://rdu.unc.edu.ar/bitstream/handle/11086/2434/12315-32464-1-PB.pdf?sequence=1. Acesso em: dez. 2020.

RICARDES, Gabriela; CRUZ, Alejandro. *Circo expandido: una mirada del arte circense del siglo XXI desde la perspectiva del Festival Internacional de Circo de Buenos Aires.* Buenos Aires: Ministerio de Cultura del Gobierno de la Ciudad Autónoma de Buenos Aires, 2014.

ZUZULICH, Jorge. *Performance: la violencia del gesto.* Buenos Aires: Instituto Universitario Nacional del Arte, 2012.

PARTE III
ENTRE TÉCNICA, ESTÉTICA E POÉTICA

Uma estética do risco: treinamento acrobático e configuração sensível

Mariana Lucía Sáez

"Estético, mas arriscado" é o modo como Antonela definiu o que queria conseguir com o número de trapézio que estava montando para exibir em um evento. "Que seja belo, que tenha um conteúdo, mas que também tenha adrenalina", disse para Eliana, sua professora, quando lhe perguntou se ela podia ajudá-la a trabalhar o número. Essa situação foi registrada em uma das minhas primeiras observações de campo durante um seminário intensivo de técnica e composição em acrobacia aérea ocorrido no Centro Cultural Don Juan, na cidade de La Plata (Argentina), em fevereiro de 2014. Participei do seminário no âmbito da pesquisa etnográfica realizada para minha tese de doutorado sobre o treinamento de acrobatas circenses e bailarinos/as contemporâneos/as[1].

Naquele momento, a definição de Antonela passou quase despercebida. Um dado a mais entre as tantas informações novas que eu estava anotando. Tempos depois, ao dar início à sistematização das observações e dos outros materiais obtidos durante os mais de três anos de trabalho de campo, ela começou a ganhar sentido, articulando-se com outros elementos e categorias que emergiam como característicos da prática acrobática. Nesse contexto, comecei a compreender o conceito de *risco* como parte de uma particular configuração estética-sensível, identificável no âmbito circense, cujas caracterização e análise caminharam de mãos dadas com a superação das distinções entre as dimensões físicas, corporais ou técnicas da prática acrobática e suas dimensões estéticas ou expressivas.

A partir das primeiras observações no âmbito da acrobacia, registrei a interação de dois tipos de experiências: *experiências corporais*, cujo foco de atenção e objeto de reflexão é o corpo, com suas sensações, percepções, movimentos, capacidades e limitações; e *experiências estéticas*, nas quais a atenção se concentra nas possibilidades expressivas, na diversidade de formas de narrar e na construção poética. Nesse sentido, a partir de sua etnografia no âmbito do circo contemporâneo no Uruguai, Alonso aponta a existência de "duas técnicas":

[1] Cf. Sáez, 2017.

> Entende-se que, por se tratar de uma arte cênica, há uma dupla aprendizagem, ou duas técnicas. A do corpo apto a fazer e a do corpo apto a se comunicar e relacionar com o público. Essa segunda técnica, numa disciplina em que o humor, a brincadeira e o lúdico estão entrecruzados com a técnica, se aprende [...] no palco².

Com o transcorrer do trabalho de campo e das observações, e, basicamente, a partir da participação na qualidade de observadora e do meu próprio envolvimento corporal na prática acrobática, em ocasiões frequentes notei a dificuldade de fazer essa distinção entre experiências corporais e estéticas ou de identificar categorias de aprendizagem separadas para a dimensão técnica da prática e para a dimensão expressiva ou estética. Isso foi me levando a pensar que as experiências corporais que acontecem no âmbito do treinamento acrobático são em si mesmas estéticas, e/ou as experiências estéticas são fundamentalmente corporais. Ou seja: os movimentos do corpo, suas possibilidades e os esforços requeridos para o treinamento corporal estão ligados ou à construção de sentidos, ou ao exercício do imaginário, ou às emoções. A atenção sobre o corpo toma a forma de uma atenção estética sobre o corpo em movimento.

Por sua vez, essa forma de pensar a atenção estética sobre o corpo em movimento implica um deslocamento em relação à interpretação do conceito de estética, numa mudança que abrange desde o campo da arte até o da sensibilidade.

A bibliografia sobre estética aborda, sobretudo, os produtos (mais ou menos) acabados, isto é, as obras artísticas, ou, mais recentemente, o processo artístico. Em nosso caso, estamos nos perguntando acerca do processo de formação de artistas e o lugar da experiência estética neste processo. Portanto, não proporemos aqui uma abordagem dos objetos (ou processos) estéticos, mas do lugar da experiência estética no processo de formação dos artistas.

Nesse sentido, encontramos afinidades com certas preocupações levantadas por aqueles que se dedicaram à pesquisa sobre a estética da vida cotidiana, a estética da experiência ou a "poética da cultura", como propõe Desjarlais:

> Uso o termo "estética" de uma forma ligeiramente irregular, não para definir nenhuma arte ou gênero performático – arte, música, poesia –, mas sim para compreender (e juntar) os *leitmotivs* tácitos que informam as construções culturais da interação corporal e social. Concebo essas formas de estética [...] como corporizadas através da experiência visceral dos atores culturais, e articuladas por meio de princípios artísticos ou filosóficos concretos. Com o termo "estética da experiência", portanto, refiro-me às maneiras culturais tácitas, valores e sensibilidades – formas locais de ser e fazer – que conferem estilos específicos, configurações e qualidades às experiências locais³.

2   Alonso, 2018.
3   Desjarlais, 1992, p. 65.

Embora não me dedique aqui a analisar a estética da vida cotidiana, já que este trabalho se limita aos espaços em que os artistas têm aulas, ensaiam ou treinam, meu enfoque é nas aproximações que apresentam uma continuidade entre experiências "estéticas" e experiências "comuns". Da mesma forma, o local do treinamento enquanto instituição[4] e a definição do circo como "modo de vida"[5] permitem pensar esses espaços no contexto da vida cotidiana. De certa forma, poderíamos considerar os processos formativos como (parte da) vida cotidiana dos artistas, analisando os modos de ser e fazer que estão em jogo em cada caso e que permitem experiências com configurações e qualidades particulares, no âmbito das quais emergem determinados *leitmotivs*. Portanto, interessa estabelecer uma continuidade entre as "experiências cotidianas" dos processos formativos e as "experiências estéticas" dos processos criativos, entre a construção técnica de corpos acrobáticos treinados e a configuração sensível à "estética do risco", própria do universo circense.

Além de certas nuances e diferenças, a maioria das pessoas com quem compartilhei e trabalhei durante minha pesquisa de doutorado concorda que o circo contemporâneo é o estilo circense dentro do qual se posicionam (ou procuram se posicionar) como artistas. Isso está ligado à forte marca que o Centro de Criação e Aperfeiçoamento em Artes Circenses (CCPAC), em particular seu coordenador Gerardo Hochman, deixou na cidade de La Plata (Argentina). Segundo meus entrevistados, Hochman chegou a La Plata com "outra forma de entender o circo", "mais pela interpretação, pelo corpo". Nos anos seguintes, ele voltou a La Plata para ministrar seminários e/ou apresentar suas obras. Tive a oportunidade de participar de um desses seminários realizados no Centro Cultural La Gran Siete em outubro de 2016. Os materiais obtidos dessa participação, juntamente com os de outras aulas vinculadas ao treinamento e à formação acrobática no circuito La Plata, dos quais participei no âmbito do trabalho etnográfico que desenvolvi entre 2012 e 2016, serão os principais insumos para esta análise. A partir deles, pretendo descrever e refletir sobre os significados que se entrelaçam em torno das noções de "estética" e "risco" no âmbito dos processos de formação em acrobacias circenses, e dar conta da particular configuração sensível que é possibilitada nos espaços de formação, nos quais se configura uma característica de "risco estético".

O limite técnico: entre o grotesco e o estilizado

A formação acrobática se desenvolve fundamentalmente a partir da repetição de uma série de exercícios destinados à obtenção e ao domínio de um vocabulário

---

4   Em seu trabalho sobre o boxe no gueto negro de Chicago, Wacquant considera o *gym* como instituição que regulamenta a existência do boxeador: "como emprega o tempo e o espaço, o cuidado de seu corpo, seu estado de ânimo e seus desejos" (2006, p.67). Em minha tese de doutorado (Sáez, 2017), propus que o treinamento ocupa um lugar semelhante entre os acrobatas.

5   A definição de circo como modo de vida recupera, depois de eles haverem ganhado novos significados e de serem transformados, elementos que poderiam estar ligados ao circo tradicional – basicamente a vida comunitária e familiar – articulando dimensões profissionais, laborais e afetivas.

técnico conformado por posições e movimentos específicos: as figuras e as fugas das acrobacias aéreas, as figuras acrobáticas das acrobacias de chão. Esse vocabulário técnico constitui um repertório partilhado de acrobacias básicas que, como se poderá constatar nos fragmentos de notas de campo que veremos a seguir, serve de ponto de partida para uma posterior combinação, complexidade e experimentação em desenvolvimentos "pessoais" e "criativos".

> *Vamos montar uma série individual, mas trabalhando em dupla. Trouxe vinte e duas subidas para que vocês se exercitem e relembrem. Podem usar. Vamos começar montando as subidas, depois vamos acrescentar os artifícios, as figuras e as descidas. E depois vamos desestruturar e brincar um pouco. Não é para ficar só na técnica, quero que vocês vão além.*
> [...]
> Anto afirma que não sabe o que fazer, por onde começar.
> *Imagine que você tem de fazer um número que seja só de subidas: o que você pode inventar para que não faça alguma coisa já vista? O que seu corpo pode fazer com as coisas que você já sabe? Concentre-se no que você já sabe e no que pode sugerir a partir daí – diz Estefi*[6].

A composição de sequências ou séries de movimentos demanda o conhecimento de um repertório básico de movimentos, figuras ou "gestos" acrobáticos. Também requer que esses movimentos possam ser amarrados entre si continuamente – o que exige domínio técnico. Por outro lado, tanto nas combinações e nos encadeamentos como nas formas de executar as figuras se busca encontrar alguma "novidade", algo "não visto", "raro", com as coisas que "já se sabe". Procura-se então um tipo diferente de variações que possam ser realizadas com o repertório de movimentos básicos da acrobacia e que cada acrobata possa utilizar – de acordo com sua habilidade e competência. Essas variações podem incluir mudanças na velocidade, na força, no tamanho, no percurso, na forma, na resolução final, entre outras possibilidades. Para alcançá-las se recorre a várias estratégias, aplicando procedimentos diferentes de composição que vão contribuindo para a modificação, a articulação e a complexidade dessas formas básicas compartilhadas.

Embora as sequências de movimentos que são ensinadas nos cursos costumem ser pensadas como uma ferramenta para a aprendizagem técnica, a ordem dos movimentos que se sucedem, as formas de uni-los entre si e o desenvolvimento espacial e temporal que eles envolvem já contêm um sentido poético. Essas dimensões poéticas entram em jogo na criação, na escolha e na ordem dos movimentos por parte dos professores, e no uso que os alunos fazem delas, propondo modelos de valorização e apreciação estética.

Não obstante, nas palavras de uma das entrevistadas, "a técnica é algo que se deve transcender ou que precisa passar para um segundo plano, a fim de abrir espa-

---

6   Anotação de campo, 20 fev. 2014.

ço para a construção de discursos poéticos". Quando definem sua prática circense e, a partir dela, encontram seu lugar no âmbito do circo contemporâneo, os artistas com quem tenho trabalhado se interessam pela transmissão de uma mensagem, pela presença de uma narrativa e/ou pela busca de um fio condutor nas produções artísticas. A técnica deve ser então usada para dar lugar a esse tipo de construção poética, e "não apenas como demonstração de virtuosismo".

O sentido ou o conteúdo dessa construção poética pode ser decidido de antemão e orientar a pesquisa técnica e a busca de formas adequadas para transmiti-lo: trabalhando a partir de um conceito ou "ideia gatilho". Mas também, como vemos na nota de campo a seguir, pode ser algo que surja após uma investigação de movimento, indagando quais conceitos podem se associar aos movimentos e formas que vão aparecendo:

> *Quando chegarem a uma forma que chame a atenção, que os surpreenda, à qual não teriam chegado se tivessem planejado, detenham-se. E percebam um pouco qual é o vínculo que esta forma estabelece, se é um vínculo amoroso, de proteção, de carinho, de pena, de domínio. Porque, para além do que um interpreta ou não, a forma já tem sua interpretação. Tentem encontrar o significado dessa forma*[7].

Essa relação entre técnica e expressão se faz presente nas reflexões dos professores e na forma de conduzir as aulas.

> Lucio: *Sempre se tenta fazer com que a atividade produza alguma coisa, a atividade é uma atividade artística, mas são aulas de técnica. Sempre se deseja que o feito artístico esteja presente, mas se trabalha a partir do corpo. É preciso criar certo grupo ou certo ambiente para que a questão artística comece a aparecer.*
> Mariana: *E como você faz para que a questão artística venha à tona?*
> Lucio: *Incentivo-a um pouco desde o momento em que mostro um exercício. Geralmente algum aluno idealiza um pouco o professor [...] existe aí uma questão, desde o momento em que alguém mostra alguma coisa. E depois vem o incentivo, a partir do que se possa dizer [...]. Existem exercícios que têm nome e outros que, na verdade, não têm [...], bem, "pense, dê o nome que você queira". É um exemplo muito tosco, mas é preciso incentivá-lo a partir de um espaço não formal, e que de algum jeito venha à tona algum pequeno traço de artista. [...]. Também proponho que as preparações físicas, que de vez em quando aparecem, sejam feitas em um espaço que permita o jogo, a brincadeira. [...] Uma parte do ano é dedicada ao treinamento físico, que sempre está presente. Quando chega o final do ano, é preciso encorajar cada um para que comece a buscar seu próprio estilo a partir de todo o material que tem à disposição; é preciso começar a dar a volta por cima, para que não fique sozinho para passar de um exercício a outro*[8].

---

7   Anotação de campo, 16 out. 2016.
8   Entrevista com Lucio Cabadas.

Este trecho da entrevista destaca o papel do professor-artista que orienta um processo que vai da formação corporal à experiência artística. Mas não é um caminho linear, e sim em forma de espiral ou *loop*, que é retroalimentado em seu curso, com base em várias estratégias.

O uso de jogos, o "brincar" como forma de estimular a experiência estética, está presente tanto nos preparativos físicos como em outras instâncias das aulas e, fundamentalmente, durante os processos criativos. Ao mesmo tempo, observamos como são necessários conhecimentos técnicos básicos para tocar, improvisar ou "pesquisar", que também devem ser incorporados ou "feitos carne", como nos diz Lucio.

Por outro lado, a forma como se mostra um exercício pode funcionar como mais uma estratégia para transmitir o sentido artístico da prática acrobática. Assim, quando se mostra um modelo ideal (ou idealizado) de realização do exercício, colocam-se em jogo apreciações estéticas que reaparecem em outras instâncias. As expressões de estilo "lindo", "harmonioso" e "muito bonito" são utilizadas frequentemente por professores e alunos nas aulas e nas improvisações que acontecem nos processos criativos – como se registrou na oficina ministrada por Hochman. Mas o que se considera "lindo", "harmonioso" ou "bonito"?

> Estefi observa uma das garotas fazer a rolada.
> — *Estique o braço* – lhe diz antes que ela se jogue.
> — *O que acontece se meu braço dobrar?*
> — *Neste caso não acontece nada, falo para esticar só por estética, fica mais bonito*[9].

Por um lado, nos deparamos com uma estilização do movimento, uma valorização positiva dos alongamentos feitos com o intuito de projetar o movimento, da "graça e elegância" na execução das formas delicadas. Esses valores se assemelham aos que têm sido analisados por Hirose, no caso do folclore argentino, e por Marschoff, em suas análises das relações entre o flamenco, o tango e a dança clássica. Em ambos os casos, aparece a referência ao modelo corporal da dança clássica e ao seu cânone de beleza como forma de legitimação de formas de movimento "tradicionais" ou "populares". No caso das acrobacias, também nos deparamos com a presença deste cânone que, entre outras questões, indica "esticar o peito do pé", "joelhos esticados" ou "abrir os braços" e "esconder o esforço" após uma "sensação de leveza" ou sorrir, cobrindo com um véu "o sofrimento do processo de tecnicismo a que o corpo é submetido no percurso para o rendimento"[10]. De acordo com Alonso, essa estilização do movimento está ligada à crescente heteronomia na relação entre arte e mercado. Segundo a autora, "essa progressiva estetização se instala facilitando a inserção das criações na dinâmica da comercialização da arte, já que

---

9   Anotação de campo, 26 maio 2014.
10 Alonso, 2015, p. 10.

a faceta formosa, límpida, espetacular do circo o converte em um produto mais procurado e de mais fácil inserção na indústria cultural"[11].

Ao mesmo tempo, também nos encontramos com a valorização de formas corporais e de movimento que sejam "insólitas" e "arriscadas". Essa condição "insólita, incomum, esquisita" se manifesta em movimentos e posições em que as contorções têm um lugar privilegiado. O corpo aparece inadaptado, se metamorfoseia assemelhando-se a "outra coisa", e não a um corpo humano. O risco também desempenha um papel aqui, uma vez que pode parecer que o corpo esteja a ponto de se quebrar, de se cortar ou se romper.

A valorização dessas formas e metamorfoses esquisitas, não humanas, desproporcionais ou disformes, nos remete ao lugar do grotesco[12] no circo. Em meio à estilização e ao grotesco, à esquisitice, à beleza e ao risco, esbarramos com uma certa "ambiguidade dos corpos circenses", como analisou Julieta Infantino:

> Os corpos circenses parecem justapor elementos e representações corporais incompatíveis, mas que em novas formações adquirem uma coerência significativa. Por um lado, o ideal do corpo ligado à beleza, à beleza enquanto concepção clássica de corpos esbeltos, harmônicos, mas que ao mesmo tempo se contorcem enfatizando certa noção grotesca do corpo que pode se deformar; um corpo feminino que, com o auxílio do vestuário e da maquiagem, exacerba um espaço hegemônico de feminilidade ligado às curvas e ao erotismo, mas também valoriza a força e o ganho de massa muscular, sobretudo nos braços e nos ombros, reduto valorizado pela masculinidade, onde é hegemônico; em função do treinamento, um exagero nos torsos masculinos acentuados, que transmitem vigor e força varonil, mas precisam ser flexíveis, alongados, ter graça e ser soltos, atributos ligados à concepção hegemônica do feminino; uma ênfase nos cuidados corporais (boa alimentação, relaxamento, ioga, *reiki*) e um uso "consciente" do corpo ao lado da avaliação das consequências de um treinamento radical: calos, equimoses e lesões produzidas nos corpos[13].

Adrenalina, assombro e prazer

A autossuperação, o fato de se sentir motivado a seguir adiante apesar do temor, o esforço e a dor fazem parte da configuração estético-sensível do circo, uma vez que produzem sensações de satisfação, deleite e prazer: "Antonela nos contou que nas aulas de circo estão fazendo trapézio: Para mim dá muito mais medo que o tecido acrobático. Mas é um medo que eu gosto"[14].

À medida que se avança no domínio prático das acrobacias, o esforço e a dor deixam de ser sensações que trazem desprazer e frustação e passam a fazer parte

---

11　*Ibidem*, p. 12.
12　 Cf. Bakhtin, 1985.
13　Infantino, 2010, pp. 54-5.
14　Anotação de campo, 7 jun. 2015.

da estrutura em que acontece o prazer da experiência estética. Ao mesmo tempo, o medo e a adrenalina continuam a ocupar um lugar de relevância no momento de caracterizar as sensações prazerosas. "A adrenalina de ficar armando e desarmando a estrutura nesta altura me diverte. Mas não sei, é muito estranho, não sei como explicar", nos diz Estefi. Como entender essa relação "estranha" entre sensações que, se supõe, não dão nenhum prazer, como o medo e a dor, e o prazer com o qual se associam essas experiências?

De acordo com Nelson Goodman, na experiência estética as emoções têm uma função cognitiva, e o prazer acontece quando se percebe que essa experiência está em jogo. Além disso, ele considera que as sensações que desagradam também podem ter um valor cognitivo: "Para que uma emoção tenha um efeito cognitivo, não deve ser necessariamente agradável"[15]. Nessa mesma linha, em estudo de 2002 Jean-Marie Schaeffer considera que as emoções atuam sobre a atenção requerida pela cognição. Além disso, diferencia o prazer inerente à experiência estética que se percebe durante essa experiência do prazer que se sente depois, uma vez que ela tenha terminado.

Sob essa perspectiva, à medida que se avança no processo de conhecimento acrobático, esse conhecimento ligado ao domínio do corpo e à possibilidade de desenvolver acrobacias cada vez mais complexas, vão surgindo sensações prazerosas, parcialmente fundadas em sensações que poderiam ser consideradas desagradáveis, como o medo ou a dor ou o esforço excessivo. Assim, mesmo se durante a prática de algum exercício predominem sensações desagradáveis ou desgostosas, que não se assemelham em nada ao prazer, no final a experiência será avaliada como prazerosa.

Por outro lado, as sensações prazerosas que se experimentam na prática acrobática vão além e não se esgotam na experiência da adrenalina, do domínio corporal e da autossuperação.

> Leonardo: *É muito prazeroso, sim, nem dá pra falar. O artista circense sempre tem alguma coisa masoquista. Porque sente muitas dores, mas ele se sente contente. Sim, sim, sinto muito prazer. As quedas, ficar pendurado lá no alto...*
> Mariana: *E o que te dá prazer?*
> Leonardo: *Não sei... Não sei se o prazer está na dificuldade.... Porque, em geral, depois de um tempo não é mais difícil. Bem, retomei no ano passado e não conseguia fazer nada. [...] Mas sim, me dá muito prazer. Por mais que, por um lado, a perna esteja toda amarrada e você diga "puta que pariu, minha perna está doendo", existe aí algo que te dá prazer. Não sei, só o fato de ficar pendurado já é bom, tem a ver com sair do chão. A ideia muito boba de voar um pouquinho, mesmo que seja baixinho, é divertida. [...] Te dá certa adrenalina e isso é bom. Mas às vezes você fica muito baixo e também é prazeroso*[16].

15 Goodman, 2010, p. 226.
16 Entrevista com Leonardo Basanta.

Além da dor, da dificuldade e da adrenalina, como vemos no relato de Leonardo, a sensação de ficar suspenso no ar, dependurado ou como se estivesse "voando" também é uma experiência associada à dimensão prazerosa da acrobacia. No entanto, essa experiência de se contrapor à gravidade tampouco é suficiente para abranger as sensações prazerosas que se produzem na prática acrobática.

> *O trabalho que você faz não é apenas uma questão técnica, certo? [...] quando você começa a entrar de cabeça com essa coisa de sentir, de viver, com o que está fazendo, o corpo todo treme. Superar os pensamentos e escutar o que você sente, mas não com a sua cabeça, e sim com o sangue que irriga o seu corpo, desde o cabelo até as unhas dos pés... Creio que seja aí onde as pessoas se mobilizam e em que alguém se sente realmente livre, naquele instante. Tudo isso, essa experiência é incrível. [...] Quando consigo atingir essa conexão me sinto livre, sinto um bem-estar, uma energia que me emociona, [...] que o corpo fala onde as palavras não conseguem*[17].

Matías nos traz aqui outra dimensão do prazer, que vai além da concretização técnica das figuras acrobáticas: a sensação de liberdade, a emoção e a energia que se percebem corporalmente quando o acrobata se põe em movimento. A possibilidade de entrar em conexão com os sentimentos, com a energia e também com a materialidade do próprio corpo ("o sangue que irriga", "o cabelo", "as pontas dos pés"), e de expressá-los com o corpo em movimento, comove e produz bem-estar.

> *Gisela faz pela primeira vez a queda mariposa. Nós a ajudamos a girar, mas ela faz o resto sozinha. Depois, enquanto observa outra garota fazer o mesmo, afirma:*
> *— No fundo, não temos nem ideia do que fazemos nem de como nosso movimento é visto. Você sente seu corpo ser sacudido, arremessado, mas não sabe onde você está, onde estão suas pernas, se estão abertas ou fechadas. Faz para que o outro veja e curte quando o outro faz. Mas e você? E o prazer?*[18]

> *Às vezes me pergunto "o que estou fazendo aqui?", enquanto faço força. Mas, quando as coisas começam a sair bem, você começa a gostar. Te dói tudo, você não aguenta mais, mas pelo menos diz "Uau, que louco, veja o que eu fiz!"*[19]

Esses dois comentários introduzem aqui uma nova dimensão do prazer: o prazer de observar e de ser observado na realização de figuras acrobáticas. Esse prazer está ligado ao assombro como uma forma de sentir, característica do circo à qual já nos referimos. Nesse jogo duplo de observar e ser observado, articula-se a dimensão dupla do sentir como capacidade de comover e de ficar comovido. Encontramo-nos

---

17   Entrevista com Matías Yaber.
18   Nota de campo, 23 jul. 2015.
19   Conversa com Flor, 8 set. 2015.

então com o prazer de se assustar ao observar a realização de alguma coisa arriscada, ao mesmo tempo que com o prazer de assustar o outro quando somos nós que realizamos a acrobacia.

Consideramos que essas perspectivas diferentes sobre o prazer estejam articuladas na configuração sensível que habilita a prática da acrobacia e que podem ser integradas em torno da noção de "risco". A expressão "estético, mas arriscado", com que demos início a este percurso, dá conta dessa configuração sensível em que se incorporam a dor, o esforço, a adrenalina, a liberdade, o assombro e o prazer.

Controle e descontrole, riscos e medos
Desafio, risco, surpresa, diversão, brincadeira, beleza, liberdade e emoção são alguns dos conceitos que aparecem entrelaçados nas anotações que compartilhei e que se articulam com outros, como medo, força ou treinamento, cuja centralidade na formação de acrobatas já abordamos em trabalhos anteriores[20].

> Gerardo segue falando enquanto fazemos: *Já existe uma consciência estética, para além dos instrumentos de que dispomos para segurar o outro. Existe uma luz própria ligada à força para segurar o outro. Continuem com ela, mas ampliando essa consciência estética. Procurem ver como essa força pode se ampliar e proporcionar outros ângulos. Que forma eu posso criar, o que posso fazer com o que não está comprometido*[21].

A força reaparece agora para ser abordada esteticamente e incluída na composição cênica. Hochman se refere a isso quando fala de uma "consciência estética" da força, que, para além do seu uso instrumental como amparo do próprio corpo ou do corpo de outra pessoa, permite várias possibilidades poéticas.

Em alguns casos, em função da sensação ou do conteúdo que se quer transmitir, procura-se esconder o esforço necessário para desenvolver um determinado movimento: "Fer (a diretora da obra em questão: *Veo-Veo*) queria muito que não se visse que fazíamos tanta força. Queria dar a sensação de certa leveza [...]. Por mais que fizéssemos muita força, o exercício era concebido para movimentos com características diferentes"[22].

Nesse mesmo sentido, outra estratégia possível é selecionar os movimentos a serem feitos em função do nível de esforço que se pretenda mostrar. Em outros casos, se busca uma forma corporal que acompanhe o esforço. As partes do corpo que não se encontram diretamente comprometidas no exercício da força (e aquelas comprometidas diretamente, na medida do possível) podem procurar maneiras diferentes que possibilitem um sentido estético a esse esforço. Pode-se ver isso em um dos trechos da oficina de Gerardo Hochman, quando ele nos sugere "decom-

---

20 Cf. Sáez, 2017.
21 Nota de campo 16 de outubro de 2016.
22 Entrevista com Leo Basanta.

por" a força como forma de acompanhá-la, buscando, nesse caso, produzir formas corporais angulares e expandidas.

A força também pode ser evidenciada e destacada intencionalmente, como quando se incluem "pranchas" ou "verticais com o uso da força", que são figuras que demandam um nível de força e controle corporal muito alto. Nesses casos, o tremor muscular causado pelo esforço elevado pode ser exagerado e exibido em demasia, ou, pelo contrário, pode-se tentar reduzi-lo e dissimulá-lo sem que se produzam tensões em outras partes do corpo além daquelas estreitamente comprometidas com o movimento. Em ambos os casos a força é salientada, mas os efeitos estéticos são diferentes.

Outra maneira de abordar a força no palco é "contrapô-la com um sorriso", tal como se pode ver neste exemplo:

> — *Lembre-se de sorrir* – diz Iki a uma das garotas antes de entrar em cena em uma *varieté – porque senão parece que não está curtindo, e você transmite esse mal-estar para o público. Se você transmitir apenas o esforço, não vai chegar até eles nenhuma sensação de prazer, as pessoas ficam mal, se preocupam com você; além disso, você também precisa usufruir*[23].

Por outro lado, a acrobacia "branda"[24], corrente que se aplica a nossos entrevistados (a maioria deles também afirma que a conheceu com Hochman no CCPAC), se caracteriza pela busca de estratégias alternativas à força como base da realização acrobática. Temos visto a possibilidade de não envolver no esforço as áreas do corpo que não estejam diretamente envolvidas. Também aparece em alguns trechos de minhas anotações de campo a interrupção de acrobacias como uma estratégia para desencadear novas soluções para as figuras.

> *Fizemos um trabalho em que você começa a se mexer e, a cada aplauso que aconteça, interrompe o que está fazendo e muda, provoca uma ruptura, seja lá o que for. [...] E assim vai acontecer que você está na metade de um exercício e precisa mudar... e a parte mais cômoda seria fazê-lo até o fim, e só então alterar. Mas não, é preciso ter o compromisso de mudar, de preparar todo seu corpo para isso. Então acontecem coisas alucinantes. [...] É interessante, mas é necessário que o elemento da surpresa, que o imprevisível esteja presente*[25].

Essas estratégias implicam ter a capacidade de controlar o movimento do corpo, para poder detê-lo e modificá-lo a qualquer momento, permitindo que ele chegue a

---

23   Anotação de campo, 28 out. 2016.
24   A acrobacia "branda" é considerada característica do circo contemporâneo ou "Novo Circo". É o contrário da acrobacia "dura", própria do circo tradicional. A acrobacia "branda" é mais leve e fluida que a tradicional e tem movimentos mais ligados entre si.
25   Entrevista com Matías Yaber.

um desfecho imprevisto, que não seja controlado, nem premeditado ou preparado. Nesse tipo de abordagem das acrobacias, o conceito de "força" é frequentemente articulado com o de "energia". A realização de uma figura acrobática se explica então pela aplicação de uma força inicial, que depois viaja em forma de energia para um desfecho determinado. A partir de estratégias diferentes, essa viagem da energia pelo corpo – e, consequentemente, a viagem do corpo pelo espaço – pode ser modificada para obter desfechos que sejam diferentes do convencional, isto é, daquele esperado para as figuras básicas, a que Hochman se refere quando fala da "acrobacia de manual" que se procura evitar.

No entanto, mesmo nessas abordagens da acrobacia, o corpo deve estar sempre controlado. O corpo é "como a corda que se pendura numa ponta", mas deve estar conscientemente controlado. Como apontava uma professora em suas aulas de acrobacia: "Não se abandona nunca o exercício, senão se pode cair com o peso do corpo. É preciso manter sempre o domínio sobre o corpo. Só posso relaxar quando tocar o solo. No ar, mantenho sempre o controle sobre ele"[26].

Por outro lado, temos observado como o "medo" e a "adrenalina" são sensações relevantes no processo de aprendizagem das disciplinas acrobáticas, que caminham lado a lado com as sensações de poder controlar ou não o movimento que se realiza. A "adrenalina" se converte assim numa sensação que orienta a procura de novas experiências que a intensifiquem, tanto nos processos formativos quanto nos criativos.

Há várias maneiras de se arriscar. O aumento do risco de danos físicos em função da prática de acrobacias que são cada vez mais complexas e perigosas é uma delas. As mudanças de velocidade, por aceleração ou lentidão extrema de algum movimento, também podem ser fatores de risco. Os tipos de alterações no desfecho das figuras acrobáticas que vimos há pouco também podem aumentar o risco. Além disso, o risco pode ser identificado em detalhes que demandam uma grande precisão para não cometer um erro[27].

Além dos vários mecanismos para intensificar a própria sensação de risco, tenta-se conseguir que essa sensação também seja, de um jeito ou de outro, experimentada pelo espectador. Nesse sentido, a percepção do risco vai se associando não apenas à experiência pessoal da "adrenalina", mas também à composição cênica que se oferece para um espectador em potencial. E a procura por intensificar essa experiência também corre em ambos os sentidos. Vimos percebendo como as propostas consideradas arriscadas são valorizadas, ou como se trazem sugestões para obter um efeito visual melhor em outras: como se sugere atrelar dois movimentos descendentes para transformá-los em "uma queda mais arriscada";

---

26 Anotação de campo, 8 abr. 2015.
27 Esse é o tipo de risco que se corre em outras disciplinas circenses, como na manipulação de objetos, em que o risco não é uma questão de "vida ou morte", mas sim de "não errar" ao fazer um truque que surpreende pela dificuldade que se enfrenta e se supera com uma execução habilidosa.

ou conferir mais velocidade para uma descida "para que pareça que você está caindo lá do alto"; ou soltar a mão, pois, "seja como for, a mão não está cumprindo a função de segurar ou de prender alguma coisa, mas, para quem vê de fora, sem a mão, parece mais arriscado".

Ainda que, em geral, ambos os aspectos – a percepção de risco por parte de quem pratica e de quem assiste – costumem caminhar juntos, ter a percepção de que uma figura acrobática é arriscada é tão (ou mais) importante do que sentir que ela produz adrenalina.

O conceito de risco refere-se aqui primeiramente ao risco "real" ou físico diante dos possíveis acidentes a que se expõem as pessoas que praticam acrobacia. E o medo é outro fator chave, estreitamente ligado ao risco: enfrentar o medo, e depois superá-lo, e então propor um novo risco a ser desafiado. Não apenas o medo de cair e se machucar, mas também o risco de que alguma coisa não possa sair direito (mesmo que não resulte em lesões ou em pôr a vida em risco), alguma coisa que deve ser extremamente precisa e possa não dar certo, algo que envolva destreza, controle, precisão, força. O risco é então um constante desafio a superar. Por sua vez, costuma-se tentar levar o público a também se dar conta desses riscos, desenvolvendo estratégias para maximizar sua apreciação, uma vez que o risco e o susto são um canal de comunicação com os espectadores.

No entanto, para além do fato de que o risco "real" esteja presente, o que se trabalha durante o processo formativo é justamente a criação de um corpo treinado que se torne um corpo seguro, ou seja, um corpo a partir do qual o acrobata pode se arriscar sem (tanto) risco. Tal como argumenta Pereira, a eficiência na realização das figuras acrobáticas nunca é 100%, por isso sempre existe uma margem para a desconfiança e para o medo de errar. O objetivo do treinamento é reduzir essa margem, embora nunca se consiga eliminá-la completamente. Por outro lado, essa margem é o espaço de construção do risco enquanto estética. O risco é então uma forma de sensibilidade, um instrumento para buscar sensações extremas que sejam prazerosas. Torna-se uma maneira de se conectar com os próprios sentimentos e com a percepção do corpo e, a partir daí, também se constitui um modo de se expressar. Assim, a destreza, a proeza e o virtuosismo se incorporam às buscas expressivas, abrindo espaço para o surgimento de uma estética do risco.

Sensibilidade, estética e risco
A partir dessas descrições etnográficas dos processos em que se articulam a formação e a criação, podemos observar as relações entre experiências corporais e experiências estéticas.

De acordo com Desjarlais, "a estética feita corpo é uma questão de tato, de percepção, de sensibilidade". Por sua vez, segundo ele, a sensibilidade se refere a

> estados de ânimo ou disposição duradouros e moldados que regem os funcionamentos de um corpo. Uma sensibilidade é fruto das preocupações específicas (e

com frequência mutantes) que marcam o mundo de uma pessoa. Indica um jeito de ser particular e, portanto, norteia como uma pessoa se sente e como participa e se compromete com este mundo. Esse compromisso se enraíza dentro de um corpo[28].

Esse modo de compreender a relação entre corporalidade e experiência estética nos consentiu observar as configurações de sensibilidade presentes nos processos de formação e criação no âmbito das acrobacias circenses. Além disso, permitiu que atentássemos para a continuidade entre ambos os processos, observando os *leitmotivs* – vinculados, entre outros, à força, ao risco, ao desafio, ao controle do corpo, ao jogo, ao assombro, à beleza – e as articulações entre os modos de conceber, utilizar e experimentar o corpo, as sensações prazerosas e desagradáveis associadas e as formas de afetividade presentes. Desse modo, observamos como, durante a formação, vão se produzindo mudanças na corporalidade, na sensibilidade e na abordagem da prática artística.

A partir de um estudo comparativo entre o balé, o *contact improvisation* e as danças de Gana, Cynthia Cohen Bull argumenta que as características particulares de cada forma de dança, assim como seus modos de transmissão e execução, fomentam "prioridades de sensação" que afetam sutilmente a natureza da percepção em si mesma, e lança a hipótese de que "a dança 'apura sutilmente' sensibilidades culturalmente variáveis"[29]. Retomando essa proposta, podemos observar que, no caso das acrobacias, se prioriza a sensação de risco e se apura a sua percepção, de forma que possam ser criadas "situações de risco" não apenas aumentando a ameaça de sofrer lesões ou acidentes, mas também ampliando a complexidade e a intensidade da sua percepção em várias circunstâncias.

Se entendermos a estética como uma forma de conhecimento sensível, e a experiência estética como a configuração particular que adquire esse conhecimento sensível, podemos afirmar que as experiências corporais que descrevemos, na qualidade de formadoras e adestradoras de sensibilidades, também são experiências estéticas. Ao observarmos o corpo, colocamos em jogo uma forma estética de atenção, e os diferentes modos de prestar atenção no corpo produzem configurações singulares da sensibilidade.

Por sua vez, esses elementos dão lugar a uma forma particular de emoção, a uma modalidade de afeto própria do circo, que poderia ser identificada com o conceito de assombro. Nesse sentido, observamos que a percepção do risco se associa não apenas com a experiência pessoal da "adrenalina", mas também com a composição cênica que se oferece para um espectador em potencial, e que a busca por intensificar essa experiência acontece em ambos os sentidos.

O risco é, portanto, uma forma de sensibilidade, um instrumento para buscar sensações extremas que resultem prazerosas. Torna-se uma ferramenta para se

---

28   Desjarlais, 1992, p. 22.
29   Reed, 2012, p. 95.

conectar com os próprios sentimentos e com a percepção do corpo e, a partir daí, também se constitui uma forma de expressão. O assombro, uma sensação característica do circo, está ligado à experiência do risco, e o treinamento, como garantia de um corpo "seguro", é condição para a possibilidade dessa forma de expressão, dessa "estética do risco".

Referências

ALONSO SOSA, Virginia. "El arte, *lo político* y *la política*: reflexiones a partir del circo". Em: XI Congreso Argentino y VI Latinoamericano de Educación Física y Ciencias. 2015. Disponível em: <http://hdl.handle.net/10915/55834>. Acesso em: dez. 2020.

____. *Circo en Montevideo: el arte y los artistas circenses en la contemporaneidad.* Montevideo: Ediciones Universitarias/Unidad de Comunicación de la Universidad de la República, 2018.

BAKHTIN, Mikhail. *La cultura popular en la Edad Media y en el Renacimiento: el contexto de François Rabelais.* Madrid: Alianza, 1985.

COHEN BULL, Cynthia. "Sense, Meaning, and Perception in Three Dance Cultures". Em: DESMOND, Jane (org.). *Meaning in Motion: New Cultural Studies of Dance.* Durham: Duke University Press, 1997.

DESJARLAIS, Robert. *Body and Emotion: The Aesthetics of Illness and Healing in the Nepal Himalaya.* Philadelphia: University of Pennsylvania Press, 1992.

FOUCAULT, Michel. *Tecnologías del yo.* Barcelona: Paidós, 1990.

____. *Hermenéutica del sujeto.* Buenos Aires: Altamira, 1996.

GOODMAN, Nelson. *Los lenguajes del arte: una aproximación a la teoría de los símbolos.* Barcelona: Paidós, 2010.

HIROSE, María Belén. "Los certámenes de danza folklórica: las formas estilizadas como estrategias de ritualización". *Cuadernos de la Facultad de Humanidades y Ciencias Sociales.* Jujuy: 2009, n. 36, pp. 55-65.

INFANTINO, Julieta. "Prácticas, representaciones y discursos de corporalidad: la ambigüedad en los cuerpos circenses". *RUNA, archivo para las ciencias del hombre.* Buenos Aires: 2010, v. 31, n. 1, pp. 49-65.

LATOUR, Bruno. "How to Talk About the Body? The Normative Dimension of Science Studies". *Body & Society*, 2004, v. 10, n. 2-3, pp. 205-29.

MAHMOOD, Saba. "Teoria feminista, agência e sujeito liberatório: algumas reflexões sobre o revivalismo islâmico no Egipto". *Etnográfica*, 2006, v. 10.

MARSCHOFF, María. "Los discursos de la enseñanza de las prácticas corporales: danza". *Actas del Encuentro Latinoamericano de Investigadores Sobre Cuerpos y Corporalidades en las Culturas.* Bogotá: Investigaciones en Artes Escénicas y Performáticas, 2012.

____. "Lo culto, lo popular, lo masivo en la danza". *Actas del III Encuentro Platense de Investigadores Sobre Cuerpo en Artes Escénicas y Performáticas.* La Plata: Investigaciones en Artes Escénicas y Performáticas/Grupo de Estudio Sobre Cuerpo, Universidad Nacional de La Plata, 2013.

MERLOS, Lucía Belén; SÁEZ, Mariana Lucía. "Arte y ciudad: experiencias de danza en el espacio urbano". *ERAS – European Review of Artistic Studies*, 2016, v. 7, n. 3, pp. 65-93.

PEREIRA, Celine. *La Figure des corps performants au cirque contemporain*. 104f. Dissertação (Mestrado em Comunicação) – Université de Montréal. Montréal: 2009.

REED, Susan. "La política y la poética de la danza". Em: CITRO, Silvia; ASCHIERI, Patricia. (orgs.). *Cuerpos en movimiento: antropología de y desde las danzas*. Buenos Aires: Biblos, 2012.

ROSENGURT, Chantal. "Experiencia estética, conocimiento, emociones, y shoá. De Nelson Goodman a JeanMarie Schaeffer". Em: SÁNCHEZ GARCÍA, Victoria; LÓPEZ, Federico; BUSDYGAN, Daniel. (orgs.). *Conocimiento, arte y valoración: perspectivas filosóficas actuales*. Bernal: Universidad Nacional de Quilmes, 2016.

SÁEZ, Mariana Lucía. "Entre el disciplinamiento y la libertad. Las prácticas corporales artísticas y la paradoja de la subjetivación". Em: 9° Congreso Argentino de Educación Física y Ciencias 13 al 17 de junio de 2011 La Plata, Argentina. Universidad Nacional de La Plata.

____. "El cuerpo como punto de partida: etnografía y extrañamiento corporal entre la danza y el circo". Em: ARIAS, Ana Carolina; LOPEZ, Matías David (orgs.). *Indisciplinas: reflexiones sobre prácticas metodológicas en ciencias sociales*. La Plata: Club Hem Editores/ Instituto de Investigaciones en Comunicación (IICOM-UNLP), 2016.

____. *Presencias, riesgos e intensidades: un abordaje socio-antropológico sobre y desde el cuerpo en los procesos de formación de acróbatas y bailarines/as de danza contemporánea en la ciudad de La Plata*. 340f. Tese (Doutorado em Antropologia) – Universidad de Buenos Aires. Buenos Aires: 2017.

SCHAEFFER, Jean-Marie. *¿Por qué la ficción?*. Madrid: Lengua de Trapo, 2002.

WACQUANT, Loïc. *Entre las cuerdas: cuadernos de um aprendiz de boxeador*. Buenos Aires: Siglo XXI, 2006.

Arte, corpo e técnica: fragmentos de uma etnografia do circo em Montevidéu, Uruguai

Virginia Alonso Sosa

Este artigo apresenta um trecho da minha dissertação de mestrado, na qual investigo as particularidades do novo circo em Montevidéu desde o começo dos anos 2000[1]. Esse setor, que parecia ter desaparecido da cidade, voltou a recuperar visibilidade com os novos artistas que conferiram um novo significado à prática, utilizando elementos tradicionais e novos, em que as influências estrangeiras são evidentes. Neste texto, proponho adentrar no tema da técnica e das técnicas, estas últimas como formas particulares que cada cultura pratica, portanto, históricas, variáveis, no sentido que Lévi-Strauss dá à obra de Marcel Mauss. Podemos reconhecer na técnica corporal um elemento tradicional do circo que identifica essa arte apesar das transformações históricas. Embora as rupturas estabelecidas pela arte contemporânea alterem as encenações, uma vez que muda a forma de avaliar o domínio técnico, essa avaliação continua a ocupar um espaço central na disciplina. Na aprendizagem técnica, tudo o que se refere ao corpo se situa na ambivalência entre a libertação e o domínio. Os relatos dos artistas nos colocam frente a frente com a técnica enquanto ferramenta que permite investir (com atenção) no capital representado pelo corpo, com a relação que a caracteriza por ser, ao mesmo tempo, um instrumento e um objetivo, ou com seu caráter tanto instrumental como libertador.

---

1   Cf. Sosa, 2018.

Espetáculo **Se funde** (Derrete-se). Direção: Virginia Alonso. Artistas: Leticia Corvo e Lucía Mato. Festival Internacional de Circo do Uruguai, 2018. Foto: Gabriel Rousserie.

A centralidade da técnica corporal nas disciplinas circenses

> *Toda técnica e procedimento aprendido e transmitido por tradição existe em função de certas sinergias nervosas e musculares em que cada uma delas constitui um verdadeiro sistema. Este, por sua vez, está ligado a um determinado contexto sociológico. Essa verdade se aplica não apenas às técnicas mais humildes [...], mas também aos grandes sistemas, ao mesmo tempo físicos e sociais, em que consistem os diferentes tipos de ginástica [...] e inclusive os exercícios de circo, que constituem um velho patrimônio de nossa cultura, cuja conservação nós abandonamos ao acaso das vocações individuais e das tradições familiares.*
> LÉVI-STRAUSS

Podemos reconhecer na técnica corporal o elemento mais tradicional do circo. A técnica corporal identifica essa arte – apesar das transformações econômicas, sociais, culturais e políticas, das diferentes montagens ou das maneiras de mostrar e relacionar a arte do circo com o texto de uma obra. A despeito de todas as rupturas que a arte propõe introduzir na contemporaneidade, há um rompimento com a técnica que é impossível para o circo pôr em prática sem desarticular sua própria condição. Dificilmente diremos que alguém é malabarista se não manipula vários objetos, ou acrobata se não faz exercícios de inversão, saltos e movimentos de rotação com seu corpo.

Talvez seja pertinente introduzir aqui uma distinção entre *técnica* e *técnicas*. Refiro-me à técnica ou ao técnico como a capacidade de intervenção do homem, poderíamos dizer, de caráter estrutural. Por sua vez, defino as técnicas como formas particulares que cada cultura pratica, portanto, históricas, variáveis, no sentido que nos oferece Lévi-Strauss. Da mesma forma que outras práticas corporais, o mundo do circo está cheio de técnicas que lhe conferem especificidades. Técnicas complexas, que frequentemente estão no limite do possível, desafiando as leis da gravidade em busca de perfeição, destreza e virtuosismo.

Até o século XIX, a técnica não era alvo de estudo por ser considerada um tema de pouco interesse teórico. No entanto, vários autores do século XX[2] dedicaram-se a esse fenômeno a partir da importância que adquiriu na civilização ocidental nos últimos dois séculos. A onipresença da técnica e da tecnologia é uma particularidade da nossa época, pois, embora a capacidade de transformar a natureza constitua o humano (o humano existe porque existe o domínio sobre a natureza), a maneira como se deu essa intervenção é de caráter histórico, cultural. Podemos afirmar que a técnica varia de acordo com os períodos da história, mas talvez seja mais correto apontar que a técnica forja seu tempo, cria a sua época.

Falar de técnica especificamente em relação à arte nos leva a autores como Adorno, Benjamin, Marcuse ou Heidegger, os primeiros a analisar – com suas particularidades – o fenômeno técnico e tecnológico na arte, a partir dos acelerados

---

2   Muitos deles (alguns da escola de Frankfurt) foram motivados pelos horrores que viveram no século XX, ligados aos avanços tecnológicos em contextos de guerra.

avanços científicos dos últimos séculos nas sociedades ocidentais capitalistas. O caráter tecnológico do mundo ocidental penetra em todas as esferas da vida e se acelerou exponencialmente a partir da segunda metade do século XX, permitindo que os setores científico, cultural, esportivo ou artístico se desenvolvessem junto ao campo tecnológico, de tal maneira que se associaram e passaram a se alimentar mutuamente. Na nossa época a experiência já não determina a técnica, mas é a técnica que determina a experiência. Nos pontos mais rigorosos da reflexão a respeito do perigo que o domínio técnico sobre o homem acarreta, tanto em Benjamin[3] como em Heidegger[4] existe um espaço que se abre para a arte, uma fissura onde ocorre uma ruptura na forma de estar no mundo baseada na técnica, uma ideia de controle sobre o domínio técnico da natureza cuja aprendizagem é atribuída em parte à arte. "Como a essência da técnica não é nada técnica, as reflexões fundamentais sobre a técnica, seguidas da confrontação decisiva com ela devem acontecer em uma região que, por um lado, esteja ligada à essência da técnica e, por outro, que seja fundamentalmente diferente dela – apesar dessa ligação. Essa região é a arte"[5].

A relação entre corpo e técnica na contemporaneidade está marcada por uma paulatina tecnicidade do corporal, o que dá origem a uma nova organização da subjetividade. Os corpos do circo são permeados por uma especialização técnica especificamente codificada, que nada mais é do que uma forma radical de intervenção na relação entre a natureza e a humanidade[6]. Para entrar na especificidade do técnico em relação à destreza corporal, é inevitável fazer referência a Marcel Mauss[7], que inaugura um novo campo de pesquisa ao analisar as técnicas corporais de uma cultura em particular como objeto de estudo antropológico. Segundo ele, tais técnicas são "a maneira como os homens, em cada sociedade, fazem uso de seu corpo de uma forma tradicional"[8]. E acrescenta: "Denomino técnica o ato eficaz tradicional"[9].

Começo de um conceito básico: a dimensão da técnica é inseparável da manifestação artística. Para além de expressões em particular, a arte implica saber fazer, dizer e mostrar. A partir da função simbólica do homem que ordena elementos e cria estruturas, esse saber transforma algo que não existia e lhe dá vida. Castoriadis afirma que "a questão da grande arte implicaria então dizer que é a revelação do caos mediante um 'plasmar' e ao mesmo tempo a criação de um cosmos mediante esse plasmar"[10]. Diante dessa criação – material e simbólica – do artista, existe uma intermediação de ordem técnica, que tanto pode se expressar com o domínio da

---

3 Cf. Benjamin, 1987.
4 Cf. Heidegger, 1994.
5 *Ibidem*, p. 20.
6 Cf. Galimberti, 2003; Heidegger, 1994; Ortega y Gasset, 1983.
7 Cf. Mauss, 1979.
8 *Ibidem*, p. 337.
9 *Ibidem*, p. 342.
10 Castoriadis, 2008, p. 110.

técnica de explorar o corpo ou com o uso de objetos. Na prática artística, técnica e expressão são aspectos indissociáveis. Necessitam-se mutuamente. Considerando as reflexões de Alexandre Vaz, a relação tensa entre ambas é o que possibilita a obra de arte, por meio da destruição do material (dar forma à natureza): só com a mimese, temos a espontaneidade pura, como nas brincadeiras infantis; só com a técnica, temos tecnicismo puro.

Longe de cair no essencialismo da arte, proponho-me a entrar na dinâmica dos artistas para tentar compreender como, com base nas suas práticas, se avalia essa possibilidade de ruptura e que lugar ocupa em um processo criativo.

O corpo do circo: a ambivalência entre a libertação e a natureza dominada
O circo representa a exibição do corpo humano em seus limites, e "a perturbação que esse corpo provoca não se limita ao fato de representar o mundo ao contrário, mas sim de fazê-lo sem deixar de ser o nosso próprio corpo"[11]. Para as sociedades burguesas e conservadoras da Europa do século XVIII que o viram surgir como espetáculo moderno[12], a técnica corporal se voltava para a utilidade. Assim, o uso do espartilho nas classes abastadas convivia com o lazer que tinham nos circos e peças de variedades. Esses espetáculos cativavam a população, uma vez que lhe apresentavam um mundo fantástico, distante, impossível, onde os corpos livres de preconceito da festa circense, próximos do prazer desinteressado da sexualidade, refletiam o que restava de um universo grotesco medieval. Esses corpos anormais, transviados, exóticos, sublimes ou grotescos estiveram muito próximos da formação do circo como espetáculo desde o final do século XVIII, delineando a reação às práticas de homogeneidade impostas pela crescente classe burguesa da época. No entanto, ao mesmo tempo que esses corpos representam o refúgio da liberdade perdida e a ruptura das leis e convenções sociais, a espetacularização desse fenômeno fará com que se estabeleça uma certa ambiguidade. Podemos afirmar que o circo se desenvolve como símbolo do espetáculo moderno por excelência ao basear sua existência na relação de dominação do homem sobre a natureza: não representa a superação dos próprios limites corporais nas destrezas alcançadas, mas também o controle sobre o mundo natural através do adestramento de animais. A exibição de animais exóticos capturados em países distantes marcará toda uma época de auge de grandes empresas que revelam um tom colonialista nessas manifestações de domesticação do selvagem. O domínio e a liberdade do corpo se apresentam como processos complexos e ligados entre si. Ao mesmo tempo que aprender uma técnica é entrar em um universo de códigos que permeiam e formam o corpo, essa aprendizagem é avaliada pelos artistas com base em seu potencial de abertura do corpo para o novo. O recurso da repetição, do mesmo, também é conferido pelo controle técnico do corpo, e não por um regresso ao "natural" ou espontâneo, numa

11   Soares, 2000, p. 2.
12   Para conhecer mais sobre a história do circo, recomendo a leitura de Bolognesi, 2002 e 2003.

fase pré-técnica, anterior à aprendizagem da gesticulação codificada, se por um instante assumirmos que isso é possível.

Segue abaixo um trecho da entrevista que fiz com o artista circense Luis Musetti, em outubro de 2012:

> Luis: *A técnica significa poder usufruir. E poder começar a levar a atenção para outro lado que não seja apenas a destreza.*
>
> Virginia: *Você precisa esquecer a técnica? Quando você a domina, é possível esquecê-la?*
>
> Luis: *Claro. Posso esquecê-la ou automatizá-la. Essa coisa de não estar... na realidade, de ter um conhecimento cabal do movimento que você está executando. Para mim existe uma distância gigante, e isso é algo que descobri não faz muito tempo, uma distância entre repetir uma coisa, copiar e aprender.*
>
> Virginia: *Como seria essa diferença?*
>
> Luis: *Bem, geralmente só depois de repetir alguma coisa muitas vezes, de internalizar e após essa possibilidade se tornar uma entre várias e não a única, de realmente aprender com o que você está fazendo. O circo tradicional bate de frente com isso. O circo tradicional te diz: o número do trapézio é assim, você sobe e faz como te disseram. Cada família tem a sua codificação, e a técnica é transmitida dessa forma. É assim. E como acho que é assim, a verdadeira técnica é poder desenvolver suas próprias partituras de movimentos e saber que, além dessa variação que você está fazendo, existem muitas variações da mesma coisa. Entre elas, você escolheu uma. Mas, quando comecei os exercícios aéreos, eu conhecia muito pouco, porque você está preso a uma coisa repetitiva, a única coisa que você sabe é como estar bloqueado. Na medida em que você pode procurar e explorar várias possibilidades, embora não faça algo mais complexo, o que fizer será mais relaxado e de forma muito mais plena.*

O treinamento ou a administração rigorosa de um capital corporal: a técnica como cuidado do corpo, saúde e segurança

Há uma satisfação difícil de descrever na sensação de ir entrando no universo e na linguagem das técnicas circenses. Tudo aquilo que parece impossível de realizar (controlar seis claves no ar, se dependurar a sete metros de altura de ponta cabeça, pendurado pelos pés) deixa de ser estranho, distante, sempre que o corpo se dispõe a se submeter a um treinamento que requer principalmente assiduidade e disciplina. Tudo é questão de aprendizagem: a distância entre ficar de pé com o apoio dos pés e ficar de pé com o apoio das mãos não é determinada por uma atitude natural (embora seja condicionada), mas sim por um desejo que traz uma dedicação constante para ampliar as possibilidades desse corpo. A aprendizagem técnica e o treinamento, enquanto práticas de incorporação, são formas de diminuir a distância entre o impossível e a conquista de uma destreza. Pode haver melhores ou piores acrobatas ou malabaristas, e isso depende de muitos fatores e circunstâncias, como as possibilidades de formação, os recursos técnicos, a idade em que se começa a prática, o ambiente cultural, os projetos de profissionalização, o tempo para se dedicar ao aperfeiçoamento, entre outros. Quando os artistas contam como se preparam para as exigências da performance circense, aparecem referências ao trabalho e à dedicação na preparação do corpo e a um tempo específico necessário para o treinamento voltado à maximização das capacidades físicas, como o fortalecimento e a flexibilização dos músculos. Esse tempo, especialmente nas disciplinas acrobáticas, é avaliado como diferente daquele dedicado à aprendizagem das técnicas e das destrezas. É um tempo em que o corpo deve se preparar para responder a uma nova demanda. Um dos entrevistados se refere a esse tópico em particular: "Na acrobacia tinha um nível em que nós não estávamos, porque foi preciso alongar, fortalecer, porque o corpo, tal como então o tínhamos, não nos respondia para o que queríamos fazer. Esse foi o primeiro grande clique: para isso é necessário ter mais tempo para se preparar"[13].

Juntam-se aqui dois processos paralelos: a preparação física, que consiste no desenvolvimento da força, da resistência e da flexibilidade, com a preparação técnica específica dos gestos ou destrezas de cada disciplina (um saber a ser aprendido). O campo é tão amplo que esse ponto específico pode ser a posição da mão ao segurar uma ferramenta de malabar, o desequilíbrio do quadril em uma posição invertida no tecido acrobático ou no trapézio, ou nas estratégias de comunicação com o público desenvolvidas pelos *clowns*.

Nesse e em outros relatos, não se deixa de notar uma tendência à coisificação do corpo, a posicioná-lo no lugar de alguma coisa de que o sujeito dispõe, assim como dispõe de qualquer objeto. Essa coisificação está alinhada à assimilação do corpo à dimensão anatômico-fisiológica. Nesse sentido, o que se treina é o organismo e a vontade para aguentar esse treinamento. Para os entrevistados, a importância da preparação de um corpo que possa ficar apto à prática da acrobacia baseia-se fundamentalmente em duas premissas. A primeira, ligada à saúde e à segurança, minimiza os riscos de lesões que essa prática exigente implica:

> [...] e no que diz respeito à saúde é a possibilidade de continuar fazendo a prática. Há a questão da coluna e dos ligamentos, se não tivéssemos começado a nos conscientizar em relação à preparação física, e estou me referindo a dois ou três anos atrás, ou seja, eu já não poderia continuar, já teria quebrado alguma coisa, sofrido uma lesão e... a ficha caiu bastante tarde para mim, porque eu tinha informações fragmentadas. Por aplicar uma lógica teatral a uma lógica circense, por ter, de um lado, a formação e, de outro, a ignorância. Porém, fica claro que a formação e a ignorância estão presentes e se misturam

13   Entrevista com Luis Musetti, out. 2012.

em cena, e de repente nos damos conta de que existem muitos elementos básicos do circo que aprendemos muito recentemente[14].

Também se pode ler essa preocupação como um investimento em um capital representado pelo corpo, como faz Wacquant quando, a partir do conceito de Bourdieu, analisa a gestão rigorosa do corpo (as técnicas para manter e multiplicar o capital corporal), no cuidado meticuloso dos membros[15].

A segunda premissa se baseia no fato de que a técnica é uma necessidade, uma aprendizagem que se deve dominar, automatizar e depois esquecer a fim de dirigir a "atenção" e a "energia" para outro lugar, outra finalidade. Esse esquecimento se associa com certa transcendência e liberdade, em que parte da energia aplicada no palco passa a ser direcionada a questões relevantes, como a comunicação com o espectador e a percepção do próprio corpo, que sente e tenta fazer com que o outro sinta.

> [...] para mim a técnica corporal é importantíssima. Mesmo que depois você se esqueça dela e tente seguir por outro caminho. Mas ter uma boa técnica te ajuda depois em muitas coisas, inclusive a se expressar. E ainda ter muitas estruturas corporais que te auxiliam a depois fazer a prática sem estrutura. Ter o controle sobre várias técnicas e depois mesclá-las...[16]

Entende-se que, por se tratar de uma arte cênica, ocorre uma dupla aprendizagem, ou duas técnicas: a do corpo preparado, apto a fazer a prática, e a do corpo capaz de se comunicar e se relacionar com o público. Essa segunda técnica – numa disciplina em que o humor, a brincadeira e o lúdico estão entrelaçados com a técnica – se aprende no palco, como nos conta Nicolás Martínez em entrevista concedida a esta autora em setembro de 2013.

> Aprendo muito durante os espetáculos; aprendo tentando manter a tensão do público para que preste atenção. Já a outra técnica, aprendo aqui no fundo da minha casa treinando, treinando, treinando. Antes eu trabalhava menos e treinava mais. Agora trabalho mais e treino menos, e trabalho muito o contato com o público. Antes treinava cinco horas por dia, agora não, quando muito treino cinco horas por semana.

Esse segundo princípio que o domínio técnico parece exercer nos artistas – assumi-lo como uma necessidade para se conseguir outra coisa – leva-nos a um tema essencial: a questão dos meios e dos fins.

---

14 Entrevista com Luis Musetti, out. 2012.
15 Cf. Wacquant, 2006.
16 Entrevista com Lichi Sánchez, set. 2011.

A questão dos meios e dos fins: quando o assombro da técnica não é suficiente
Entrevistado por mim em outubro de 2011, Gabriel Rousserie declarou:

> *É muito importante, mas só com a técnica não é suficiente. Acontece na fotografia e no circo. Quanto mais você dominar o aspecto técnico, mais terá um domínio melhor da parte expressiva e criativa. O que a técnica faz é proporcionar ferramentas para que essa outra face da moeda se desenvolva. Na fotografia a técnica é saber usar a câmera. Em seguida, entra em jogo o limite entre a técnica e as decisões e recursos estéticos. Trabalhar com a luz, o enquadramento, a composição em níveis mais refinados. Acontece com a fotografia, com o circo, com tudo o que é visual e que transmite algo, mesmo que você não tome uma decisão. Minha foto tem uma luz; se eu não resolvo como quero que essa luz exerça uma influência, não importa, essa luz estará lá da mesma forma e dirá alguma coisa. Para mim, quando estou em cima do trapézio, a ponta dos pés não me importa, mas seja como for, ela está lá. O fato de você omitir não significa que aquele que está vendo não o sinta. Por isso a técnica é muito importante e é preciso dominá-la. Exige muito tempo de estudo, de conhecimento, e ao mesmo tempo só com a técnica você não faz nada. Posso saber usar a câmera perfeitamente e não fazer nada com isso, e ser um fotógrafo de coluna social.*

A técnica é avaliada em sua positividade, em sua produção, em seu potencial de segurança e cuidado com o corpo, mas ao mesmo tempo é entendida como insuficiente para responder às expectativas de uma arte em que o fator expressivo e comunicativo deve se destacar. Essa questão gera certas disputas entre os artistas que realizam avaliações e hierarquizações das obras – quer atribuam à linguagem técnica a função de um meio, ou um instrumento para conseguir algo, quer lhe atribuam a função de um fim em si mesmo. Essas duas dimensões se associam e se traduzem em questões centrais da dinâmica do circo relativas à sua história (circo tradicional/novo circo), à sua delimitação como campo artístico (arte/esporte) e ao sentido conferido às montagens (perfeição técnica/linguagem expressiva). Embora de formas diferentes, esses eixos não deixam de remeter à questão de meios e fins.

Tratarei brevemente desses três pontos mencionados que remetem à questão dos meios e dos fins de formas diferentes, mas ligadas entre si.

A destreza para o circo tradicional e para o novo circo
Uma das maiores distâncias entre estas duas expressões – circo tradicional e novo circo, também chamado circo contemporâneo – é definida pelos envolvidos justamente pela avaliação e centralidade do aspecto técnico. A tradição circense é marcada pela realização de espetáculos formados por vários números sem que entre eles haja uma conexão de narrativa. O que se destaca é o treinamento corporal a serviço da máxima destreza e perigo, numa busca incansável para encontrar figuras ou habilidades cada vez mais difíceis. As montagens consideradas contemporâneas começam a se consolidar a partir da década de 1980 na Europa e na América do

Espetáculo **Se funde** (Derrete-se). Direção: Virginia Alonso. Artistas: Leticia Corvo e Lucía Mato. Festival Internacional de Circo do Uruguai, 2018. Foto: Gabriel Rousserie.

Norte, rompendo com a tradicional apresentação de números virtuosos introduzidos pelo mestre de pista. Elas se preocupam em buscar uma intertextualidade que transcenda a implantação da técnica corporal como única finalidade da exibição. A distância entre o tradicional e o contemporâneo é disseminada. De todos os modos, podemos encontrar critérios estilísticos e estéticos diferenciados, ainda que seja preciso reconhecer a diversidade de expressões no âmbito de ambos os estilos. Montevidéu apresenta uma particularidade nesse sentido: a ruptura com o circo tradicional é abrupta, não existe herança para as novas gerações, não há transmissão dessa formação tradicional, o que não significa que não haja artistas com um estilo tradicional ou que esse estilo não seja uma referência estética para muitos. Ao mesmo tempo, essa busca de "algo mais", de superar os estilos tradicionais ou a exibição de virtuosismo técnico tem outra faceta, menos ligada a questões teleológicas do que a conjunturas históricas:

> *O jeito de poder me realizar como criador sendo artista de circo no Uruguai era realçar a parte da linguagem teatral em conjunto com o circo. Existem companhias circenses que podem fazer uma seleção entre setecentos acrobatas e com isso mantêm um nível de espetáculo superior [...] a oferta de artistas que temos no Uruguai nunca vai chegar a isso, é preciso ter uma alternativa. Para ter um espetáculo que possa competir internacionalmente, é necessário ter outro tipo de amparo que não seja apenas a técnica. Então comecei a priorizar o conteúdo, o conceito, o global, para além da técnica de circo que é o que as pessoas também gostam, mas... procurar uma identidade que nos permita conseguir fazer coisas que realmente possam ser usufruídas e não querer copiar outros modelos*[17].

Esse contexto adverso para a realização de espetáculos de "nível superior" em relação à técnica – se comparado com as referências internacionais – obriga os criadores locais a buscar uma linguagem diferente, a "desenvolver um estilo", "a priorizar o conteúdo para além da técnica de circo". Assim se manifesta uma estratégia para fazer espetáculos de qualidade, apesar das adversidades que o contexto apresenta no que se refere ao desenvolvimento técnico dos acrobatas. Ou, como expõe a entrevistada Irene Carrier:

> Irene: *O circo tradicional é isso, entrar com uma música, fazer alguma coisa, aplausos, e você sai. Aqui falta muito disso, seria bom que houvesse. Mas alguém, com a técnica que tem, pode dizer: "Melhor fazer alguma coisa mais light".*

> Virginia: *O novo circo é uma necessidade, um plano B? Não sou boa do ponto de vista técnico...*

---

17   Entrevista com Iván Corral, maio 2013.

Irene: *Tenho 25 anos! Falta muita coisa aqui embora esteja tudo no auge. [...] Agora é a época de... já existe tudo, você pode ver que os chineses fazem tudo o que você faz e em número muito maior, e toda a vida que te resta não é suficiente para chegar aonde eles chegaram, começaram com cinco meses para alcançar esse nível, então para que se preocupar com isso?*

Arte e esporte: limites confusos, destrezas compartilhadas
Não faz parte do propósito deste trabalho tentar delimitar esses campos e estabelecer as características que os compõem, sobretudo depois dos esforços das vanguardas artísticas do século XX para dissolver as fronteiras que separavam o que é ou não é arte. De acordo com essa linha de raciocínio, qualquer coisa pode ser arte (ou esporte) segundo um contexto de legitimação. Em vários relatos aparecem referências ao esporte como parâmetro de comparação e diferenciação em relação ao circo, principalmente no âmbito da disciplina que aproxima esses campos de atuação, produto de uma história compartilhada: a acrobacia[18]. A referência aqui será a competição olímpica denominada ginástica artística. Um dos pontos de intersecção é justamente o espaço da figura do corporal, isto é, a gestualidade, a destreza, a técnica acrobática. A técnica corporal está presente em ambos os campos (esportivo e artístico), mas é mensurada de maneira diferente. Esse tema é abordado a seguir, na entrevista com Patricia Dalmás:

Patricia: *A acrobacia também tem essa questão muito esportiva, que se pode analisar do ponto de vista da condição física, da repetição, milhares de repetições de um mesmo gesto até conseguir fazê-lo perfeitamente, semelhante à ginástica artística, a condição física que permite obter essa técnica, esse gesto. Mas para mim também é necessário ter um pouco mais de busca de um movimento mais natural, de descoberta da própria naturalidade do corpo para que essa técnica não se torne uma repetição mecânica e seja realmente uma linguagem própria. É necessário adquirir uma técnica, e uma parte do treinamento continua a existir, por mais que não queiramos nos focalizar nela para não perder o espírito esportivo. Depois existe o desafio; se existe algo que tem marcado o circo, e isso sim creio que continue presente, é essa tentativa de desafiar as leis da gravidade, que por um lado tem essa coisa de repetição, do treinamento e do condicionamento, mas por outro lado sempre se está procurando transcender esses*

---

[18] Em meados do século XIX, começa um processo que pode ser descrito como a conversão dos gestos dos artistas ambulantes em uma técnica codificada que mais tarde se tornará um esporte olímpico. As correntes das ginásticas que surgem nessa época vão utilizar essa gestualidade acrobática por meio da codificação, como matéria-prima para a elaboração de exercícios, levando ao nascimento da *Turnkunst* na Alemanha – criada por Friedrich-Ludwig Jahn (1778-1852). Essa disciplina irá se transformando até chegar aos nossos dias com o nome de ginástica artística. Ela se baseia no desenvolvimento de dificuldades acrobáticas totalmente codificadas, que, inseridas em um contexto esportivo, de competição, buscam, com um treinamento intenso, a superação de habilidades técnicas para conseguir uma pontuação perfeita.

limites um pouquinho mais. Então acredito que aí também desafiamos o corpo, vemos o quanto podemos, até onde podemos chegar, qual outra torção, qual outra rotação podemos fazer. No esporte isso nunca sai do próprio esportista, mas do treinador, ou de mim, que sei quem...

Virginia: *ou do código...*

Patrícia: *Aí sim, se no código da ginástica saiu um elemento novo, é preciso fazê-lo, mas não sai do... Bem, algumas vezes saiu da criatividade de uma ginasta...*[19]

No relato a seguir, surge de novo a comparação entre a arte como espaço da expressão e o esporte afastado do mundo da criação e da expressão:

A técnica a serviço de algo, da arte. No circo é a mesma coisa, você pode ter a parada de mãos mais linda do mundo, saber fazer os saltos mortais de todo tipo, mas não me transmite nada, para isso vou assistir às Olimpíadas. Nesse sentido, a técnica funciona na medida em que começa a combinar com o lado artístico e com a faceta criativa, expressiva – para chamar de alguma forma. Também existem técnicas para isso; é algo que exige muita pesquisa, mas já é um capítulo à parte[20].

Dentro do contexto contemporâneo da arte e do esporte, podemos dizer que a finalidade da técnica para o acrobata de circo e o ginasta olímpico parte, desde o começo, de uma separação radical. Enquanto para o ginasta é o lugar ao qual deve chegar da forma mais precisa possível, com o mínimo desvio da técnica ideal, para o acrobata se apresenta como uma linguagem à disposição.

Vou abordar uma nova ambiguidade dessa relação do circo e da ginástica competitiva: por um lado, acontece um adestramento da acrobacia para o âmbito esportivo (fenômeno analisado como *desportivização* por Norbert Elias e Eric Dunning[21]) e, por outro, uma expressão ascética da acrobacia circense, mais próxima à rigidez da ginástica. No artigo "Uma imagem do acrobata: finitude e seu verso", Staimbach e Vaz tomam como ponto inicial os escritos de Benjamin sobre o condicionamento do brinquedo pela cultura econômica e pela cultura técnica das coletividades, para a reflexão sobre a brincadeira do circo: "Trata-se de uma renovação ou de uma espécie de adestramento dos sentidos quanto ao tratamento do corpo?"[22].

---

19   Entrevista com Patricia Dalmás, set. 2012.
20   Entrevista com Gabriel Rousserie, out. 2011.
21   Cf. Elias e Dunning, 1995.
22   Staimbach e Vaz, 2011, p. 6.

Perfeição técnica e linguagem expressiva: entre o assombro e a emoção
Prosseguindo com o terceiro ponto que aflorou nas conversas, apresento essa posição dicotômica que valoriza de forma diferente a centralidade do aperfeiçoamento técnico no processo de treinamento em relação ao próprio aperfeiçoamento da linguagem expressiva por intermédio da formação técnica.

> *Tem gente que aposta em uma técnica perfeita e focaliza seu treinamento nisso. Para mim a técnica ainda é a linguagem com a qual estamos nos orientando. Assim como as palavras... escrever sem lacunas, para um escritor a técnica fará com que tenha mais liberdade. Mas é óbvio que existem perfis diferentes. Muitos artistas circenses dão o máximo valor à precisão técnica, mas isso não é o que mais me interessa. No entanto, é verdade, reconheço que a precisão técnica proporciona mais liberdade de movimento, de possibilidades e de pesquisa...*[23]

Pode-se interpretar nessas palavras a suposição de um uso instrumental de tudo o que se refere à técnica como se pudesse se tratar de um momento separado da arte. Nota-se também como são perigosos os estereótipos que produzem a repetição de uma técnica que gera movimentos codificados, uniformes, homogêneos. Os artistas valorizam a importância da improvisação como mecanismo de libertação, que proporciona novas respostas, provoca rupturas e desordem em um universo tão paradoxalmente marcado por ordem, estabilidade, controle e segurança. O melhor cenário descrito é aquele em que a técnica e a pesquisa caminham de mãos dadas desde a abordagem inicial a uma disciplina. Não deveria existir uma ordem de interdependência entre elas, uma sucessão entre uma e outra, mas sim uma aproximação simultânea entre técnica e pesquisa, uma aproximação à técnica a partir da pesquisa e uma pesquisa sobre a técnica. "Porque é isso que é irrepetível. Todo o resto... você vai assistir a alguma coisa e é o mesmo, como a diferença entre espanto e emoção"[24].

Volto a abordar neste ponto a impossibilidade de pensar a técnica separada da arte. É peculiar que muitos dos artistas circenses de Montevidéu, dessa primeira geração que analiso, provenham de uma formação teatral institucional. Nesse contexto, faz sentido que os relatos estejam permeados por uma preocupação em contar histórias, pela proposta do significado da obra para além do desenvolvimento corporal. Talvez seja por isso que eles não definam os melhores artistas por seu virtuosismo ("ninguém é pior ou melhor artista porque joga uma quantidade maior de bolas"[25]), mas sim por questões ligadas à criação e à pesquisa.

---

[23] Entrevista com Patricia Dalmás, set. 2012.
[24] Entrevista com Irene Carrier, set. 2013.
[25] Entrevista com Nicolás Martínez, set. 2013.

Mais uma vez: a ambivalência da técnica corporal

Seguindo as propostas de Vaz, a noção de técnica, na modernidade, está ligada a conceitos de eficiência e eficácia em relação à produtividade e ao desempenho[26]. A singularidade da nossa época (era da técnica para Ortega y Gasset[27]) é a passagem de uma relação instrumental dos meios técnicos para a realização de objetivos que lhe são alheios, para uma relação fetichizada com a técnica, na qual ela já não é um instrumento, mas o próprio objetivo da ação do homem. Existe um esquecimento em relação à questão da técnica; a intervenção técnica no mundo já não pode ser encarada pelo homem como se fosse algo que está fora da sua alçada, externo a ele. Além disso, toda intervenção é tecnicamente mediada.

> Para nos orientarmos é preciso, antes de qualquer coisa, acabar com as falsas inocências, com a fábula da técnica *neutra* que oferece apenas os *meios* que os homens depois decidem empregar ou para o bem ou para o mal. A técnica não é neutra, porque cria um mundo com determinadas características que não podemos deixar de habitar e que, habitando, nos levam a assumir hábitos que nos transformam ineluctavelmente. [...] A técnica não é mais objeto de nossa escolha, mas é o nosso ambiente, no qual fins e meios, objetivos e planejamentos, condutas, ações e paixões, até mesmo sonhos e desejos são tecnicamente articulados e precisam da técnica para se expressar[28].

A partir desse percurso teórico, fica difícil colocar a técnica como um instrumento para conseguir determinados objetivos, uma vez que ela não pode ser considerada apenas uma forma de conhecimento, pois já é conhecimento e transformação da realidade. Assim, a vontade permanece dissociada enquanto possível fator de modificação da determinação técnica, na tentativa de dar significado positivo ou negativo em função da decisão racional do sujeito. É impensável situá-la no lugar da neutralidade, mas também parece ingênuo acreditar que o homem tem a responsabilidade de canalizá-la. A dinâmica da técnica é alheia à vontade do homem, já que o próprio homem é resultado da eficácia da técnica. Nesse sentido, a questão não se limita a dizer que utilizamos certas técnicas para outros fins, mas que a incorporação de uma técnica já não nos está formando como sujeitos. Ao mesmo tempo que nos dá maior liberdade para realizar um gesto, nos apresenta uma linguagem codificada que é reificada no corpo. "O que foi aprendido com o corpo não é algo que se tem, como um conhecimento que pode ser sustentado diante de si mesmo, mas algo que se é"[29].

---

26   Vaz, 2004, pp. 21-49.
27   Cf. Ortega y Gasset, 1983.
28   Galimberti, 2005, p. 3.
29   Bourdieu, 2007, p. 118.

Espetáculo **Se Funde** (Derrete-se). Direção: Virginia Alonso. Artistas: Leticia Corvo e Lucía Mato. Espaço El Picadero, Montevidéu, 2018. Foto: Gabriel Rousserie.

Nos relatos dos artistas, a técnica aparece como se fosse algo de fora, como se se tratasse de uma ferramenta à disposição do corpo e à qual ele parece se submeter, se ajustar à intervenção por meio dos sentidos. Como nos situamos nessa questão de exterioridade quando não se trata aqui de utilizar os objetos tecnológicos, e o próprio corpo é o instrumento? Volto a pôr o foco na questão do esquecimento. No contexto dos autores analisados, o esquecimento se refere a uma fetichização, a uma coisificação, ao esquecimento do lugar de instrumento. Nos relatos expostos, percebe-se o esquecimento do conhecimento técnico como uma necessidade para a cena, como a maneira de transcender o instrumento. O domínio desse "instrumento-corpo" narrado permite levar a atenção para outro lado fora dele. Essa coisificação é avaliada positivamente pelos artistas: se esquecerem que estão usando um instrumento (então seja seu próprio corpo), a energia e a atenção estarão focadas no propósito comunicativo da encenação. Em nível discursivo, essas dimensões do artístico (a primazia técnica ou a comunicativa) aparecem diferenciadas e hierarquizadas. Para o espectador comum, não será tão fácil precisar essa avaliação apresentada por aqueles que estão imersos na dinâmica circense, ainda mais levando em conta que o atrativo histórico dessa prática está mais ligado ao aspecto daquilo que é espetacular, ao assombro, ao risco e ao virtuosismo do que à emoção alcançada com a sutileza.

Podemos pensar que a proposta dos artistas de circo em relação à técnica implica uma libertação dessa posição fetichizada em que ela não é mais o meio eficiente para a ação, mas a própria ação? Ou será que essa tomada de posição, no sentido de se distanciar da posição fetichizada, remete a um compromisso com a diferenciação, com a disputa de espaços e a busca de legitimidade do novo circo ou circo contemporâneo?

Referências

ALONSO SOSA, Virginia. *Circo en Montevideo: el arte y los artistas circenses en la contemporaneidad*. 140f. Dissertação (Mestrado em Antropologia) – Universidad de la República. Montevideo: 2018.

BENJAMIN, Walter. *Magia e técnica, arte e política. Ensaios sobre literatura e história da cultura*. V. 1. São Paulo: Brasiliense, 1987.

BOLOGNESI, Mario Fernando. "O circo 'civilizado'". *In*: Sixth International Congress of the Brazilian Studies Association (Brasa). Atlanta, Georgia. 2002. Disponível em: https://www.cirurgioesdaalegria.org.br/storage/app/uploads/public/5c4/1c2/a6d/5c41c2a6dafa9327193305.pdf. Acesso em: dez. 2020.

_____. *Palhaços*. São Paulo: Editora Unesp, 2003.

BOURDIEU, Pierre. *El sentido práctico*. Buenos Aires: Siglo XXI, 2007.

CASTORIADIS, Cornelius. *Ventana al caos*. Buenos Aires: Fondo de Cultura Económica, 2008.

ELIAS, Norbert; DUNNING, Eric. *Deporte y ocio en el proceso de la civilización*. Ciudad de México: Fondo de Cultura Económica, 1995.

GALIMBERTI, Umberto. *Psiche e techne: l'uomo nell'età della tecnica*. Roma: Feltrinelli, 2003.

_____. "Técnica e natureza: a inversão de uma relação". *Socitec e-prints*. Florianópolis: 2005, v. 1, n. 1, pp. 3-13.

HEIDEGGER, Martin. "La pregunta por la técnica". Em: *Conferencias y artículos*. Barcelona: Ediciones del Serbal, 1994.

MARCUSE, Herbert. *El carácter afirmativo de la cultura*. Buenos Aires: El Cuenco de Plata, 2011.

MAUSS, Marcel. *Sociología y antropología*. Madrid: Tecnos, 1979.

ORTEGA Y GASSET, José. "Meditación de la técnica". Em: *Obras completas*. V. 5. Madrid: Alianza/Revista de Occidente, 1983.

SOARES, Carmen. "O espetáculo do corpo: uma leitura de monstros e acrobatas no tempo". Em: *VII Congresso Brasileiro de História da Educação Física, Esporte, Lazer e Dança*. Gramado: Esef/UFRGS, 2000.

STAIMBACH, Beatriz; VAZ, Alexandre. "Uma imagem do acrobata: finitude e seu verso". Em: *9° Congreso Argentino de Educación Física y Ciencias*. La Plata, Argentina. *Anais*. La Plata: Universidad Nacional de La Plata, 2011. Disponível em: http://www.memoria.fahce.unlp.edu.ar/trab_eventos/ev.9906/ev.9906.pdf. Acesso em: dez. 2020.

VAZ, Alexandre Fernandez. "Corporalidade e formação na obra de Theodor W. Adorno: questões para a reflexão crítica e para as práticas corporais". *Perspectiva*. Florianópolis: Editora da UFSC, 2004, v. 22, p. 21-49.

WACQUANT, Loïc. *Entre las cuerdas: cuadernos de un aprendiz de boxeador*. Buenos Aires: Siglo XXI, 2006.

Ofício, técnica e arte no circo

Erica Stoppel

Se antigamente o circo era privilégio dos herdeiros de um saber familiar, hoje ele é povoado de integrantes dos mais diversos segmentos da arte, do esporte e de manifestações da cultura popular.

Faço parte do que poderíamos chamar de *geração da transição*, aquela que aprendeu o caminho entre a vida no circo e a formação em escolas.

Na minha época, aprender circo significava aprender as técnicas, saber o ofício. Claro que a esse saber se agregavam conhecimentos de outra natureza, como fazer um aparelho, instalá-lo na lona, subir na lona para uma lavagem coletiva e muitas outras coisas relativas aos materiais de trabalho, mas também à ética do período: o respeito aos mestres da tradição, a nobreza de pisar no picadeiro como artista e o culto às formas e às habilidades do corpo.

Ao falar de circo neste texto, meu recorte é o fazer artístico, o circo como espetáculo e a produção de linguagem. No decurso dos estudos que deram origem à minha pesquisa de mestrado, intitulada *O artista, o trapézio e a criação: reflexões de uma artista circense da cena contemporânea*, entrei em contato com o texto de Mário de Andrade "O artista e o artesão", escrito em 1895, no qual ele trata de artesanato, técnica e obra de arte para entender a formação de um artista.

De início, o autor distingue *arte* de *artesanato*:

> A arte na realidade não se aprende. Existe, certo, dentro da arte, um elemento, o material, que é necessário pôr em ação, mover, pra que a obra de arte se faça. O som em suas múltiplas maneiras de se manifestar, a cor, a pedra, o lápis, o papel, a tela, a espátula, são o material de arte que o ensinamento facilita muito a pôr em ação. Mas nos processos de movimentar o material, a arte se confunde quase inteiramente com o artesanato. Pelo menos naquilo que se aprende. Afirmemos, sem discutir por enquanto, que todo o artista tem de ser ao mesmo tempo artesão. Isso me parece incontestável e, na realidade, se perscrutamos a existência de qualquer grande pintor, escultor, desenhista ou músico, encontramos sempre, por detrás do artista, o artesão.[1]

[1] Andrade, 1975, p. 1.

Observo que, no circo, adquire-se o artesanato na construção de um conhecimento que se dá tanto na transmissão de mestre para discípulo como na prática do ofício. Entendo, ainda, que certas características da linguagem circense parecem sugerir que, para se expressar nessa linguagem, o domínio de certas habilidades é imprescindível[2].

No circo, existem categorizações para as habilidades circenses, e um conjunto de habilidades configura uma modalidade[3]. Um acrobata aéreo, por exemplo, tem domínio do seu corpo e consegue evoluir em figuras e sequências num aparelho que o deixa distante do solo ou em pouco contato com ele.

Tanto nos programas de apresentação dos circos como no ensino das escolas, as modalidades se dividem entre a arte equestre, a doma, a manipulação de objetos (antigamente chamada de *malabarismos*), as acrobacias, os equilíbrios, as técnicas aéreas, o ilusionismo e a palhaçaria. Essas modalidades, por sua vez, podem se combinar entre elas, como se observa nas acrobacias que acontecem no ar em aparelhos como a báscula, a maca russa, o quadrante, o trapézio de voos e muitos outros. Fazer malabarismos sobre o arame ou dar um salto mortal sobre o cavalo são, por exemplo, combinações usuais.

Entretanto, assim como essas modalidades conhecidas são nomeadas e classificadas, poderiam ser criadas outras. Observa-se que é difícil distinguir as habilidades de acordo com as modalidades, pois, apesar de cada modalidade ter características e exigências particulares, esses limites não são rígidos. *La maîtrise personnelle* ou a habilidade pessoal será sempre de natureza muito distinta e, mesmo considerando as diferentes classificações encontradas nas artes do circo, novas especialidades ou *expertises* sempre poderão aparecer.

A determinação das habilidades que se devem adquirir para se ter o ofício circense será distinta para cada sujeito. Por um lado, porque não existem padrões delimitados que definam se uma habilidade faz parte ou não de uma modalidade determinada; por outro, porque a diversidade da linguagem sugere permanentes invenções ou recriações. Um artista que tenha grandes habilidades na contorção poderá se desenvolver, por exemplo, no trapézio, favorecendo a utilização de movimentos de extrema flexibilidade, enquanto outro trapezista poderá se valer de movimentos que exijam mais força ou dinamismo.

---

2 Seria difícil imaginar um trapezista voar numa grande altura sem uma preparação anterior ou desenvolver alguma rotina ou coreografia sem ao menos ter uma vivência razoável no aparelho.

3 Verônica Tamaoki, em entrevista a Matheus, discute os termos *modalidade* e *técnica*, utilizando em seu lugar *artes do circo*: "O circo deve ser uma coisa do inusitado. Acho que essa é uma palavra de circo. Quais são as artes do circo? É uma coisa que o mundo inteiro está discutindo. A gente trabalhou aqui na busca da definição... Temos a Alice, temos vários jovens pesquisadores. Houve muita briga. Chegamos a cinco artes. A gente tem que tomar cuidado para não ficar falando de técnicas, modalidades. Quando fui para os Estados Unidos, a curadora me disse que o grande esforço dela era mostrar o circo como obra de arte – 'aqui a gente é entretenimento', disse" (Matheus, 2016, p. 107).

Ser o homem faquir que deita sobre vidros e come vidros pode ser a habilidade de um circense. Ser expelido por um canhão, como no número do homem-bala, também é uma especialidade. Montar diante dos olhos do espectador uma estrutura de estabilidade aparentemente frágil, com sarrafos engrenados do modo como castores constroem seus diques, e realizar uma figura de equilíbrio em seu topo, a seis metros de altura, é uma habilidade circense[4].

Costumo dizer que o artista de circo vive do seu truque. Um trapezista de voos que é segundo volante[5] pode passar a vida inteira ganhando salário por seu duplo salto mortal estendido[6]. Um malabarista pode ser lembrado por ser o homem que faz cinco bolas rebotarem no chão enquanto provocam determinada melodia. Ou, sem ir muito longe, uma aerealista[7] pode ter um excelente giro de nuca, e esse ser sempre o grande trunfo da sua apresentação. O truque, em todos esses casos, é uma especialidade do ofício.

Identifico-me com a definição de Alice Viveiros de Castro, que afirma que o "circo é a arte do insólito, do inesperado, do surpreendente. [...] O circo é a arte do diverso. Tudo cabe debaixo de uma lona, tudo pode entrar na roda mágica do picadeiro"[8]. Nesse sentido, o circo se caracteriza por excelência como a arte da diversidade, primando pelo exótico, pelo novidadeiro, pelo surpreendente e pela expectativa de fazer surgir uma nova habilidade ou mesmo pela reinvenção de uma antiga, o que me leva a pensar na possibilidade de que surjam novas modalidades ou que o termo *modalidades* possa ser questionado.

Em geral, os artistas circenses conhecem mais de uma modalidade, mas, de forma mais ampla, minha experiência me faz pensar que o ofício do circense parece se sustentar numa apropriação técnica muito apurada no trabalho com um determinado objeto ou material, ou com o próprio corpo, com o próprio corpo em relação a outro, com ou sem aparelhos, construções, objetos ou materiais.

Nesse processo, o corpo ganha habilidades muito específicas, que lhe permitem realizar ações incomuns, inusitadas ou arriscadas. Esse corpo se constrói, torna-se extraordinário e, para isso, sofre adaptações, às vezes lesões, mas, ainda assim, treinado para um determinado fim, deixa de ser um simples corpo humano e se manifesta como sobre-humano.

---

4   Assim faz Johann Le Guillerm, criador do Cirque ici, no seu espetáculo *L'alchimiste*, disponível em https://youtu.be/OSftcUxFt5U-, acesso em: 20 jun. 2017.

5   No trapézio de voos, as trupes têm um (ou mais) portô, também chamado de *forte* ou *aparador*, e um grupo de volantes. Entre os trapezistas volantes, o que faz os truques de maior dificuldade é o primeiro volante; logo, o que segue na escala técnica é o segundo volante.

6   Meu amigo Claudio Valdemar, trapezista de voos, o rei do duplo estendido, vive dele até hoje. Começou aos 9 anos de idade; hoje tem 53.

7   Aerealista é o artista que trabalha com aparelhos aéreos como trapézios, liras, faixas, bambus, cordas lisas ou indianas e vários outros com ou sem nome específico.

8   Castro, 2005, p. 128.

O fato de o corpo se mostrar como um corpo extraordinário, heroico ou com poderes sobrenaturais não quer dizer que ele realmente o seja, mas, sim, que assim se mostra.

Em 1938, na aula inaugural dos cursos de Filosofia e História da Arte do Instituto de Artes da Universidade do Distrito Federal (UDF), Andrade ensaiou:

> O artesanato é uma parte da técnica da arte, a mais desprezada infelizmente, mas a técnica da arte não se resume ao artesanato. O artesanato é a parte da técnica que se pode ensinar. Mas há uma parte da técnica de arte que é, por assim dizer, a objetivação, a concretização de uma verdade interior do artista. Esta parte da técnica obedece a segredos, caprichos e imperativos do ser subjetivo, em tudo o que ele é, como indivíduo e como ser social[9].

Para o autor, a técnica é a maneira única que cada artista tem de manifestar seus conhecimentos. É possível dizer que a técnica, para ele, evidencia-se no modo como cada artista se expressa. A origem da palavra *técnica* está no substantivo *tékhne*, que os gregos utilizavam para designar arte e habilidade. Para eles, a técnica seria um conjunto de processos de uma arte, maneira ou habilidade especial de executar ou fazer algo. Essa palavra é associada à sua raiz grega, *tékhne*. Produzir, em grego, é *tíkto*. A raiz *tec* desse verbo é comum à palavra *tékhne*, que não significa exatamente nem arte nem artesanato, mas um deixar-aparecer algo como isso ou aquilo, dessa ou daquela maneira, no âmbito do que já está em vigor. Os gregos pensam a *tékhne*, o produzir, a partir do deixar-aparecer.

A palavra *técnica* é usada no circo, no teatro, na dança, nas artes plásticas, na música, no cinema, na performance e nas artes vivas em geral para identificar sistemas de conhecimentos sobre determinadas práticas. Do mesmo modo, no circo, as modalidades muitas vezes são nomeadas como técnicas. Utilizo aqui algumas relações entre modalidade e técnica para observar algumas especificidades do circo.

> Existem muitas formas possíveis de definir o que é uma modalidade aérea de circo. Consideramos uma modalidade aérea qualquer prática circense em que o artista (ou praticante) utiliza aparelhos específicos suspensos (por corda, cabo de aço, roldanas, faixas, guinchos, dentre outros recursos), de modo que seus truques, figuras, quedas, movimentos, travas e acrobacias aconteçam sem o contato direto ou duradouro com o solo[10].

O trapézio fixo e o trapézio em balanço são modalidades aéreas com técnicas diferentes e ensinadas por mestres distintos. Na escola de circo, aprendi com um mestre trapezista de família circense que mantém a vida itinerante do circo. Ele

---

9   Andrade, 2012, p. 4.
10 Bortoleto e Calça, 2007.

me ensinou a técnica do trapézio de voos, norteada pela ideologia da superação, da coragem e do *glamour*. No Canadá, com André Simard, aprendi a técnica de trapézio em balanço, a partir do que eu chamaria de uma ideologia da eficiência.

O conhecimento corporal do artista circense é impactado por questões culturais, sociais, estéticas e artísticas, e o corpo circense é atravessado por diferentes concepções: antropológicas e sociológicas, técnicas e científicas, artísticas e mercadológicas. Assim como na ciência e na arte, os objetivos de cada ensinamento nas práticas circenses têm bases em crenças ou posturas frente ao mundo.

Durante a fase de aprendizagem, a prática requer um treinador: "o acrobata aprende desde muito cedo a mover seu corpo de uma maneira específica e precisa conhecer o processo do movimento, observar a forma como é feito por diferentes pessoas para que possa, enfim, conseguir encontrar sua própria forma de execução da acrobacia"[11].

A técnica se desenvolve por meio da orientação sobre erros e acertos. Os conceitos de *erro* e *acerto* tomam diversos significados, pois dependem do saber transferido pelos mestres. Cada mestre traz consigo um conhecimento e uma ética, e seus ensinamentos se sustentam em ideologias. O artista aprendiz conjuga, então, sua experiência, atualizada no confronto com o saber do mestre.

Já falei do artesanato como um fazer ensinável. Andrade argumenta ainda que a feitura das obras de arte é composta de mais duas manifestações: a virtude e o talento individual[12].

A marca própria, a solução pessoal do artista no fazer da obra de arte, que Andrade chama de *talento*, seria, entre todas as dimensões da técnica, a mais sutil, a mais trágica, porque é, ao mesmo tempo, imprescindível e não ensinável. O que o autor define como talento poderia, então, ser observado como o aporte de cada artista, aquilo que permeia as escolhas de cada indivíduo e o coloca como portador de um discurso.

A virtuosidade do artista criador seria, para o autor, o conhecimento e a prática das diversas técnicas históricas da arte – enfim, o conhecimento das técnicas tradicionais, que também é ensinável.

> Este aspecto da técnica a que chamei de "virtuosidade" é também ensinável e muito útil. Não me parece imprescindível, porém, como toda virtuosidade, apresenta grandes perigos. Não só porque pode levar o artista a um tradicionalismo técnico, meramente imitativo, em que o tradicionalismo perde suas virtudes sociais para se tornar simplesmente "passadismo" ou, se quiserem, "academismo"; porque pode tornar o artista uma vítima de suas próprias habilidades, um "virtuose" na pior significação da palavra, isto é, um indivíduo que nem sequer chega ao princípio estético,

---

11 Guzzo, 2009, p. 27.
12 Cf. Andrade, 2012.

>sempre respeitável, da arte pela arte, mas que se compraz em meros malabarismos de habilidades pessoais, entregue à sensualidade do aplauso ignaro[13].

Sem dúvida, há um grau de aperfeiçoamento interpretativo peculiar no circo, que é também um desenvolvimento técnico do corpo, em muitos casos quase tecnológico.

Lembro aqui a descrição de Goudard sobre as fases de aprendizagem do risco no circo. Na quarta fase, aquela da virtuose, o praticante tem o domínio da ação em curso e, enquanto realiza a proeza, desenvolve as capacidades de improvisação e de adaptação que lhe permitem a interpretação[14]. "Existem muitas abordagens possíveis, mas aqui eu gostaria de sugerir uma compreensão do Circo como uma forma na qual o corpo virtuoso é fundamental. [...] O que o corpo de Circo faz no picadeiro não é sem sentido; suas ações fazem sempre parte de uma tentativa de superar algum limite físico"[15].

As ideias de superação e de heroísmo permeiam as práticas de circo. Mas o que a técnica esconde na virtuose da proeza?

> O que é expresso através das formas do Circo não é a velha visão da maestria, mas uma compreensão da ação humana que é fundamentalmente trágica. O virtuosismo nada mais é do que o ser humano em vão se esforçando "no trabalho". O que aparece no picadeiro é uma batalha com um adversário invisível (as diferentes forças da natureza), em que o objetivo não é vencer, mas resistir e não perder. O Circo é ao mesmo tempo a promessa de tragédia e a tentativa de escapar dela. Isso torna o artista de Circo um herói trágico[16].

O espetáculo *Le vide*, do francês Fragan Gehlker, aborda a metáfora do mito de Sísifo, que relata o absurdo da vida por meio da personagem que carrega uma enorme pedra até o topo da montanha e a vê rolar montanha abaixo até o ponto de partida, onde novamente recomeça o esforço da subida, incessantemente. *Le vide* pode ser um exemplo da afirmação de Lievens sobre a condição do herói trágico do artista de circo.

Nesse sentido, parece mostrar também que a tentativa de superação dos limites, muitas vezes, dos limites da natureza, poderia expor a fragilidade humana mais que a sua fortaleza. A relação que se estabelece entre a condição humana e a sujeição ao inevitável destino da luta incessante traz à luz o caráter dominante da técnica e do aparelho sobre o homem. Em *Le vide*, nota-se como a própria técnica

---

13   *Ibidem*, p. 6.
14   Cf. Goudard, 2009.
15   Lievens, "First Open Letter to the Circus: The Need to Redefine", disponível em: https://e-tcetera.be/first-open-letter-to-the-circus-the-need-to-redefine/, acesso em: 8 nov. 2016 (tradução da autora).
16   *Ibidem*.

pode ter um poder libertador, no momento em que ela se configura como um modo de se relacionar com o mundo – no caso do espetáculo, com o homem e a corda.

Lievens traz o pensamento do filósofo italiano Giorgio Agamben para discutir a relação entre os homens e os objetos: "Podemos também considerar a relação do corpo virtuoso com os objetos externos a ele, sejam eles adereços ou peças de aparelho (um trapézio, um balanço, uma bola de malabarismo) ou os corpos de outros artistas"[17].

A autora fala sobre um ensaio de 2009 do filósofo que propõe uma distinção dos seres em dois grandes grupos: "de um lado, os seres (ou substâncias) que vivem e, do outro lado, os aparelhos nos quais os seres vivos são incessantemente capturados"[18]. Associada ao trabalho do filósofo Michel Foucault, a compreensão de um aparelho engloba, "literalmente, qualquer coisa que tenha de alguma forma a capacidade de capturar, orientar, determinar, interceptar, modelar, controlar ou proteger os gestos, comportamentos, opiniões ou discursos dos seres vivos"[19], além da "própria linguagem, telefones celulares, cigarros, caneta e computadores"[20].

A relação entre corpo e objeto pode ser vista como a relação entre o artista e seu objeto/trapézio, na qual "dominar o trapézio" pode tanto ser conseguir fazer com que ele se mantenha estático como fazer com que ele balance e volte na altura certa da mão. Ser dominado seria obedecer a certos padrões corporais necessários para se movimentar no aparelho. A relação artista/objeto poderia ser observada de muitos outros ângulos.

De um certo prisma, a objetividade do treinamento circense regular e repetitivo pode obedecer à forte influência do pensamento cartesiano, que na nossa formação (ocidental) fomenta a repetição de práticas numa abordagem mecanicista a partir da qual apenas reproduzimos resultados objetivos. Segundo Renato Ferracini, as ideias de Baruch Espinosa (1992) confrontam o cartesianismo sintetizando o pensamento:

> [...] a definição de corpo é a de um conjunto de partes que, em sua relação, definem aquele corpo. Em última instância, um corpo é definido pela relação de suas partes em composição, e não pela identidade ou função de seu conjunto. Assim, um corpo sempre propõe um processo de composição em ato desse mesmo corpo, em uma criação dele mesmo. [...] Mas o mais importante em Espinosa (1992) é que nesse processo de composição-corpo existiria, ou deveria existir, uma ética de intensificação qualitativa e aumentativa de potência, na qual as partes envolvidas na composição ampliam sua capacidade de ação no mundo. O pensador da imanência nos propõe um *ethos*, uma postura, uma ética na qual nos encontros, nas relações e no plano

---

17 Agamben, 2009, *apud* Lievens, *op. cit.*
18 *Ibidem*.
19 *Ibidem*.
20 Lievens, "First Open Letter to the Circus: The Need to Redefine", *op. cit.*

concreto da experiência, buscássemos uma ampliação de potência de todas as partes envolvidas. [...] Ou seja, a capacidade de afetar e ser afetado. A esse processo de composição em ato, de um corpo que amplia a sua capacidade de ação das partes envolvidas no mundo, Espinosa (1992) dá o nome de alegria[21].

A leitura de Espinosa levou-me a perceber que certos elementos de uma longa trajetória vivida no picadeiro poderiam ter se estratificado: as fórmulas para provocar fascinação, encantamento. O arquétipo da mulher dos ares, a ilusão do voo, a busca do impossível no ser humano e o estigma da mulher trapezista que deseja não ser vista, necessariamente, como a mulher trapezista.

Meu corpo foi se transformando ao longo da história. E, da observação do meu percurso, surge um conceito que me acompanha há muito tempo na vida artística: adaptação[22]. Meu corpo circense é um corpo adaptado tanto às necessidades do ofício como às minhas próprias possibilidades: "A barra é rígida, não cede. As cordas são maleáveis, mas queimam. O objeto é cruel. O corpo sofre, adapta-se, volta a sofrer e novamente se adapta".

Identifico-me com Magali Sizorn quando ela diz que, ao observar a atividade dos trapezistas, constata que eles apresentam ao espectador a imagem da leveza, da facilidade do fazer, embora a aprendizagem das técnicas imponha um sofrimento do corpo[23].

Para ela, o caráter eminentemente físico da arte do circo convida necessariamente a pensar os laços entre criação e tecnicismo, arte e esporte, bem como os laços inerentes ao trabalho do corpo, pelo corpo e pela sua exposição no espetáculo. Na mesma direção, quando Goudard discute a noção de *corpo sacrificado*, sugere que a dor e o sofrimento podem ter a conotação de sacrifício, uma paga por um momento de glória ou um lugar no céu[24]. Há sempre uma culpa frente ao erro, e o machucado é sempre um motivo para a dor ou a frustração.

A dor é um sinal de alarme que deve ser levado a sério. Ela pode ser provocada por esforços repetitivos, intensos ou extremos, fadiga, falta de aquecimento e desgaste, mas é notório como o artista, impulsionado pela paixão e pelo prazer de praticar seu ofício e sua arte, ultrapassa os limites da dor e se adapta a trabalhar lesionado. Existe também a frustração, a vergonha, a impotência de não poder fazer, e o medo de perder. Numa prática dos desafios e das façanhas, como é o circo, a relação com o erro, com a impossibilidade e com a dificuldade fica exacerbada.

A ideia da proeza do trapezista e o conceito de corpo virtuoso também parecem estar atrelados ao pensamento do corpo como um instrumento de trabalho. A partir dos anos 1970, com o surgimento das práticas somáticas, a não separação

---

21   Ferracini, 2016.
22   Utilizo aqui o conceito de *adaptação* como ação ou efeito de adaptar(-se), ajuste de uma coisa à outra.
23   Sizorn, 2008.
24   Cf. Goudard, 2009.

do corpo e da mente, e o fato de se levar em conta conhecimentos tanto objetivos quanto subjetivos no que se refere à experiência do praticante deram lugar a abordagens técnicas e terapêuticas revolucionárias no trabalho corporal.

Julieta Infantino considera que "essa concepção de 'corpo-objeto' ou 'corpo-máquina', característica da modernidade, foi se assentando processualmente em torno do controle dos corpos ou por meio de dispositivos disciplinares ou da autocoação"[25].

Esse corpo deveria ser um corpo educado, dócil, uma ferramenta hábil que estivesse a serviço da produtividade e do trabalho como sacrifício para um bom rendimento.

Muitos estudos antropológicos sobre o corpo surgidos a partir dos anos 1970 questionam a tradição do pensamento cartesiano[26]. Eles ressaltam a construção sociocultural do corpo, analisando como cada grupo constrói e utiliza de uma maneira particular os gestos, as técnicas corporais da vida cotidiana e do trabalho, e como mobiliza o corpo em manifestações artísticas e rituais.

> Considero que é preciso conjugar a descrição da experiência praticada com os corpos com a forma pela qual os sujeitos podem se apropriar desses corpos como meios de expressão, muitas vezes em práticas de criatividade cultural que podem implicar oposição ou resistência. [...] o que é proposto é deixar de ponderar com exclusividade os mecanismos de poder e dominação exercidos sobre os corpos e pensá-los não apenas como objetos passivos, focos da opressão e dominação, senão dar conta – sem desconhecer a existência desses mecanismos – do modo pelo qual, mediante diferentes maneiras de fazer, distintas táticas ou performances, os sujeitos podem se apropriar do espaço organizado e disputar e imaginar outras experiências possíveis[27].

A autora observa os modos pelos quais a corporalidade é um meio de expressão identitária, no momento em que um grupo social compõe com suas experiências corporais, seu próprio estilo artístico, sua própria definição de prática artística-laboral, legitimando seu próprio conceito de corpo[28].

O conceito de corpo legítimo, trabalhado por Infantino como defensor de identidades, permite uma reflexão sobre a relação sociopolítica estabelecida por meio das práticas, sugerindo aos sujeitos um questionamento político delas e de suas inserções no mercado artístico/laboral, que, como indica a autora, negociam, questionam e/ou resistem. Esses corpos criam modos de expressão identitária.

Um desejo de conciliação entre aparentes contradições, ambiguidades e paradoxos permeou o desenvolvimento desta pesquisa, e o contato com as ideias

---

25   Infantino, 2010, p. 50, tradução minha.
26   *Ibidem*.
27   *Ibidem*, p. 52.
28   *Ibidem*, p. 49.

de *corpo* e *alegria* em Espinosa[29] teve o efeito de uma verdadeira potência criadora. A noção que assimilei foi a do *corpo como um conjunto de partes em relação que se define na experiência pela sua capacidade de afetar e de ser afetado*. Esse conceito de corpo se aproxima da experiência do corpo criador, do corpo em processo e, por que não, do corpo em composição.

Circo e arte, circo de criação, criação em circo, criação de uma obra. Na concepção grega, a arte, *tékhne*, estava relacionada com o fazer, no sentido fabril e manual, sem designar outras especificidades da arte enquanto conhecimento. No romantismo, a concepção predominante é a da arte como expressão, o que fortalece a relação entre a obra e o sentimento do artista que a motiva.

A discussão sobre arte no circo parece ganhar interesse no momento em que as escolas de circo se proliferam no mundo.

Guy, em conferência de fevereiro de 2017, mencionou a dificuldade que o circo tem de se desvencilhar da supremacia da técnica: "Em primeiro lugar, o afastamento dos valores do esporte e da arte se exacerba na distinção entre técnico e artístico e torna difícil a sua conciliação e impossível a emergência de uma noção suscetível de transcendê-los"[30].

Técnica e arte geram um paradoxo no qual a impossibilidade de conciliação entre ambas impede a emergência de um campo novo capaz de transcender as barreiras. Na prática criativa, deparei-me na maior parte do tempo com dificuldades de ordem técnica que pareciam se colocar como um *a priori* ante qualquer possibilidade de desenvolvimento artístico.

Referindo-se à divisão entre técnica e arte, Guy questiona as escolas que avaliam os alunos pelos aspectos técnico e artístico com notas separadas, como evidência de um paradoxo. Também alude à existência de outros conflitos, como a simplificação dos valores estéticos, a presença perigosa da competição consigo próprio e a simplificação das análises de risco que se reduzem aos procedimentos e recursos técnicos da área e ignoram o risco artístico, dando lugar à ocorrência fatal.

Técnica e arte se confundem ao remeter à palavra *tékhne*, na concepção grega, na qual as artes do circo não seriam artes, a princípio. As artes do circo, como as acrobacias, as destrezas e os malabarismos, antes de ganharem esse nome, no início do século XIX, tiveram outras funções – ritualísticas, militares, religiosas, lúdicas, esportivas.

> Podemos, assim, utilizar as artes do circo com fins extremamente variados, diferentes dos artísticos. Por exemplo, assaltar um banco. As noções de circo e arte podem se combinar como também sequer se frequentar. Quando vemos hoje no Youtube

[29] Tive contato com as ideias de Espinosa a partir da leitura de Deleuze, 2002.
[30] Guy foi convidado para abrir a conferência internacional sobre a formação no circo contemporâneo, na Ressegna Internazionale di Circo a Teatro, idealizada e dirigida pela FLIC Scuola di Circo, de Turim, Itália. Sua apresentação foi intitulada "Canguru, inveja, cano entupido, gengibre: o preço a pagar para fazer de uma escola de circo um espaço de arte".

alguns equilibristas intrépidos atravessarem os fiordes noruegueses no Slack-line a 2 mil metros de altura, gritando "*I feel free*" (me sinto livre), podemos legitimamente pensar que esse aspecto do circo que consiste em ultrapassar os limites físicos, pessoais, ou os limites gerais impostos à humanidade, tem ainda muitos dias pela frente. Será arte, portanto? A magnífica gratuidade de um tal gesto e sua inutilidade fundamental pleiteiam uma resposta afirmativa, mas não é uma condição suficiente[31].

A possibilidade que o circo tem de ocupar diversos espaços do mercado e se manifestar em diferentes âmbitos, não necessariamente artísticos, explica também a desvalorização do circo, que é associado ao simples divertimento ou ao artesanato, valores ainda presentes em muitos países. "Porque, se o circo não é uma arte por essência, nós podemos mesmo assim, e é muito diferente, fazer arte do circo. Fazer arte do malabarismo, fazer arte da acrobacia. Isso quer dizer produzir obras através de tais meios. [...] Podemos fazer arte do circo. Mas como? [...] É pela exigência mesma das obras que o circo afirma a sua força artística. Uma obra, o que é? É a criação original de um autor"[32].

Autor é aquele que cria, que faz nascer, que dá vida. Para Guy, a criação pressupõe a originalidade e é ela que dá nome ao autor, por meio de uma obra. Mas, segundo ele, a obra cria uma realidade nova, ainda não vivenciada, que altera seu entorno, é uma proposição e, como tal, impõe uma ideia: "A noção de risco artístico, que não podemos confundir com o risco do corpo, é consubstancial àquela de obra, tanto do ponto de vista do autor como do destinatário. Toda obra é audaciosa e perigosa já por ser nova"[33].

Colocar ideias no mundo e se colocar ou se expor são alguns dos motivos que explicam por que as criações podem ser sofridas ou longas, como as gestações. Provavelmente, porque elas envolvem risco. Guy afirma que os artistas circenses se renovam não apenas pela sua singularidade, mas também como fizeram outros artistas, ao ir em busca da expansão de seus próprios domínios, "seja rompendo com normas anteriores, seja brincando ironicamente com as convenções vigentes, seja destacando alguma de suas propriedades, muitas vezes formais, até agora desapercebida"[34].

Dessa perspectiva, nota-se como a originalidade dos autores pode gerar distintas definições de circo. Como observa Guy, entre os artistas circenses, alguns se relacionam com outras artes, ajudando a confundir os contornos do circo:

> Mas outros artistas também solapam a definição do circo por seu centro, contestando que ele tenha uma essência supostamente imutável. Um exemplo, para ser

---

31   Guy, 2017.
32   *Ibidem*.
33   *Ibidem*.
34   *Ibidem*.

menos abstrato: os malabaristas de hoje, em vez de fazer tudo para impedir a queda de seus objetos, de toda forma inevitável, a consideram doravante como inegável e jogam com a gravidade mais do que contra ela, e alguns [...] até atacam a definição do malabarismo no seu cerne mesmo, tentando fazer malabares em ambientes de zero gravidade[35].

É nesse ponto que os curadores hesitam, os críticos se perdem e os artistas buscam formas de se reinventar. Guy ainda reconhece que a aparição de novos autores traz consigo a diversidade, que é, para ele, um argumento artístico em si. Se o circo já foi popular, singular, autêntico, e ainda pode continuar sendo, ele é também político, não apenas do ponto de vista de suas disputas internas e externas, mas também como um portador de sentido.

Ao se tratar de uma arte do espetáculo vivo, a criação de formas e a invenção dramatúrgica poderão ser "a arte de construir efeitos – de sentimento, de gosto, de legibilidade, de conversação, e muitos outros efeitos sociais", como diz o autor:

> Todo artista é portador de uma teoria da arte, e toda obra de arte tem um valor próprio, suscetível de acabar com todos os valores anteriores ou com aqueles do colega! Mas a simples necessidade de criar, a dúvida e o sacrifício, o ensaio e o erro, a humildade e a ambição, a escolha do ritmo adequado, o pavor de fracassar e o desejo de escapar daquele pavor, enfim, o risco artístico, comum a quase todos os artistas [...][36].

A partir dessa concepção, a noção de risco artístico é suficientemente potente para irrigar o ensino do circo. Pensar o circo como uma arte ou como um possível produtor de arte seria aceitar as dificuldades de se definir a arte, reconhecer e incorporar o legado da história da arte e das suas teorias, colocando o circo num diálogo igualitário com as artes em geral, mas, sobretudo, com a sociedade e com o mundo.

Para finalizar, o autor propõe um caminho possível para o ensino do circo enquanto arte e para o circo em toda a sua abrangência: esse caminho significa abrir. Abrir o circo para outras artes, abrir o conceito de aluno para o de artista em formação, abrir o conceito de ensino para o de ensino/aprendizagem, abrir para a abertura como princípio formador, abrir para ser reconhecido pela sociedade, abrir para ser no mundo. "E abrir o espírito – as cabeças! – para que o circo não seja somente a arte de ultrapassar os limites que a natureza impõe ao corpo, mas de ultrapassar todo tipo de limites. E então experimentar dramaturgias novas, estar em estado de alerta contra todos os academismos"[37].

Abrir para o diálogo, para o conhecimento, para a escuta. Abrir portas e janelas, alargar os horizontes e encontrar novas realidades. Transitar pelo desconheci-

---

35   *Ibidem*.
36   *Ibidem*.
37   *Ibidem*.

do, abrir como um ato de disponibilidade. A metáfora é fértil o suficiente para gerar inúmeras possibilidades.

A arte propõe uma possibilidade de relação sensível com o mundo, e talvez essa seja a nossa missão enquanto artistas: entender a essência de estar no mundo como uma relação de afetividade transformadora.

Se o circo vive um momento de revolução, nós, os revolucionários, precisamos estar atentos a nossas plateias desavisadas, nossos cúmplices e testemunhas que estão sufocados por informações massivas e por sua pressão.

Se na América do Sul faltam recursos para fazer um circo tecnológico, é possível fazer um circo artesanal; se as técnicas de alto nível não chegaram aos domínios nacionais, podemos fazer circo com técnicas de origens próprias, sem cópias e modelos a serem espelhados.

Uma das grandes motivações deste trabalho é poder dividir com os parceiros, os colegas e os alunos o espírito investigativo, a curiosidade como uma pulsão vital e a possibilidade de criar como um exercício dos direitos humanos.

Criar é um exercício de liberdade: isso é o que devemos cultivar, porque essa é a nossa luta.

Referências

ANDRADE, Mário de. *O baile das quatro artes*. São Paulo; Brasília: Livraria Martins Editora; Instituto Nacional do Livro, 1975.

_____. *O baile das quatro artes*. Rio de Janeiro: Nova Fronteira, 2012.

BORTOLETO, Marco Antonio Coelho; CALÇA, Daniela Helena. "O trapézio circense: estudo das diferentes modalidades". *EF Deportes - Revista Digital*. Buenos Aires: 2007, v. 12, n. 109.

CASTRO, Alice Viveiros de. *O elogio da bobagem: palhaços no Brasil e no mundo*. Rio de Janeiro: Família Bastos, 2005, p. 128.

DELEUZE, Gilles. *Espinosa: filosofia prática*. São Paulo: Escuta, 2002.

FERRACINI, Renato. "Prólogo". Em: BORTOLETO, Marco Antonio Coelho; ONTAÑÓN BARRAGÁN, Teresa; SILVA, Erminia (org.). *Circo: horizontes educativos*. Campinas: Autores Associados, 2016.

GOUDARD, Philippe. "Estética do risco: do corpo sacrificado ao corpo abandonado". Em: WALLON, Emmanuel (org.). *O circo no risco da arte*. Belo Horizonte: Autêntica, 2009.

GUY, Jean-Michel. Canguru, inveja, cano entupido, gengibre: o preço a pagar para fazer de uma escola de circo um espaço de arte. Em: Ressegna Internazionale di Circo a Teatro. Torino, 2017.

_____. Les langages du cirque contemporain. Em: L'École en Piste, les Arts du Cirque à la Rencontre de l'École, Avignon. *Anais...* Avignon: Université d'Été, 2001.

_____ (org.). Dossiê L'Art du trapèze. *Arts de la Piste*. Paris, 2002, n. 26.

GUZZO, Marina Souza Lobo. *Risco como estética, corpo como espetáculo*. São Paulo: Annablume; Fapesp, 2009.

INFANTINO, Julieta. "Prácticas, representaciones y discursos de corporalidad: la ambigüedad en los cuerpos circenses". *Runa*. Buenos Aires, 2010, v. 31, n. 1.

LIEVENS, Bauke. "First Open Letter to the Circus: The Need to Redefine". Disponível em: https://e-tcetera.be/first-open-letter-to-the-circus-the-need-to-redefine. Acesso em: 8 nov. 2016.

_____. "Primeira carta aberta ao circo de Bauke Lievens: A necessidade de uma redefinição". Disponível em: http://www.panisecircus.com.br/carta-aberta-ao-circo-de-bauke-lievens-dramaturga-belga-e-um-convite-a-reflexao-diz-a-artista-erika-STOPPEL-do-zanni. Acesso em: 14 jun. 2017.

MATHEUS, Rodrigo Inácio Corbisier. *As produções circenses dos ex-alunos das escolas de circo de São Paulo, na década de 1980 e a constituição do Circo Mínimo*. 339 f. Dissertação (Mestrado em Artes) – Universidade Estadual Paulista Júlio de Mesquita Filho. São Paulo, 2016.

SIZORN, Magali. "Une ethnologue en 'trapézie': sport, art ou spectacle?". *Ethnologie Française*. Paris, 2008, v. 38, n. 1

Por uma política estética do circo em Córdoba, Argentina: Festival Circo en Escena

Jesica Lourdes Orellana

> Somos esse festival que floresce todo mês de setembro. Viemos com muita força, dentro de nossa mula de Troia, para irromper com flâmulas coloridas e tomar de assalto a apatia individual. Nós viemos para sacudir você.
> Circo en Escena (Circo em Cena), 2017

No ano de 2007, em Córdoba, na Argentina, os artistas circenses que trabalham na rua de forma dispersa se uniram para levar adiante alguns objetivos em comum, entre eles a gestação de uma estética circense própria. Isso foi possível graças à convocação realizada pela sala de teatro independente La Chacarita[1] e a companhia Dispar Nuevo Circo[2], com a ideia de oferecer à arte circense um espaço para experimentar a criação de obras em recintos fechados, com a técnica e as possibilidades proporcionadas por uma sala. Nasceu assim a Circo en Escena[3], uma agremiação formada por elencos, grupos, espaços e artistas independentes de circo-teatro[4] da cidade de Córdoba e arredores.

Além disso, o grupo criou o Festival Circo en Escena, que reúne elencos locais, nacionais e internacionais, programa apresentações em salas de teatro, bibliotecas populares, espaços públicos, e ministra seminários de formação intensivos. A remuneração pelas apresentações e oficinas é feita "passando o chapéu" ao final[5].

A postura ideológica dos integrantes do Circo en Escena busca a horizontalidade na gestão do festival, o poder de contestação diante das instituições governamentais e um posicionamento de democratização da arte, aproximando o circo dos espaços não convencionais. Essa posição envolveu tarefas que não foram simples,

---

[1] Trata-se de uma associação sem fins lucrativos que funciona desde 1999 numa antiga casa do bairro Pueyrredón. La Chacarita conta com duas salas de teatro, uma galeria de arte e exposição, oficina de cenografia, de adereços e bonecos, sala de ensaios e biblioteca. Essa sala de teatro independente foi uma das organizadoras do Festival Circo en Escena.

[2] Companhia circense que começou a nascer em Río Cuarto, província de Córdoba, em 1996, liderada por Martín Falcati.

[3] Informações disponíveis em: http://circoenescena.blogspot.com.ar. Acesso em: dez. 2020.

[4] A agremiação Circo en Escena se autodefine no âmbito da categoria local/nativa de circo-teatro, a partir da ótica dos atores/agentes e da relevância do tratamento relacional.

[5] Sistema de cobrança em que o espectador contribui voluntariamente com o valor que considera correto para o espetáculo ou oficina de formação, conhecido em espanhol como *a la gorra*.

Circo Da Vinci na Festa do Festival Circo en Escena, 2014. Foto: Fede Sosa.

mas sem dúvida trouxe uma política estética inovadora para Córdoba. Ademais, a agremiação precisou passar por um trabalho árduo que implicou romper com muitas estruturas do sistema artístico, em que o lugar da arte "legitimada" era historicamente ocupado pelo teatro. Por isso destacamos aqui o trabalho do Circo en Escena: foram seus artistas que fundaram as bases do que é o circo no contexto contemporâneo na cidade de Córdoba, transcendendo as utilizações dessa categoria como estilo artístico (novo circo/circo contemporâneo), frequentemente associado a uma variação do gênero circense cuja principal referência é a companhia Cirque du Soleil, fundada em 1984 em Quebec, no Canadá.

Além disso, com o passar dos anos se observa na organização um interesse de ir além da destreza física. A experimentação e a pesquisa produzem um circo completo, que explora as diferentes linguagens artísticas com a tecnologia. Começam a brotar cenas e números em que aparecem modos de comunicação esteticamente poéticos: a palavra como poema, como testemunha. São artistas que se preocupam em mostrar sua fragilidade, a dor da exigência e o perigo tanto mental quanto físico a que os expõe o condicionamento. Esses renovados olhares propostos pela arte atual, na qual as confluências fazem com que as fronteiras entre as disciplinas sejam difusas e abertas, e passem por transformações em várias frentes, provocam desafios analíticos maiores no momento de se fazer uma avaliação. Quais são as políticas estéticas que os artistas circenses colocam em prática?

Nesse sentido, faz-se menção a políticas estéticas em termos inter-relacionados, lembrando que, para Rancière, "a política é um assunto estético, uma reconfiguração da divisão dos lugares e dos tempos, da palavra e do silêncio, do visível e do invisível"[6]. Dessa maneira, afirma, a arte é uma forma inédita de divisão do mundo comum, e é política não pelos temas que aborda, pela trama ou pelos sentimentos que transmite, mas sim pelo tipo de tempo e de espaço que estabelece, pela maneira como divide esse tempo e ocupa esse espaço.

Portanto, falar de política estética nos permite pensar em noções que não permanecem fixas no tempo e em como essa estética circense pôde ampliar seu território para novas explorações tanto interculturais como interartísticas. No entanto, essa liberdade de experimentar com novas formas nos leva à pergunta: qual elemento, específico do circo, continua a existir apesar das confluências experimentais entre as artes? Para Rancière, a arte contemporânea vai perdendo a especificidade de seus instrumentos materiais ou dispositivos próprios de sua prática, para dominar mais a forma de ocupar um lugar em que se redistribuem as relações entre os corpos, as imagens, os espaços e os tempos[7].

Assim sendo, nos dias atuais se observa como o circo começa a misturar habilidades circenses reconhecíveis com uma gama de expressão mais ampla, mediante

---

6 Rancière, 2011, p. 198.
7 *Idem*, 2016.

a incorporação de narrativa, de imagens e de metáforas, e a decisão política de mostrar o que antes se ocultava. Nesse sentido, em relação às novas manifestações artísticas que não se adequam aos parâmetros conceituais conhecidos, Rancière afirma que "elas nos obrigam a modificar nossas categorias, nossas suposições e nossos argumentos, isto é, a buscar superar no que for possível a distância entre a teoria e a experiência"[8]. É por isso que nos propomos a analisar a política estética do Circo en Escena por uma perspectiva teatral e filosófica, questionando os usos e apropriações que os artistas fazem a partir da divisão de corpo, texto e imagem como recorte analítico para o presente artigo.

Liberdade no jogo dos corpos

Em Córdoba, não houve uma transmissão familiar da técnica do circo tradicional como aconteceu em outras regiões do país[9]. Por não contar com uma herança circense, para as gerações que, no final dos anos 1990, vislumbraram no circo uma possível profissão, a transferência de conhecimentos se deu por meio do convite ou visita de profissionais de outros lugares que ofereceram oficinas ou residências artísticas aos interessados. Nesse processo de ressurgimento do circo, na província de Córdoba, analisamos como o Circo en Escena se relaciona com a técnica, e se é a técnica, ou seja, o domínio das disciplinas circenses, um fim ou um meio. Se for um instrumento de comunicação e de criação, como se desenvolve essa aposta nas performances que se apresentam no Festival Circo en Escena?

No que diz respeito à corporificação da técnica, Patrice Pavis afirma:

> O corpo do artista é o resultado de uma fabricação, do estabelecimento de convenções e técnicas corporais para torná-lo eficaz e expressivo, integrá-lo no conjunto do grupo e, mais tarde, à representação como um todo... É um corpo "capitalizado", que formou e deformou a corporeidade que recebe e que, por sua vez, recria... agora chega de utilizá-lo, de treiná-lo, de pôr à prova suas técnicas corporais para que toda uma cultura se encarne/corporifique nele[10].

---

8   *Ibidem*, p. 6.
9   Segundo Infantino, o formato dos números de destrezas físicas como a acrobacia, os malabares, o trapézio, o equilíbrio, introduzidos por um apresentador, intercalados com o humor dos palhaços e o risco do adestramento de animais, é a base do que atualmente se costuma chamar de circo tradicional. Esse modelo de espetáculo é associado a um modo particular de produção familiar em íntima relação com o caráter itinerante da atividade circense (cf. Infantino, 2013, p. 285). A autora analisa a forma como, a partir dos anos 1980, no período pós-ditatorial, essas artes começaram a ser transmitidas em circuitos de ensino na cidade de Buenos Aires, entre os quais se destaca a Escola de Circo Criollo, dos irmãos Videla (terceira geração de artistas de uma família circense), que começou a funcionar em 1982. A transmissão de saberes que aconteceu ali trouxe determinadas especificidades em torno das ligações entre artistas circenses "tradicionais" e novos artistas (cf. Infantino, 2014).
10 Pavis, 2016, p. 64.

Justamente isso é o que se aprecia na montagem *Demoler* (Demolir), que estreou em 2016, no Espaço La Ramona[11], e em 2017 participou da noite de encerramento do 11º Festival de Circo en Escena. O espetáculo das artistas Malena Frari e Elisa Vallania, com coordenação de Engenia Hadandoniou, conta com música ao vivo e um número de trapézio que tem início à moda convencional. À medida que a apresentação segue adiante, a artista Malena Frari começa a mudar seu rosto até suspender a ação, afirmando que não pode continuar. Exibe um corpo paralisado pelo medo e pede ajuda. Aparece então Eliza Vallania, que sai do meio do público e rompe o clima dramático com ações cotidianas que mostram o erro. Como descer do trapézio? Como subir? O que acontece se uma parte do corpo ficar presa no trapézio? E se o cabelo ou a roupa se enrolarem no trapézio? Começa a surgir um diálogo entre um corpo que extrapola o cotidiano, treinado para as exigências do trapézio, e ações cotidianas que tiram a dramaticidade da complexidade da ação.

O procedimento engenhoso ou habilidoso para conseguir a tão aclamada proeza da técnica se desvanece para visibilizar seus mecanismos e encontrar aí a obra de arte. Trata-se de demolir um sistema, uma teoria, um critério, um pacto através da desconstrução do corpo. A montagem começa a ficar complexa através da sequência de quedas da altura do trapézio até bater no plástico do colchonete, provocando um barulho seco marcado pela repetição da queda. O salto acrobático explicita o perigo do corpo exposto ao dano da queda para projetar a fragilidade humana na comunicação da dor, seguido de uma série de testemunhos sobre o que essa pancada produz no corpo. É assim que a encenação expõe a fragilidade daquilo que tem vida, a precariedade do corpo do acrobata que se depara com sua mortalidade no dia a dia.

Portanto, é a partir da autonomia da técnica, seguindo Rancière[12], que as práticas artísticas podem operar em cima de um novo recorte do espaço material e simbólico. É assim que a arte se une à política. Ambas as disciplinas são consubstanciais, uma vez que a política define os objetos da arte por seu pertencimento a um *sensorium* diferente daquele da denominação. É por isso, prossegue ele, que para Kant a liberdade de criação na arte está ligada à suspensão do poder da forma sobre a matéria, da inteligência sobre a sensibilidade. Consequentemente, a criação permite derrubar a oposição entre forma inteligente e matéria sensível.

Por outro lado, essa possibilidade proporcionada pelo circo atual – de criar obras que não correspondam ao que se espera de um número de trapézio convencional – exige que se crie uma nova disciplina em que a arte contemporânea e a sua filosofia se iluminem mutuamente e sejam capazes de analisá-la, levando em conta a definição proposta por Adorno sobre a arte como o lugar do não idêntico, daquilo que não se deixa dominar e ser absorvido. É precisamente isso que, de acordo com

---

11 Sala para espetáculos de dança, circo e teatro. Centro de formação e produção cultural localizado no bairro de Güemes, na cidade de Córdoba.
12 Cf. Rancière, 2016.

Malena Frari em **Demoler** (Demolir), na noite de encerramento do Circo en Escena 2017.
Foto: Juan Pablo Ravasi (Fotocolección Córdoba).

Rancière, confere um valor irredutível à arte, em um mundo em que tudo é instrumentalizado, dominado, calculado e homogeneizado[13].

As técnicas de costume do circo, como trapézio, *clowns* e mímica, entre outras, continuam a ser mantidas no Festival Circo en Escena, mas já não se justificam por si só. São acrescidas em um diálogo entre várias artes cênicas (teatro, circo, performance...), buscando seus pontos de fricção e reciclagem para formar um sentido, uma vez que o circo é um vasto campo de experimentação que obtém espetáculos heterogêneos fascinantes, como é o caso da obra *Fanfarria* (Fanfarra, 2016), do Circo Da Vinci[14], um circo muito teatralizado, com uma dramaturgia baseada no fio condutor da música. Corpos diferentes, hábeis em várias especialidades, se organizam tentando transformar numa obra a música, o teatro, o circo, as artes visuais e a experimentação com o imprevisto. Corpos que se destacam na precisão dos detalhes do movimento para criar, por meio da brincadeira, a atmosfera de uma viagem ou de um sonho. Ou seja, a ação dos corpos não pretende buscar a perfeição da figura em si, mas nos transmite uma história, um dilema que requer que o espectador aguce seus sentidos.

Deparamo-nos com uma arte contemporânea que defende a atuação livre, autônoma em relação ao domínio da técnica e da criação das formas, que segundo Rancière se caracteriza pelo "fim da especificidade dos instrumentos, materiais ou dispositivos próprios das diferentes artes, a convergência para uma mesma ideia e para a prática da arte como uma forma de ocupar um lugar em que se redistribuem as relações entre os corpos, as imagens, os espaços e os tempos"[15].

Essas presenças tão variadas de corpos acontecem porque a organização do festival tenta não reduzir o circo a uma expressão apenas física, mas pensá-lo como um espaço de experimentação onde estão em jogo os limites humanos, quer sejam eles mentais, físicos ou criativos, e onde descobrir e explorar a arte com liberdade permite ampliar o horizonte de possibilidades. Como aponta Patrice Pavis:

> As fronteiras entre os gêneros estão diluídas: já não há nenhum sentido em tentar reconstituir uma tipologia deles. Em vez disso, é melhor redefinir constantemente as práticas, misturá-las: estamos em um "museu vivo interativo" (Gómez-Peña). O artista não deve ter medo de olhar por cima do muro, de se aventurar no território dos outros artistas e irmãos humanos[16].

---

13 *Ibidem*.
14 "O Circo Da Vinci é um grupo independente de circo-teatro-música formado em 2002, estabelecido em Córdoba. É formado por atores, músicos e artistas visuais que mantêm uma atividade prolífica e ininterrupta desde a fundação, apresentando-se em várias regiões da Argentina e fazendo excursões e temporadas em cidades do Uruguai e do Brasil. No momento conta com cinco montagens [...] e dois trabalhos discográficos editados, *Ermosura* e *mARAVILLA*. *Fanfarria* é uma peça musical-teatral que estreou no Festival Circo én Escena (2016)". Disponível em: http://circodavinci.blogspot.com. Acesso em: dez. 2020.
15 Rancière, 2016, p. 13.
16 Pavis, 2016, p. 45.

Em função disso, citando Gómez-Peña, Pavis afirma que o artista performático responde à nova ordem mundial com uma nova fronteira mundial, uma vez que a sua é uma arte que está na fronteira, no limite entre as culturas, os sistemas políticos, as línguas e as artes. É por isso que a tarefa do *performer* é "superar, unir, interconectar, refazer e redefinir os limites da cultura"[17]. Trata-se nada menos do que apagar as fronteiras entre arte e política, prática e teoria, artista e espectador.

Para finalizar, como sustenta Rancière[18], a estética já não é conferida por critérios de perfeição técnica, mas pela atribuição a determinada forma de apreensão sensível que, por meio de uma experiência específica, parece suspender as conexões comuns não apenas entre aparência e realidade, mas também entre forma e matéria, atividade e passividade, entendimento e sensibilidade.

Criando linguagens: o texto na cena
O circo trabalha com a evocação do riso, que nos define como seres humanos. Os *clowns* precisam aguçar seu registro de percepção para resgatar tudo aquilo que sobressai da realidade ou do convencional e fazer humor a partir desse material. Criar linguagens que produzam contraste dentro da forma dramática que desorientam o espectador, provocando-lhe o riso. Em suas aulas de *Palhaço latino-americano*, Víctor Ávalos[19] (palhaço Tomate) afirma que a sociedade vive em tensão por causa da repressão e que por trás de uma piada existe uma verdade que incomoda, por isso a comédia é muito próxima da tragédia. Como afirma o artista Bruno Gagliardini "Brunitus":

> Fazer rir é matar lentamente. Fazer rir com gargalhadas é torturar... Matar. Despedaçar a mediocridade. Esquartejar a apatia. Estrangular a hipocrisia. Que sangrem os preconceitos. Que agonize a repressão. Que morra lentamente a escravidão do espírito... Matar. Porque se não nos adiantarmos, o comodismo amarrará nossas ideias sem nos darmos conta, a avareza lhes cegará os olhos e o conformismo lhes dará um soro cético e distópico...[20]

Com efeito, o circo se vale de certas linguagens na hora de trabalhar o humor, como a ironia, o grotesco, o absurdo, sendo essas as noções mais reconhecidas para abordar o cômico. No caso da ironia, afirma Sarrazac:

---

17   *Ibidem*, p. 146.
18   Cf. Rancière, 2016.
19   Original de Buenos Aires, desde 1992 o palhaço Tomate fomenta e dá vida a uma série de personagens disparatados de comédia com o uso de bolas. *Palhaço latino-americano* foi a oficina que ofereceu no Festival Circo en Escena (2017), na qual, utilizando-se de técnicas e conteúdos teóricos, mostrou aos estudantes os percursos necessários para que eles consigam não apenas ser graciosos, mas também entrar em estado de graça.
20   "Manifesto" por Brunitus. Disponível em: http://poesiacirquera.blogspot.com. Acesso em: dez. 2020.

Uma suspeita se introduz no seio de uma linguagem que sugere o contrário do que aparenta dizer. Supõe assim um segundo grau de sentido, que conduz o espectador a destruir o primeiro, inclusive se essa desconstrução não for explícita no seio da obra irônica. Segundo Michel Vinaver, a ironia permite manter uma relação sugerindo sua incongruência, no seio do universo, aparentemente destinada à interrupção desde o colapso das grandes estruturas que conferem sentido: a ironia seria inclusive a única maneira possível de relacionar "quando ainda há relação, mas já desajustada entre os dois objetos"[21].

A maioria dos espetáculos que se apresenta no Festival de Circo en Escena recorre à linguagem irônica, tal como faz o personagem Galindez, criado por Tato Villanueva, que foi o apresentador da noite de encerramento de 2016. Trata-se de um vilão, um *clown* policial que chega a arruinar e a suspender o festival e faz uma inspeção do público, ressaltando os sinais de subversão, como a reunião, o cabelo longo, a roupa colorida etc.

> Galindez (*Depois de se apresentar com uma dança sensual e incitando o público ao festejo, corta a música abruptamente. Pronuncia incorretamente para ridicularizar o personagem poderoso*): Guena noches!!! Guena noches!!! Muito bem. Alguém pode me explicar o que é isso? Essa reunião de *hippies*, vagabundos, lacraias, rufiões, jasmins, vegetarianos! Quero comunicar a todo esse pessoal que a partir de agora esse lugar fica fechado! Todos devem se retirar. (*As pessoas se queixam; Galindez saca uma pistola com som de brinquedo*) Ah, ah, zombam de mim, mas tenho um revólver e não temo usá-lo. (*Ameaçando o público com ironia*) Ai, ai, sou mulher e você não pisa em mim! Toma! (*Uma pisada*) Ai, ai, ai, sou... sou... (*Não identifica o que vê, deixando evidente a particularidade da pessoa*) Ai, sou um tipo raríssimo! Toma!!! (*Bate na pessoa com o revólver*) Ai, ai, sou uma criança! Toma!!! Ah, ah, ah, onde estão as grávidas? [...] Se este evento for "cultural", se isto for "arte", se por acaso aqui for um lugar onde os artistas se encontram e revelam suas mais íntimas inquietações com o público, um lugar de encontro, um lugar do povo, se isto for tudo o que tenho a dizer, vou pedir um forte aplauso para o detido da noite...

Após uma série de eventos infelizes por que passa Galindez e de ser removido de seu posto de policial, ele afirma:

> Galindez: Em primeiro lugar, quero pedir perdão a todos os que organizam essa coisa das bolinhas. Vocês estavam passando uma noite incrível e eu... vim arruiná-la porque precisava cumprir com meu dever. Sabem por que tratei vocês tão mal? Música, maestro! (*Começa a bailar danças clássicas e a cantar ópera*).

---

21   Sarrazac, 2013, p. 114.

Embora nessa fala se reflitam símbolos da atualidade – discursos políticos que evidenciam os mecanismos do poder –, todas as afirmações que Galindez faz terminam ressaltando seu verdadeiro desejo, que é ser bailarino. É por isso que, segundo Michel Vinaver, em Sarrazac: "a ironia permite manter uma relação sugerindo sua incongruência, no seio do universo, aparentemente destinado à interrupção desde o colapso das grandes estruturas que conferem sentido: a ironia seria inclusive a única maneira possível de estabelecer uma relação 'quando ainda há relação, mas já desajustada entre os dois objetos'"[22].

Por outro lado, o grotesco, afirma Sarrazac, desorienta o espectador, confrontando uma ausência de referências que lhe permitem "classificar" esse fenômeno[23]. É por isso que normalmente ele é definido por seu caráter híbrido, já que oscila entre o trágico e o cômico, entre a proliferação e a redução. Dessa forma, o grotesco se distancia da realidade – revelando-a despojada de certezas –, uma vez que ela não pode ser estabelecida de forma definitiva.

Continuando com Galindez, o personagem propõe um contraste entre uma linguagem rígida e afável, entre o excesso de algumas partes do corpo, como a barriga proeminente, os bigodes compridos, uma boina de policial grande e a nudez das pernas; entre o dever da ordem e o desejo do artista; entre a sensualidade e a repressão. Estamos diante de uma linguagem que é efêmera e se constrói em um *aqui e agora*[24], isto é, o artista apela a tudo o que tem à mão para preservar e explorar a relação com o público. Muito distante da lógica do texto dramático, se aproxima da técnica da escamoteação, que, assim como propõe De Certeau[25], é uma forma que retira o tempo produtivo de um sistema externo para realizar uma ação livre e criativa. Trata-se de alterar a ideia de suposta ganância trazida pelo produto fechado e acabado como valor, para criar novas formas livres da trama. Dessa forma, o ator acrescenta textos ou ações próprias, improvisa em função dessa relação direta com o público.

Por outro lado, Pavis afirma que o absurdo é aquilo que é visto como não razoável, como algo que carece totalmente de sentido ou de vínculo lógico com o resto do texto ou da cena[26]. Na filosofia existencial, o absurdo não pode ser explicado pela razão e nega ao homem toda justificativa filosófica e política de sua ação. Por isso que para o *clown* a solução é mais complicada que o problema.

Vejamos como exemplo um dos números de acrobacia aérea realizados por Lian Isso e Martin Pereyra, da Companhia Bajo el Aire, no espetáculo *Ni harapos ni vestuarios* (Nem farrapos nem roupas), apresentado no Teatro-Acrobático-

---

22   Ibidem.
23   Ibidem.
24   Dubatti define o *aqui e agora* como o comportamento ou situação que parece acontecer pela primeira vez, ao mesmo tempo que compromete o artista como um todo, afetando seus aspectos físicos, emocionais e psíquicos. Cf. Dubatti, 2010.
25   Cf. De Certeau, 2007.
26   Cf. Pavis, 2008.

-Absurdo na noite de encerramento do Festival Circo en Escena de 2017. Os artistas colocam em seu diálogo a dificuldade de levar adiante uma das figuras acrobáticas e de conseguir o sincronismo dos movimentos, ao mesmo tempo que ressaltam sua relação de parceria, a necessidade de conhecer a força muscular e o controle corporal. Eles criam situações cômicas a partir da busca de ações não necessariamente rebuscadas e arriscadas para fazer a figura. Dessa forma, acabam conseguindo transformar o percurso em algo muito mais complicado e surpreendente que o objetivo final.

Apesar disso, existem outros mecanismos de linguagem que vão além do humor e trabalham com textos que são testemunhos e vão criando um autorretrato poético do artista que faz um chamamento à palavra, à corporeidade, à ação, à sonoridade, ao silêncio, à dor e à brincadeira. Relatos que trazem do passado outro espaço, outra temporalidade, para recuperar no *aqui e agora* do acontecimento artístico. Podemos apreciar isso no trecho do texto do espetáculo *Demoler*, resgatado com vídeos, já que não consta do texto escrito.

> Elisa (*Enquanto fala, vai fazendo a ação*): Lembro-me da primeira vez em que caí do trapézio... estávamos com o Cone, em Güemes, na Simón Bolívar. Era um dos últimos ensaios e me lembro de que... sentada, precisava fazer uma arrancada com os tendões atrás dos joelhos, e dos tendões passar para um charlotte, e perdi o controle das pernas no charlotte, elas abriram antes. Fazia três dias que havíamos estreado. Mesmo assim (*faz o movimento*), ninguém percebeu por que caí de cócoras...

Com efeito, nos últimos anos se observa como os artistas que se encarregam de fazer os números acrobáticos começam a implantar o texto em sua sequência, dirigindo-se ao público, a contar histórias de vida, uma ou outra anedota sobre os ensaios, a mencionar problemas pessoais, rir de seus próprios erros, falar sobre a dor que lhes traz o excesso de esforço da técnica. Nesses momentos, o circo alcança uma nova dimensão, o público já não admira um exercício acrobático, mas sim esses seres humanos que se revelam frágeis e sofredores, ou alegres e medrosos. Ou seja, sobrevivem a façanha humana e a destreza em cada um dos números, mas o texto seguido por essas operações cênicas mostra a existência de uma pré-história, o que custa para chegar até ali. É esse *aqui e agora* diante de um público que procura ou está acostumado a ver que não se pode errar em uma apresentação circense.

Também aparecem no palco os textos que se posicionam no âmbito de um olhar político e estético em relação à arte. Assim, antes de começar cada evento, os organizadores se apresentam com um manifesto no qual deixam claro sua perspectiva diante das problemáticas sociais da província e do país, e seu ponto de vista sobre a arte:

> Desejamos viver em liberdade, sem perseguições, sem medos, sem delimitação territorial, sem dúvidas, sem precisar nos perguntar onde está Santiago Maldonado[27]. Ou, pelas vítimas do "disparo fácil"[28], ou pelos irmãos e irmãs dos povos autóctones, ou pelas tantas mulheres ausentes [...]. Defendemos o crescimento coletivo [...]. Sem nos limitarmos de antemão ao dinheiro, entendendo, propondo e construindo outra maneira de estar e de atuar no mundo, fazendo um festival em que arrecadamos fundos "passando o chapéu", porque esse sistema nos permite tudo isso e mais ainda[29].

Dessa forma, observamos como essas linguagens na atuação se entrelaçam conjuntamente através da experiência e da ideologia em um ato dramático e simbólico de relevância para uma cultura particular[30]. Nesse sentido, Circo en Escena dá início a seus espetáculos com textos que frequentemente se constroem como manifestos, como modos de comunicar uma forma de conceituar os fatos artísticos e seu papel social e político. Falar de liberdade, de minorias, de casos de injustiça e ilegalidade estatal e relacioná-los a "fazer um festival passando o chapéu" como uma "outra maneira de estar e atuar no mundo" expressa a visão do coletivo, sua concepção artística, mas também política.

Por outro lado, é importante dar visibilidade ao que aconteceu no dia 27 de março de 2018, quando a Subdireção de Cultura da Província de Córdoba outorgou à organização Circo en Escena uma menção por sua trajetória e contribuição à cultura. Um reconhecimento ocorrido no contexto de um festival autogerido, com uma escassa contribuição do Estado, e que particularmente em 2017 não recebeu nenhum apoio econômico dele. Por isso, os integrantes da organização leram um manifesto no ato de entrega do prêmio:

> Antes de qualquer coisa, queremos agradecer esse reconhecimento, após doze anos de trabalho ininterrupto que levamos adiante de forma horizontal e autogerida, sem fins lucrativos e com o firme propósito de compartilhar todas as atividades sob a filosofia de "passar o chapéu". É possível! Vocês estão nos vendo aqui...

---

27 Santiago Maldonado desapareceu em 1º de agosto de 2017 após a violenta repressão da polícia militar em Pu Lof, em Resistência Cushamen, na província de Chubut. Ficou desaparecido por 78 dias. Seu cadáver foi encontrado em 17 de outubro de 2017 no Rio Chubut. Disponível www.santiagomaldonado.com. Acesso em: dez. 2020.

28 Termo utilizado para se referir aos casos de abuso policial em que acontece uma utilização abusiva/ilegal de armas de fogo por parte das forças de segurança contra a população civil. Os casos de disparo fácil (ou execução) da população civil são um problema crescente em vários lugares do país, especialmente na cidade de Córdoba. De 12 de julho de 1999 a 29 de janeiro de 2018, sessenta pessoas, sobretudo jovens, foram assassinadas por balas da polícia em casos de "disparo fácil". Esses dados são do coletivo La Marcha de la Gorra, uma organização social nascida há doze anos para denunciar o assédio moral policial e judicial na detenção para averiguação de antecedentes, a maioria de jovens que vivem nos bairros na periferia de Buenos Aires.

29 Circo en Escena, 2017.

30 Cf. Stoeltje e Bauman, 1988.

> Concretamente, queremos dizer que no ano passado não contamos com nenhum apoio da província porque havia uma mudança de pessoal nos cargos políticos. NÃO TIVEMOS RESPOSTA e não conseguimos utilizar alguns espaços públicos com os quais já vínhamos trabalhando nos anos anteriores. Reconhecer-nos com uma placa é muito bonito, muito obrigado, mas se realmente notam que este coletivo traz uma contribuição para a cultura, não se esqueçam de que um festival internacional de tamanha magnitude não se faz com 10 mil pesos para mais de dezesseis sessões programadas. Que os espaços públicos sejam públicos, que os apoios sejam de acordo com o trabalho realizado. A cultura é realizada com ações, não com menções. Muito obrigado![31]

Na apresentação do manifesto, fica expressa a denúncia diante do reconhecimento meramente formal, simbólico e não material que a organização recebeu. Isso acontece porque o coletivo vem reivindicando à província mais formação em circo, a melhoria das condições de segurança das salas, a disponibilidade para o uso dos espaços públicos, subsídios específicos para a disciplina e que existam pessoas idôneas, no campo das técnicas circenses, nas áreas da cultura, entre outras deficiências que são percebidas para que se possa otimizar o desenvolvimento e o crescimento dessas artes.

Assim sendo, Circo en Escena é contra o atual projeto de lei que pretende restringir a arte de rua na Cidade Autônoma de Buenos Aires[32]. Esse projeto transcende o âmbito local da cidade de Córdoba, mas levou vários coletivos a defender o direito de uso do espaço público no resto do país. Como representante do coletivo, a artista Ana Linder (Circo en Escena) argumenta:

> Como grupo, somos completamente contra e, de fato, repudiamos este novo projeto de lei que restringe e criminaliza o trabalho de rua. Acreditamos ser uma política que freia o desenvolvimento cultural que nos permite, enquanto comunidade, refletir, nos encontrar e criar uma forma de micropolítica. Estamos completamente contra, somos a calçada da frente, acreditamos justamente no contrário: que a arte de rua é um direito e não um delito. Acreditamos necessário abrir mais espaços de encontro entre a comunidade, ter festivais ao ar livre nos bairros, que a rua seja nossa, que seja um território impregnado de encontro, de troca e de afeto, um espaço para compartilhar toda nossa política[33].

---

31   Circo en Escena, 2018.
32   O governo da Cidade Autônoma de Buenos Aires, a cargo de Horacio Rodríguez Larreta, enviou um projeto de lei para alterar o atual Código de Contravenção, para que as forças policiais tenham um maior poder de ação – ou repressão – no que concerne ao espaço público e o que acontece ali, entre outras coisas, os espetáculos dos artistas de rua. Durante a redação deste trabalho, a iniciativa estava sendo analisada pelas comissões.
33   Pollo, 2018.

Lu Lobroff na *variété* tradicional do Festival Circo en Escena 2017, Plaza Intendencia, Córdoba. Foto: Fede Sosa.

Concluindo, a diversidade de linguagens em uma representação artística cria nos indivíduos a oportunidade de experimentar e intensificar sua identidade social, um encontro com o místico ou a tomada de consciência do comportamento estético[34]. Já que, como argumentam os autores, o sentido da experiência se altera, enfatizando a comunicação densamente simbólica e multidimensional. Esses mecanismos e princípios transformam a prática, comum e extraordinária, em símbolos significativos e mensagens com as quais o grupo pode transmitir, representar e interpretar a experiência social. Esses princípios de transformação e significação incluem a repetição e a variação, a metáfora e a metonímia, a condensação e a exageração, a justaposição e a inversão, o incremento e a seletividade, a multiplicação da atividade, o desmembramento de partes e a manipulação de categorias sociais.

A composição social

Tal como definem Beverly Stoeltje e Richard Bauman[35], entendemos a imagem como aqueles códigos visuais que exercem uma poderosa influência na atuação. A cor e o desenho, por exemplo, são veículos extremamente importantes para codificar informação e evocar respostas. A manipulação da luz e a escuridão servem para acentuar e intensificar o momento da atuação. A cor e o desenho formam os materiais que se convertem em forma de fantasia, de máscara e de outros objetos simbólicos utilizados na atuação dramática.

No caso do circo, os artistas têm muito presente a herança itinerante do circo tradicional. É por isso que as obras que se apresentam no festival são pensadas levando-se em conta a possibilidade de mudança e adaptação em numerosos espaços e lugares, uma vez que o evento se desenrola por toda a cidade e localidades do interior. É um circo sem lona com sessões na rua, nos galpões, em salas e espaços não convencionais, portanto, dirigido a um público muito variado.

Por conseguinte, a montagem e a desmontagem dos espetáculos precisam ter a possibilidade de se adaptar rapidamente a várias condições. Por esse motivo, as obras enfatizam o vestuário, a maquiagem, os adereços (que são objetos usados para extrapolar o cotidiano ou os brinquedos para fazer malabares, exercícios de equilíbrio, mágica ou *clown*). Por sua vez, geralmente a cenografia é mínima e/ou consiste nos equipamentos para fazer acrobacia – como o trapézio –, que são muito pesadas e ocupam grande parte do espaço cênico.

Pavis precisa que a encenação é sempre uma criação com imagens, que pode ser mais ou menos *imaginante* e *imaginada*, isto é, uma figura mimética ou de abstração simbólica[36]. O circo, por outro lado, não tem necessidade de nos devolver uma imagem que seja cópia da realidade, mas, pelo contrário, deve revi-

---

34   Cf. Stoeltje e Bauman, 1988.
35   *Ibidem*.
36   Cf. Pavis, 2008.

gorar a dramaturgia do espetáculo no corpo. Concretamente, na obra *Cabeza de aire* (Cabeça de ar), apresentada na 11ª Edição do Festival, um ser amorfo aparece no palco. A obra se define como um espetáculo de marionetes corporais em que a artista cordobesa Sofía Piñero Gallo cria uma personagem com uma cabeça em forma de círculo, que por intermédio da mímica transmite experiências oníricas. Seu único elemento cenográfico é um pequeno cubo; o resto se completa com um barco de papel, sacolas de plástico que se unem formando uma fila e bolas de vários tamanhos. Com esses poucos elementos de cores opacas entre o verde, o branco e o preto, produz várias imagens ligadas à mágica ou à ilusão, utilizando-se de uma iluminação que vai focalizando, recortando o espaço para ressaltar os personagens ou os objetos menores.

Por outro lado, as artistas de *Demoler*, mencionadas anteriormente, contam com figurinos que não são planejados especificamente para o trabalho no trapézio; por isso, à medida que executam a queda, vão se livrando dessa indumentária até ficarem apenas com a roupa íntima. A pele revela como os músculos ficam tensos com a força que exercem no movimento e como vão se enrijecendo com o cansaço e o choque da pancada no colchonete. Dessa forma, o corpo nos interpela por estar parcialmente despido, sem dissimulações, transformando o vestuário na superfície da própria pele. A esse respeito, afirma Schechner:

> A nudez significa levar o interior para fora ou projetar para as superfícies do corpo os episódios das profundezas. Fisiologicamente, os *episódios internos* de relevância muscular, visceral e mental estão sempre alterando a topografia do corpo; da posição dos ombros aos ritmos respiratórios, ao olhar, ao movimento dos dedos ou ao franzir dos lábios: a superfície corporal está sempre mudando em relação a fatos corporais internos... e vice-versa[37].

No caso dos *clowns*, o figurino é pensado e criado não apenas para caracterizar o personagem, mas também como recurso para manter adereços que gerem efeito surpresa ou os ajude a mudar de personagem rapidamente. No exemplo mencionado anteriormente, o personagem Tato Villanueva apresenta uma roupa de policial com bolsos grandes que lhe permitem esconder os elementos que utiliza para a representação, além de poder transformar, em um movimento, a roupa de policial em uma de bailarino.

Ou seja, como argumenta Pavis, o vestuário cumpre um papel importante e variado, convertendo-se na *segunda pele do ator/atriz*[38]. O vestuário multiplica suas funções e é integrado ao trabalho conjunto sobre os significantes cênicos. Ele permite restituir ou simplificar o cenário, proclamando-o e integrando-o no corpo do artista. Como argumenta Pavis, deve ser dinâmico: conseguir que se transforme e

---

37   Schechner, 1988, p. 68.
38   Cf. Pavis, 2008.

que não se esgote depois de um exame inicial de poucos minutos, que emita sinais nos momentos oportunos em função do desenvolvimento da ação e da evolução das relações de atuação[39].

Por outro lado, e também como herança do circo tradicional, para chamar o público o festival promove um desfile inaugural pelas ruas centrais de Córdoba. O evento é marcado pela agitação e pela mistura de cores vibrantes e brilhantes que refletem a fileira liderada pela *burra*[40], um boneco de grandes dimensões, adotado como imagem e emblema do festival no material gráfico, no *merchandising* e em vídeos de divulgação junto a todos os artistas que queiram participar com seu vestuário. Essa atividade é levada a cabo evocando a tradição dos bufões da Idade Média, os bobos da orquestra que interpretavam vários personagens, faziam música, destrezas, acrobacia e outras proezas, isto é, todo o necessário para capturar a atenção das pessoas. Ao mesmo tempo, como mencionamos anteriormente, está ligado à herança do circo tradicional, recuperando os desfiles que os circos faziam ao chegar às cidadezinhas para divulgar o espetáculo que seria realizado sob a lona do circo.

Por fim, os artistas circenses são criadores de suas próprias obras, em vez de serem intérpretes, já que trabalham sobre materiais produzidos com base em sua própria prática e pesquisa. A maioria das companhias não contempla a figura do(a) diretor(a), portanto se prioriza a horizontalidade e o caráter estético e autônomo do trabalho artístico. É por isso que as imagens produzidas em suas representações são múltiplas e variadas, o que não limita os espectadores a dirigir seu pensamento para um único sentido de interpretação. Ao lado da amplitude dos espaços utilizados pelo festival para a apresentação das obras, isso permite que a experiência estética se livre do recinto fechado e se produza essa repartição do sensível ou essa realocação de lugares e olhares, definidas por Rancière como política estética[41].

Conclusão

Considerando o que foi analisado sobre o trabalho do Circo en Escena, são reconhecidas no âmbito do grupo certas características ligadas à capacidade de reflexão para continuar a aprender e desaprender formas próprias da disciplina, com a necessidade de gerar novos projetos que enriqueçam o circo e, consequentemente, produzam maiores conquistas, sem perder o olhar inclusivo.

---

39 *Ibidem*.
40 Personagem inspirado na canção popular "Mi burrito cordobés", do grupo folclórico Los Fronterizos, em que os artistas do conjunto e seus colaboradores se orientam a fim de montar para o festival uma enorme burra com patas de rodas, que desfila pelas ruas.
41 Cf. Rancière, 2016.

Trata-se de um circo com toda a idiossincrasia cordobesa, que desfila[42] todos os anos, convidando a cidade com seu personagem de Burra ao ritmo do quarteto[43] "En septiembre tú fuiste mía"[44] (Em setembro você foi minha). São várias vozes e com tons que se aclamam, no âmbito da sua organização, sob o espírito revolucionário de Agustín Tosco[45], e que vão para a rua para dar visibilidade às lutas sociais e populares da cidade. E para quem fazer um festival internacional com o sistema de "passar o chapéu", com uma mínima ajuda econômica do Estado, e mantê-lo durante doze anos, é um desafio que se torna cada vez mais difícil à medida que o tempo passa.

Por sua vez, tampouco os organizadores obtêm uma renda econômica compatível com o tamanho do trabalho que fazem. Assumir um compromisso constante, esse desafio a que poderíamos chamar de proeza circense, é o que continua a ser sempre mantido, e é o que faz com que o circo seja circo. Artistas que se apropriaram do lema "Del circo quiero ser" (Do circo quero ser)[46] e persistem com essa vontade de criar a partir do risco, de treinar não apenas para incorporar a técnica, mas para construir levando em consideração que não existe nada impossível.

Portanto, no que diz respeito à nossa pergunta inicial, que indaga qual aspecto do circo, em particular, continua existindo apesar das confluências experimentais entre as artes, o que podemos responder? Numa época em que os artistas assumem uma emancipação que põe em jogo o que é próprio da arte, poderíamos pensar que uma primeira resposta possível seja que a proeza circense é o que continua a existir. Porém, com a diferença de que o artista contemporâneo não apenas constrói a capacidade para mostrar – seja um salto, o equilíbrio etc. –, mas tem a vontade de transmitir um pensamento, um sentimento ou uma ideia mediante essa capacidade. É por isso que o mais valioso não é o risco que alcança o salto mortal, mas como ele nos transmite uma forma de interpretação do artista, a fim de levar o público a sentir outras emoções além do susto. Para que isso seja possível, a busca se inclina a fortalecer uma estética baseada na poesia ou na criação de um fio condutor a ser seguido, a fim de transmitir uma forma, uma história etc.

Por fim, a partir dessas múltiplas possibilidades que o palco transmite, o público se desliga de um significado uníssono e se sente livre para descobrir novas analogias, fazendo associações próprias, pois o circo não transmite um sentido acabado e encerrado, mas propõe uma dramaturgia que se constrói de forma dife-

42 Clássico desfile pelas ruas de Córdoba, em que são convidados todos aqueles que queiram pôr um nariz vermelho, uma roupa de circo, pegar um instrumento ou alguns brinquedos e passear da Praça San Martín até a Praça da Intendência.
43 Gênero de música popular proveniente da cidade de Córdoba. Caracteriza-se por um ritmo alegre e animado.
44 Música do quarteto, que se popularizou com o músico cordobês Miguel "Conejito" Alejandro.
45 Agustín Tosco (1930-1975) foi um dirigente sindical argentino do sindicato Luz e Força. Liderou a rebelião popular que passaria para a história com o nome de Cordobazo.
46 Uma das músicas mais conhecidas da banda Circo Da Vinci, do disco *Ermosura*, utilizada todos os anos no Festival Circo en Escena.

rente em cada apresentação e em coprodução entre os artistas e o público. Desde que o circo surgiu, suas obras têm a força de um público emancipado. Tal como definiu Rancière, a emancipação é o apagamento da fronteira entre aqueles que atuam e aqueles que observam, entre indivíduos e membros de um corpo coletivo[47]. É a configuração do *aqui e agora* da divisão de espaço e tempo. Uma comunidade emancipada requer que os espectadores tenham o papel de intérpretes ativos, que elaborem sua própria tradução para se apropriarem da *história* e, a partir dela, construir sua própria história.

O circo é a arte que apaga as fronteiras que dividem o sensível entre aqueles que sabem e os que ignoram, e propõe a criação em conjunto para equiparar a todos no palco. Por fim, o *convívio*[48] produzido por essa comunhão de corpos em campo acaba por ser o protagonista do evento. É assim que se apresenta o início do Festival Circo en Escena: "Sintam-se parte desta magia que é real. Que este projeto vibre em cada um de vocês e que assumamos como sujeitos sociais o valor de desenvolver o nobre exercício de fazer cultura, assumindo-nos como criadores deste presente e da história, em um palco onde cada um de nós nos manifestamos e expressamos a partir das nossas experiências"[49].

Finalmente, estabelecer uma política estética do circo contemporâneo em Córdoba, com definições, estruturas e conceitos acabados seria entrar em um terreno contraditório, em detrimento do que os integrantes do Circo en Escena pretendem para a sua arte. Nas palavras de Williams, "a redução do social a formas fixas é o que continua a ser o erro básico"[50]. Por esse motivo, poderíamos simplesmente afirmar que o circo na contemporaneidade tem como eixo de ação ser disruptivo: não se sujeita à técnica e transita no terreno da criatividade livre. É por isso que traz modificações nas dinâmicas de criação, provocando tensões, desarticulações e reajustes que, por conseguinte, se veem refletidos nos corpos, textos e imagens.

Referências

DE CERTEAU, Michel. *La invención de lo cotidiano 1: artes de hacer*. Ciudad de México: Universidad Iberoamericana/Instituto Tecnológico de Estudios Superiores de Occidente, 2007.

DUBATTI, Jorge. *Filosofía del Teatro II. Cuerpo poético y función ontológica*. Buenos Aires: Atuel, 2010.

INFANTINO, Julieta. "El Circo de Buenos Aires y sus prácticas: definiciones en disputa". *ILHA – Revista de Antropologia*. Florianópolis: 2013, v. 15, n. 1, pp. 277-309.

47 Cf. Rancière, 2013.
48 De acordo com Dubatti (2010), o convívio é a reunião entre artistas, técnicos e espectadores, à moda ancestral do banquete ou simpósio grego, numa encruzilhada campal e temporal cotidiana, no tempo presente, sem intermediação tecnológica que permita a supressão territorial dos corpos no encontro. Cf. Dubatti, 2010.
49 Circo en Escena, 2017.
50 Williams, 2000, p. 152.

_____. *Circo en Buenos Aires: cultura, jóvenes y políticas en disputa*. Buenos Aires: Inteatro, 2014.
JAMESON, Fredric. *Ensayos sobre el posmodernismo*. Buenos Aires: Imago Mundi, 1991.
LEHMANN, Hans-Thies. *Teatro posdramático*. Ciudad de México: Centro de Documentación y Estudios Avanzados de Arte Contemporáneo (Cendeac), 2013.
PAVIS, Patrice. *Diccionario del teatro: dramaturgia, estética, semiología*. Buenos Aires: Paidós, 2008.
_____. *Diccionario de la performance y del teatro contemporáneo*. Ciudad de México: Toma Ediciones y Producciones Escénicas y Cinematográficas/Paso de Gato, 2016.
POLLO, Julieta. "Circo en Escena: doce años abriendo la ronda". *La Tinta*. Córdoba: 2018. Disponível em: https://latinta.com.ar/2018/07/circo-escena-doce-anos-abriendo--ronda. Acesso em: dez. 2020.
RANCIÈRE, Jacques. *El tiempo de la igualdad*. Barcelona: Herder, 2011.
_____. *Escenas del régimen estético del arte*. Buenos Aires: Manantial, 2013.
_____. *El malestar de la estética*. Buenos Aires: Capital Intelectual, 2016.
SARRAZAC, Jean-Pierre. *Léxico del drama moderno y contemporáneo*. México: Toma Ediciones y Producciones Escénicas y Cinematográficas/Paso de Gato, 2013.
SCHECHNER, Richard. *El teatro ambientalista*. Ciudad de México: Árbol, 1988.
STOELTJE, Beverly; BAUMAN, Richard. "La semiótica de la actuación folklórica". Em: SEBEOK, Thomas; UNIKER-SEBEOK, Jean. (orgs.). *The Semiotic Web*. Berlin/New York: De Gruyter Mouton, 1988.
WILLIAMS, Raymond. *Marxismo y literatura*. Barcelona: Península/Biblos, 2000.

PARTE IV
NOVOS ESPAÇOS CULTURAIS PARA O CIRCO

Não somos fantasmas que circulam invisíveis nas universidades brasileiras: somos pesquisadores do circo

Marco A. C. Bortoleto

O circo brasileiro constituiu-se a partir das experiências de artistas das mais diversas origens, dialogando com todas as linguagens artísticas, com os saberes populares e com os eruditos, construindo uma história de quase duzentos anos, desconhecida inclusive por muitos daqueles que tiveram a oportunidade de cursar o ensino superior em artes cênicas.

De uma forma ou de outra, rizomaticamente, como falaremos mais adiante, o circo brasileiro superou todas as barreiras, alcançando nossos dias com muitas potências, contradições, problemas e orgulhos. Sua resistência ao tempo nos permitiu o privilégio de poder estudá-lo, buscando compreender sua relevância social e, consequentemente, tendo a possibilidade de abordá-lo no interior das universidades brasileiras.

Em decorrência dessa longa existência, mostraram nossos companheiros pesquisadores, existe forte presença do circo no imaginário popular, das crianças aos adultos, trespassando todas as classes sociais e as disparidades geográficas, do interior às capitais, do rural ao urbano, do Brasil do Império à contemporaneidade[1]. Paralelamente, os mesmos historiadores e sociólogos indicam uma série de preconceitos (distorções intencionadas) construídos a partir de um intrincado jogo político, que modularam a leitura da sociedade brasileira em relação ao circo e a todos aqueles que decidiram dedicar sua vida a ele, os circenses. Entendo, pois, que é preciso discuti-las se quisermos entender o lugar que o circo ocupa na universidade brasileira[2] e alguns dos processos associados a essa relação.

Como o circo brasileiro foi e como ele é hoje?
Não há dúvidas de que a construção do circo brasileiro se deu por meio da tradição familiar, da oralidade, consolidando a itinerância como uma de suas características

---

1   Cf. Rocha 2016; Melo e Peres, 2014; Lopes, 2015; Silva e Abreu, 2009.
2   Como talvez em Bourdieu e Wacquant, 1992.

basilares[3]. De fato, esse modo de operar nunca deixou de existir, recentemente passando a ser acompanhado de outras formas de organização do trabalho, da formação artística, como são as escolas de circo ou os projetos de circo social[4].

A atualidade do circo brasileiro revela uma interessante miscigenação, permitindo que modelos seculares (companhias de alguns poucos artistas, pequenas famílias, deslocando-se de vilarejo em vilarejo) e empresas sofisticadas, com alto grau de formalidade, coexistam. Assim é o circo brasileiro de hoje, uma mistura de todas as formas possíveis de organização do espetáculo, de distintos tamanhos, com ou sem formalização (contratos de trabalho, CNPJ), com mais ou menos recursos, de diferentes tamanhos, com ou sem lona, de organização familiar ou não, mambembe ou fixo, de um só ou com dezenas de artistas. Tão múltiplo e diverso, que nos equivocamos sempre que arriscamos defini-lo[5].

Nesse contexto, as escolas de circo, os projetos sociais, os cursos livres, festivais[6] e até mesmo a Escola Nacional de Circo (Rio de Janeiro) constituíram-se em constante diálogo geracional, estilístico e conceitual, permitindo distintas formas de colaborações e, também, de disputas. Evidentemente as tensões derivadas dessas diferenças sempre estiveram presentes, sem impedir aproximações entre os mais diferentes sujeitos históricos. O ecletismo do circo brasileiro é, portanto, uma de suas características.

No bojo desse movimento, o Brasil também viu emergir nas últimas décadas o debate sobre um tal de "novo circo"[7], que mais parece uma bela jogada de *marketing* que um fato concreto, diferentemente do que defendem outros estudiosos[8]. De fato, essa foi uma excelente forma, na França e em outros lugares, de reprojetar (reinventar[9]) o circo na sociedade, buscando libertar-se da imagem de um circo "decadente", moribundo, desgastado e "distante da modernidade"[10]. Esse discurso, ao chegar ao Brasil, encontrou eco, apoiado principalmente na recursiva construção do discurso midiático, que me parece desavisado, enviesado, com demasiada ênfase nos problemas do circo (de um certo tipo de circo, claro)[11]. Com

3   Cf. Silva, 2007.
4   Sobre as escolas de circo, ver Duprat, 2014. Sobre o circo social, ver Dal Gallo, 2010.
5   Cf. Bortoleto, Ontañón e Silva, 2016.
6   Cabe uma curiosidade. No estado de São Paulo temos dois festivais de grande porte, o Festival Paulista de Circo, com uma organização que reflete uma forma clássica na estética e no formato; e o Festival Internacional Sesc de Circo, que da produção à programação trata de operar em outra lógica, que muitos indicam se acercar do dito "circo contemporâneo". Curiosamente, esses eventos acontecem no mesmo período histórico, ambos com grande sucesso de audiência, compartilhando muitos dos artistas, inclusive, o que revela essa sobreposição e também certa contradição, quando buscamos separar o velho e o novo, o "tradicional" do "contemporâneo".
7   Cf. Silva e Abreu, 2009.
8   Cf. Wallon, 2009.
9   Uma alegoria usada também pelo Cirque du Soleil em seu espetáculo *Le Cirque Réinventé*, de 1987.
10   Albrecht, 2006.
11   Cf. Silva e Abreu, 2009.

isso, também pelo Brasil nota-se a emergência da ideia de que a "forma tradicional" do espetáculo de circo (ou "clássica", "familiar", "com animais", entre outros estereótipos) está morrendo[12]. Esse olhar desconsidera toda a amplitude do circo, podendo levar a entendimentos preconceituosos (por exemplo, considerando-o uma arte decadente), o que estudos recentes mostram se tratar de uma grosseira imprecisão. Até mesmo alguns pesquisadores caíram nessa armadilha, buscando inclusive justificar a emergência de "um novo circo".

Se, de fato, o circo estivesse morrendo, como explicaríamos o crescimento dos festivais, dos editais públicos para financiamento (números, equipamentos, formações, eventos etc.), dos projetos de circo social, das escolas de circo (centenas no país)? Entidades do calibre do Itaú Cultural, da Petrobras e da Fundação Bunge têm reconhecido o circo sistematicamente em suas ações. E o que diríamos sobre as centenas de famílias de artistas circenses que ainda circulam pelo território brasileiro? Seriam fantasmas?

O que dizer então do destaque que uma das mais importantes entidades promotoras de cultura no Brasil, o Serviço Social do Comércio (Sesc), vem dando ao circo? Há cerca de uma década, o Sesc reagiu a uma crescente demanda por atrações circenses na programação de suas unidades, criando uma gerência para o circo, como já tinha para dança, esporte e outras práticas. O resultado foi uma expansão ainda maior do circo nas mais de cinquenta unidades espalhadas pelo Brasil (são mais de quarenta só no estado de São Paulo), culminando em centenas de espetáculos circenses anualmente[13].

Dito isso, vejo nas falas de muitos brasileiros "fazedores de circo" (gestores, empresários e também artistas) uma espécie de transmutação de discurso (réplica tardia), negando qualquer relação com o circo de outrora e afirmando serem "parte do circo contemporâneo", que já não teria relação com sua anterior e obsoleta forma de existência. Uma discursividade por vezes subliminar e com escassa argumentação que a fundamente. Parece-me, inclusive, ser uma atitude similar à que vimos em relação à dança, quando se projetou sua vertente "contemporânea", dissociando-se da "clássica" (do ballet), sem admitir, embora seja evidente, uma interdependência

---

12   Reportagens como estas são bons exemplos dessa construção sistemática, comum a um jornalismo raso e que muitas vezes tem no próprio discurso dos circenses sua fonte principal, sem desconfiar que ele também pode ser frágil e parcial: Luiz Gustavo Pacete, "A magia do circo está morrendo", Disponível em: http://www.overmundo.com.br/overblog/a-magia-do-circo-esta-morrendo, acesso em: dez. 2020; Gabriela Di Bella; Gui Christ, "A luta dos circos brasileiros pela sobrevivência", Disponível em: https://www.bbc.com/portuguese/brasil-39013676, acesso: em dez. 2020.

13   Como indicado, o Sesc tem realizado a cada dois anos o Festival Internacional Sesc de Circo; a sexta edição aconteceu em 2021. Exemplos como o do Sesc São Luiz (Maranhão), com a quinta edição do Sesc Circo (https://www.sescma.com.br/2018/07/11/sesc-circo-seis-dias-de-gargalhadas-e-muita-arte-em-diferentes-espacos-da-capital/), ou do 3º Santa Maria Sesc Circo, em Santa Maria (Rio Grande do Sul) (https://www.sesc-rs.com.br/noticias/santa-maria-sesc-circo-2017-2511), são cada vez mais frequentes, e não são um fenômeno local, mas nacional.

(técnica, estética e, em muitos casos, institucional). Por isso, não concebo a possibilidade de o circo brasileiro contemporâneo existir sem esse ir e vir, sem essas múltiplas influências, sem essas trocas. Deveras, não acredito nessa hipótese!

Nesse contexto, pergunto: como a universidade tem encarado essa e outras problemáticas concernentes ao circo?

A "invisibilidade" do circo e os *cirqueiros* nas universidades brasileiras

A universidade pode, analogamente, ser vista como um "não lugar" para o circo, quase um lugar de "passagem", cujas relações se estabelecem pontualmente e sem maiores aprofundamentos[14]. Parece-me que ela é um espaço que ainda não permitiu a consolidação do circo, mostrando-se "resistente", com pouca sensibilidade. Contudo, são as pessoas que de fato compõem essas instituições que fomentam uma atitude de resistência[15], ainda que algumas exceções "lutem contra", buscando mudar essa situação.

Entendo que ciência e arte já divergiram em muitos aspectos, embora veja borbulhar no cenário contemporâneo uma tentativa de ampliar as misturas e cooperações, de romper barreiras, trabalhar trans-inter-multidisciplinarmente. Contudo, essa mentalidade menos fragmentada e mais orgânica ainda não se consolidou na realidade da universidade brasileira, dificultando, inclusive no contexto das artes, uma maior e mais destacada presença do circo na formação superior e na pesquisa científica[16].

Retomando e atualizando os dados apresentados, noto que alguns números, infelizmente, mostraram pouca ou nenhuma modificação após quatro anos. Uma pesquisa não exaustiva revela que, dos mais de 37.600 grupos de pesquisa registrados no Diretório dos Grupos de Pesquisa do Conselho Nacional de Desenvolvimento Científico e Tecnológico (CNPq) (Plataforma Lattes/ Carlos Chagas), apenas 28 indicam ter o circo como objeto de estudo/pesquisa. Somente cinco deles (vinculados, respectivamente, à Universidade Estadual de Campinas - Unicamp, à Universidade Federal de Alagoas - Ufal, à Universidade Federal de Santa Maria - UFSM, à Universidade Estadual Paulista Júlio de Mesquita Filho – Unesp e ao Instituto Federal de Educação, Ciência e Tecnologia do Ceará – IFCE) possuem em seu título o termo "circo" ou variações como "circense", "circo-teatro" e outras.

Por outro lado, dos mais de 200 mil pesquisadores registrados nessa plataforma nacional, menos de cem, para ser generoso, possuem produções relacionadas ao circo, número que diminui drasticamente ao se considerar a regularidade na atividade de pesquisa (ou seja, descartando orientações ou projeto pontuais), uma característica fundamental para a qualificação da produção científica. Cabe indicar

---

14   Trata-se de uma analogia imprecisa, porém provocativa, a partir das ideias presentes em Augé, 2005.
15   Cf. Foster, 1973.
16   Cf. Bortoleto, 2015.

Parada de mãos.

que a instituição de um grupo de trabalho (GT) denominado "Circo e comicidade" na Associação Brasileira de Pesquisa e Pós-graduação em Artes Cênicas (Abrace) é um fato recente, que representa um importante avanço e que pode ajudar a modificar os dados expostos aqui.

Especificamente no âmbito do estado de São Paulo, apenas cinco pesquisadores relacionados ao circo (três deles vinculados à Unicamp, um à Unesp e um à Universidade de São Paulo - USP) foram contemplados com recursos (financiamento de pesquisa, bolsas) nos últimos dez anos.

Um olhar local, dirigido à instituição onde trabalho, a Unicamp, revela um conjunto de 34 trabalhos acadêmicos (22 dissertações de mestrado e 12 teses de doutorado) relacionados ao circo, sendo 12 deles entre 1989 e 2009 e outros 22 de 2012 a 2018, o que indica um crescimento acentuado nos últimos anos (ver tabela 1). Essa tendência deve continuar, uma vez que ao menos outras dez pesquisas estavam em curso quando da conclusão deste texto, e o cenário identificado na Unicamp certamente pode ser aproximado aos de outras universidades brasileiras.

	Data	Título	Autor(es)	Orientador(a)	Tipo
1	1989	Humor e violência: uma abordagem antropológica do circo-teatro na periferia da cidade de São Paulo	Camargo, Jacqueline de	Arantes Neto, Antonio Augusto	Dissertação de mestrado
2	1993	Noites circenses: espetáculos de circo e teatro em Minas Gerais no século XIX	Duarte, Regina Horta	Lenharo, Alcir	Tese de doutorado
3	1996	O circo: sua arte e seus saberes: o circo no Brasil do final do século XIX a meados do XX	Silva, Erminia	Lenharo, Alcir	Dissertação de mestrado
4	1999	O clown visitador no tratamento de crianças hospitalizadas	Wuo, Ana Elvira	Iwanowicz, Josefa Barbara	Dissertação de mestrado
5	2003	As múltiplas linguagens na teatralidade circense: Benjamim de Oliveira e o circo-teatro no Brasil no final do século XIX e início do XX	Silva, Erminia	Lara, Silvia Hunold	Tese de doutorado

6	2004	De palhaço e clown: que trata das origens e permanências do ofício cômico e mais outras coisas de muito gosto e passatempo	Federici, Conrado Augusto Gandara	Ayoub, Eliana	Dissertação de mestrado
7	2004	Experimentações clownescas: os palhaços e a criação de possibilidades de vida	Kasper, Katia Maria	Kossovitch, Elisa Angotti	Tese de doutorado
8	2007	Atividades circenses: possibilidades e perspectivas para a educação física escolar	Duprat, Rodrigo Mallet	Perez Gallardo, Jorge Sergio	Dissertação de mestrado
9	2008	Experiência social e expressão cômica: os Parlapatões, Patifes e Paspalhões	Kruger, Caue	Pontes, Heloisa André	Dissertação de mestrado
10	2009	A identidade saltimbanco	Sacchi, Wellington	Samain, Etienne Ghislain	Dissertação de mestrado
11	2009	A dramaturgia circense: conformação, persistência e transformações	Pimenta, Daniele	Monteiro, Neyde de Castro Veneziano	Tese de doutorado
12	2009	Olha o palhaço no meio da rua: o palhaço itinerante e o espaço público como território de jogo poético	Baffi, Diego Elias	Ferracini, Renato	Dissertação de mestrado
13	2012	Segurança no circo: questão de prioridade	Ferreira, Diego Leandro	Bortoleto, Marco Antonio Coelho	Dissertação de mestrado
14	2012	O Arlequim Nordestino: as personagens-palhaço de Ariano Suassuna	Borba, Romina Quadros	Catalão, Larissa de Oliveira Neves	Dissertação de mestrado
15	2013	Os Trapalhões no reino da Academia: revista, rádio e circo na poética trapalhônica	Carrico, André	Monteiro, Neyde de Castro Veneziano	Tese de doutorado

16	2014	Trajetórias de risco, treinamento e criação: experiências vividas nos espaços vertical e aéreo	Millás, Claudia Regina Garcia	Colla, Ana Cristina	Dissertação de mestrado
17	2014	Realidades e particularidades da formação do profissional circense no Brasil: rumo a uma formação técnica e superior	Duprat, Rodrigo Mallet	Bortoleto, Marco Antonio Coelho	Tese de doutorado
18	2014	Do tecido à lona: as práticas circenses no "tear" da formação inicial em educação física	Miranda, Rita de Cassia Fernandes	Ayoub, Eliana	Tese de doutorado
19	2015	Circo-teatro através dos tempos: cena e atuação no Pavilhão Arethuzza e no Circo de Teatro Tubinho	Jannuzzelli, Fernanda	Santana, Mario Alberto de	Dissertação de mestrado
20	2015	A personagem cômica das peças melodramáticas encenadas pelo Circo Nerino	Garcia, Moira Junqueira	Neves, Larissa de Oliveira	Dissertação de mestrado
21	2015	O circo na formação inicial em educação física: inovações docentes, potencialidades circenses	Tucunduva, Bruno Barth Pinto	Bortoleto, Marco Antonio Coelho	Tese de doutorado
22	2016	Circo na escola: por uma educação corporal, estética e artística	Ontañon Barragan, Teresa	Bortoleto, Marco Antonio Coelho	Tese de doutorado
23	2016	Quando o chão não basta: reflexões sobre a virtuose acrobática em uma criação aérea circense	Mendonça, Gabriel Coelho	Gatti, Daniela	Dissertação de mestrado
24	2016	Clown: "desforma", rito de iniciação e passagem	Wuo, Ana Elvira	Sperber, Suzi Frankl	Tese de doutorado
25	2016	Na eternidade cabe lá todo o mundo: visita de palhaços a instituições de longa permanência	Figueiredo, Ana Teresa Costa	Debert, Guita Grin	Dissertação de mestrado

26	2016	Repertório de clown na educação: elementos de uma pedagogia da palhaça na formação de professores	Nunes, Lúcia de Fátima Royes	Moura, Rogério Adolfo de	Tese de doutorado
27	2017	O artista, o trapézio e o processo de criação: reflexões de uma trapezista da cena contemporânea	Stoppel, Erica Raquel	Costas, Ana Maria Rodriguez	Dissertação de mestrado
28	2017	A travessia do palhaço: a busca de uma pedagogia	Puccetti, Ricardo	Ferracini, Renato	Dissertação de mestrado
29	2017	Um nariz vermelho feito (de) mídia	Osthues, Romulo Santana	Dias, Cristiane Pereira	Dissertação de mestrado
30	2017	De palhaça e velhos: vozes dramáticas no contexto asilar	Ormachea, Cassandra Batista Peixoto	Kopelman, Isa	Dissertação de mestrado
31	2017	O clown como imagem arquetípica e processo de transformação de si	Volpato, Renata Domingos	Zimmermann, Elisabeth Bauch	Dissertação de mestrado
32	2018	Uma aventura da alegria e do risco: narrativas de um professor de educação física sobre o ensino das atividades circenses	Chioda, Rodrigo Antonio	Bortoleto, Marco Antonio Coelho	Tese de doutorado
33	2018	Pedagogia das atividades circenses na educação física escolar: experiências da arte em escolas brasileiras de ensino fundamental	Rodrigues, Gilson Santos	Bortoleto, Marco Antonio Coelho	Dissertação de mestrado
34	2018	Pedagogia das atividades circenses na educação física escolar: em busca de boas práticas	Cardani, Leonora	Bortoleto, Marco Antonio Coelho	Dissertação de mestrado

Tabela 1.
Fonte: http://repositorio.unicamp.br. Busca atualizada em set. 2018. Palavras-chave: circo; circo-teatro; atividades circenses; picadeiro; palhaço; arte do circo. Tabela elaborada pelo autor.

Parece-me que esses dados, embora carentes de maior sistemática e rigor, podem ser utilizados para dizer que a atividade acadêmica no campo do circo é ainda tímida no Brasil. Desse modo, entendo que para "fixar-se" na universidade, consolidar-se como objeto de estudo e pesquisa, é preciso criar "tradição", pois as universidades são instituições tradicionais e conservadoras[17]. Portanto, elas são guiadas por organizações científicas também tradicionais, muitas vezes endógenas e geridas por grupos pequenos de pesquisadores. Ter mais visibilidade (espetáculos, debates, eventos científicos, conferências, publicações) em todos os níveis, parece-me urgente, fundamental.

Entendo, ademais, que os pesquisadores de circo precisam mostrar mais e melhor seus trabalhos, assumindo posições (políticas e acadêmicas), por exemplo, mencionando o circo em seus currículos na plataforma Lattes, em suas páginas na internet, nas plataformas do governo. Poucos pesquisadores apresentam o circo como carro-chefe de seu trabalho, indicando – mesmo que não intencionalmente – que se trata de um assunto menor, de segunda ordem. Em suma, precisamos ser *mais visíveis*, para afastar a ideia de que somos "fantasmas" que circulam pelos corredores das universidades.

Nada mais circense que ser resistente, construindo uma tradição que não é, em hipótese alguma, estática, rígida, permanente, mas sim uma continuidade (permanência) pautada na constante adaptação, na inovação e na criação. Logo, é preciso abrir vagas para docentes e pesquisadores de circo nas universidades brasileiras, nos comitês e organizações de pesquisa, conectando-os com as companhias de circo e escolas (profissionalizantes) para, quem sabe um dia, termos um curso superior que possa impactar positivamente a sociedade.

No que concerne à produção do conhecimento, considero que as pesquisas fragmentadas, que tratam das "partes" do circo (da sua história, da sua economia, da pedagogia etc.), precisam ser paulatinamente revistas, buscando um olhar mais complexo, que observe o fenômeno de modo mais amplo, contextualizado e integral. Em suma, se abrirmos o espectro e observarmos a inauguração de diversos cursos superiores de circo (França, Canadá, Austrália, Suécia, Holanda, México e Argentina), parece que estamos avançando muito lentamente e talvez ficando para trás[18].

Por uma pedagogia do circo: talvez a sua maior revitalização

Nessa agitação social que o circo tem produzido no Brasil[19], observo a emergência de um campo de debate e produção do conhecimento que me parece fundamental destacar: o da pedagogia do circo. Embora os processos de fruição dos saberes circenses sejam inerentes a sua constituição e manutenção, atravessando, portanto, todos os espaços e os tempos de sua longa história no Brasil[20], parece-me que é

---

17   No sentido proposto em Foster, 1973.
18   Duprat, 2014.; Bortoleto, 2015.
19   Duprat, 2014.
20   Cf. Silva, 2007.

IV SEMINÁRIO INTERNACIONAL DE CIRCO INOVAÇÃO & CRIATIVIDADE

FOTO: RODRIGO MALLET DUPRAT - CIA LOS CIRCO LOS

Malabares.

precisamente no âmbito da pedagogia, ou melhor, da arte de ensinar e formar, que as transformações se fazem notar de modo mais destacado na atualidade.

O aumento da produção acadêmica (dissertações, teses, artigos e livros) sobre o circo tem sido notável nas últimas décadas[21]. Porém, o que passou despercebido em sua análise foi o fato de que o maior crescimento se deu precisamente nos estudos sobre as múltiplas formas e desafios do ensino do circo, da educação infantil ao ensino superior[22]. Ao menos seis trabalhos indicados na tabela 1 tratam desse assunto.

De fato, as análises sobre diferentes experiências pedagógicas indicam uma ampliação sem precedentes do número de praticantes de circo, uma atividade que está modificando sensivelmente a percepção que a sociedade brasileira tem e terá do próprio circo. O que foi, durante século e meio, uma arte para prestigiar – diante da qual a grandíssima maioria assumia o papel de público – passou a ser, neste período recente, uma arte passível de experienciar e, com isso, uma forma de educar corpos e também de produzir uma educação estética e artística[23]. Talvez, ainda que pouco se fale a esse respeito, esse seja um dos resultados da enorme emergência de espaços de ensino do circo (escolas, academias, clubes, projetos sociais)[24] ou, de modo mais amplo e contundente, a manifestação da busca do circo por uma "ascensão social" por meio da formação (especialmente institucionalizada e reconhecida)[25].

Com isso, notamos uma peculiar fusão, mais ou menos organizada, entre o modelo familiar, com base na transmissão oral, consolidado ao longo de séculos[26], e outras formas de acesso aos saberes circenses (cursos livres, escolas de circo, academias de ginástica, oficinas em eventos). Nesse setor, a pedagogia do circo social, com especificidades que caracterizam o segmento, tem se destacado ainda mais, projetando inclusive uma imagem positiva do circo brasileiro para o exterior[27]. No seu conjunto, vejo a realidade brasileira distinta à de outros países ou contextos, requerendo, por isso, uma análise própria, que considere suas idiossincrasias. Uma realidade que tem provocado uma pedagogia "rizomática", ou seja, resistente e adaptável às enormes dificuldades (materiais, de infraestrutura, simbólicas, sociais) que ainda assolam a prática circense no contexto nacional.

21 Cf. Rocha, 2010.
22 Cf. Ontánon, Duprat e Bortoleto, 2012.
23 Cf. Hotier, 2003; Bortoleto, 2011.
24 Cf. Silva e Abreu, 2009.
25 Cf. o que discute Mitrovitch, em diálogo com Norbert Elias e sua sociologia da modernidade, em Mitrovitch, 2011.
26 Cf. Silva, 2007.
27 As produções coletivas ou mesmo de cada uma das organizações que compõem a Rede Circo do Mundo Brasil (http://www.redecircodomundo.org.br) atestam essa tese. De fato, o recente guia pedagógico (2018) produzido pelos arte-educandos da Escola Pernambucana de Circo de Recife (EPC) é um importante indicador dessa transformação e do empoderamento que o circo tem produzido em centenas de jovens brasileiros, muitos dos quais se converteram em competentes professores de circo ou artistas profissionais.

De algum modo, a pedagogia do circo no Brasil vem paulatinamente consolidando a ideia da necessidade do acesso amplo e prolongado aos saberes do circo, condição fundamental para o aumento da qualidade profissional, quer seja de pedagogos (professores), quer seja de artistas. Por outro lado, enfrenta-se outro desafio, o de preparar mais e melhor os profissionais que atuam no ensino do circo, para atender uma crescente demanda, de modo seguro e qualificado.

Conclusão

Em face de tudo que conseguimos expor até aqui, entendemos que as características do circo brasileiro contemporâneo revelam que o "novo", se é que é possível dizer, está na instalação dos espaços de ensino do circo (escolas, cursos livres, universidades) que vão compor um cenário desafiante para os estudiosos dessa arte, especialmente no campo da pedagogia. Desse modo, a contemporaneidade do circo brasileiro se sustenta na ação de se renovar e inovar constantemente e de reconstruir suas tradições. Quando isso não acontece – o que se dá com alguns circenses, companhias e empresas –, esse circo deixa de ser contemporâneo, ou melhor, desaparece. No entanto, a maioria tem conseguido continuar sua jornada, de modo que me parece haver mais vida circense que nunca.

Com isso, reafirmo minha posição, que não se respalda apenas em percepção subjetiva, mas nos dados de pesquisas recentes, rechaçando o discurso do "novo circo". Entendo que esse "novo" se refere mais a uma posição relacionada a questões de ordem político-ideológica-mercadológica que à realidade fática, constituindo-se numa bem orquestrada estratégia de ruptura artificial de paradigma – para usar uma expressão kantiana –, insustentável do ponto de vista científico, especialmente quando analisamos os modos de operar do circo e como se constituem seus sujeitos históricos, de todos os tempos. Enfim, no contexto circense brasileiro, incluindo as escolas de circo como mais uma forma de educação artística, seguimos vendo uma arte antropofágica, que se ressignifica a todo tempo, mantendo-se atual onde estiver. Se assim não fosse, ela teria desaparecido, como já foi anunciado repetidas vezes. Coincido com Erminia Silva[28] quando ela afirma que o "novo está em outro lugar": nas escolas, como a autora ressalta, e, acrescentaria, no campo de ação de um pequeno, porém crescente, contingente de pesquisadores e universidades brasileiras.

Parece-me que a pesquisa sobre o circo – no Brasil, pelo menos – continua correndo atrás do seu objeto, do rastro que ele tem deixado na sociedade, postulando timidamente propostas para o futuro, isto é, prospectando pouco, o que diminui seu impacto no futuro dessa arte. Entendo, ademais, que a pesquisa acadêmica brasileira ainda tem alguma dificuldade de efetivar a abordagem inter-multi-trans--disciplinar, uma característica que parece ser fundamental para o pensamento contemporâneo[29]. Aliás, parece-me que a atividade de pesquisa (científica/univer-

---

28 Cf. Silva, 2011.
29 Cf. Leroux e Batson, 2016.

sitária) ainda acontece setorizada, com certo isolamento entre pesquisadores e grupos, e com temáticas fragmentadas.

Não obstante, o crescimento e o fortalecimento da produção científica nas últimas três décadas ajudaram sensivelmente no processo de legitimação do circo como objeto de estudo acadêmico, o que não deixa de ser uma conquista, mesmo que ainda parcial e não consolidada, como já dissemos. De forma não intencionada, parece-me, a universidade vem sendo "empurrada" por tudo que a circunda a receber o circo para melhor entendê-lo. Esse fluxo, ainda que menor que o desejado (por mim, especialmente), representa uma ação formativa que, em analogia com o pensamento de Bordieu e Wacquant[30], promove um maior movimento entre as classes – neste caso, entre as "não circenses" (sem capital) e as "circenses" (com capital acumulado). Uma conjuntura que, sim, representa o *novo* no campo social do circo.

Sendo assim, como perspectiva de futuro, vejo a necessidade de desenvolvimento de uma coletividade científica para o estudo do circo, que nos permita almejar atividades comuns para além de ações pessoais e pontuais, e que possibilite maior aprofundamento dos estudos e a definitiva emergência do circo na universidade, já que, fora dela, parece que isso vem acontecendo. Por isso, sinto-me inspirado pela opinião de Richard Sennet[31] em torno da necessidade de fomentar uma ação coletiva, fortalecendo o sentido de cooperação, deixando de lado pequenas distrações, diferenças e até preferências (teóricas, metodológicas, discursivas), visando um avanço mais consistente e uma real consolidação do circo no espaço acadêmico brasileiro. Em outras palavras, dando mais visibilidade para algo que já está presente e que ainda não é visto como seria preciso.

Entendo, por fim, que o velho e o novo ocupam o mesmo tempo, coexistindo em um amplo espectro, que abrange o vilipendiado e o prestigiado, o ignorado e o destacado, e que tamanha complexidade requer constante reflexão, maior dinamismo conceitual e menos inferências rígidas – ou "rótulos"[32]. Essa reflexão precisa nos levar a olhar toda a potência do circo e sua possível contribuição para uma sociedade que clama por ajuda. Nesse sentido, uma arte que encontra no risco (físico ou simbólico) parte significativa de sua existência[33] pode se projetar como uma excelente perspectiva para debater a sociedade em que vivemos, que passa por enormes dificuldades, para, inclusive, entender os reais riscos que ela está enfrentando[34].

30 Bourdieu e Wacquant, 1992.
31 Cf. Sennet, 2012.
32 Talvez essa coexistência represente a contradição e a ambiguidade da modernidade em busca de sua sobrevivência, como melhor debate Mitrovitch. Como bem destaca a autora, embora exista uma permanente "disputa" entre o novo e o velho, talvez seja na soma dessas duas faces da vida que possamos encontrar um melhor caminho para os problemas atuais e futuros. Cf. Mitrovitch, 2011.
33 Cf. Almeida, 2008.
34 Como bem salienta Bauman, 2008.

Lira.

Referências

ALBRECHT, Ernest. *The Contemporary Circus: Art of the Spectacular*. Lanham; Toronto; Plymouth: Scarecrow Press, 2006.

ALMEIDA, Luiz Guilherme Veiga. *Ritual, risco e arte circense: o homem em situações-limites*. Brasília: UnB, 2008.

AUGÉ, Marc. *Não-lugares: introdução a uma antropologia da sobremodernidade*. Lisboa: 90°, 2005.

BAUMAN, Zygmunt. *Medo líquido*. Rio de Janeiro: Jorge Zahar, 2008.

BORTOLETO, Marco Antonio Coelho. "Atividades circenses: notas sobre a pedagogia da educação corporal e estética". *Cadernos de Formação RBCE*. Porto Alegre: 2011, v. 2, n. 2.

_____. "The circus on the periphery of the Brazilian university". Em: SERVIÇO SOCIAL DO COMÉRCIO (org.). *Circos: Festival Internacional Sesc de Circo*. São Paulo: Sesc, 2015.

_____; ONTAÑÓN, Teresa; SILVA, Erminia (org.). *Circo: horizontes educativos*. Campinas: Autores Associados, 2016.

_____; SILVA, Erminia. "Circo: educando entre as gretas". *Rascunhos – Caminhos da Pesquisa em Artes Cênicas*. Uberlândia: 2017, v. 4, n. 2.

BOURDIEU, Pierre; WACQUANT, Loïc J. D. *An Invitation to Reflexive Sociology*. Chicago: University of Chicago Press, 1992.

DAL GALLO, Fabio. "A renovação do circo e o circo social". *Repertório: Teatro & Dança*. Salvador: 2010, ano 13, n. 15.

DI BELLA, Gabriela; CHRIST, Gui. "A luta dos circos brasileiros pela sobrevivência". Disponível em: https://www.bbc.com/portuguese/brasil-39013676. Acesso: em dez. 2020.

DUPRAT, Rodrigo Mallet. *Realidades e particularidades da formação do profissional circense no Brasil: rumo a uma formação técnica e superior*. 365 f. Tese (Doutorado em Educação Física) – Universidade Estadual de Campinas. Campinas: 2014.

FOSTER, George M. *Traditional societies and technological change*. New York: Harper & Row, 1973.

HOTIER, Hugues (org.). *La Fonction éducative du cirque*. Paris: L'Harmattan, 2003.

LEROUX, Louis Patrick; BATSON, Charles R. (org.). *Cirque Global: Quebec's Expanding Circus Boundaries*. Montreal: McGill-Queen's University Press, 2016.

LOPES, Daniel de Carvalho. *A contemporaneidade da produção do Circo Chiarini no Brasil de 1869-1872*. 168 f. Dissertação (Mestrado em Artes Cênicas) – Universidade Estadual Paulista Júlio de Mesquita Filho. São Paulo: 2015.

MELO, Victor Andrade de; PERES, Fabio de Faria. *A gymnastica no tempo do Império*. Rio de Janeiro: 7Letras; Faperj, 2014.

MITROVITCH, Caroline. *Experiência e formação em Walter Benjamin*. São Paulo: Unesp, 2011.

ONTAÑÓN, Teresa; DUPRAT, Rodrigo; BORTOLETO, Marco A. "Educação física e atividades circenses: 'o estado da arte'". *Movimento*. Porto Alegre: 2012, v. 18, n. 2.

PACETE, Luiz Gustavo. "A magia do circo está morrendo". Disponível em: http://www.overmundo.com.br/overblog/a-magia-do-circo-esta-morrendo. Acesso em: dez. 2020.

ROCHA, Gilmar. "Anjos e pernas: a 'moça de circo' no imaginário artístico brasileiro". *Visualidades*. Goiânia: 2016, v. 14, n. 1.

_____. "O circo no Brasil - estado da arte". *BIB - Revista Brasileira de Informação Bibliográfica em Ciências Sociais*. São Paulo: 2010, v. 70.

SENNETT, Richard. *Juntos: os rituais, os prazeres e a política da cooperação*. Rio de Janeiro: Record, 2012.

SILVA, Erminia. *Circo-teatro: Benjamim de Oliveira e a teatralidade circense no Brasil*. São Paulo: Altana, 2007.

_____. "O novo está em outro lugar". Em: SERVIÇO SOCIAL DO COMÉRCIO. *Palco Giratório, 2011: Rede Sesc de Difusão e Intercâmbio das Artes Cênicas*. Rio de Janeiro: Sesc, 2011.

_____; ABREU, Luís Alberto de. *Respeitável público... o circo em cena*. Rio de Janeiro: Funarte, 2009.

WALLON, Emmanuel (org.). *O circo no risco da arte*. Belo Horizonte: Autêntica, 2009.

Circo presente

Gerardo Hochman

O circo é "a arte do difícil". Para que ele exista, façanhas humanas extraordinárias devem estar presentes no picadeiro. A combinação dessas façanhas assombrosas tem como resultado um entretenimento atrativo que surpreende e inspira os espectadores. Mas o circo também é uma linguagem. Seu vocabulário é construído à base de destrezas, habilidades e ações espetaculares que, quando se combinam de forma adequada, constroem um discurso cênico com que podemos nos expressar e nos comunicar. O circo pôde se desenvolver como linguagem a partir da mudança no propósito dos artistas, quando começaram a utilizar as técnicas, os truques e as proezas como um meio de expressão e não como um fim em si mesmo. A técnica utilizada para expressar e comunicar o afasta de seu aspecto esportivo, da mera prática para a superação própria ou para bater recordes universais, da busca da originalidade para provocar reconhecimento e assombro. Para que o circo se constitua em linguagem, o processo de aprendizagem deve se voltar para adquirir, ampliar e dominar o vocabulário (a técnica), saber combiná-lo com fluidez (a soltura), poder organizar orações, frases e parágrafos no espaço cênico (a escritura) e, principalmente, descobrir que temos algo para dizer (sensibilidade).

Como toda linguagem, o circo tem sua força e suas limitações. De forma autônoma, como linguagem corporal, visual e poética, tem poder para metaforizar emoções, transitar e transmitir os vínculos das pessoas com o seu entorno ou entre elas, traçar conceitos gerais, propor e provocar imagens, construir atmosferas e paisagens, evocar situações e circunstâncias.

Exercido dessa forma, o circo é uma linguagem que pode ser desfrutada por qualquer pessoa, sem distinção de idade, formação e cultura. Ele é a lírica da capacidade corporal humana. E essa lírica permite descobrir propósitos singulares que desenvolvem estilos pessoais e inventar procedimentos criativos que desenvolvem poéticas próprias de cada artista ou coletivo de artistas.

A diversidade desses propósitos, estilos, poéticas e procedimentos dá origem a correntes e gêneros diferentes de circo, apoiados nessa linguagem comum constituída de façanhas. Tais correntes e gêneros convivem, assim como convivem os gêneros das artes plásticas, da dança, da música ou do teatro. Há uma multiplicação de propósitos, de intensidades, formatos, dimensões, estruturas, espacialidades, elementos, tipos de artistas e espectadores.

Assim como na sociedade e em todas as artes, também convivem os tradicionalistas com os que rompem com a tradição, os conservadores com os inovadores, os puristas com os que defendem o amálgama, os clássicos com os modernos, os conformistas com os irrequietos, os que se repetem com os criativos. Essa convivência é que mantém o circo desperto, ágil, vivo, efervescente, presente.

É evidente que a arte do circo foi passando por transformações e ampliando seu estilo e suas possibilidades, uma vez que para assistir a um espetáculo já não é indispensável ir a uma lona, nem que os sucessivos números sejam apresentados de antemão, nem que seja necessário um número com animais ou com a participação de fenômenos, nem que a orquestra toque ao vivo e anuncie, enfatizando com percussão e sons estridentes, as emoções que vão surgindo, nem que se intercalem cenas de humor, nem que os artistas cumprimentem o público a cada truque e apresentação.

Parte dessa transformação consiste em que outros paradigmas de beleza distantes daqueles inspirados em deuses, semideuses e heróis tenham sido incorporados ao circo, na evocação da beleza helênica imaculada, simétrica e poderosa, admitindo uma mais humana, mais próxima, que permite uma empatia mais direta com os espectadores, já que os artistas se apresentam como pessoas comuns que fazem coisas impossíveis, mas com naturalidade e desenvoltura.

É assim que foi esvanecendo a ideia de personagem "todo poderoso", abrindo espaço para personagens que são capazes de temer, de sofrer e duvidar, e que deixam cair toda barreira que se interponha com o espectador, para que máscaras, caraças e maquiagens, brilhos, adornos e fantasias deem lugar ao corpo do artista tal como ele é, sem impostações, livre de pompas e sofisticações. Uma passagem do personagem para a pessoa.

Os recintos, os espaços cênicos, os ambientes e paisagens representados também foram mudando e se tornaram menos ornamentais e luxuosos, incorporando a evocação de atmosferas e lugares reconhecíveis da vida cotidiana na escala humana ou ainda espaços neutros ou vazios, sem signos e informação, que convidam os espectadores a dar mais asas à sua imaginação.

Esse processo de transformação também atingiu os modos de entender o movimento e de fazer os exercícios, já que as técnicas tradicionais foram trazidas de outras disciplinas, ampliando o abecedário disponível, convidando-nos a treinar e a produzir um novo vocabulário, utilizando menos tensão, afrouxando a rigidez de algumas posturas e linhas, poupando esforços, admitindo uma prática com menos regras, mais livre, que permite expressar a particularidade de quem ocupa a pista.

As técnicas acrobáticas foram abandonando sua dependência da ginástica artístico-esportiva e começaram a se nutrir das artes marciais, da capoeira, do *contact dance improvisation*, e mais tarde, do *parkour* e do *tricking*, entre outras "contaminações".

Quido Napolitano, Camille Bastos, Dan Rovetto e Maria Balanza. **ADN Algo de nosotros** (DNA Algo de nós), Espetáculo de Colação de Grau do Diploma de Graduação em Artes Circenses, Universidade Nacional de San Martín. Galpão de Guevara. Foto: Hernán Paulos.

O circo entrou num processo em que começou a questionar a si mesmo, a se fazer perguntas que chacoalham suas convicções tradicionais, a manifestar incômodos em relação a formas e conteúdos, e a apresentar inquietações sobre o que se almeja provocar e compartilhar com o espectador, sobre a imagem e as sensações que se quer transmitir e as emoções que se deseja dividir e com as quais se quer contagiar quem assiste. É um processo cheio de questionamentos, que outras artes já haviam manifestado em vários momentos. É nesse ponto que nos encontramos atualmente, em meio a uma onda de reflexões que se tornam cada vez mais interessantes enquanto se manifestam nas pistas e nas arenas, com artistas rebeldes que abrem novas portas e nos "dão permissão" para nos colocarmos no lugar deles e ver mais além.

Nessa reflexão sobre as transformações de nossas artes, é inevitável que me depare com uma série de questionamentos aos quais não saberia exatamente como responder: por que e desde quando o circo incorporou em seus procedimentos (ou deixou entrar?) os conceitos de busca, pesquisa, dramaturgia, linguagem, criação?

Se o circo fala de coisas que não se pode dizer com palavras, por que e desde quando os espetáculos de circo devem "tratar de algo" e se sentem na obrigação de "falar", "dizer", "narrar", "transmitir", "fazer pensar" e de "construir a obra", com toda a coerência conceitual que isso implica, e por que e desde quando os espetáculos de circo deixaram de se resignar em ser um acúmulo impressionante de atrações que fascinam, divertem, surpreendem, inspiram e fazem sonhar?

Quem exige que o circo se transforme? Será que é o público, o mercado, ou são os próprios artistas? Por acaso já terminou a corrida para realizar novas façanhas e enfrentar desafios cada vez mais incríveis? Já não restam recordes disponíveis para atingir? Ou o que está em questão é a ideia de "corrida" contra alguém ou contra si próprio? Será certo que a grande proeza consiste agora em fazer com a mesma quantidade de saltos mortais, com a mesma quantidade de bolinhas que se joga no ar, algo singular e pessoal que, ao mesmo tempo, gera admiração e identificação nos espectadores? Essa é uma exigência interessante, válida, genuína? Brota de dentro, do seio da própria arte ou representa apenas um regozijo intelectual que os espectadores não nos pedem e do qual nem desfrutam? Continua sendo uma linguagem universal ou a diversidade de propostas também deu origem a públicos variados? O que o circo está buscando? O que pesquisa, quando diz que pesquisa? Quais foram as descobertas mais interessantes desde que teve início essa busca?

São uma série de perguntas que deixarei sem resposta por falta de informação ou de clareza e que, segundo a minha intuição, é interessante responder discutindo as questões em algum encontro, festival ou seminário, recolhendo pontos de vista e experiências diferentes. Porém, é evidente que no circo presente os artistas e as companhias são capazes de elaborar uma obra de circo com uma temática, uma poética, uma estética e um conceito plástico e visual unificado, que em muitas de suas propostas se criam normas cênicas que regem o espaço e condicionam e determinam todos os personagens de forma homogênea; que é bastante comum os espetáculos trabalharem com música especialmente composta para eles, que surge como novidade diante dos ouvidos dos espectadores, ou que seja até executada pelos mesmos artistas, ou que se utilizem atmosferas sonoras no lugar de "temas musicais", ou inclusive que se possa trabalhar em um sugestivo silêncio, desafiando a ideia de que é a música que "entretém".

Um signo muito significativo do que estamos vivendo como manifestação artística é que uma apresentação circense, tradicionalmente permeada por um planejamento extremo, uma concepção e uma construção, na qual os artistas se apresentavam como realizadores de um plano perfeitamente traçado, atualmente possa deixar espaço para a improvisação.

Apesar de todas essas buscas, descobertas e inovações, o espectador continua aplaudindo com vontade e espontaneamente os grandes truques, as grandes proezas com as quais nós, seres humanos das pistas, somos capazes de presenteá-lo.

Sobrevoo
Sobrevoando a cena portenha, torna-se difícil, embora não seja impossível, encontrar nos últimos anos em Buenos Aires uma companhia de muitos artistas realizando espetáculos de circo, e muito menos um coletivo que seja capaz de reunir mais de uma produção que supere o entusiasmo gerado pela motivação do encontro inicial. Pois, embora o circo tenha crescido muito em vários sentidos – quantidade de gente aprendendo e treinando, opções de professores e mestres oferecendo aulas, espaços culturais e salas teatrais que incluem o circo em suas programações, artistas que tenham elevado o nível técnico e ampliado suas possibilidades criativas –, é escassa a figura do produtor em sua dupla acepção: aquele que imagina um produto, reúne a equipe e os recursos para levá-lo a cabo e o difunde, e aquele que coloca em jogo parte de seu capital para realizar e concretizar um produto de circo, investindo o necessário para que chegue ao grande público.

O produtor de circo, outrora o "dono do circo", era uma figura fundamental no desenvolvimento do projeto artístico e de sustentabilidade em uma companhia, o responsável pela sua sobrevivência, renovação e vigência no tempo por meio de estratégias de difusão, investigação e distribuição.

Em virtude dessa ausência, geralmente os grupos de circo em Buenos Aires adotam o modelo cooperativo e de autogestão no qual nós, os próprios artistas, começamos a nos encarregar dessa função tão específica que requer conhecimento, talento, dedicação e deleite, e que colocamos em funcionamento com níveis de resultados diferentes e discutíveis.

Além da extinção dessa importante figura de "produtor", fusível e dínamo fundamental na tradição do circo, das dificuldades e limitações reais de apoio estatal constante, planejado e sustentável, da escassez de espaços preparados e equipados para hospedar e fazer brilhar espetáculos desse tipo, das oscilações econômicas e políticas do nosso país, da gestão cambaleante das instituições culturais e da falta de reconhecimento dessa arte, parece existir uma dificuldade no ambiente do circo para ocupar espaços que deem mais visibilidade e aproveitamento a seus projetos e criações.

Para mim, isso é uma espécie de rejeição à cultura *mainstream*, à cultura oficial e oficializada, massivamente aceita e comercial, que se manifesta no inconsciente como a vontade de permanecer na qualidade de algo em potencial, mastigando frustrações e raivas, e lamentando sobre o que poderíamos fazer e ser, caso recebêssemos o apoio que merecemos. Uma posição que nos leva a reivindicar reconhecimento, aceitação e retribuição por tudo o que fazemos. Num contexto em que não há produtores especializados e no qual nós mesmos não sabemos como resolver essa tarefa com eficácia; os "trabalhos em processo"; as apresentações de números sem terminar "para ir aquecendo"; a montagem rápida de atos que constroem e reconstroem uma vez ou outra, inclusive diante dos espectadores; as costumeiras substituições dos integrantes; as mudanças constantes de parceiros e sócios; os problemas de relacionamento entre os membros de um coletivo que se interpõem diante do "bem comum", representado por uma obra criada e um projeto em curso; os problemas de funcionamento do grupo; as dificuldades para dar prioridade em nossas agendas aos projetos pessoais e independentes, entre outros fatores, só acentuam essa falta de confiança que constato e que, involuntariamente, se transmite àqueles que devem reconhecer nossa arte: o público em geral, os produtores em potencial, os funcionários da área da cultura, os curadores dos festivais, os programadores e gestores de espaços culturais e os proprietários dos teatros.

Para nós é muito difícil (e a realidade intrínseca e conjuntural do país não colabora) enfrentar o desafio de vender ingressos e utilizar métodos de produção e experimentação para criar produtos com toda a arte que se queira, mas que sejam sustentáveis no tempo e que, ao mesmo tempo, sejam objetos culturais de desejo e consumo.

Diante desse panorama, portanto, faço a seguinte pergunta: podemos afirmar que o circo goza de boa saúde no cenário nacional? Que sintomas e estatísticas permitiriam afirmar que a *movida*[1] do circo na Argentina cresce bem, de forma saudável e sustentável? No percurso da hierarquização do circo em nosso país, é importante destacar sua inclusão como curso de graduação universitária, um desses fatos quase surreais que só podem acontecer em nossos países surreais.

Universais e universitários

Já se disse muitas vezes que o circo é uma linguagem universal, mas é uma verdadeira novidade que seja um curso universitário.

O reconhecimento do circo como uma arte e, consequentemente, como uma área do conhecimento humano com mérito para ser incorporada em uma oferta acadêmica universitária é uma situação curiosa e digna de ser analisada. No caso da

---

1   Movimento cultural [N.T.].

Universidade Nacional de San Martín (Unsam), uma universidade pública nacional localizada na região metropolitana de Buenos Aires, distrito de San Martín, o ponto de partida para essa inclusão foi a intrépida visão e convicção de algumas autoridades da reitoria em fomentar uma universidade em que a ciência e a arte dialogassem, tivessem intercâmbio e convivessem. Assim, imaginaram a criação de um Instituto de Artes com vistas a concretizar esse objetivo um tanto controverso.

O espaço ocupado hoje pelo circo na Unsam foi possível graças a um percurso em que vários fatores entraram em ação: o conhecimento daqueles que dirigem a universidade acerca do desenvolvimento e o auge do circo em vários países, o grande movimento do circo em Buenos Aires e as experiências de circo incluídas na programação de teatros e festivais oficiais. Algumas autoridades da reitoria continuaram como espectadores fiéis e entusiastas de várias das criações que montei com meus grupos de artistas desde 1998 e, evidentemente, assinalaram o reconhecimento internacional obtido (festivais, prêmios), o prestígio acumulado (artigos nos veículos de imprensa) e a durabilidade, hierarquia e aceitação do nosso trabalho. No entanto, apesar desses antecedentes e honrarias que pareciam facilitar o percurso, o espaço foi um verdadeiro processo de construção que tentarei resumir.

Em 1994, paralelamente à minha trajetória como criador de espetáculos de circo, fundei em Buenos Aires a Escola de Circo La Arena, motivado pela necessidade de compartilhar os conhecimentos adquiridos durante minha etapa de formação, particularmente aqueles que aprendi na experiência mais recente na Escola Nacional de Circo de Cuba, onde estudei com uma bolsa da Embaixada Cubana na Argentina, entre 1989 e 1990. Essa intensa experiência humana e profissional deixou-me, entre outras coisas, a consciência da multiplicidade de técnicas existentes, as metodologias para abordá-las e a descoberta de que o circo pode ser praticado como uma linguagem – esta última paradoxalmente, já que o circo cubano em geral não se identifica com essa concepção. Após alguns anos oferecendo oficinas abertas, montamos um Programa de Formação Profissional destinado aos jovens que desejavam fazer dessa prática sua profissão. Assim, a proposta de oficinas se complementou com essa oferta de formação integral e intensiva de vários dias por semana, várias horas por dia, várias técnicas, além da inclusão de aulas de dança e de treinamento intensivo.

Várias turmas de artistas se formaram nesse programa. São artistas que realizaram espetáculos coletivos de finalização e que mais tarde se apresentaram na Argentina, com bastante aceitação e reconhecimento (*Vibra*, *Milagro*, *Tiempos que corren*, *Travelling*).

Em 2009, a Unsam nos convida a ministrar oficinas abertas à comunidade, no setor de cursos de extensão, aconteceram no Teatro Tornavías, única construção dedicada às artes cênicas dentro do *campus*. No ano seguinte, começamos com a cogestão do Programa de Formação Profissional que La Arena vinha operando, e continuamos nos anos seguintes com a criação do bacharelado em artes circenses, com o projeto e a construção da magnífica tenda como sede para a nossa atividade

Martín Samanna. Espetáculo **Travelling**, composto pelos graduados do programa de Formação Profissional do La Arena, Ciudad Cultural Konex.

– durante essa etapa a equipe docente inicial prestou assessoria –, até chegar ao projeto e à implantação da licenciatura em artes cênicas com concentração em circo, processo do qual participei ativamente[2].

Perfil

Considero que a inclusão de uma arte cênica como o circo nas universidades poderia ter dois diferentes objetivos: 1. que, na qualidade de criadores, possamos praticar, exercer e desenvolver a arte cênica – essa é a maior novidade no âmbito de uma academia; 2. que a arte cênica possa ser estudada e ser objeto de reflexão, e que possa servir de terreno para a produção de material intelectual a partir da posição de observadores – isso é o mais comum.

Gostaria de sublinhar que, a partir da convocação inicial daqueles que participaram das equipes de planejamento e construção para a licenciatura em artes cênicas, fomos informados de que a Unsam tinha a intenção de constituir um espaço de formação de artistas de (em vários momentos se utilizaram essas palavras) excelência, referência, nível, qualidade, distinção etc. Também gostaria de destacar que, a partir dessa "encomenda", tentamos implementar todo o processo de fundação e execução em todas as suas etapas (bacharelado e licenciatura).

Circo e academia: sensações, observações e considerações

O circo é uma prática com tradição e trajetória ricas e diferentes, e como tal foi se forjando como uma área de conhecimento importante. Quando um artista de circo consegue compreender e dominar seu ofício de maneira integral e sublime, pode desenvolver uma visão de mundo, da vida e das relações através da lente de sua arte, que lhe permite se relacionar e dialogar com outras áreas do conhecimento humano.

Ao incluir o circo em sua grade de cursos, a universidade o prestigia, situando-o em um espaço de reconhecimento, e ao mesmo tempo o desafia a pensar em si e a se repensar em um processo de hierarquização.

O circo, porém, desafia a universidade, colocando em jogo sua filosofia pedagógica, sua cosmovisão, o vínculo estreito e humano que se estabelece entre professores e discípulos (talvez herdado da tradição familiar dessa arte), seus procedimentos de aprendizagem, suas fontes de informação e inspiração, seus métodos de avaliação, seus valores subentendidos e sua essência enquanto prática coletiva.

Por tudo isso, o processo de inclusão e convivência do circo na Unsam provoca diariamente várias adaptações de ambas as partes: tanto da nossa, que praticamos o circo e fomos convidados a permanecer ali e a participar ativamente, quanto da universidade, que convida e abre suas portas a uma arte que a desafia em suas convicções e métodos.

---

2 Cf. quadros explicativos das etapas.

Juan Manuel Cisneros. Espetáculo **Avalancha**, realizado com os estudantes da licenciatura em artes circenses da Unsam. Foto: Hernán Paulos.

No seio da nossa arte, um efeito positivo desse novo "casamento" é que o reconhecimento do circo como uma graduação universitária reduz, em grande parte, a resistência das famílias em apoiar os jovens que descobrem sua vocação para o circo. Tal resistência era mantida por se considerar que a profissão não estava enquadrada no âmbito da educação formal. Agora, a ideia de "se formar" com um título oficial que certifica que os alunos estão preparados para outras tarefas além daquelas ligadas ao trabalho na pista – como a possibilidade de desenvolver outros papéis no mundo do espetáculo – tranquiliza, aplaca as opiniões contrárias, desarma os preconceitos e as resistências.

Outra contrapartida interessante é representada pelo verdadeiro *intercâmbio interno* que acontece na convivência cotidiana com outras áreas de conhecimento, que inspira novos conteúdos artísticos e permite a articulação com outros saberes, ao mesmo tempo que vai dando origem a várias opções de apresentação para os trabalhos dos estudantes, uma vez que eles são convocados para eventos acadêmicos, inauguração de edifícios, entregas de prêmios e distinções, atividades em outras sedes da instituição, visitas e feiras de estudantes secundários, abertura de congressos e de exposições.

Mas, para nós, que levamos adiante e participamos desse projeto, fazer parte da vida acadêmica nos vincula a uma série de procedimentos habituais e cotidianos, com uma forma de ser e de fazer que, à primeira vista, parece não se encaixar naturalmente com o espírito "silvestre" e "intuitivo" de aprendizagem com o qual o circo está acostumado, e por isso exige uma enorme capacidade de adaptação tanto dos docentes quanto dos estudantes para a formalização da nossa prática.

Parece-me interessante enumerar algumas dessas áreas, exigências, possibilidades e procedimentos com que nos deparamos nessa aventura para chegar à formalização:

> elaborar um *plano de estudos com divisão por matérias*, determinando ainda correlações, para passar de uma prática enfocada no desenvolvimento de uma habilidade em particular, de forma exclusiva e intensiva, que acontece quando alguém treina a sós ou sob o olhar de um professor/treinador especializado, a um programa com um planejamento curricular cuja divisão de matérias obriga/convida a colocar em funcionamento vários aspectos de nossas capacidades físicas, intelectuais, expressivas e criativas;

> elaborar *programas de estudos de cada matéria* para serem informados aos aspirantes e estudantes, e serem publicados em *sites* de domínio público. Os programas devem responder a um formato pré-estabelecido que inclua fundamentação, objetivos, elementos, conteúdos, modalidade de curso, método de avaliação, bibliografia e recursos didáticos. Essa exigência de entregar, difundir e tornar os programas de estudo públicos nos obrigou a organizar e colocar em palavras anos de prática intuitiva e espontânea e, ao mesmo tempo, é um roteiro que organiza o trabalho docente;

- elaborar um *calendário acadêmico* rigoroso, com datas de inscrição, cursos, recessos e exames, que esteja de acordo com o funcionamento geral da universidade;
- planejar e organizar o *Curso de Preparação Universitária (CPU)*. É por intermédio desse curso que os aspirantes podem ingressar no curso de graduação, com critérios de avaliação específicos e estabelecidos com clareza;
- incluir e utilizar uma *bibliografia específica* para avaliar nossa informação, enriquecer nossas reflexões e opiniões, e nos situarmos na história, na tradição e na constelação do nosso ofício. Produzir *bibliografia própria* que reúna a experiência da nossa prática e do nosso pensamento;
- adaptar-se aos *horários* regulares, rigorosos e metódicos dos cursos;
- desenvolver *métodos de avaliação* com notas numéricas que reflitam e valorizem o desempenho dos estudantes, ao mesmo tempo que os docentes sejam avaliados pelos estudantes por meio de uma *pesquisa de opinião geral* obrigatória que a universidade aplica;
- participar de uma série de *procedimentos formais*, como reuniões de planejamento e reflexão; preencher relatórios com notas, operar o SIU Guaraní (Sistema de Autogestão de Alunos), revisar as pesquisas de avaliação, assinar certificados, fazer a chamada para checar a presença dos alunos;
- ministrar *exames*, fazendo bom uso dessa ferramenta em todas as suas fases e modalidades (parciais, de recuperação e finais), que convidem a refletir sobre o processo em relação a aptidões, atitudes, talentos, circunstâncias, conquistas, desafios e previsões;
- participar de *concursos* para os cargos docentes que possam destacar os beneficiários no panorama da instituição;
- oferecer e entregar *títulos*, tanto o intermediário de intérprete (no final do terceiro ano) como a licenciatura (ao término da graduação e mediante a aprovação do trabalho final), com a responsabilidade que traz afiançar os conhecimentos incorporados por alguém;
- que nosso trabalho seja classificado com *cargos* típicos do ofício e do jargão acadêmico: professor titular, professor adjunto, chefe de trabalhos práticos, dedicação semiexclusiva etc., e que isso determine nosso contrato laboral;
- contar com uma *carteira de estudante* em que se reflita o desempenho acadêmico, ao mesmo tempo que traz alguns benefícios para a vida cultural urbana;
- ler, redigir e efetuar *procedimentos* (comitê acadêmico, tese), *estatutos* (universitário, do instituto), *protocolos* (de segurança e de emergência) e cumpri-los;
- projetar e acompanhar a fase de elaboração de teses na modalidade de *trabalho final*, em que o estudante perceba o que aprendeu, com sua parte escrita, sua exposição cênica à defesa de seu trabalho mediante uma comissão julgadora especialmente constituída para cada caso;
- na qualidade de estudante, poder iniciar um percurso formal de *desempenho dentro da academia*, por meio de um sistema de vínculos, e com a experiência docente dar continuidade à pós-graduação, à pesquisa, ao mestrado etc.;

> constituir e participar de um *comitê acadêmico* que reflita, questione e proponha ao decanato qualquer aspecto do funcionamento e desenvolvimento do curso de graduação;
> contar com um *departamento de alunos* em que os estudantes possam tirar dúvidas, fazer consultas, inscrever-se e resolver trâmites burocráticos com pessoal especializado nas questões acadêmicas;
> que a vida institucional acadêmica tenha *hierarquias e autoridades* que condicionem nossos comportamentos e desempenhos (docentes, diretores, coordenadores, secretários, pessoal não docente, administradores, decanos, reitores, conselho superior).
> que existam esferas legítimas de participação para influir na realidade e nas políticas da universidade, como o *Centro de Estudantes*.

Um dos grandes desafios do nosso trabalho na instituição é que, em primeiro lugar, essa *intensa atividade formal* não nos "desvie" da nossa missão fundamental e que, por outro lado, não contamine o circo que existe ali com a modalidade habitual dos cursos de graduação das áreas humanísticas ou científicas, geralmente concebidos para um percurso individual no qual cada estudante orienta e organiza o ritmo e a intensidade de seu curso. É assim que podemos continuar a defender o sentido coletivo da nossa prática, conservando o espírito de oficina em que o professor e os discípulos aprendem ao mesmo tempo, numa dialética de trabalho em equipe.

Circo universitário: etapas de uma construção

Anos	Área	Atividades de formação	Atividades artísticas
2008-2009	Extensão Universitária	Oficinas abertas à comunidade no *campus*.	Elenco Solidário (projeto de voluntariado em parceria com a Secretaria Municipal de Educação de San Martín).
2010	Extensão Universitária	Oficinas abertas à comunidade no *campus*; bacharelado em artes circenses com aluguel do espaço do La Arena.	Trabalho final: *Tiempos que corren*. *Trailer* disponível em: https://www.youtube.com/watch?v=8sRoQr1bpls.
2011	Extensão Universitária	Oficinas abertas à comunidade no *campus*; bacharelado em artes circenses do La Arena com financiamento docente e aluguel do espaço pela Unsam.	Coprodução Unsam/La Arena: Leonardo – *Trabajo Práctico Nro 1*. *Trailer* disponível em: https://www.youtube.com/watch?v=_LGCL3w507o.
2012	Unidade Acadêmica das Artes	Oficinas abertas à comunidade e ao bacharelado no *campus* (Carpa), com financiamento docente pela Unsam e equipamento coadministrado.	Produção Unsam: *ADN Algo de Nosotros*. *Trailer* disponível em: https://www.youtube.com/watch?v=kC_UPWb9-zU&t=78s.

2013	Unidade Acadêmica das Artes	Oficinas abertas à comunidade no *campus*; licenciatura em artes cênicas com concentração em circo e equipamento Unsam.	Apresentações externas de trabalhos dos estudantes.
2014-2015	Instituto de Artes Mauricio Kagel	Oficinas abertas à comunidade no *campus*; inclusão do circo na grade curricular da escola secundária técnica da Unsam; licenciatura em artes cênicas com concentração em circo.	Companhia de Teatro Acrobático Unsam (etapa de pesquisa).
2016	Instituto de Artes Mauricio Kagel	Oficinas abertas à comunidade no *campus*; circo na Escola Secundária Técnica Unsam; licenciatura em artes cênicas com concentração em circo.	Companhia de Teatro Acrobático Unsam: *Gente urgente*. Ciclo *Pasen y Vean*: espetáculos próprios na lona. *Trailer* disponível em: https://www.youtube.com/watch?v=tO6YQetj1m8.
2017	Instituto de Artes Mauricio Kagel	Circo na Escola Secundária Técnica Unsam; licenciatura em artes cênicas com concentração em circo; intercâmbios e capacitações.	Companhia de Teatro Acrobático Unsam: *MUTUO*. Ciclo *Pasen y Vean*: espetáculos próprios na lona.
2018	Instituto de Artes Mauricio Kagel	Licenciatura em artes cênicas com concentração em circo; Projeto Maga: "Hacia um Eje Latinoamericano de Circo".	Dissolução da Companhia de Teatro Acrobático. Entrada na LAEC. Encerramento CPU 2018 – artes circenses. *Trailer* disponível em: https://www.youtube.com/watch?v=cnXxeDhi448. Trabalhos com os estudantes na Lona. *Trailer* disponível em: https://www.youtube.com/watch?v=WsPa85oqGTM&t=2s. Grande gala de circo – início do ano letivo 2018. *Trailer* disponível em: https://www.youtube.com/watch?v=2viyJV1pj08. Caravana – gala dos estudantes e da primavera. *Trailer* disponível em: https://www.youtube.com/watch?v=rB20UGQ2ohE&t=41s.

Informação detalhada

Ano	Título	Turma	Duração	Aspirantes	Admitidos
2009-2010	Bacharelado em artes circenses	Primeira	2 anos	60	16
2010-2013	Bacharelado em artes circenses	Segunda	3 anos	80	18
2013-2017	Licenciatura em artes cênicas	Primeira	4 anos	210	24
2016-2019	Licenciatura em artes cênicas	Segunda	4 anos	280	36
2017-2020	Licenciatura em artes cênicas	Terceira	4 anos	108	37

Configuração da formação

O projeto da licenciatura em artes cênicas foi levado adiante por um amplo painel de nomes de referência na área, professores e personalidades das artes cênicas, e pela equipe da Secretaria Acadêmica da Unsam. Como não havia experiências semelhantes anteriores que pudessem ser consultadas, foi um processo "no abstrato", para espaços ainda inexistentes, estudantes com expectativas e perfis desconhecidos e professores imaginários.

Ao passar do projeto para a etapa de implantação do curso de graduação, houve uma série de desafios que vale a pena revelar e compartilhar. A maioria dos docentes não tinha formação universitária ou nem sequer o ensino médio completo. Aparentemente, porém, a academia tem tradição em reconhecer a figura do "idôneo", ou seja, aquela pessoa que por dedicação, trajetória, reconhecimento e prestígio está capacitada a ocupar um cargo docente. Existe um limite na quantidade de idôneos que um curso de graduação pode admitir. Esse percentual de idôneos admitidos "se salvou", trazendo docentes com formação e trajetória universitária no corpo das matérias teóricas.

Com o passar do tempo e com a experiência que se vai acumulando ao longo dos primeiros anos, percebe-se que o projeto e o conteúdo do curso de graduação – condicionado pela exigência de inseri-lo no âmbito acadêmico e na lógica universitária tradicional, e que em seu projeto original copiava modelos de outras áreas – parece ter sido criado com base na aceitação da inclusão dessas artes e de seus modelos de aprendizagem habituais, mas "embutindo" um arcabouço teórico que parecia estar ali para ocupar um volume de estudo que servisse de contrapeso às horas destinadas ao treinamento, não consideradas "estudo".

Era difícil considerar a prática de técnicas circenses como um processo de "pensar, exercitar a curiosidade, pesquisar e produzir conhecimento". Esse arcabouço teórico, que se estrutura com matérias de história, de ciências sociais, da área de humanas, e que também inclui alguns espaços no currículo destinados a aspectos próprios do ofício do artista circense (anatomia e biomecânica, projeto, realização e montagem, produção, gestão de projetos), constitui uma bagagem sem dúvida interessante para qualquer artista e para qualquer pessoa, à qual se pode recorrer durante o exercício da profissão, mas que ao mesmo tempo pesa, já que "não se pode colocar em prática", enchendo nossa mochila de informações, mas sem nos engordar significativamente. Sobretudo porque se constata que esse arcabouço teórico muitas vezes não corresponde exatamente às expectativas dos estudantes (agora sim, com rosto, corpo, desejos, nome e sobrenome), provocando perguntas e respostas que ainda não foram formuladas. A *dissociação entre teoria e prática* é evidente, apesar dos esforços em associá-las, que acabam sendo ineficientes, como todo esforço que parte de um princípio que valeria a pena passar por uma revisão.

Portanto, seria interessante que a academia pudesse reconhecer que o circo presente é uma área de conhecimento suficiente e autônoma, que tem seu valor intrínseco porque desenvolve um vocabulário enorme e dinâmico, porque inclui uma diversidade de técnicas em constante mutação e evolução, porque produz linguagem, pratica métodos de pesquisa próprios, inova nos procedimentos de criação, conta com uma ética que o organiza, exerce uma filosofia que o alimenta, propõe uma física que o rege e dispõe de uma pedagogia e de uma didática que permite àqueles que estão mergulhados nele ter uma visão de mundo e produzir experiências para dialogar com outras áreas do conhecimento.

Em relação a essa dificuldade, propomos que o teórico e o prático se fundam em uma prática de permuta constante para se convencer e convencer que a imaginação deve começar a ser considerada seriamente como um músculo que é treinado e que o circo "pensa", como um órgão até agora não reconhecido como sendo de pensamento: "o corpo em estado de proeza".

Intercâmbios: Projeto Maga – "Por um Eixo Latino-Americano de Circo"
Durante todos esses anos de prática circense, tanto na área privada como na estatal, recebemos visitas de artistas e professores provenientes de vários lugares, que ofereceram seminários, cursos e atuações nas mais variadas matérias. Esse fluxo de saberes, no entanto, se concretizava de maneira informal, por intermédio de contatos pessoais, aproveitando as visitas que esses artistas e professores faziam ao nosso país por diversos motivos, muitas vezes de caráter afetivo ou a turismo, sem dúvida bons motivos. Mas até agora não tínhamos podido formalizar um verdadeiro projeto que abrangesse e favorecesse esses tipos de visitas, capacitações e intercâmbios. É a partir do conhecimento do projeto Maga, do Ministério da Educação, que oferece uma linha de financiamento para os cursos de graduação em artes, a fim de fomentar a mobilidade de estudantes e docentes, que começamos a fazer uso desse recurso. Apresentamos um projeto para a construção de um Eixo Latino-Americano de Circo, com a ideia de formar um corredor pelo qual circulem com fluidez os saberes, e com a ilusão de poder criar uma federação americana de instituições dedicadas ao ensino do circo, com características semelhantes àquela

já existente na Europa (Fedec), mas com uma identidade própria, a fim de podermos, no futuro, nos relacionar regularmente com outras federações dentro de um patamar de equilíbrio de forças.

O projeto foi selecionado e recebemos um orçamento para dar os primeiros passos nesse sentido. Em 2018, o primeiro ano de execução, começamos a delinear uma estrutura que reúne a Escola Nacional de Circo de Cuba, a Escola Nacional de Circo (ENC), do Brasil, e a Unsam, de Buenos Aires. Estabelecemos uma etapa de diagnóstico das diferentes realidades que permitisse que nos conhecêssemos com mais profundidade por meio de visitas mútuas dos órgãos de direção das três instituições. Foi assim que Carlos Vianna, da ENC, passou vários dias na Unsam, em dezembro de 2017, observando as aulas, os ensaios, assistindo aos espetáculos e a algumas apresentações dos trabalhos finais dos estudantes que estavam para se formar. Vianna também ministrou palestras ao corpo docente, à direção e aos estudantes, em que expôs o projeto da ENC Brasil, seus objetivos, organização, programas e modo de funcionamento[3].

Quanto a mim, visitei a Escola Nacional de Circo de Cuba (ENC Cuba) em fevereiro de 2018, 28 anos depois de ter estudado ali, onde mantive conversações com a direção e a equipe docente, compartilhando nosso trabalho pedagógico e o resultado das nossas produções. Também acompanhei treinamentos, ensaios e aulas, e usufruí de uma apresentação dos estudantes preparada especialmente para a minha visita.

Durante os meses de outubro e setembro de 2018, dois estudantes do terceiro ano da Unsam, Mercedes Mintz e Gastón Berger, foram selecionados por meio de um edital especial no âmbito do projeto Maga para desfrutar uma experiência de intercâmbio na ENC Brasil, onde treinaram técnicas acrobáticas de mão a mão, banquines, quadrante coreano, *trampowall*, báscula e acrobacia de chão.

Em novembro de 2018, o subdiretor da ENC Cuba, Emilio Sobrino Senciales, visitou durante uma semana o curso de licenciatura da Unsam, familiarizando-se com a abrangência e a modalidade do projeto educativo, e compartilhando a longa experiência do projeto cubano, fazendo palestras, debates e conferências. Niki García, diretor da Escola de Circo Nacional da Venezuela, também tomou parte dessa visita e expôs a importância dos projetos em seu país. Como encerramento desse primeiro ano de trabalho, nos propusemos a elaborar um documento de fundação do Eixo Latino-Americano de Circo e também a compartilhar os resultados dessa etapa de diagnóstico, expondo as semelhanças e as diferenças dos três projetos.

---

3   Cf. Grieco, "Eje de circo universitario: primer ganhador del programa Maga". Disponível em: http://noticias.unsam.edu.ar/2017/12/19/eje-de-circo-universitario-primer-ganador-del-programa-maga. Acesso em: dez. 2020.

A iniciativa ganha realmente sentido se, no futuro, puderem participar todas as escolas de circo reconhecidas oficialmente pelos Estados, para criar um repertório em que circulem as experiências e os saberes do nosso continente, e organizar projetos de colaboração, intercâmbio, cooperação e coprodução, para dar respostas circenses que se pareçam conosco. Seremos capazes?

Projeto Migra cooperativa cultural: experiências organizacionais, criativas, pedagógicas e políticas

Tomas Soko[1]

Início da aventura: breve história do projeto

O Projeto Migra é um coletivo de artistas de múltiplas facetas que se dedica à criação, direção e produção cênica, e também desenvolve papéis de gestão, técnica, montagem e produção. O que nos une é o circo, o palco e um forte impulso interno para criar projetos e fóruns de intercâmbio, pesquisa, difusão da arte circense e da cultura em geral.

Nascemos com a construção do nosso pavilhão, uma lona de circo com capacidade para 250 espectadores. Porém, antes disso, cada qual traçou diferentes caminhos, experiências formativas e profissionais em vários países do mundo. A partir de 2012, alguns que estavam no exterior, mais especificamente na Europa e na América Latina, começaram a voltar. Leticia Vetrano, fundadora do projeto, foi para a Europa em 2001, radicando-se na Bélgica por doze anos, e desenvolveu sua carreira profissional nesse país. Ela tomou parte de vários projetos, entre os quais *El Grito*, uma lona de circo contemporâneo italiana, uma das primeiras experiências que a nova dramaturgia circense levou para a lona. Essa aventura inspirou a criação do Projeto Migra, já que Leticia queria voltar para a Argentina e tinha interesse em criar uma experiência itinerante. Em 2012, começou a escrever o projeto e a trocar ideias com outros artistas, criou uma primeira equipe e apresentou o projeto inicial. Em 2013, voltou a morar definitivamente na Argentina. Foram vários anos de reflexão, de redação do projeto, buscando assessoria para a construção de lonas e pensando em um possível grupo de trabalho.

Finalmente, em 2015, a equipe formada por Gabriel Villanueva, Gabriela Parigi, Florencia Valeri, Juan Manuel Jodar, María Paz Cogorno e Tomas Soko conseguiu se consolidar. Providenciamos a construção de uma lona que foi formalmente inaugurada na temporada de verão de 2016, em Punta Negra, no Uruguai. A partir daí, teve início a aventura.

---

1   Redação e coordenação geral. Colaborações de Gabriela Parigi, sobre pedagogia e criação; Tato Villanueva, sobre criação; e Ana Linder, edição, correção geral e contribuições na redação.

Migra: o movimento como identidade. Entre a experiência e a filosofia
Definir a nossa identidade requer certa pesquisa, pois somos um grupo mutante, e a criação de cada projeto abre novos caminhos de interação. Nossos projetos nascem do forte interesse em realizar e criar o encontro, a experiência e o intercâmbio. A partir desse desejo, põe-se em marcha toda a estrutura de produção, dividida em comissões, que entra em ação e se materializa. Nesse coletivo não existem chefes, e as tarefas são organizadas de forma horizontal, sendo levadas a cabo de acordo com o compromisso, a disponibilidade e o desejo de cada membro. Tentamos não estabelecer papéis fixos, mas criar um compromisso flexível que nos permita atualizar o interesse e a prática. Por isso afirmamos que somos itinerantes, tal como a nossa lona, em constante movimento.

     Cada projeto tem sua própria história e características. Quando falamos do Projeto Lona, vem à tona o diverso, já que ele se constitui à medida que a estrutura vai se ancorando nos diferentes lugares, fundindo-se com o que sucede em cada um deles. Apresenta-se como uma sala, um espaço artístico e dinâmico que pode receber vários criadores de diferentes áreas cênicas. Não nos interessa chegar com uma proposta fechada, pois já vimos isso e também já vivemos. O que nos interessa é propor um espaço aberto e em diálogo com as propostas locais. Cada cidade é um mundo cultural, por isso a identidade do projeto e seu impacto têm sido próprios em cada localidade.

Como se define uma identidade em movimento?
Honestamente, em alguns momentos foi um problema nos definir. Quem somos? Na hora de questionar a identidade do projeto, se assumimos que estamos circulando com um espaço dinâmico que necessita de novos territórios, os quais por sua idiossincrasia nos trazem experiências particulares, precisamos criar um circuito heterogêneo que permita a convergência e nos deixe desenvolver várias experiências de *cocriação*. Defendemos essa prática como a ferramenta mais viável para nos integrarmos às diferentes obras culturais nacionais e internacionais e sair do epicentro da cidade de Buenos Aires. É por isso que, desde o início, o projeto almeja atravessar o rio da Prata e compartilhar a arte circense em terras uruguaias.

     Isso revela uma "identidade mutante". Assumimos que, no nosso empenho em cruzar saberes e experiências no encontro, as lonas se abrem e dão lugar aos interesses locais. Buscamos ampliar não somente as maneiras de nos encontrarmos como também as conexões da expressão artística. Estamos abertos à interação com todas as regiões e países.

     Entretanto, nos deparamos com contradições, em um mundo onde se pretende construir identidades fixas, um mundo muitas vezes voltado a enquadrar tudo em cânones estabelecidos, com tendências de homogeneização do comportamento em que o diferente é estigmatizado, a fim de uniformizar uma mesma concepção da existência.

Lona Cultural La Mercedes, provincia de Buenos Aires, Argentina. Foto: Matías Silva.

O circo tem origem no extremo oposto. Ele convoca à diversidade a partir do seu íntimo, manifesta-se como arte itinerante por natureza. A itinerância em si é uma lógica descentralizadora. O circo sai em busca do público e se afasta do centro para explorar novas paisagens socioculturais.

O nome da nossa companhia nasceu ao desvelarmos a essência nômade do circense. Recebemos inspiração nos bandos de pássaros que atravessam céus e mares, mexendo nas sementes, trabalhando em equipe para manter o voo, adaptando-se aos climas, aos ventos, criando lares aonde vão chegando.

O circo é um espaço permeado, desde suas origens mais ancestrais, pela diversidade, pela novidade e pela estranheza. Sob a lona convivem todas as expressões que estejam a serviço desse fenômeno cênico, do mais impactante até o mais sutil. A diversidade do circo é um complemento necessário a seu caráter itinerante, já que, na busca de novos públicos, a lona atravessa territórios onde o tecido sociocultural vai mudando. Cada lugar é diferente. O circo cria empatia com a diferença, se alimenta do diverso, precisa dele, e na conjunção das diferenças cria-se um momento aglutinador do festejo, um canal de encontro à margem da vida cotidiana, um mundo onde as relações sociais permitem a tolerância em relação ao não semelhante, e por fim conseguimos celebrar o encontro com a alteridade.

O circo valoriza esse "especial". Trata-se de uma arte que procura romper as lógicas do normal, desafiando a gravidade sob todas as suas formas, desafiando o limite, questionando o normal a partir do absurdo, transformando a poesia em salto mortal, criando humor com a análise do comportamento humano. O circo é a arte do excêntrico, do especial, do singular nunca visto antes. Ele nos convida a suspender as lógicas e a deixarmos sermos envoltos pela surpresa.

Dar um novo sentido à ideia da lona de circo: "Neste circo, o único animal é o homem"

Entender por onde se deslocaria uma lona como a nossa e inaugurar novos circuitos com ela não foi uma tarefa fácil. Não nos interessava o circuito do circo tradicional; precisávamos nos familiarizar com o entorno de outra forma, nos aproximar da atividade cotidiana de qualquer povoado ou cidade e da idiossincrasia cultural local. Todas essas experiências foram inserindo discussões sobre o cerne do projeto, sobre o impacto *in situ* que aconteceria onde fôssemos atuar.

De repente, onde há um espaço vazio surge agora uma estrutura em forma de lona de circo, que por sua vez rompe com a paleta de cores tradicional do circo e se apresenta branca e preta. A transformação da geografia urbana é abrupta. Isso acontecia porque o projeto não se instala no espaço específico em que os circos costumam ficar nas cidades, geralmente numa estrutura distante. Fomentamos a necessidade de nos fixar no epicentro urbano, onde tem lugar a vida cotidiana, nos espaços verdes, nos espaços de lazer. Assim sendo, a lona se aproxima das feiras, nos pontos de encontro nas praças, onde as pessoas costumam conversar e tomar chimarrão, ou compartilha com uma pipa as atenções dos transeuntes que a observam plainar no alto.

Instala-se, pois, uma nova poética, um mundo paralelo, um ritual cheio de incógnitas e de surpresas. O espaço público muda e uma nova paisagem urbana vem à tona, um ponto de confluência cidadã, um local de reunião tanto para os espectadores como para os artistas locais. A lona traz uma nova visibilidade à atividade artística e cultural, amplia sua acessibilidade e estimula a memória cultural que o legado do circo tradicional deixou de sua época áurea. O impacto é forte. Os circos tradicionais eram um acontecimento significativo na vida de qualquer povoado. Seu alcance era imenso e as velhas gerações ficaram marcadas por esse conjunto de sensações; são imagens e emoções que acompanharam a infância de muitas pessoas. Para nós, isso se chama *memória cultural*. É a construção de uma memória coletiva, uma espécie de registro eterno que permanece na memória dos espectadores e constitui o imaginário social do circo.

Queríamos continuar com esse ritual, mas também conferir outro sentido para a sua dinâmica, dar uma nova orientação ao fazer artístico e ampliar as possibilidades da lona como sala de espetáculos. Quando começamos a pôr isso em prática, nos demos conta de que estávamos criando novas simbologias no ritual, porque a experiência era ampliada. O mítico espaço circular já não funcionava apenas pela comunhão de públicos e de artistas, mas também eram criadas novas atmosferas, novas maneiras de ocupar a lona e vínculos alternativos, como quando ocorre um bate-papo com o público ou aulas abertas, ou ainda quando se começa a dançar tango e o espaço se converte em um salão de baile. Novas memórias culturais são produzidas nos espectadores e nos artistas, transformando a visão do circo tradicional e trazendo uma experiência artístico-cultural que pode ser desfrutada a partir de algumas portas de entrada, como a pedagógica e a formativa, e a artística. No que tange à experiência artística, ela pode advir tanto da esfera da representação quanto da abertura de espaços destinados exclusivamente à criação.

Metamorfose e experiência

Em 2016, a lona ficou instalada dois meses em Punta Negra, no Uruguai. O Projeto Migra programou sua agenda de espetáculos: *La Ceremonia*, *Fantastique*, *Molavin* e *Varieté Migra*. Paralelamente, todas as quintas-feiras havia aulas de tango e, em seguida, preparava-se o salão para dançar. Também foram realizadas sessões de cinema, seminários de *clown* e apresentações de grupos musicais com a orquestra municipal de Maldonado e Miss Bolivia. Em 2017, nas férias de inverno em Mercedes, na Argentina, as meninas faziam cascatas e acrobacias na oficina de circo. Em 2018 e 2019, em La Paloma, no Uruguai, todos os dias eram realizados espetáculos do elenco do Migra, e às segundas-feiras, das companhias convidadas. Todas as semanas ocorriam oficinas de circo para crianças, e nas noites de quarta-feira a lona se transformava em uma sala de cinema. Todas as semanas eram acolhidas companhias que faziam residência artística. Elas faziam uso da lona e recebiam um acompanhamento artístico específico para a obra que estavam criando. Mais do que uma lona de circo, somos uma lona cultural, um espaço em movimento. O projeto começou com esta premissa: eliminar o conceito de gueto artístico e abrir as portas desde o início, garantindo a inclusão da cultura local e, ao mesmo tempo, inaugurando um corredor cênico no qual várias propostas artísticas no formato de um número único ou de espetáculo tenham um espaço de apresentação e possam ganhar visibilidade.

Em cada experiência, a sala vai se impregnando das atmosferas variadas que cada evento cultural traz em si. Dessa forma, foram se sucedendo várias missões, como às vezes chamamos o que implantamos – em Olavarría, Echeverría, Uruguai e Saladillo, a lona foi se metamorfoseando com a identidade local.

Desde 2016, ano após ano, foi se criando um circuito. Denominado Corredor Cultural Argentino-Uruguaio, inclui o Fici, o Encontro de Circo Malabarmar e a Lona Cultural.

Às vezes as ideias/dinâmicas revelam-se pela própria ação e não tanto como uma ação predestinada. Os pontos se unem. O itinerante permite a articulação de corredores com maior facilidade. Garante experiências de intercâmbio, como o Malabarmar ou o EnLACE. Se fôssemos apenas uma companhia artística, as possibilidades seriam reduzidas, pois o fato de atuar para o público não possibilita um espaço de intercâmbio profundo.

Criar circo contemporâneo em uma lona: poética, política e estética

Nossa plataforma de lançamento foi a gestão da lona como sala. Aí nos confrontamos com outro ponto crucial do projeto: seu conteúdo artístico. Éramos amigos e colegas, mas nunca tínhamos trabalhado nem criado juntos. Cada qual chegava com seu próprio material, produto de sua trajetória pessoal. No começo, o trabalho se concentrou em fundir o material individual dentro de um universo comum, criando cenas coletivas. Levamos esse trabalho adiante durante dois anos. Isso permitiu que nos encontrássemos no palco e que começássemos a delinear conceitos e ideias sobre nossa visão do circo atual, ou simplesmente sobre o que tínhamos vontade de fazer.

As temporadas de verão no Uruguai foram decisivas para essa questão. A lona se instalava durante dois ou três meses, e isso nos permitia ter o espaço para desenvolver uma criação. No nosso terceiro ano da temporada, o segundo consecutivo em La Paloma, resolvemos lançar nosso material individual e realizar a criação de um novo espetáculo, intitulado *Ensayo Número 1: Bruto*. Um circo poético e absurdo. O processo de criação foi coletivo e a direção artística ficou a cargo de Tato Villanueva. Com *Bruto* nos afirmamos como companhia artística e conseguimos montar um espetáculo para todas as faixas etárias de público, em que os adultos são espectadores ativos ao lado das crianças. Um espetáculo para todas as idades, com brincadeiras dirigidas tanto aos adultos quanto às crianças. Nossos parceiros e amigos uruguaios Victor Miñón e Sofía García, produtores fundamentais da aventura uruguaia, juntaram-se a nós nesse espetáculo. *Bruto* é um espetáculo com oito artistas e já foi apresentado cerca de setenta vezes. Foi um projeto para uma temporada, mas acabou se propagando por diferentes palcos de Buenos Aires:

> Em sua essência, *Bruto* é animal e bestial. Sem polimento. O impulso animal da vontade pura. Nasce da intensidade e do estômago. Da singularidade sem rodeios, real e hilariante de cada personagem. É um diamante grupal em estado bruto. É uma bomba de energia e de humor absurdo. Em seu estado natural, são tecidas a gargalhada selvagem e a profundidade que comove. Habitamos a música, o circo e o humor de forma impetuosa e poética para quebrar a casca do ovo ou a galinha. Convivem as perguntas existenciais e as respostas sem lógica. Rock, África albina, bailes histriônicos e a esperança de nunca perdermos o que define a nossa essência, o nosso estado bruto, por mais que nos adequemos, nos polimos e nos dediquemos. *Bruto* é um espetáculo de circo, teatro, humor e música para a vida adulta e a infância[2].

Nossa primeira criação traz um universo de reflexões artístico-políticas sobre o circo atual e o circo contemporâneo em particular. Reflexões individuais que se entrelaçaram umas às outras quando o coletivo se formou, gerando uma empatia artística em que as singularidades se fortalecem dentro de um universo comum. Em primeiro lugar, nosso circo é o produto da nossa formação. Nenhum de nós se formou num estilo e numa técnica específica, somos todos artistas constituídos por uma multiplicidade de linguagens. Nossa formação em circo sempre foi permeada por dança, teatro, experimentação e encenação. O circo que nos interessa se inscreve em um território de inclusão. Inclusão de várias linguagens para projetar um universo cênico próprio. O componente fundamental do circo, a proeza, deixou de ser o eixo central da proposta artística e passou a despontar como mais um elemento da estrutura dramática. Acreditamos que a proeza tem seus limites quando é exibida no palco como um fato consumado em si. Para nós interessa introduzir na proeza o teatro, a dança, a loucura, a poesia. Buscamos uma proeza viva, em diálogo com o resto dos elementos cênicos, cumprindo um papel tão importante como o da presença, da corporalidade ou do texto. A proeza adquire outra lógica nesse patamar e passa a ser um elemento complementar que se entrelaça e traz singularidades ao personagem e ao texto completo. No nosso universo, ela passou a ser uma ferramenta, uma qualidade a mais do "bios-cênico".

Quando a proeza se apresenta como um fato em si mesmo, como uma espécie de fetiche traduzido no desafio do homem ou da mulher diante das leis da gravidade, ou diante da morte, o artista se posiciona imediatamente como um ser espetacular, um semideus da pista que tem a capacidade de realizar atos incríveis e para além dos limites humanos, porque treinou para isso. A proeza comove, emana o que é espetacular e sensacional, mas dependendo de como é usada, também estabelece uma pauta de comunicação entre os artistas e o público, instala a cele-

---

2   Texto de Tato Villanueva e Gabriela Parigi.

Bruto, criação de 2018 do Projeto Migra. Cidade de Córdoba, Argentina. Foto: Fede Sosa.

bração do sucesso e brinca com a morte. O circo oscila entre essas duas polaridades e tem um componente de adrenalina, mas isso também nos limita. Queremos falar do mundo em que vivemos e questionar a realidade, nos aproximar do espectador a partir de um ambiente humano, criar situações em que o cotidiano está presente, mas também se modifica e pode lhe dar passagem para o surreal:

> Queremos que convivam o super-herói do circo e o vulnerável acrobata humano. Que o simples e o complexo dialoguem e delineiem a linguagem saborosa de cada artista, um criador particular. Trabalhamos para que a técnica, a proeza e o espetacular funcionem como ferramentas de uma linguagem corporal cênica que se abre para compartilhar seu universo emocional com os outros. Também buscamos fundir suas linguagens particulares para criar uma proposta cênica profunda que comova e estabeleça uma conexão com o público. E superar a lógica de números, formatos de atuação, estilos da técnica. Também queremos poder contar com um espetáculo que nasça da nossa própria realidade, do mais genuíno que temos; de nós mesmos, na qualidade de autores e criadores do nosso próprio mundo cênico. Que seja poético e popular, que desperte e seja comovente, refinado e inclusivo[3].

Um festival, um encontro e uma plataforma criativa

"Questionar o que é o circo na Argentina nos dias atuais e nos concentrar nas perguntas que lancem novas práticas de criação – algum aspecto desse objetivo/propósito levou-nos a sonhar, administrar e a apoiar o festival."

Assim como nasceu a lona, desde o início também participamos da gestão do Festival Internacional de Circo Independente (Fici), promovido por Leticia Vetrano e Pier Paolo Olcese, diretor do Teatro Galpón de Guevara, localizado no bairro de Chacarita, na cidade de Buenos Aires. A primeira edição, em novembro de 2015, contou com quatro companhias – duas da Argentina, uma da Espanha e outra da Dinamarca. O festival foi um sucesso, e no ano seguinte foi decidido que se produziria uma segunda edição. Foi então que Leticia Vetrano convidou a equipe do Migra para participar da produção. Desde então o festival é uma coprodução entre o El Galpón de Guevara e o Projeto Migra. Em 2018, completamos quatro edições. O público do Fici está crescendo e a presença do evento no circuito cultural de Buenos Aires também. Hoje, o festival tornou-se uma plataforma para formação, criação e promoção do circo contemporâneo em Buenos Aires. Já passaram pelo evento companhias da França, Argentina, Uruguai, Brasil, Espanha, Dinamarca, Alemanha e Bélgica. O evento também foi sede de quatro estreias argentinas – três em Buenos Aires e uma em Rosario – e acompanhou a produção de três, em comum acordo com os artistas. O Fici atua em duas linhas de ação: espectadores e artistas. No que diz respeito aos espectadores, tentamos incluir constantemente novos públicos para revalorizar o circo no mesmo patamar que o teatro e a dança. Também nos

---

3   Texto de Gabriela Parigi.

interessa possibilitar aos estudantes e aos amigos do circo o acesso a um espaço onde possam acompanhar uma programação variada nacional e internacional, que sirva de estímulo para a produção e o circuito local.

O Fici é constituído por uma equipe de produção que funciona o ano todo. Existem comissões responsáveis pela curadoria, captação de fundos, organização de seminários e espetáculos pré-festival, logística das companhias, grade dos convites, seleção dos participantes e comunicação.

Fazer parte da organização do festival é um objetivo-sonho cumprido. Sempre trabalhamos em festivais com nossos espetáculos e seminários, e sabemos que cada um deles tem a sua particularidade. Alguns deixam uma marca nos participantes, porque são realmente uma festividade, e sentimos como a fraternidade nos envolve com firmeza. Quando nos perguntamos por que isso acontece, percebemos que, com exceção da programação e da formação, o que diferencia um festival são os momentos de encontro entre aqueles que o fazem, quando todos os artistas e organizadores se sentam ao redor de uma mesa para comer, e quando, no momento em que tudo termina, o encerramento é celebrado com uma grande festa. São coisas básicas, mas, após ter transitado pelos mais diferentes festivais do mundo, nos damos conta de que esses detalhes realmente fazem diferença. Grande parte do mercado da arte cênica hoje é representada pelos festivais. Quando se perde o momento do festejo, corre-se o risco de perder a essência do encontro e de que a mercantilização da arte vença a celebração. Os festivais existem para tecer redes em todos os sentidos: redes com o bairro, com a comunidade artística, com outros circuitos, além das redes humanas.

O Fici nasceu na penúltima edição do Festival Internacional Buenos Aires Polo Circo, organizado pelo governo da cidade de Buenos Aires, um dos festivais mais importantes de circo da América Latina, que conseguiu trazer companhias internacionais de grande porte, mas que nunca soube fomentar a produção nacional, algo que fica evidente em qualquer espaço que se declara como polo. Na França, por exemplo, além de programar espetáculos e realizar festivais, todos os polos de circo dedicam-se a incentivar a pesquisa e a criação de espetáculos circenses. Há diversos polos em várias cidades francesas. Eles servem como vitrine para a grande quantidade de festivais nacionais e internacionais que procuram montar uma programação. A fórmula é simples: um polo de produção de espetáculos que alimente a demanda dos festivais. O Buenos Aires Polo Circo nunca esteve à altura dessa concepção, porque, evidentemente, fomentar a produção nacional jamais fez parte de seus objetivos principais. A ambição estava do outro lado: conquistar a confiança política e consolidar o circo como um evento que reúne multidões. E assim foi. O Polo Circo foi uma vitrine com espetáculos de grande qualidade, mas de certa forma "realizada para a foto". Sua bandeira era constituída pelas produções internacionais, sobretudo francesas, suíças e canadenses, que conquistaram os sorrisos dos políticos. Quando o circo nacional começou a se manifestar e a pedir seu espaço, basicamente a partir da formação do Circo Abierto (coletivo de artistas que começou suas ações reivindicando um funcionamento mais aberto e inclusivo dessa política pública), o Polo Circo tentou criar programas que não tiveram continuidade. Como exemplos, citamos o Circo em Dança, em conjunto com a secretaria de apoio à dança (ProDanza), e vários seminários e ciclos de formação que nunca chegaram a estabelecer o polo como uma central de fomento e produção. Fica claro que essas intenções não estavam entre seus objetivos principais. Ao final de suas oito edições (2009-2016), o Buenos Aires Polo Circo deixou a formação de novos públicos como legado positivo para o circo nacional, mas também contribuiu para ressaltar a necessidade de instalar espaços que estimulem a prática de criação circense.

A partir da terceira edição do Fici, pareceu-nos necessário que o festival adotasse uma posição de plataforma. Isso significa que, além de cumprir com o trabalho tradicional de um festival, com a programação de espetáculos, concentramo-nos em estimular o circo local, em gerar espaços de diálogo, pesquisa e criação.

A plataforma é constituída de múltiplas propostas, todas voltadas à formação e ao estímulo da prática de criação do *performer* de circo. Em primeiro lugar, contamos com o PreFici, uma antena de recepção de artistas em turnê que passam por Buenos Aires em várias épocas do ano. Entre 2017 e 2018, foram programados espetáculos como, por exemplo, *Les Roys vagabundos* (França) ou *master classes* como *CopyLeft*, seminário para malabaristas ministrado por Nikanor De Elía, e *El actor* físico entre *la danza, el circo y el teatro*, por Florent Bergal (França).

Durante o festival são lançadas diversas chamadas com várias linhas de trabalho. Em primeiro lugar, a Varieté Experimental, uma montagem realizada especialmente para o festival, com cinco dias de ensaio na semana anterior. Em cada edição essa montagem está a cargo de um diretor diferente, que reúne os números escolhidos dentro de um leque comum. A Varieté Experimental representa uma reviravolta para esse formato e, em certo sentido, busca propor outras formas de conceber esse gênero, uma sensação em Buenos Aires e nos inúmeros espaços culturais da cidade. Em segundo lugar, convocam-se trabalhos que estejam em processo de montagem. Eles são apresentados em uma sala sem iluminação, com os equipamentos básicos. A ideia é confrontar a etapa de trabalho de forma crua, sem apoio de nenhum artifício teatral, para exercitar a força da presença, primeiramente sem a possibilidade de se esconder nas mágicas da caixa preta. Os trabalhos em processo permitem que os artistas exponham seu material, que contem ao público sobre sua investigação artística e recebam os comentários dos interessados.

Também são programados seminários e *master classes*, todos concentrados na criação ou no trabalho cênico do artista de circo. Não são previstas muitas formações técnicas, uma vez que consideramos que esse tipo de atividade já existe em abundância no atual circuito de Buenos Aires, inclusive com um excelente nível técnico. Com o tempo, observamos que faltavam espaços para trocar ideias. Assim sendo, na terceira edição inauguramos uma seção de colóquios sobre produção e criação no circo atual. Vários nomes de referência da cena local e internacional costumam abrir as seções.

Com o Fici pudemos saciar a necessidade que tínhamos como artistas, algo que durante muito tempo queríamos que o Estado fizesse. Percebemos que ou o Estado não se interessava em fazê-lo ou não sabia como. Quando pessoas que não têm amor ao circo, que desconhecem o que ele significa ou que simplesmente cumprem um papel de produção burocrática organizam eventos circenses, a essência do evento corre o risco de se desvirtuar. Com certeza, à medida que as gerações se sucederem, aqueles que hoje ocupam papéis na pista amanhã ocuparão funções na gestão pública, tal como aconteceu com o teatro e a dança.

Temos, ainda, mais ambições para o Fici. Queremos participar do bairro de forma mais direta, com espetáculos de rua e a montagem da lona no Parque Los Andes, mas a burocracia pública, as agências de fiscalização e os fervorosos defensores do espaço público fazem exigências que apenas a megaprodução de uma multinacional poderia cumprir. Mas chegará o momento em que as burocracias repugnantes compreenderão o potencial da cultura, liberando esses espaços que, por enquanto, só podem ser vistos nas fotos.

Fomentar a singularidade:
reflexões e práticas pedagógicas sobre a criação circense

"O conhecimento é construído de forma colaborativa." Como docentes, temos a convicção de que toda expressão artística ajuda a nos conectar com nosso ser essencial, com nosso corpo, nossas necessidades, nossa ideologia, com nossa liberdade e imaginação; por isso faz bem e, muitas vezes, ajuda a curar o mundo interior e exterior. Na qualidade de docentes, compartilhamos nossas visões, reflexões e sensações, tentando não dar sermão e ditar verdades absolutas. Ficamos inspirados quando vemos o estudante-artista emancipado e capaz de administrar a si próprio, sem consumir respostas pré-fabricadas, e em uma busca animada para entender quem somos e o que acontece conosco como comunicadores cênicos. Baseamo-nos na maiêutica para orientarmos nossas ações pedagógicas, acompanhando e encorajando o aparecimento de novos talentos, acreditando que cada pessoa é um ser artístico particular, com sua própria imaginação, gostos, aborrecimentos, medos, sonhos e ferramentas naturais.

Nesse percurso, é preciso ir produzindo ferramentas que permitam ao aluno empoderar-se do corpo, do emocional e da razão, e que deixem esses três elementos acreditarem e criarem juntos, com liberdade e integração. Compartilhamos nossos próprios percursos de busca tanto como intérpretes quanto como docentes, assim como nossas próprias perguntas e respostas encontradas até agora, sempre tentando construir dinâmicas dialéticas, e tendo jogo de cintura para equilibrar planejamento, organização e previsão com acidentes, imprevistos e solicitações de apoio pedagógico que cada membro do projeto manifesta e provoca.

As linhas de ação do Migra são assinaladas por duas iniciativas: EnLACE (residência de criação para artistas de circo) e FICiCo (Formação Integral de Circo Contemporâneo). E a linha pedagógica tem uma orientação bastante concreta:

Un domingo, criação de 2019. Espetáculo coproduzido pelo Projeto Migra e pelo Teatro Qalpón de Quevara. Na foto estão a filha, o convidado e o pai. Direção: Florent Bergal. Foto: Jose Antonio Almeida.

incentivar o potencial em ascensão e encorajar novas tendências artísticas que proponham outros olhares no âmbito do cenário atual. Trabalhamos com artistas que têm uma bagagem técnica desenvolvida e contam com ferramentas suficientes para colocar todo esse potencial a serviço de uma prática de criação.

Acreditamos que seja fundamental incentivar quem participa da busca da singularidade. Queremos que os artistas se assumam como criadores de seu próprio material, deixando de lado a reprodução de formas pré-estabelecidas. Praticamos a autonomia própria no processo criativo, procurando estimular uma capacidade de análise cênica em que os participantes comecem a observar para além da proeza e possam analisar o truque no mesmo grau de importância com que analisam a presença cênica, a qualidade de movimento, a postura, o tempo e o espaço. É aí que surgem várias perguntas que dão lugar ao percurso criativo de cada artista: como se articula a proeza dentro do universo estético-poético de cada um? Quais são os diferentes elementos da escrita dramática circense e que ferramentas podem fornecer para a escritura individual? A investigação se depara constantemente com essas práticas. Estas, por sua vez, tendem a desenvolver elementos cênicos (truques, habilidades, postura etc.) que, numa fase posterior, organizam-se como um "inventário artístico" e começam a delinear o mundo particular de cada criador. A partir daí, a utilização das várias descobertas que compõem o "inventário artístico" se organizará de acordo com as perguntas que cada criador(a) vai formulando em relação ao seu próprio trabalho: qual é a mensagem que estou procurando? Que estrutura rítmica vem à tona? Quais são as proezas que correspondem à qualidade do movimento e ao jogo cênico? Quais são os pontos de clímax do trabalho e que pontos de inflexão podem surgir? São perguntas diferentes e instigantes, que o próprio material cênico em estado bruto vai pedindo ou trazendo à tona, para esboçar os contornos de um universo cênico que, durante a prática, vai determinando as ações e os próximos passos da cena.

Maiêutica: prática para revelar um mundo interior
Na filosofia socrática, maiêutica é o diálogo metódico pelo qual o interlocutor interpelado, neste caso o artista, descobre as verdades por conta própria. Essa palavra pode ser traduzida como "assistente de parto". Trata-se de um método ou uma técnica que consiste em realizar perguntas a uma pessoa até que ela descubra conceitos que estavam latentes ou ocultos dentro de si. A técnica da maiêutica pressupõe que a verdade se encontra oculta em cada um e que, por meio desse método, ela "vem à tona". Por meio da dialética, o próprio indivíduo vai desenvolvendo novos conceitos a partir de suas respostas. A origem etimológica da maiêutica remonta à língua grega e está ligada à obstetrícia, a especialidade médica que se ocupa do nascimento dos bebês. Sócrates levou o conceito para a filosofia, já que a maiêutica ajuda no nascimento, porém não de um bebê, mas de um ser pensante. Ela pode ser trasladada também para o sistema educativo,

quando se entende que o conhecimento se constrói de forma colaborativa. O docente não deve dar respostas ao aluno, mas semear dúvidas e inquietações que o levem a pensar e a refletir até produzir suas próprias noções. Portanto, o professor deve dialogar com o estudante e ajudá-lo a encontrar respostas nas suas análises. Na qualidade de docentes, nos identificamos com esse método, acompanhando o trabalho de dentro para fora, incentivando o nascimento das ideias e das criações de cada artista.

EnLACE
A EnLACE é uma residência de criação cênica para artistas emergentes de circo contemporâneo. Ela tem uma duração de 21 dias e um total de 168 horas de trabalho. Os participantes são selecionados por meio de uma chamada pública. São escolhidos 32 artistas, divididos em quatro especialidades técnicas gerais: acrobacia, acrobacia aérea, *clown* e malabares. Eles passam por um processo de trabalho intenso, que envolve espaços de pesquisa técnica, treinamento cênico, espaço de reflexão sobre a escrita da dramaturgia circense, tutorias/acompanhamento artístico personalizado e exibição diante do público. Todas as fases apontam para um trabalho personalizado com base no universo artístico de cada participante. O objetivo final é a criação de uma cena, número ou peça apresentada ao público.

A EnLACE tem como missão as produções clássicas e contemporâneas, estimulando sempre a autenticidade e a particularidade do material cênico de cada criador. Queremos enriquecer a comunicação entre as técnicas circenses e os elementos técnico-expressivos das artes cênicas. Buscamos fomentar a criação e a profissionalização mediante um acompanhamento artístico personalizado.

A prática da residência artística nasceu como um espaço necessário no âmbito da criação artística mundial. O Iberescena acaba de adotá-la em suas convocatórias. Os órgãos públicos abrem chamadas de residências artísticas para músicos, bailarinos e dramaturgos, entre outras especialidades, mas a prática circense ainda não encontrou seu espaço na Argentina. Com exceção da EnLACE, não existem projetos de residência artística para criadores circenses na Argentina.

Pesquisa e escrita: metodologias específicas
No rol das particularidades da EnLACE, criamos um recurso que nos permite um trabalho extremamente personalizado com cada um dos residentes: desenvolvemos ensaios de entre trinta e sessenta minutos com cada criador.

A prática de tutoria ou acompanhamento artístico é utilizada com o objetivo de estimular o material a partir de vários ângulos, a fim de conferir flexibilidade à cena e permitir uma abertura em diferentes direções e dimensões cênicas, de acordo com o que cada artista esteja trabalhando.

Nesse sentido, desenvolvemos uma metodologia que consiste na elaboração de exercícios personalizados nos quais, em linhas gerais, se trabalham os seguintes pontos:

- > trabalho sobre os opostos;
- > precisão do propósito das ações físicas, concebendo-o como a variação da ação dentro de um esquema de apresentação da ação, desenvolvimento e finalização;
- > visualizações para ter acesso ao âmago do personagem de acordo com o imaginário estabelecido em cada cena;
- > desenvolvimento da consciência em relação ao estado do corpo em sua expressão máxima e mínima;
- > elaboração de "inventários" de ações, habilidades do movimento e proezas do universo cênico de cada criador.

FICiCo
Trata-se de uma Formação em Circo Contemporâneo criada em 2019, em Montevidéu, no Uruguai, a partir de uma coprodução entre o Projeto Migra e o espaço Entropía Galpón de Circo, de Montevidéu, referência em formação e criação circense. A formação é dirigida para artistas circenses que desejem adquirir ferramentas em todas as disciplinas, reflexão e treinamento criativo para o palco. Ao contrário da EnLACE, não é necessário ingressar na formação oferecida pela FICiCo com uma proposta artística a ser desenvolvida como se fosse uma residência artística. Trata-se de um processo de formação, treinamento e laboratório. O objetivo geral desse projeto é aprofundar na construção de metodologias de pesquisa nas técnicas circense, de movimento e teatral, e na criação cênica. Os objetivos específicos são: gerar um ambiente idôneo de encontro e intercâmbio entre os artistas do Uruguai e da Argentina, a fim de trabalhar na construção de metodologias de busca criativa, criar um espaço de formação profissional com reconhecimento institucional para os artistas circenses, fomentar a profissionalização do desenvolvimento cênico do circo contemporâneo no Uruguai, fortalecer a circulação e operar como um centro de espetáculos sul-americanos. A equipe docente é formada por Florencia Valeri (ritmo e composição espacial); Tomi Soko (pesquisa em malabares); Leticia Vetrano (*clown*); Gabriel Villanueva (escrita da cena); Florencia Michalewicz (dramaturgia); e Gabi Parigi (acrobacia experimental e laboratório, além de ser a diretora pedagógica do projeto).

Percebemos que o projeto de EnLACE e FICiCo tem um potencial enorme, uma vez que se trata de um processo longo e que dispõe de uma equipe docente formada por especialistas de disciplinas variadas. Os professores dão muita atenção ao planejamento, à linguagem em comum na didática, aos objetivos e à metodologia para alcançá-los. Apostamos na criação de um único corpo pedagógico entre todos os docentes. Não queremos formar ilhas de disciplinas isoladas, em que o aluno recebe informações empacotadas sem que elas estejam entrelaçadas e interligadas. Os docentes do Migra compartilham de uma mesma *coluna vertebral pedagógica* que associa a proposta individual de cada um, mesclando-a com a reflexão coletiva, com a *cabeça pedagógica* do projeto, dando origem a um sólido *corpo pedagógico*. Construímos esses projetos com a perspectiva de um ciclo biológico correto no qual o artista não seja um consumidor de informação, mas que a receba e lhe dê um corpo, um novo significado, e depois a recicle de acordo com o que deseja. Nos dias atuais, em que tudo é efêmero e instantâneo, parece-nos um belo desafio manter o compromisso durante processos longos, nos quais o artista dispõe de tempo para aprofundar-se, entrar em crise e sair, reconhecer suas resistências, seus pontos fortes e fracos, e construir em plena consciência, fortalecendo seu universo criativo e técnico.

Reflexões durante o percurso
Nunca imaginamos a extensão que nosso projeto poderia ter. Toda a energia que podia ser disseminada quando sete amigos e amigas se reuniram com uma lona de circo. O contexto ou a falta de contexto também ajudaram, pois não temos vontade de esperar que o Estado compreenda o potencial do circo, e por isso agimos. Com o tempo, o Projeto Migra transformou-se em uma plataforma de lançamento na qual todas as formas de cultura e de arte são bem-vindas. Aprendemos e desaprendemos com o caminhar constante. Com o passar do tempo, nos afirmamos com uma arte que desconstrói permanentemente os estereótipos formatados que tendem ao misógino e ao xenófobo. Apostamos na cultura como canal de encontro alternativo e na cooperativa como forma de organização política e econômica, horizontal e coletiva.

Reivindicar políticas e legislação para o circo na Argentina: o caso do Circo Abierto[1]

Julieta Infantino

Pretendo, neste artigo, discorrer sobre um processo de disputa política assinalado pela demanda de uma lei nacional do circo, sonhada, pensada e redigida por artistas circenses na Argentina. A lei vem sendo fomentada pelo Circo Abierto (Circo Aberto), um coletivo de artistas que se propõe a gerar mecanismos e ações para conseguir melhores condições de desenvolvimento da arte circense no país. Portanto, abordarei aqui o surgimento desse coletivo e o processo de criação do anteprojeto de lei.

Nesse processo, tal como analiso, a ideia do papel social e político da arte passa por uma ampliação, uma vez que se tenta não apenas legitimar as artes circenses no país, procurando transformar sua histórica falta de hierarquia, mas também incentivar a politização dos artistas. Tratarei, então, de alguns processos de fomento para incentivar ações de comunidade/coletividade, ao mesmo tempo que se busca que a demanda por melhores condições de desenvolvimento das artes circenses inclua as várias formas, espaços e estilos em que elas se desenvolvem na arena contemporânea – dos circos "tradicionais" às escolas, do circo de rua ao social, do novo circo ao contemporâneo. Essa noção de um "nós" coletivo, aberto e inclusivo não dilui as especificidades, mas tenta transcendê-las para fortalecer a demanda política.

Por último, trabalho com os novos contextos políticos que o país está atravessando, focalizando as mudanças nas formas de pensar as políticas culturais como espaços democráticos e participativos que se fomentaram nas conjunturas anteriores, e os dilemas que o Circo Abierto tem enfrentado nesse contexto, movimentando-se entre táticas mais pragmáticas ou mais utópicas na demanda política.

[1] Esse trabalho é uma síntese de um artigo mais longo, de minha autoria, intitulado "Transformar, resistir, demandar: disputas político-culturales hacia una ley nacional de circo" (publicado em *Disputar la cultura: arte y transformación social en la Ciudad de Buenos Aires*, Caseros: RGC Libros, 2019). Retomo aqui alguns trechos desse artigo, faço um resumo de algumas das conceituações principais e atualizo reflexões em torno do processo descrito.

O nascimento do Circo Abierto

A Associação Civil Circo Abierto existe desde 2016, mas o coletivo nasceu em 2011, como consequência da demanda de um programa de política oficial destinado ao fomento da arte circense, sob a égide da Secretaria de Cultura da Cidade de Buenos Aires. Em vários trabalhos[2], analisei as tensões que se desencadearam quando a administração local decidiu se envolver na promoção da arte circense por meio do programa governamental Buenos Aires Polo Circo. Os motivos dessas tensões são múltiplos e passam por várias esferas que vão além do objetivo deste artigo. É suficiente destacar aqui que o envolvimento estatal provocou debates interessantes no âmbito da formação cultural circense, no que diz respeito aos estilos e estéticas promovidas pela política pública e aos conceitos que conferiam especificidades às políticas culturais geridas por artistas locais e integrantes do governo.

Uma vez concluído o III Festival Internacional de Circo Buenos Aires Polo Circo, em 2011, uma quantidade considerável de artistas circenses da cidade, descontentes com o modo como a política oficial estava sendo conduzida, uniram-se pela necessidade de debater, de se repensar como coletivo e de se organizar para defender, difundir e aperfeiçoar a arte circense. Nasceu assim o Circo Abierto – cuja criação se estendeu para além da reivindicação inicial que lhe deu origem e começou a ser pensada como espaço para se debater e atuar em prol do circo na Argentina. A partir de reuniões semanais semelhantes a assembleias, os artistas participantes se propuseram a se dedicar a ações a fim de conseguir o reconhecimento e a promoção das práticas artísticas circenses na cidade e no país. Uma das primeiras questões que vieram à tona nesse processo foi o grande desconhecimento que os próprios artistas tinham acerca da comunidade circense em Buenos Aires e na Argentina. Assim sendo, surgiu a necessidade de elaborar um censo nacional sobre o circo, que começou a ser feito em novembro de 2011. Os resultados revelados não apenas representaram uma radiografia da situação da comunidade circense como também salientaram quem são os artistas circenses na Argentina e que necessidades eles têm[3].

O censo foi um instrumento que serviu como ponte para pensar e planejar futuras ações do Circo Abierto. E assim, nos anos seguintes, foram se constituindo os eixos nos quais o Circo Abierto vem trabalhando: profissionalização artística e pedagógica; promoção da arte circense e apoio à sua circulação como oferta cultural; intercâmbio e consolidação de uma comunidade artística que possa compartilhar necessidades e demandas; plano político/legislativo que pretende conseguir o reconhecimento da atividade circense em todo o país.

Um dos propósitos mais ambiciosos do Circo Abierto está nesse último eixo, o político/legislativo. Com vistas a disputar o reconhecimento (material e simbólico)

---

2   Cf. Infantino, 2012; 2014b; e 2015, pp. 157-70.
3   Resultados disponíveis em: www.circoabierto.blogspot.com.ar. Acesso em: dez. 2020.

da atividade artística e a condição de trabalhadores da cultura dos artistas circenses, em 2012, uma vez concluído o censo nacional circense, começou-se a pensar na possibilidade de formular e reivindicar uma lei nacional de circo que promovesse as artes circenses por meio da criação de um Instituto Nacional do Circo[4].

O processo de investigação e redação coletiva dos fundamentos e artigos do anteprojeto de lei se deu entre 2012 e 2015. Nesse processo, alguns artistas da comissão de trabalho político-legislativo do Circo Abierto se debruçaram sobre a redação de itens parciais que iam sendo incluídos no documento *Anteproyecto y Fundamentos de la Ley* (Anteprojeto e Fundamentos da Lei). Esses itens parciais foram debatidos em assembleias e encontros (locais e nacionais)[5], sujeitos a críticas e reelaborados.

Cabe mencionar a minha participação no processo como antropóloga comprometida com o desenvolvimento e a promoção dessas artes[6]. Tive vários papéis ao longo dos anos de redação da lei: no início, como assessora/consultora; em seguida, como integrante da comissão mencionada acima e redatora do anteprojeto de lei. Esse processo, que analisei em outros textos como uma *pesquisa colaborativa*, exigiu vários níveis de reflexões que foram aprofundadas em outros trabalhos[7]. Aqui me interessa examinar algumas questões que considero relevantes para refletir acerca do processo de formulação da lei e os desafios enfrentados.

---

4   No artigo mais extenso que este, apresento em detalhes algumas particularidades do contexto da época em matéria de políticas culturais e analiso a influência que os movimentos regionais, como os disseminados pelo programa Cultura Viva, no Brasil, foram produzindo no país. Além disso, estudo o impacto que teve a sanção da lei nacional da música em 2012 para o campo da produção artística independente do país. Cf. Infantino, 2019.

5   Essas produções foram debatidas em encontros nacionais realizados desde 2012. O primeiro Congresso Nacional do Circo e Circo Social foi realizado entre 23 e 26 de agosto de 2012, na província de San Luís; o segundo, de 5 a 8 de dezembro de 2012, em Rosario, Santa Fé; e o terceiro, entre 29 e 31 de maio de 2013, em Paraná, Entre Ríos.

6   Pesquiso o desenvolvimento das artes circenses na cidade de Buenos Aires e na Argentina desde 1999. Nesse longo processo, não só produzi artigos acadêmicos abordando as mais variadas arestas do ressurgimento da arte circense na Argentina – as transformações e disputas em torno das formas legítimas de fazer circo, os "novos" espaços de circulação, o crescimento dos âmbitos de ensino e reprodução artística, o espaço ambíguo dos corpos circenses, o papel das políticas culturais para o circo –, mas também me comprometi com os artistas em diversas ações de promoção, difusão e valorização dessas artes na Argentina.

7   Cf. Infantino, 2017, pp. 31-52; *idem*, 2018, pp. 1-18. Nesses trabalhos abordo algumas das potencialidades, desafios e dificuldades que conheci na qualidade de intelectual comprometida com os artistas circenses. As urgências dos protagonistas da arte circense no país – aqueles que no dia a dia trabalham com circo, ensinam, treinam –, a fim de conseguir melhores condições de desenvolvimento dessa arte, se confrontavam com os requisitos e exigências acadêmicas e laborais próprias. Abordo esses desafios, as temporalidades diferentes em vários tipos de práticas intelectuais e também analiso as potencialidades/desafios das pesquisas de longa duração e/ou desenvolvidas em parcerias, retomando contribuições da antropologia para pensar os papéis da militância, para questionar a distância/objetividade da pesquisa acadêmica e repensar o papel profissional dos pesquisadores.

O processo de criação do anteprojeto da lei nacional do circo

A lei nacional do circo é uma proposta[8] que pretende fomentar o circo em todas as suas formas de manifestação, de norte a sul do país. O anteprojeto propõe a criação de um Instituto Nacional do Circo, que programe ações a fim de promover o desenvolvimento dessas artes no âmbito de suas várias necessidades e especificidades, bem como a salvaguarda e a proteção dos artistas circenses, na qualidade de trabalhadores culturais.

Um dos desafios mais interessantes enfrentados no momento de pensar uma lei para o circo tinha a ver com as várias formas em que se desenvolvem as artes circenses na arena contemporânea argentina: espetáculos de rua, de sala, circos "tradicionais" (de tenda/familiares), circo contemporâneo, circo social, companhias e artistas de circo independentes, universidades, escolas e espaços de formação circense públicos e privados, espaços de circo não convencionais, festivais, encontros, convenções, congressos, seminários de circo, entre outros.

O desafio trouxe a necessidade de incluir todas essas modalidades e espaços de desenvolvimento do circo atual, não apenas para lhes dar visibilidade, mas também para incorporar as diferentes necessidades e demandas que cada modalidade traz. Do que um circo de lona precisa para circular pelo vasto território nacional e continuar reproduzindo a arte do circo? Quais são as demandas dos espaços de formação e quais são as diferenças que os espaços situados nas cidades importantes provocam – tanto os autogeridos como os públicos – em relação aos que estão em localidades periféricas? Do que precisam os artistas que trabalham nas ruas ou os que tentam conduzir espetáculos pensados para salas, e quais são as demandas dos artistas que trabalham com populações que tiveram seus direitos violados?

Muitas dessas demandas e necessidades se entrelaçam, assim como o fazem os artistas que circulam por vários espaços de inserção artística-laboral, muito mais do que costumamos pensar. Nesse sentido, ressaltamos que existem especificidades, mas também há demandas que se sobrepõem: obter o alvará para uma escola de circo, conseguir permissão para instalar uma lona ou para atuar no espaço público são medidas que requerem da legislação autorizações que transcendem as modalidades específicas. Assim sendo, para além dessas modalidades, todas as formas de desenvolvimento da arte circense atual requerem espaços de promoção e melhoria das condições de trabalho. Dessa forma, o projeto de lei propõe contemplar a grande diversidade de demandas/necessidades que cerca o desenvolvimento atual das artes circenses em todas as suas modalidades, variantes e estilos. As necessidades do setor foram então divididas nas seguintes linhas ou áreas do ofício circense:

1. Criação e produção: criação e produção de obras, números circenses, pesquisa criativa.

---

8 Até 2019, data deste artigo, o anteprojeto de lei não havia sido formalmente apresentado.

2. Circo social: fomento para espaços profissionalizados de trabalho social e comunitário.
3. Circo de rua: criação de uma regulamentação nacional para permitir as várias representações de espetáculos circenses nos espaços públicos, incentivando a criação de melhorias nas condições dos espaços.
4. Circuitos de circulação de arte circense: criar espaços idôneos para a montagem de lonas de circo, sejam as fixas ou as itinerantes que percorrem o país; estimular a realização de festivais, encontros, convenções, congressos e eventos de circo; criação de uma rede que reúna todas as pessoas, instituições, espaços, escolas ou eventos ligados à atividade.
5. Escolas de circo: criação e apoio de escolas circenses; equipamento e/ou reformas, guarda do equipamento; reconhecimento por parte do Estado.
6. Ensino e formação: formação de formadores; incorporação do ensino estatal das artes circenses; bolsas de estudo; pesquisa e publicações.
7. Infraestrutura: criação, remodelação, disposição de espaços de exibição artística e de equipamento circense específico (aparatos, estruturas, iluminação, som, segurança etc.).
8. Criação de uma rede de comunicação que ajude a fortalecer e a estimular a atividade nos diferentes lugares do país, respeitando as características culturais próprias de cada lugar; registro de estatísticas em nível nacional[9].

A lei nacional do circo como instrumento coletivo de disputa política

O anteprojeto da lei foi concluído em 2015. Recorreu-se à assessoria de especialistas em questões técnico-jurídicas para formular os artigos adequadamente. Por volta do fim de 2015 e às vésperas da posse de um novo governo nacional[10], decidiu-se organizar um ato de apresentação do Projeto de Lei para o Congresso da Nação Argentina, a fim de conferir visibilidade à comunidade circense e sua reivindicação. A lei foi anunciada em um ato artístico que reuniu mais de quinhentos artistas e nomes de prestígio da área circense. O evento de lançamento da lei contou com um dia de performances em frente ao Congresso Nacional. Foram montadas estruturas de circo para realizar números aéreos e afixados cartazes que explicavam as várias áreas que a lei iria contemplar. Também foi realizado um espetáculo com a presença de artistas circenses de destaque.

Para além do evento em si, que reuniu amplamente a comunidade circense local e até alguns nomes de referência de várias províncias que viajaram a fim de participar do evento, importa refletir sobre algumas questões relacionadas com a

---

9   Cf. o anteprojeto da lei nacional do circo em: http://www.circoabierto.com.ar/p/ley-de-circo.html. Acesso em: dez. 2020.
10   Mauricio Macri assumiu a presidência nacional em 10 de dezembro de 2015, com uma plataforma governamental que propunha "mudanças" em relação ao governo de Cristina Fernández de Kirchner, que deixava o poder. De forma sintética, podemos definir as mudanças como propostas de centro-direita. Abordaremos adiante essa nova conjuntura com mais profundidade.

LEY NACIONAL DE CIRCO

Soñada, pensada, debatida y escrita por sus propios protagonistas

El objetivo de esta ley es fomentar el circo en todas sus etapas y formas de manifestación, a nivel federal. Significa tener un presupuesto destinado directamente a nuestra actividad, resguardar y proteger nuestros derechos como artistas y trabajadores de la cultura.

Folheto de divulgação da lei nacional do circo, elaborado pelo coletivo Circo Abierto, 2015.

identificação da formação cultural circense e com a performance como espaço para construir essa identificação, criando laços comunitários e políticos.

O festival realizado em prol da lei nacional do circo nasceu de forma improvisada. Aconteceu por pressão das urgências do contexto político e pelas necessidades do próprio movimento circense. O evento consistiu em uma performance de rua para reivindicar reconhecimento, dar visibilidade à demanda e, nas palavras dos artistas, "fazer política". Essa performance funcionou como um recurso para consolidar a construção coletiva e política de uma demanda e para que o conjunto dos artistas "que não costuma fazer política" pudesse se repensar como tal. Exponho alguns trechos de um *rap* criado para a ocasião que permite mostrar meu argumento:

> CIRCO, atuemos para aumentar a voz. Por um reconhecimento de verdade, para ter nossa lei na sociedade. O circo não é apenas uma arte milenar. É uma forma de nos comunicarmos diariamente. Criar, ensinar, propagar. Somos a voz do trabalhador cultural. [...] Filosofia de vida em cada rotina. Hoje levamos adiante nossa luta com entusiasmo. Para pedir uma lei, que se escutem os gritos pela criação do Instituto Nacional do Circo. Circenses de rua, de lona ou de teatro, chegou a hora de dar o salto. Porque não o fazemos só para entreter, vivemos do circo e vamos defendê-lo. É um organismo que mantemos com o coração porque a arte é parte da nossa educação. Buscamos inserção e estima. Pedimos debate em nível nacional[11].

O objetivo é agir para elevar a voz de uma arte milenar desenvolvida por trabalhadores culturais, os quais lutam com entusiasmo, exigindo o reconhecimento de um modo de vida. A partir de uma abordagem focada na análise das produções culturais enquanto performances, nós podemos chegar a significados que não se atêm apenas ao plano simbólico, mas que também trazem conotações políticas e ideológicas. As formas expressivas da cultura são manifestações criativas da sociedade e elementos particularmente reflexivos sobre ela própria. "Em seu sentido mais amplo, a performance pode ser considerada largamente metacultural, um veículo cultural que objetiva a cultura e a oferece para análise"[12]. Essa qualidade metacultural dos atos performáticos leva-nos a voltar nossa atenção para a maneira como os indivíduos ou grupos utilizam, representam e conduzem estratégias de identificação com suas performances. Dessa forma, determinados aspectos ou "atributos culturais" são escolhidos, ativados e recriados, constituindo o "nós", legitimando e definindo a própria prática.

Nesse sentido, torna-se interessante analisar a construção coletiva e implantada de um "nós" nesse ato performático. Ao longo de meus anos de trabalho com a formação cultural circense, identifiquei fortes disputas em torno da definição das

---

11   Canção em forma de *rap* de Gabi Zonis, difundida antes do evento do Lançamento da Lei Nacional do Circo, em 2015.
12   Bauman, 1992, p. 47.

formas legítimas de fazer circo que se traduziam principalmente em dicotomias como: popular *vs.* refinado; contemporâneo *vs.* tradicional; evoluído *vs.* inovador; estagnado *vs.* arcaico; comprometido *vs.* politizado; mercantilizado *vs.* elitista. Estudei como essas divergências salientavam posturas artísticas, estéticas, políticas e ideológicas diferenciais, assim como disputas por recursos tanto econômicos quanto simbólicos[13].

Embora não tenha diluído essas disputas, o ato performático de lançamento da lei colocou em evidência a necessidade de superá-las, de dar um passo adiante, apelando para um sentido coletivo, de comunidade, que inclua a diversidade de estilos, procedências e trajetórias na construção de uma identidade comum. Considero necessário pensar essa ressignificação das divergências ligadas ao processo de construção política enquanto motor da demanda coletiva. Construir-se como coletivo/comunidade, fortalecendo o comum e diluindo não a diversidade, mas as diferenças e desigualdades, é necessariamente um mecanismo para apoiar a demanda política.

Podemos pensar esse ato performático nos termos de Rancière, para quem a política implica uma temporalidade particular: momentos de interrupção e discordância nos quais os sujeitos coletivos modificam ou, pelo menos, tentam transformar a naturalidade do estabelecido[14]. Num sentido semelhante, Mouffe destaca a força das práticas artísticas para fomentar a confrontação contra-hegemônica enquanto produção de subjetividades e criação de novos mundos. De acordo com a autora, as práticas artísticas podem oferecer espaços de resistência que questionam o imaginário social, contribuindo para subverter a configuração de poder existente[15].

É preciso, pois, apoiar esses artistas que, de forma coletiva, exigem reconhecimento para a arte circense, uma das artes mais desprestigiadas e desvalorizadas em nosso país; artistas que reivindicam que seus modos de vida, suas estratégias de produção e reprodução artística sejam valorizados, e que demandam recursos e participação na sua gestão. Artistas que, para isso, recorrem à formulação de uma lei e à ocupação performática do espaço público para trazer visibilidade às suas demandas. Artistas que, por meio dessas táticas, no sentido de De Certeau[16], constroem o coletivo político, que evidentemente não dilui as hierarquias no âmbito da formação cultural, mas busca transcendê-las com vistas a conseguir um objetivo político que beneficie todo o campo da produção e da reprodução circense.

No trabalho que sintetizo aqui[17], analiso em profundidade a relação da demanda por uma lei nacional do circo num contexto em que as políticas culturais ressaltaram uma mudança no sentido de conceituar essas políticas em termos

---

13   Cf. Infantino, 2014a.
14   Cf. Rancière, 1996.
15   Cf. Mouffe, 2014.
16   Cf. De Certeau, 2007.
17   Cf. Infantino, 2019.

Diante do público, Ezequiel Aguilera como Tenaza, mestre de cerimônias, no espetáculo em frente ao Congresso da Argentina. Foto: Matías Silva.

Artistas circenses no festival realizado nos arredores do Congresso Nacional da Argentina, em 15 de dezembro de 2015. Foto: Matías Silva.

democrático-participativos. Entre outras questões, isso acarretou uma modificação na conceituação dos artistas e ativistas culturais, que nas novas configurações das políticas na área cultural já não seriam considerados meros objetos delas, mas sujeitos ativos que participam do seu planejamento e gestão. Nesse caso, tais tendências vêm se desenvolvendo em um movimento pendular que perpassa a construção democrática na América do Sul. De acordo com Dagnino, Olvera e Panfichi[18], esse processo de construção se caracteriza por certa alternância entre projetos de cunho democrático-participativo e os neoliberais. Nesses movimentos pendulares, a Argentina caminhou mais uma vez para os modelos de cunho neoliberal que, entre outras arestas, trouxeram menos espaços para esses modelos de políticas, com um Estado que, aos poucos, foi se distanciando de seu papel de garantidor de direitos.

O Circo Abierto diante de um novo contexto: entre a politização, o pragmatismo e a utopia

Desde que foram surgindo as novas concepções de políticas culturais, as ideias de participação cidadã e de ampliação de direitos vêm se deparando, nos últimos anos, com muitas barreiras e limitações, notadamente a partir das mudanças dos governos de cunho popular por outros de centro-direita, em quase toda a América Latina. Assim sendo, neste último tópico analiso como essa nova conjuntura política vem afetando a demanda pela lei nacional do circo e por políticas culturais que passaram por modificações na direção que resumi acima.

Mauricio Macri, presidente da República argentina entre 2015 e 2019, representa um "novo" partido político – União PRO – que governou a cidade de Buenos Aires desde 2007. Ele assumiu a presidência do país em 10 de dezembro de 2015, após vencer as eleições graças a uma aliança com setores do Partido Radical, denominada Cambiemos (Mudemos). Sua posse aconteceu dias antes da realização do festival circense analisado anteriormente. A "mudança" proposta pela plataforma governamental incluía certos questionamentos ao governo da então presidente Cristina Fernández de Kirchner, que deixava o poder. Os questionamentos diziam respeito a várias áreas, e uma delas se referia à eficácia/eficiência na gestão do Estado. A atualização de um discurso que propõe "soluções" para o déficit fiscal a fim de reduzir o Estado – principalmente com menos políticas públicas e também com menos trabalhadores – trouxe uma mudança acelerada na percepção do papel protagonista que o Estado havia tido, pelo menos em relação ao discurso, no contexto anterior.

Esse panorama não era demasiado animador para começar a percorrer os meandros legislativos, convencendo deputados e senadores a apresentar ou acompanhar um projeto legislativo como a lei nacional do circo. Apesar disso, fez-se um contato com o deputado nacional que presidia a Comissão de Cultura da Câmara

---

18 Cf. Dagnino, Olvera & Panfichi, 2006.

dos Deputados, pertencente à Frente Para a Vitória, bloco de oposição ao governo nacional do Cambiemos. Ao longo de dois anos de negociações, assumi um papel de destaque no processo, e a pedido do Circo Abierto compareci a várias reuniões com assessores legislativos, reeditando a lei, redigindo novos instrumentos legislativos e debatendo várias linhas de ação. Tal como citei anteriormente, em outros trabalhos analisei as potencialidades e complexidades trazidas por essa transformação da minha função de pesquisadora/colaboradora/assessora para o papel de militante – temas que transcendem o objetivo deste texto[19]. Gostaria de refletir aqui sobre alguns dos debates que esse processo de negociação está provocando no âmbito do Circo Abierto.

Uma das primeiras questões que as assessoras legislativas argumentaram a respeito do anteprojeto da lei nacional do circo está ligada às dificuldades e impossibilidades que elas enfrentavam para conseguir a aprovação de projetos que, como o nosso, impliquem a criação de novas estruturas estatais em "épocas de ajuste". Por isso, a criação do Instituto Nacional do Circo se apresentava como uma opção utópica em um contexto político como o que estávamos vivendo, que se inclinava mais para reduzir as estruturas estatais. Essas questões foram provocando debates nas assembleias semanais do Circo Abierto que, por sua vez, revelavam posturas políticas diferentes: algumas de caráter mais negociador/pragmático, outras mais radicais e intransigentes.

Esses movimentos entre o pragmatismo e a utopia levaram a um consenso em relação às estratégias diferentes. Em princípio, acordou-se não perder de vista a lei nacional do circo com a criação do instituto como uma meta a ser alcançada. Porém, levando em consideração que, nas palavras dos artistas, a lei é "tão titânica e tão a longo prazo", debateu-se sobre a importância de não "se perder" nessa luta, contemplando a variedade de objetivos do Circo Abierto.

O coletivo artístico-político seguiu realizando várias tarefas nas comissões de trabalho (organização de jornadas de reflexão, debate, formação, acompanhamento de várias reivindicações de coletivos artísticos, difusão de atividades do setor etc.), enquanto diversos projetos alternativos à lei nacional do circo continuaram a ser desenvolvidos no plano político-legislativo. Só para citar alguns desses projetos que continuam até hoje: discutiu-se a possibilidade de elaborar um documento para declarar o circo como patrimônio, como uma estratégia alternativa no percurso para conseguir instrumentos legislativos que fomentem a valorização das artes circenses. Prossegue o trabalho com alguns legisladores das esferas provinciais ou municipais que apresentaram propostas de leis de promoção do circo em suas respectivas províncias e localidades, salientando mais possibilidades do que no contexto nacional. Também há várias ações que visam convocar à organização coletiva e à defesa dos direitos dos artistas circenses. Além disso, em 2018 foi concretizado um longo processo de trabalho do Circo Abierto para homenagear Jorge e Oscar Videla,

---

19   Cf. Infantino, 2017, 2018.

professores da primeira Escola Argentina de Circo, como personagens de destaque da cultura da cidade de Buenos Aires. Ambos são artistas da terceira geração de uma família de circo e foram os "mestres" de grande parte dos artistas circenses contemporâneos. São reconhecidos como "os pais" das novas gerações de artistas de circo no país por seu papel primordial em "abrir os segredos" do circo, segredos estes que até a abertura da Escola de Circo Criollo, em 1982, se mantinham dentro da forma tradicional de reprodução dessas artes, no âmbito das "famílias de circo".

Em 30 de maio de 2018, foi realizado na Câmara Legislativa de Buenos Aires o ato em homenagem a Jorge e Oscar Videla. O ato mereceria uma análise em profundidade que não poderei fazer aqui, mas destaco, retomando o contexto analítico da performance, a importância que esse evento teve em relação à implementação de uma reivindicação de reconhecimento e visibilidade do Circo Abierto na qualidade de braço político para mobilizar essa demanda. Além de incluir algumas formalidades, como a entrega do diploma e as palavras da deputada do bloco que impulsiona o projeto[20], a sessão de homenagem na Câmara Legislativa incluiu a realização de uma performance artística apresentada por Chango Clavero, mestre de cerimônias de circo de tradição familiar, da mesma geração de Jorge e Oscar Videla. Cito trechos de suas palavras:

> Por isso digo ao Circo Abierto [...] que não abandonem, que seja dado a eles tudo aquilo a que não tivemos acesso para que o circo continue crescendo e tenha seu lugar. Se nós demos tanto, mas tanto à arte, porque eles não podem nos devolver um pouquinho, não lhes pedimos nada mais do que um pouquinho. [...] E lhes digo: vocês que estão nas escolas de circo, com respeito, com humildade, com todo aquele talento que cada um de vocês sabe que tem, sigam adiante! E não deixem que o circo fique aí onde está... Que o circo continue a ser um trampolim, que continue a ser algo que os leve aonde querem ir. O circo é aberto a todos. Em uma praça, em uma esquina, em um circo de lona, em um teatro. O circo são cinco letras e é circo, na Argentina, no Chile, no Peru, nos Estados Unidos, no Japão, em todos os lados. Meu agradecimento a todos vocês que continuam e estão nessa luta, e que essas portas abertas para Jorge e Oscar de forma tão merecida continuam a ser abertas ao circo para o bem de todos vocês[21].

---

20   O coletivo Circo Abierto trabalhou desde 2016 na ideia de homenagear e reconhecer o trabalho dos irmãos Videla. Em 2018, conseguiu o apoio do bloco Unidad Ciudadana, presidido por Andrea Conde, para a iniciativa. A entrega formal dos reconhecimentos na sessão de homenagem ficou a cargo da deputada Victoria Montenegro. Também destaco a incansável tarefa de uma das assessoras com quem trabalhamos, Nadia Strier, por seu compromisso e rapidez para obter esse reconhecimento.

21   Chango Clavero, artista de família circense em homenagem aos irmãos Videla, Câmara Legislativa Portenha, 30 maio 2018.

Cartaz da chamada à homenagem aos irmãos Videla na Câmara Legislativa Portenha, em 30 de maio de 2018. Na fotografia: Oscar e Jorge Videla. Arquivo Circo Abierto.

As palavras citadas salientam um chamado à união, à luta coletiva, sem negar as diferenças dentro da comunidade circense; é um chamado ao debate coletivo para que o reconhecimento que não foi conferido a alguns seja conferido a outros e a todos de uma vez só. As palavras de Chango Clavero indicam que essa primeira porta de merecido reconhecimento aos mestres do circo Jorge e Oscar é o início para que o circo deixe de estar à margem da arte no país, para que esse CIRCO, que "não é mais que cinco letras", continue a se desenvolver "em uma praça, em uma esquina, em um bar, em um circo de lona, em um teatro" e que seja reconhecido.

As palavras destacadas não são de pouca importância, porque estabelecem não apenas o reconhecimento ao coletivo Circo Abierto e sua peleja para construir coletividade/comunidade, mas também um incentivo para a continuidade da luta, ainda em uma época de maior complexidade para a ampliação de direitos.

Abordávamos movimentos entre pragmatismo e utopia. Por um lado, o reconhecimento aos irmãos Videla como personagens de destaque da cultura da cidade de Buenos Aires poderia ser considerado uma "primeira porta", embora apenas em uma linha que representaria um reconhecimento em termos simbólicos. Por outro lado, a demanda pela lei traz, para além de um reconhecimento simbólico, outro material, de redistribuição de recursos do Estado e também de redistribuição do poder estatal, com vistas a romper com seu papel de exclusividade no planejamento das políticas culturais. No entanto, a possibilidade de conseguir esse reconhecimento para o circo – que poderia ser visto como estratégia pragmática ou de negociação entre demandas e possibilidades – desponta como uma utopia conquistada. A Escola de Circo Criollo dos irmãos Videla, como tantas outras escolas e locais de ensino que lhes sucederam, funciona há mais de 36 anos sem nenhum reconhecimento estatal; a arte do circo em geral, ainda com o grande crescimento e a diversificação analisados anteriormente, continua sendo uma arte que, com exceção de alguns casos pontuais, não conta com políticas públicas que fomentem sua valorização e difusão.

Nesse sentido, o reconhecimento outorgado aos irmãos Videla, obtido pelo Circo Abierto como uma utopia conquistada, se apresenta como um motor que alimenta a demanda por mais reconhecimento e redistribuição. Cito um dos artistas do Circo Abierto que argumentava que os artistas circenses deviam aprender "que ganhar um espaço não significa legitimar um direito", referindo-se à precariedade e à instabilidade desses muitos "espaços conquistados":

> Parece-me que seja bom retomar a experiência de como legitimar os direitos. Acontece com as escolas [de circo], haja vista a minha escola, e creio que instalando a minha escola estou legitimando o direito de ter a escola. Depois chega alguém, fecha a sua escola, e tchau. Acontece a mesma coisa com os semáforos [em referência a um dos espaços públicos em que os artistas circenses trabalham desde meados dos anos 1990]. Bem, trabalho no semáforo, ganho alguns trocados e creio que estou

legitimando o direito a trabalhar na rua, vou à praça, faço uma sessão... e depois tiram você a pontapés[22].

A crítica desse artista alerta para a naturalização da precariedade dos "espaços ganhos" que caracterizou historicamente a formação cultural circense. Ele salienta, então, as limitações que esses processos de ocupação/ganho de espaços como atos políticos enfrentam diante do poder do Estado. Sustento, portanto, que equiparar a conquista de um espaço – arte/trabalho de rua, espaços de ensino, revalorização de artes desvalorizadas – à legitimação de um direito resulta arriscado, já que traz invisibilidade à desigualdade de poder entre os vários agentes que disputam a construção de espaços de formulação, gestão e implantação de políticas e ações culturais.

Definitivamente, o que essa situação ressalta é que a prática autogestiva e independente de "ganhar espaços", embora fortaleça e reforce a identidade – e, além disso, tem sido uma importante e legítima modalidade de "fazer política" –, não se equipara em legitimar um direito que, em última instância, só será garantido e/ou anulado pelo Estado enquanto detentor do uso legítimo da força. Retomando a argumentação de Chauí[23], o que garantiria a ampliação de direitos é o movimento político de pressão, reivindicação e efetiva participação popular. Da mesma forma, a concretização de direitos estaria entrelaçada com níveis maiores de redistribuição econômica e de poder.

Defendo então que a conquista do Circo Abierto – para além das realizações fáticas ou não no plano da disputa político-legislativa – tem sido o chamado a "fazer política" de uma maneira nova para a formação cultural, coletiva, que supere rivalidades, que construa comunidade. De fato, só para enunciar como eixo a ser aprofundado em futuros trabalhos, quando o Circo Abierto se formou em 2011, não existia nenhum coletivo organizado politicamente entre os artistas circenses do país. Hoje existem o Ejército de Payasos (Exército de Palhaços), os Payasos con Memoria (Palhaços com Memória), as Cirqueras Organizados (Circenses Organizados), Hablemos de violencia sin carpa (Falemos de violência sem lona), a Unión de Artistas Independientes (União de Artistas Independentes), os Payasos Autoconvocados (Palhaços Autoconvocados), a Frente de Artistas Ambulantes Organizados (FAAO), que incluem uma grande presença de artistas circenses, apenas para mencionar alguns exemplos de coletivos organizados ligados a vários temas do mundo do circo. Por conseguinte, mesmo numa época em que a efetiva possibilidade de uma participação popular parece cada vez mais distante, em certa medida o coletivo Circo Abierto nos permitiu refletir a necessidade dessa participação na

---

22 Artista do Circo Abierto, Festival Palhaçadas, Rosario, 2017.
23 Cf. Chauí, 2008.

formação cultural circense "porque se não fizermos a política, ninguém vai fazer por nós"[24].

Esse chamado a "fazer política" propõe, em certa medida, no âmbito da formação cultural, uma ressignificação das noções de autogestão, independência e autonomia que caracterizaram amplamente os artistas circenses, uma vez que questionava a resistência entendida exclusivamente como distância, não negociação e independência frente ao Estado, tão característica da formação cultural dos anos 1990. Agora, resistir e fazer política também significa exigir reconhecimento/redistribuição do Estado. Apesar disso, permanece pendente analisar algumas tensões que começam a se fazer mais visíveis em época de crise e do desvio do Estado em seu papel de fiador de direitos. As representações da formação cultural circense, que enxergam o Estado como um órgão homogêneo diante do qual é preciso resistir e que marcaram amplamente essa formação nos anos 1990, parecem estar voltando a assumir protagonismo numa época em que o Estado se impõe com o recrudescimento do uso da violência[25] e com políticas de ajuste.

Conclusão

Gostaria de finalizar com um último espaço de reflexão a respeito da forma de abordar a produção e a reprodução da arte e seu potencial transformador e político. Nas últimas décadas, os estudos antropológicos, sociológicos e das ciências sociais em geral sobre as práticas artísticas foram além de certa visão reducionista que limitava as relações entre arte e política ao conteúdo das obras. O teor político das obras passou a ser ampliado e a incluir a análise de várias formas desse tipo de teor, não limitadas a um único fundamento ou ideal revolucionário moderno, que tanto marcou a noção de arte política dos anos 1960 e 1970. O potencial político da arte, seja em seu caráter transformador ou reprodutor, se explicaria mais por sua potencialidade em contribuir para perpetuar ou alterar a hegemonia[26]. Dessa forma, Mouffe discute a inutilidade de estabelecer uma distinção entre arte política e não política, já que "do ponto de vista da teoria da hegemonia, as práticas artísticas cumprem uma função na manutenção de uma determinada ordem simbólica, ou

---

24   Artista do Circo Abierto, Festival pela Lei Nacional do Circo, 2015.

25   Especificamente para o caso que estou abordando, em 2018 os artistas de rua enfrentaram uma tentativa de reformulação do Código de Contravenção da cidade de Buenos Aires, com o Projeto de Lei (1664/J/18). Alguns dos pontos mais prejudiciais são: prisão de um a cinco dias; multas de 400 a 2 mil pesos; denúncias anônimas, o que contribui para as denúncias falsas, uma vez que não há como comprová-las por serem anônimas; confisco das ferramentas de trabalho artístico por parte da polícia, como instrumentos musicais, peças de malabares etc. A tentativa de reforma do código de contravenção mobilizou vários coletivos artísticos, entre eles o Circo Abierto e outros coletivos organizados de circo. Até o momento em que este trabalho estava sendo escrito, o projeto de lei havia sido aprovado, mas não regulamentado. Graças a uma mudança acrescentada pela Secretaria de Cultura da cidade, conquistada com muita pressão e mobilização dos artistas circenses, eles ficaram excluídos da abrangência da reforma.

26   Cf. Mouffe, 2014.

em seu desafio, e é por isso que têm necessariamente uma dimensão política"[27]. Nesse sentido, mais que falar de *arte política*, propõe trabalhar com o conceito de *arte crítica*, atendendo às várias formas em que as práticas artísticas podem contribuir para alterar a hegemonia dominante, ao colocar em relevo a existência de alternativas à atual ordem estabelecida, tornando "visível aquilo que o consenso dominante tende a ocultar e a apagar"[28].

Considero que parte do processo de formação da noção de comunidade/coletivo circense que analiso neste artigo é caracterizada por essa forma de considerar o potencial político e transformador da arte. Por isso dei voz a artistas que se unem para imaginar o inimaginável; que questionam os valores canônicos da arte que o circo trouxe em um dos degraus mais baixos na divisão das hierarquias; artistas que se fazem visíveis como comunidade, reivindicando sua voz e suas formas de expressão para que sejam reconhecidas como tais; artistas que, em função de suas várias necessidades, se consolidam como coletivo com demandas e propostas para responder a tais necessidades. Artistas que, além disso, pretendem participar em espaços de tomada de decisões em matéria de políticas culturais, gerindo e propondo legislação para suas próprias práticas culturais. Por fim, artistas que, como mencionávamos há pouco, conclamam a "fazer política". Uma convocação com um chamamento à organização coletiva com a finalidade de conseguir reconhecimento/redistribuição através da consolidação de políticas democráticas e participativas.

Referências

BAUMAN, Richard. "Performance". Em: *Folklore, Cultural Performances and Popular Entertainments: A Communications-Centered Handbook.* New York: Oxford University Press, 1992.

CHAUÍ, Marilena. "Cultura y democracia". *Cuadernos del Pensamiento Crítico Latinoamericano.* Buenos Aires: CLACSO, 2008. n. 5. Disponível em: http://bibliotecavirtual.clacso.org.ar/ar/libros/secret/cuadernos/es/cha.pdf. Acesso em: dez. 2020.

DAGNINO, Evelina; OLVERA, Alberto; PANFICHI, Aldo (orgs.). *La disputa por la construcción democrática en América Latina.* Ciudad de México: FCE/CIESAS/Universidad Veracruzana, 2006.

DE CERTEAU, Michel. *La invención de lo cotidiano 1: artes de hacer.* Ciudad de México: Universidad Iberoamericana/Instituto Tecnológico de Estudios Superiores de Occidente, 2007.

INFANTINO, Julieta. "Trabajar como artista. Estrategias, prácticas y representaciones del trabajo artístico entre jóvenes artistas circenses". *Cuadernos de Antropología Social,* 2011, n. 34, pp. 141-63.

27 *Ibidem*, p. 98.
28 *Ibidem*, p. 99.

_____. *Cultura, jóvenes y políticas en disputa: prácticas circenses en la ciudad de Buenos Aires*. 274f. Tese (Doutorado em Antropologia) – Universidad de Buenos Aires. Buenos Aires: 2012.

_____. "La cuestión generacional desde un abordaje etnográfico. Jóvenes artistas circenses en Buenos Aires". *Revista Última Década*, 2013a, v. 21, n. 39, pp. 87-113.

_____. "El circo de Buenos Aires y sus prácticas: definiciones en disputa". *Ilha – Revista de Antropología*, 2013b, v. 15, n. 2, pp. 237-309.

_____. *Circo en Buenos Aires: cultura, jóvenes y políticas en disputa*. Buenos Aires: Instituto Nacional del Teatro, 2014a.

_____. "Procesos de organización colectiva y disputa política en el arte circense en la ciudad de Buenos Aires". Em: CRESPO, Carolina; MOREL, Hernán; ONDELJ, Margarita (orgs.). *La política cultural en debate: diversidad, performance y patrimonio cultural*. Buenos Aires: Ciccus, 2014b.

_____. "Circo y política cultural en Buenos Aires". *Revista del Museo de Antropología*, 2015, v. 8, n. 1, pp. 157-70.

_____. "Experiencias de intervención social desde el arte (circense) como esfera de desarrollo de políticas culturales en Argentina". Em: ROTMAN, Monica Beatriz (org.). *Dinámicas de poder, estado y sociedad civil en los procesos patrimoniales y las políticas y gestión de la cultura*. Buenos Aires: Editorial de la Facultad de Filosofía y Letras, Universidad de Buenos Aires, 2016.

_____. "De pasiones, compromisos e investigaciones de larga duración. Potencialidades y límites en una investigación colaborativa con artistas (circenses)". *Publicar en Antropología y Ciencias Sociales*, 2017, ano XIV (XXIII), pp. 31-52.

_____. "Working with Circus Artists. Reflections on a Process of Collaborative Research, Participation and Commitment". *Conjunctions. Transdisciplinary Journal of Cultural Participation*, 2018, v. 5, n. 1, pp. 1-18.

_____. "Transformar, resistir, demandar: disputas político-culturales hacia una ley nacional de circo". Em: *Disputar la cultura: arte y transformación social en la Ciudad de Buenos Aires*. Caseros: RGC Libros, 2019.

MOUFFE, Chantal. *Agonística: pensar el mundo políticamente*. Buenos Aires: Fondo de Cultura Económica, 2014.

RANCIÈRE, Jacques. *El desacuerdo: política y filosofía*. Buenos Aires: Nueva Visión, 1996.

PARTE V
DEPOIMENTOS

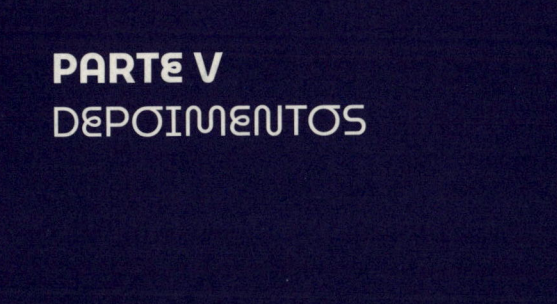

O novo no novo circo contemporâneo

Robson Mol

Não me detenho neste texto no chamado "circo moderno" – ou "tradicional" –, cuja estrutura, organização e dramaturgia fazem parte do imaginário e inconsciente coletivo. Aqui, meu foco é no chamado "circo contemporâneo" ou "circo novo", termo já quase em desuso, ponto ao qual voltarei mais à frente. Também estabeleço um recorte ou olhar: a relação com o espectador.

Quando o circo contemporâneo surge em diferentes lugares do mundo, mas de forma mais contundente na França, carrega como principal atributo a ruptura com diversas características do circo moderno. Os novos circenses vêm agora de outras esferas e agrupamentos sociais que, por meio das recém-criadas escolas de circo, adaptam o fazer circense a suas próprias realidades e desejos. Esses sujeitos criam/criaram suas companhias com funcionamento mais próximo às companhias de dança ou teatro, portanto, fixas, longe dos rigores da vida itinerante. Mas não só isso.

As muitas mudanças estruturais levam a algo que havia ocorrido séculos antes com as demais artes cênicas: um novo paradigma estético e, logo, uma mudança de posição do público. Nesse novo modelo, o espectador passivo, fascinado pela beleza do movimento e conquistado pela empatia, deveria ceder espaço ao inquiridor, que passa a analisar os fenômenos e procurar suas causas. A esse espectador, "será mostrado, portanto, um espetáculo estranho, inabitual, um enigma cujo sentido ele precise buscar"[1]. A cena agora busca passar algo mais, escondido nas entrelinhas, que o espectador deve procurar entender. Esse é um duplo passo. Ao mesmo tempo que desloca o espectador, também altera o lugar do artista:

> [...] o grande poeta dos novos tempos não é Byron, o repórter das desordens da alma. É Cuvier, o geólogo, o naturalista, que reconstitui populações animais a partir de ossos, e florestas a partir de impressões fossilizadas. Com ele, define-se uma nova ideia de artista. O artista é aquele que viaja nos labirintos ou nos subsolos do mundo social. Ele recolhe vestígios e transcreve os hieróglifos pintados na configuração mesma das coisas obscuras e triviais. Na topografia de um lugar ou na fisionomia de uma fachada, na forma ou no desgaste de uma vestimenta, no caos de uma exposição de mercadorias ou de detritos, ele reconhece os elementos de uma mitologia. E, nas figuras dessa mitologia, ele dá a conhecer a história verdadeira de uma sociedade, de um tempo, de uma coletividade; faz pressentir o destino de um indivíduo ou de um povo[2].

1 Rancière, 2012, p. 10.
2 *Idem*, 2009, p. 36.

As primeiras e mais importantes companhias do começo do circo contemporâneo romperam, de muitas formas, com os padrões dramatúrgicos e de organização do espetáculo do circo moderno. Porém, algo se manteve. O paradigma ativo-passivo do espectador ainda se equilibrava e ele ainda podia se sentar, confortável e impunemente, na poltrona ou arquibancada. Mesmo que os espetáculos dessas companhias insinuassem algo além da mera contemplação, ainda estavam ali elementos que permitiam "apenas" olhar.

Esses elementos são abandonados pela(s) geração/ões seguinte(s). A grandiosidade dá lugar a fenômenos minimalistas. A virtuosidade cede espaço ao pensamento. A balança entre o "como ele fez" e o "por que ele fez" pesa cada vez mais para o segundo prato. Esse novo circo contemporâneo aprofunda o processo que vê o artista circense não mais numa relação sujeito-objeto, mas num mediador entre os signos e significados da sociedade – e da própria arte – e o espectador. Mas isso pressupõe um novo espectador.

É por esse motivo que sublinhei no primeiro parágrafo que o termo "novo circo" caiu em desuso. A parte mais evidente dos motivos é que ele não é mais tão novo assim – suas primeiras companhias surgiram na década de 1980. Mas há outro componente: o da identificação. Do espectador.

Não são poucos os críticos que acusam a arte contemporânea de ser para os iniciados. Ao se afastar das formas e organizações tradicionais do espetáculo circense, as novas gerações passaram a exigir dos espectadores um papel mais ativo. A eles não é mais dada a possibilidade de contemplação sem envolvimento reflexivo. É agora necessário desvendar esses signos misteriosos que parecem se esconder em detalhes sutis, e relacioná-los a outros signos, sócio-histórico-culturais, em busca de uma mitologia, para só aí ser libertado. Esse novo espectador se predispõe a entrar na armadilha do olhar, onde seu espírito estará preso até que desvende o enigma que se lhe apresenta. Não é sem razão, portanto, que se notam estranhamentos e, muitas vezes, repulsa naquele público que, desprevenido, entra embaixo da lona esperando encontrar personagens e estrutura dramatúrgica bem conhecidas, e acaba se defrontando com um fazer que já não reconhece. Que lhe propõe outro jogo, com outras demandas, que exigem outras habilidades e disponibilidade de espírito.

Num primeiro momento dessa proposição se usou uma lógica pedagógica: o artista se portava como "mestre", aquele que traz o conhecimento que o espectador, "ignorante", não possui. O artista estaria então dotado de profunda sabedoria, prevendo o futuro e/ou tendo uma visão global e totalizante do mundo político e social e, através da arte, transmitiria esse saber ao espectador, que reagiria – como se sabe, é papel do mestre reduzir a distância entre o seu saber e a ignorância de seu aprendiz. No entanto, há dois pontos fundamentais: 1. a eficácia da arte política e; 2. a emancipação do espectador.

A arte, nesse ponto, seria política por mostrar os estigmas da dominação, ridicularizar os reis e tomar para si o ato social, tornando-se prática. Entretanto, sua eficácia é questionável. Supõe-se que, após ver cenas revoltantes, os espectadores saiam revoltados, ou que, após ver toda a saga de *Star Wars*, concordem com os perigos do autoritarismo e as virtudes da república e da democracia. Mas não é bem assim. A força da arte não está em transmitir mensagens – independentemente de sua validade moral ou política –, mas em empoderar os corpos, criar vínculos, criar rupturas no tempo e no espaço, e derrubar os muros que delimitam dentro e fora, perto e longe.

É através dessa percepção que a lógica pedagógica cede espaço à emancipação. A diferença entre o olhar e o agir é questionada, e o espectador é reconhecido como ativo, selecionando, comparando e interpretando aquilo que vê com os signos e significados que possui. O espectador passa a ser visto então como um intérprete que recria o espetáculo a sua maneira, a partir do próprio desejo, da própria individualidade.

A arte é então uma ferramenta emancipatória, portanto, política – ou micropolítica –, por ser um ponto de encontro para os processos de singularização. Como apontaram Guattari e Rolnik, "o desejo só pode ser vivido em vetores de singularidade", e a micropolítica é a economia dos desejos:

> A questão micropolítica diz respeito ao modo como o nível das diferenças sociais mais amplas (que chamei de "molar") se cruza com aquele que chamei de "molecular". Entre esses dois níveis, não há uma oposição distintiva, que dependa de um princípio lógico de contradição. Parece difícil, mas é preciso simplesmente mudar de lógica. Na física quântica, por exemplo, foi necessário que um dia os físicos admitissem que a matéria é corpuscular e ondulatória, ao mesmo tempo. Da mesma forma, as lutas sociais são, ao mesmo tempo, molares e moleculares[3].

É nesse caldo de desejos, política, estética e sociedade fluida, com signos quase evanescentes, que trabalha o artista contemporâneo. Como apontou Bauman, derreter tudo que é sólido é uma característica importante da sociedade pós-moderna. Os grupos de referências, o engajamento, as configurações, constelações e padrões de dependência e interação perderam sua solidez. "Há uma despreocupada consciência de que existem muitas histórias que precisam ser contadas e recontadas repetidamente, a cada vez perdendo algo e acrescentando algo às versões anteriores"[4].

Por fim, volto a Rancière para sinalizar o que seria ao mesmo tempo o desafio e a prática do novo circo contemporâneo: "Dispensar as fantasias do verbo feito carne e do espectador tornado ativo, saber que as palavras são apenas palavras e os espetáculos apenas espetáculos pode ajudar-nos a compreender melhor como

---

3   Guattari e Rolnik, 2013, p. 149.
4   Bauman, 1999, p. 257.

as palavras e as imagens, as histórias e as performances podem mudar alguma coisa no mundo em que vivemos"[5].

Referências
BAUMAN, Zygmunt. *Modernidade e ambivalência*. Rio de Janeiro: Zahar, 1999.
GUATTARI, Félix; ROLNIK, Suely. *Micropolítica: cartografias do desejo*. Petrópolis: Vozes, 2013.
RANCIÈRE, Jacques. *O espectador emancipado*. São Paulo: Martins Fontes, 2012.
_____. *O inconsciente estético*. São Paulo: Editora 34, 2009.

---

5   Rancière, 2012, p. 26.

A arte do extraordinário

Pablo Tendela

A origem sagrada das artes cênicas
Desde que a humanidade adquiriu consciência de si e de seu lugar no universo, precisa expressar seus sentimentos e inquietações. Tem se escrito muito a respeito da origem ritual das artes cênicas, mas, para tentar um breve relato e sintetizar em algumas linhas um percurso de alguns milhares de anos, seria mais ou menos assim: um grupo de humanos se reúne em volta de uma fogueira que os protege de animais predadores. Mobilizados pelo mistério, se posicionam em círculo sob um céu estrelado para tentar dar sentido, recorrendo aos mitos, a fenômenos que regem suas vidas. Dançam e cantam até alcançar o frenesi, e então aparece o espírito que lidera o ritual. Como espaço, esse mágico círculo de humanos dá as costas para o mundo e suas leis, e convoca uma nova realidade, uma realidade em que os possuídos flutuam no solo, caminham na fogueira e, no êxtase da dança e do canto, ninguém mais é dono de si mesmo, e os acontecimentos mais incríveis começam a ter lugar.

Esses rituais eram realizados em momentos e datas específicas, como equinócios e solstícios, já que eram a maneira de fazer pedidos para as colheitas ou nascimentos. Costumavam ser dirigidos por um bruxo ou um xamã e, para os participantes, eram experiências transcendentais e unificadoras, já que se configuravam como uma forma de organização social importante. Com o passar do tempo (pensemos em milhares de anos), os rituais foram sofrendo mudanças na realização e na percepção, e um marco nessa história pode ser o caso de "o carro de Téspis", um legendário transumante da Grécia antiga que viajava em uma carroça de um lugar para outro, fazendo apresentações sobre mitos e cosmovisões em troca de comida e bebida. É como se ele fosse um tipo de saltimbanco da Antiguidade. Passou-se então a reconhecer esse celebrante não mais como o médium de um espírito que se fazia presente, mas como uma recreação, a "representação" do mito ou da história. O "círculo mágico" se transforma, já não é fechado; por trás de Téspis, imaginamos sua carroça e, diante dele, uma comunidade desejosa de ver e ouvir histórias. Por um momento, todos dão as costas para a "realidade" e combinam quanto tempo vai durar a representação, e o que acontece entre Téspis e eles é uma "nova realidade" à qual escolhem conferir veracidade. Ou seja, já não se trata do espírito que se invoca e que se fazia presente, mas sim (e aqui utilizamos o conceito do "sim mágico", de Stanislavski) que *fazia como se* fosse o espírito. Por ora nos deteremos nesse fenômeno que inclui os espectadores, já que no ritual todos os presentes participavam ativamente do "círculo mágico". Agora, a presença dos que se reúnem torna-se uma nova forma de vínculo na qual alguém "mostra" e o outro observa. É assim que se constitui o espaço que é de exibição para uns e de observação para outros, e na relação dinâmica entre ambos se produz uma intersecção de desejos, um lugar em que a fé no encontro produzirá um intercâmbio de sensações. Essa intersecção, esse não lugar ou lugar novo, tão típico das artes cênicas, em que o espaço e o tempo se transformam, é o ponto exato onde o humano se manifesta e se alimenta.

Passem e vejam. Passem e sintam
Passaram-se milhares de anos, e desenvolvemos as formas mais variadas e incríveis para fazer nossa imaginação voar e passear pelo mundo das emoções. Alcançamos um patamar muito alto com o audiovisual, a exemplo do cinema, das séries, dos videoclipes musicais: tudo ampliado, com ramificações e distribuição mundiais pela internet, aumentando exponencialmente a abrangência. Porém, mesmo assim, a humanidade continua a optar por se reunir para sacudir suas energias sensíveis mais ancestrais. O teórico Jorge Dubatti chamou isso de "convívio". É um conceito que exige a reunião de um grupo de pessoas em um "aqui e agora" irrepetível[1]. Esse "convívio" também funciona como uma ampliação do conceito de "aura" na obra de arte, desenvolvido por Walter Benjamin[2], já que, segundo Dubatti, as artes cênicas são "o império do aurático por excelência", tendo em vista que se baseiam em uma comunhão de auras: auras de artistas, de público e de técnicos. Nunca é a mesma "aura", e só é perceptível pelos sentidos *in situ*. Por isso mesmo, as artes cênicas não conseguem ser empacotadas para serem comercializadas, já que, por mais que sejam filmadas ou gravadas com uma tecnologia de ponta, não se consegue capturar a qualidade aurática do convívio. Tais recursos nunca poderão ser equiparados ao encontro presencial, porque é a empatia natural do ser humano que encontra nessa artimanha a desculpa para se reunir e sonhar, e ele o fez de uma maneira tão maravilhosa até transformar isso numa arte: arte cênica. Assim como o teatro converteu os mitos de transmissão oral em representação, e a dança e a música se apropriam do transe ritual para expressar sentimentos abstratos, o circo aposta no extraordinário e faz dessa aposta uma arte cênica. O detalhe incrível é o que procuramos no "ver para acreditar", mas o circo também é o lugar permitido para a "bobagem", para o que é inútil e pitoresco. Poucos espaços cênicos são tão

1   Dubatti, 2004, pp. 1-10.
2   Cf. Benjamin, 1973.

bondosos em relação ao ridículo e à bobagem heroica. Somos seres capazes de fazer o maravilhoso, mas também de fazer o terrível e o incrivelmente estúpido. O circo apresenta tudo isso nesse não lugar, nessa intersecção de sonhos para que nos admiremos com proezas e possamos rir de nossas torpezas.

O sonho é feito à mão e sem pedir permissão
No entanto, apesar de tudo isso, por que ainda é comum se referir ao circo como uma "arte menor"? Tal pergunta eu mesmo me fiz em certo momento, mas a ela acrescentei: menor em relação a quê? Em quê? Existem artes de tamanho maior? Maior de idade? Existem artes mais importantes que outras? Por quê? Como isso se instituiu? Quem mensura isso? Quem fabricou ou comprou o "medidor de arte"? Se assim for, também deve haver algum interesse político e certamente econômico, pois, caso contrário, para que seria necessário medir e pôr no pódio? Existe arte. Ponto. Arte cênica, neste caso. É uma Arte e, portanto, uma característica da alma humana, e, até onde eu sei, classificar em almas "puras" ou "impuras" é atribuir um juízo de valor que trouxe consigo muitas desgraças para a história da humanidade. A partir dessa classificação, o circo abre caminho, pois (parafraseando Silvio) "o sonho é feito à mão e sem pedir permissão"[3]. E ele o faz sem renunciar a seu espírito de comunhão que traz desde tempos imemoriais, e sem que as diferenças de classe, de crença e de cultura sejam um obstáculo, já que sua origem é inegavelmente popular. E, quando o popular não é servil ao governo que está no poder, ou simplesmente não é passível de ser domesticado, procura-se desprezá-lo. No caso do circo, quando isso acontece, sua ousadia e seu poder de adaptação, mas principalmente sua universalidade, lhe permitem emergir e manifestar nos mais variados espaços, seja sob uma lona, sob o sol ardente do deserto, debaixo de chuva, nas praças e nos parques, nas ruas pedonais, e até em um espaço que pode resumir seu poder de influência: em um semáforo[4]. Sua história é marginal e nômade, e mesmo nos prédios construídos para a prática de outras artes, o circo entra e conquista. Não teme os limites, já que brinca com eles e não discrimina porque se alimenta da variedade.

    É uma arte cênica generosa, já que, sob seu humilde teto de lona, abriga de tudo: faquires, domadores, *freaks*, bailarinos, mágicos, vendedores de ilusões, e todos os demais de que pode dar conta. Como amante, é uma arte cênica poligâmica, até promíscua aos olhos de quem fala de arte pura! Apaixona-se pelo teatro e se veste de circo *criollo*, apaixona-se pela música, toca e transforma as marchas militares

---

3   Silvio Rodríguez, "Llover sobre mojado" (Chover no molhado).
4   A partir de meados dos anos 1990, começaram a surgir na Argentina performances circenses nos semáforos das ruas e avenidas de várias cidades, povoados e centros urbanos. Com frequência, os artistas apresentam um número de alguma linguagem circense – malabares, acrobacia, entre outras – em frente aos carros parados e depois passam o chapéu, momento em que o espectador pode contribuir com algum valor.

em festas pervertidas e deslumbrantes, e assim nascem novos instrumentos; ama a dança com paixão, flerta com as artes plásticas. Até o esporte o abraça e o observa com olhos de admiração! Não há fronteiras para seu desejo natural de enaltecer as conquistas humanas. Essa característica, tão típica do circo, é sua maneira de se posicionar frente às outras artes e tem influência sobre o texto de qualquer espetáculo. Na organização ou no roteiro cênico, soube acolher uma grande variedade de linguagens mediante uma sucessão alternada de números ou atos. Cada um deles poderia ser incluído com suas próprias características no desenvolvimento completo do espetáculo. Supõe-se (e agradecemos) que, graças ao diálogo e à eterna história de amor com tantas artes, o circo tenha ampliado sua visão em relação ao "extraordinário", que já não se vê como um fim em si mesmo, mas o utiliza para poder narrar ou evocar símbolos no palco a partir de uma nova perspectiva. Os atos, carregados de imaginação e poesia, foram ganhando seu espaço e, após séculos desafiando o impossível, agora se deu conta de que a proeza não é o ápice para receber aplausos por um ato heroico; mais do que isso, representa uma oportunidade para poder olhar mais longe.

Assim, hoje em dia podemos apreciar, por exemplo, espetáculos de circo em que não se aplaude a "grande figuração", já que não se confere à destreza o momento do clímax, mas se identifica seu potencial poético a serviço da construção de um novo universo. A proeza se mistura aos outros elementos do palco, por isso evitamos interromper com o aplauso esse diálogo entre as artes e o fazemos no final da apresentação, já que o espetáculo é desfrutado como uma totalidade, como uma obra de arte. Nesse sentido, nas últimas décadas o circo tem indagado sua condição de arte cada vez mais profundamente. Aventurou-se inclusive a encenar o abstrato e com recursos próprios – uma questão difícil de analisar, já que talvez passemos por um momento divisor de águas, uma fase em que estamos depurando essa busca. Trata-se, porém, de uma aventura em que, enquanto arte, o circo se lançou, fiel à sua personalidade e ao estilo que o marcou ao longo da história.

Sair para a pista
No entanto, se o circo é capaz de penetrar ou se mesclar em/com outras artes, como é reconhecido? Com quantos de nós aconteceu que, ao participar de alguma montagem de outra índole, e propor ideias, elementos, situações, nos detivemos dizendo "é muito circense", como se estivéssemos contaminando alguma coisa. O que é, então, esse "circense"? Arrisquemos algumas situações. Numa peça de teatro, passam para você a ação, a de pôr o chapéu, por exemplo, e já pensamos no jogo malabarista que pode surgir ao manuseá-lo. Pedem para que você acenda um fósforo e vêm à tona mil truques para que essa ação se torne pitoresca. Você está dançando e o corpo pede que você dê um pulo incrível. Há um momento de tocar música e busca-se a maneira insólita de criá-la. Se até simplesmente por estar falando o aspecto circense pode vir à tona, pensemos em alguém no palco apenas recitando um texto. Até aí nada do outro mundo, mas então... o que acontece se

essa pessoa se apresenta com uma série ininterrupta de complicadíssimos trava-línguas, sempre brincando entre os limites do possível e do que tolamente não é necessário? Há quem sugere a ideia de que o circo atrai pelo mórbido desejo de ser testemunha de alguma tragédia. Mas não é necessariamente assim, já que no íntimo assumimos o temor de que ela aconteça, e ao caminhar por esses limites todos nós vibramos com a adrenalina para superá-los. Então o que realmente nos mobiliza é dar o braço a torcer pela tragédia nessa tensa queda de braço e iludir a mente, isto é: o impossível. A empatia que o ato circense provoca no espectador está mais ligada ao desejo de superação que ao de fracasso. Existe um forte desejo de reverter as leis do possível, por isso o espectador cruza os dedos, aperta os lábios e sua com o artista circense diante do "grande ato", uma vez que em seu ato de ousadia o artista leva consigo os anseios de todo o público. Ele sempre arrisca – seja produzindo adrenalina, evocando universos poéticos, brincando de ser torpe ou explorando a linguagem cênica. Seu êxito é conseguir a transcendência de todos os presentes porque é um ser humano conquistando o impossível.

Sob um céu de lona

Se o ritual que explicamos anteriormente consiste em uma série de ações voltadas a transcender ou, em outras palavras, a atingir o sublime, com este artigo tentei mostrar que a arte circense é capaz de revelar tantas facetas porque seu DNA está repleto do que é transcendental em cada cultura. Os limites não a detêm, nem os definidos nos mapas, tampouco os estabelecidos nas artes. O circo é universal porque traz, dentro de si, o princípio sagrado da celebração do encontro humano que se depara com o impossível e o mistério. Por isso a discussão sobre "arte menor" é uma trivialidade, já que, além da sua personalidade pujante, que o leva a viver dentro do extraordinário, seu voo poético tem a nobre tarefa de juntar as artes, que não são outra coisa que os sentimentos da alma humana. Isso tudo com o abraço de uma comunhão de presenças – o típico presente das artes cênicas. Por fim, é realmente extraordinário que, apesar de todas essas invenções, conserva-se o encanto de jamais deixar de SER CIRCO.

Referências

BENJAMIN, Walter. "La obra de arte en la era de la reproductibilidad técnica". Em: *Discursos interrumpidos I*. Trad. Jesús Aguirre. Madri: Taurus, 1973.

DUBATTI, Jorge. "Teatralidad y cultura actual: la política del convivio teatral". *Dramateatro Revista Digital*. Buenos Aires: 2004, n. 12, pp. 1-10.

Em busca do verbo

Rafael de Paula

A linguagem

> *Infelizmente, os cineastas muitas vezes têm, em relação a isso,*
> *certo sentimento de inferioridade. Isso tem uma explicação.*
> *O fato é que o cinema ainda está buscando sua linguagem específica,*
> *mesmo que hoje ele esteja prestes a chegar a esse ponto.*
> ANDREI TARKOVSKI

Um artista de circo é constantemente confrontado com múltiplas possibilidades – daí decorre a riqueza dessa arte. É uma espécie de caleidoscópio perpétuo de nossas ações. É tentador nos debruçarmos sobre nossos diferentes modos de nos emocionarmos diante das possibilidades que o circo nos oferece. Depois de ter observado através desse caleidoscópio, pareceu-me óbvio escolher um ponto de vista íntimo e até mesmo radical sobre a minha maneira de abordar essa arte: o circo como um grito que desenterra os vivos. Não é mais apenas um corpo, mas uma linguagem.

Durante meus anos de prática do mastro chinês, ainda muito jovem, meu objetivo foi tentar revelar sua linguagem oculta. Quais são as palavras, os verbos e os adjetivos desse instrumento? Era encontrar suas metáforas, suas conjugações, seus ritmos e sua respiração. Seu alfabeto é denso, imbuído de uma língua ancestral, cheia de gírias. Isso ecoa a cartilha do compromisso, descrita por Miguel Benasayag, que nos convida a romper com o sentimento de impotência que nos conduz à resignação permanente, a "entrar em resistência", a criar, a existir. É esta a urgência: fazer dessa prática uma arte, uma linguagem comprometida.

Pareceu-me necessário, em minha busca, ir além da forma do demonstrativo ou do ilustrativo, que, na minha opinião, se afasta da metáfora e da poesia.

Durante meu treinamento, o circo que eu praticava pareceu-me por vezes inclinado a lidar apenas consigo mesmo, com tópicos como ausência de profundidade, o coletivo, os relacionamentos de um duo, a queda. Foi reduzido a uma busca por acúmulo de novas figuras ou de um novo olhar sobre sua própria prática. É certo que esse momento foi de grande importância para o desenvolvimento de uma linguagem de circo autoral. Tratava-se de definir palavras e conceitos para enriquecer seu vocabulário.

As fundações foram lançadas por nossos predecessores. Agora, temos a responsabilidade de continuar a construir essa linguagem para um dia poder escrever poemas físicos, no ar ou no solo, com ou sem objetos, sozinhos ou com muitos outros.

Quando comecei, eu próprio estava nessa busca interminável por novas figuras, tentando lançar um novo olhar sobre a minha prática. Pareceu-me necessário, na época, percorrer os caminhos de descoberta dos limites e possibilidades dessa linguagem, como um pintor ou escultor que recorre à cor ou à matéria para conseguir tocar com sua arte esse lugar mágico da alma coletiva.

Esse caminho eu percorri durante meu treinamento, tentando desenvolver outras relações com o mastro chinês, como a relação mastro/solo, criando ligações entre o plano vertical e o plano horizontal. Essa pesquisa abriu as portas para outras possibilidades de escrita coreográfica que me aproximaram da linguagem da dança. Percorri as figuras e olhei para cada uma delas como energias. A partir de então, fazer o movimento de se colocar perpendicularmente ao mastro ou fazer uma pirueta nele se tornou uma pontuação, uma exclamação. Essas figuras acrobáticas tornaram-se movimentos simbólicos, mais um meio de expressão que um fim em si mesmo.

Parece-me essencial que se estabeleça entre o artista e o espectador um diálogo de ordem intelectual ou emocional, abstrata ou simbólica, impregnando-se de nossa mitologia social e abrindo uma história comum para eles. Como espectador, gosto de me reconhecer naquilo que vejo, com o risco de me emocionar, pois percebo que não estou sozinho ao sentir essa emoção. Como se o eco do nosso mundo vivo, de nossa história, fosse compartilhado.

O circo e o risco do discurso

Em sua forma mais simples,
o drama é o movimento rítmico
do corpo no espaço.
GEORG FUCHS

Durante meus estudos no Centro Nacional de Artes do Circo (Cnac), na França, pude vivenciar diferentes tipos de diálogo entre minha prática e o espectador. Comecei a usar fala e texto ligados ou não diretamente à coreografia do mastro. Saí muito desapontado dessa experiência. Eu tinha a impressão de que a fala esmagava o movimento, tornando-o um acessório, tornando o corpo e o mastro secundários. O texto e a fala eram, por si, suficientes.

Essa pesquisa com texto fez com que eu gradualmente me afastasse de uma forma de ilustração do tema pelo movimento, o que despertou em mim o anseio de me aprofundar na metáfora e no simbolismo. Em vez de representar o significado, agora estou tentando, com base nos estados físicos, deixar o significado emanar do gesto. Uma respiração, uma pausa, o silêncio, a lentidão, uma queda, um salto, a repetição de um único e mesmo gesto tornam-se então materiais carregados de significado.

Ocorreu-me naquela época que, em meu esforço, a linguagem do texto e a linguagem do mastro não se harmonizavam. Como se o mastro fosse parte de uma dimensão paralela ou de um outro tempo ainda por vir. Então comecei uma pesquisa não verbal que contribuiu para o desenvolvimento do universo das minhas peças: uma realidade diferente, não verbal, sem gênero, igualitária e atemporal. Um espaço-tempo em que esse objeto pode ser aceito como parte integrante da realidade, como eram as espadas dos samurais no Japão ou os rituais religiosos pagãos na Europa.

O processo histórico da separação dos dois componentes, texto e teatro, requer uma redefinição de suas relações sem preconceitos. Ela pode começar com o fato de que o teatro existia antes: bebendo no ritual, apoderando-se da forma mimética da dança, já organizado como comportamento e prática formados antes da fase de escrita. O "teatro original" e o "drama original" são certamente apenas objetos de tentativas de reconstrução; no entanto, obviamente, trajes e adereços refletiam processos de alta carga emocional (caça, fertilidade) de tal forma que dança, música e personificação eram combinadas. Mesmo que, por sua vez, essa prática pré-escritural, motora e expressiva represente uma espécie de "texto", ainda assim a diferença em relação à formação do teatro literário moderno permanece marcante. Aqui, o texto escrito e a literatura assumiram a posição dominante, pouco contestada na hierarquia cultural. Assim, no teatro literário burguês, essa relação – ainda viva no espetáculo barroco – poderia desaparecer do texto com uma voz profundamente musical, com uma gestualidade própria da dança e suntuosos arranjos visuais e arquitetônicos. A partir de então, o texto como significado proposto estava no poder. Aos outros meios teatrais só lhes restava servi-lo e eles eram controlados – com bastante desconfiança – diante da instância da proporção[1].

"Toda arte nasce e vive de acordo com as leis que lhe são próprias"[2]

O desejo de compartilhar é, acredito, inato em qualquer artista. A questão me parece ser *como* compartilhar. Como lidar com tópicos profundos e atuais, como o ciclo de vida e a morte, a dualidade dos seres, as múltiplas personalidades, o amor em todas as suas formas, o nomadismo e as novas ondas de imigração, os conflitos,

1   Lehmann, 2007.
2   Tarkovski, 1991.

as desigualdades, o confinamento, temas que afetam cada um de nós em nossa modernidade? Como falar desses temas sociais ou íntimos com o corpo e com um instrumento como o mastro?

Como educá-los por meio do circo? Como escapar desse imaginário nostálgico que adere à nossa pele, um circo de outro tempo, apesar de todo o trabalho realizado nas últimas quatro décadas pelo novo circo e pelo circo contemporâneo de autor, apesar de todos os artistas que trabalharam e continuam a trabalhar pela renovação dessa arte?

Em uma época em que as formas híbridas tendem a se tornar um modelo predominante, existe uma linguagem específica do circo? O circo é um efeito de linguagem a mais em uma forma mais global? Ou tem ele próprio uma força poderosa que permite dialogar e tocar o espectador em profundidade?

Nós brincamos com o que vive, e nossas palavras não são suficientes, e estamos aqui e agora, como se colocássemos em ação uma forma de sobrevivência. Talvez seja uma maneira de lembrar o presente, por essa violência criativa do corpo do artista de circo às vezes levada ao extremo em uma forma concreta de compromisso: o aqui e agora.

Quando vemos um artista de circo, não é incomum perceber o indivíduo por trás do personagem. Como se ele vivesse no momento presente e nada mais. O compromisso do corpo do artista de circo, às vezes, parece um grito pela vida. Sentimos em nossos corpos seu voo, sua queda, sua calma diante do vazio, sua resistência e sua coragem diante do risco.

O risco não é apenas físico, é também um risco existencial. A sombra do tempo cobre, dia após dia, a cena da prática do nosso aparelho, trágica e inevitavelmente efêmera. Pergunte a um pintor até quando ele conseguirá pintar, a um músico até quando ele pensa em tocar seu instrumento, a um artista de circo quanto tempo depois dos 30 anos ele poderá praticar seu aparelho.

O circo é, para mim, uma arte do corpo diante de seu ambiente, às vezes harmoniosa, mas na maior parte do tempo conflituosa. O corpo, como um diamante, apresenta muitas facetas. Essas facetas são estados da matéria, gasosos, líquidos ou sólidos, com os quais podemos jogar.

No mastro, meu corpo é confrontado com esse material pouco amigável: aço duro, frio e inóspito. O neoprene que o cobre permite que nos agarremos a ele ou que deslizemos, mas esquenta e causa queimaduras ao menor erro de movimento. Como se adaptar a esse ambiente hostil que é o mastro chinês?

Inspirado pela metáfora da pedra e da água, consegui encontrar o caminho que definiria toda a minha prática até hoje: ser como a água que se adapta à pedra, contornando-a e cobrindo-a. Então, o mastro deixou de ser um inimigo que eu tinha de superar para se tornar um apoio, um suporte, um parceiro.

O confronto com o corpo, com o mastro, com o tempo e o espaço tornou-se a matéria-prima da minha arte. Como um escultor que, ao trabalhar a terra e a água, obtém o barro e a textura que ele quer. Mas a imagem desejada não é facilmente revelada: o escultor, com os dedos, a mão, a faca, deve desbastar para remover a matéria que não pertence à imagem.

A metamorfose da argila ecoa a metamorfose do corpo do artista no mastro. Ele deve estar em constante adaptação para se moldar ao espaço. Por vezes, ser água, ser pesado como a terra ou leve como a brisa, porque o mastro é imutável, imóvel, indiferente.

A prática do mastro chinês é, naturalmente, muito física, e a questão surge para o artista em um momento ou em outro: ele deve revelar esse esforço ou quer torná-lo invisível? Eu escolhi o caminho do esforço invisível, porque queria conversar com o espectador em um lugar do sensível. Pareceu-me necessário que ele esquecesse a dor e a dificuldade do artista para ter acesso a outras emoções, diferentes daquelas que geralmente sentimos quando olhamos para um artista no mastro. Emoções que se afastam do medo causado por um exercício perigoso ou da admiração diante de um exercício de força.

No entanto, a extrema relação com o mastro parece-me ser uma parte essencial de sua linguagem. Essa relação é interna, íntima. Essas relações físicas extremas são úteis para que eu chegue a outro estado de consciência, um estado de transe. Um lugar onde posso me afastar do ego e, assim, revelar meu verdadeiro ser, que às vezes é desconhecido para mim.

No entanto, empurrar seu corpo para os limites pode apresentar diferentes facetas: fazer uma figura, uma cambalhota, uma torção, manter uma posição perpendicular ao mastro por mais tempo. Ou até mesmo ficar de pé apesar do cansaço. Subir no mastro para voltar a cair, para subir de novo e assim por diante. Isso faz parte da linguagem do circo.

Para minha primeira peça como autor, *Vigília* (2014), procurei ações de caráter simbólico, como queda/ascensão. Essa ação repetida em momentos diferentes com estados diferentes foi levada ao limite do corpo. Uma ação tão comum quanto a queda e a retomada assume outra dimensão quando levada ao limite, graças à duração. O ritmo então se torna meu parceiro, como um músculo adicional que é transformado. O oxigênio é mostrado em um esforço temporal. Torna-se uma ação simbólica.

Na primeira cena de *Vigília*, ando devagar até o mastro chinês e, sem que o espectador perceba o esforço, vou do plano horizontal para o vertical. Começo então a subida ao mastro, com a mesma velocidade, a mesma energia, a mesma intenção que a minha caminhada no solo. Chegando ao topo, caio uma lenta queda em um estado próximo à ausência de peso. Essa ausência de peso – conhecida dos artistas de circo – carrega consigo um intenso poder emocional, fala diretamente à nossa fonte emocional para acionar um imaginário íntimo no espectador. Essa queda me lembra a do Homem, a de Ícaro, a de Lúcifer, a do Anjo da Luz, como uma queda espiritual representada por uma queda física.

Não forneço nessa passagem qualquer outra chave além da queda para evocar esses mitos. Quero proporcionar ao espectador a liberdade de vê-la ali, de sentir o que lhe faz eco, afastando-me assim do ilustrativo para dar lugar à metáfora.

Essa queda na falta de queda, na falta de peso, dura muito. Isso dá ao espectador tempo para fazer a ligação entre o que ele vê e seu próprio imaginário, seu inconsciente. A noção de tempo é primordial. Ao esticá-lo, permito que o espectador entre em uma espécie de comunhão comigo, uma outra relação com a imagem, diferente daquela do consumo: uma relação de contemplação meditativa e sensorial, uma experiência semelhante a um pôr do sol ou ao horizonte visto do topo de uma montanha, logo, uma experiência da ordem do sublime.

Ao longo do espetáculo, essa ação de queda será repetida, sob outras formas, com outra energia e em outros estados, em um relacionamento extremo à beira do risco final.

Esse tipo de relação extrema com o corpo, sempre levado ao limite, poderia ecoar a arte da performance. O circo e o desempenho têm uma linguagem comum?

O risco de morte, de golpes, de lesões que muitos artistas de circo enfrentam até esquecer, por ser parte inerente de sua vida cotidiana, é uma característica específica dessa arte. Esses riscos exigem trabalho mental e espiritual, porque a proximidade com a ferida ou com a morte traz necessariamente um questionamento sobre a sobrevivência, sobre o tempo e sobre a vida.

"Qualquer nova forma de arte surge em resposta a uma nova necessidade espiritual. Seu papel é, portanto, fazer as perguntas mais essenciais para o seu tempo"[3].

O lugar do mastro

Não há mastro chinês em nosso cotidiano. A ambição de dar a esse aparelho um lugar cotidiano, uma reflexão para o nosso imaginário coletivo, muitas vezes se traduziu em uma forma de ilustração. Na minha carreira como artista, preferi considerar o mastro chinês como matéria bruta que, através da transformação que opera sobre mim, torna-se um reflexo da nossa vida emocional cotidiana: queda, suspensão, desequilíbrio, desvio, força, exaustão, levitação, alívio, medo, pressão.

Confrontar o mastro chinês como matéria bruta para um corpo é dizer que partimos de uma forma abstrata/distante para fazer surgir (ou ressuscitar) nossa existência. É a matéria que me dirige, me esmaga, me levanta. Eu me torno dependente desse assunto. Esse poste insignificante se torna vivo pela troca que acontece entre nós. Ele me manipula como eu o manipulo. Meu instrumento torna-se significativo a cada passo.

Para que a linguagem do mastro se torne plausível e significativa, todo um universo deve ser criado, em que essa dança, esses movimentos, esses corpos sejam aceitos como um possível imaginário poético real, como uma anatomia artística.

É cavando nas fontes do corpo e de seus estados que a prática do mastro pode alcançar o *status* de linguagem artística portadora de significado. Meu objetivo é que o espectador possa ignorar o mastro para ver apenas o ser humano, que ele

3   Tarkovski, 1991.

possa esquecer os efeitos visuais ou sonoros e entrar em comunhão com o trabalho e os artistas, que vivem um ritual moderno no palco. Para chegar o mais longe possível de uma demonstração artística, preciso questionar minha anatomia artística, incluindo corpo, cena, luz e imagem, para que todos esses elementos se comuniquem e se tornem indissociáveis: juntos, eles formam o ritual. O foco é, portanto, no todo.

> Inventar um teatro em que todos os meios que constituem o teatro não se ilustram nem funcionam em redundância, mas, pelo contrário, em que conservam todas as suas energias, mas agindo em conjunto e no qual nós não confiamos mais na hierarquia convencional dos meios[4].

O mastro como um símbolo?

> *O símbolo só é verdadeiro quando seu significado é inesgotável e ilimitado, quando, por sua linguagem secreta hierática e mágica, alusiva e sugestiva, expressa o inexprimível [...]. Os símbolos são indeléveis, inexplicáveis, e somos impotentes diante da plenitude de seu significado.*
> VIACHESLAV IVANOV

As práticas circenses carregam dentro de si uma forte dimensão simbólica arcaica e universal, uma forma de mitologia viva que ainda é atual. Daí talvez a grande acessibilidade dos espetáculos circenses. A arquitetura circular do circo ecoa os locais de encontro do homem neolítico, como Stonehenge, na Inglaterra, ou Göbekli Tepe, na Turquia.

O mastro ecoa os monólitos dessas civilizações, como se o homem, ao instalar esses grandes blocos de pedras de várias toneladas, tentasse fazer a ligação entre o céu e a terra, entre o profano e o sagrado. Marcaram sepulturas ou lugares para se encontrar.

> Na Índia, no Tibete, na Sibéria, a tradição xamanista atribuía à escada, assim como à ponte, à corda ou à árvore, a capacidade de ajudar a transcender os limites temporais e espaciais. A escada evoca o voo mágico associado ao transe e ao êxtase, a "passagem difícil" ou "o caminho estreito" da iniciação, a abertura do plano para o mundo espiritual, transpessoal da posse e da cura[5].

Qual é o simbolismo do corpo dos artistas de circo?

O artista de circo é um semideus que tenta escapar da condição humana para acessar um outro corpo? Ou, melhor, é como os *sadhus*, ascetas hindus que se infligiam objetivos físicos perigosos, esperando por uma possível liberação de seu bem mate-

---

4   Lehmann, 2007.
5   Cf. Eliade, 1992.

rial último, seu corpo, como Amar Bharati, famoso por manter seu braço no ar por mais de 40 anos?[6]

Essas relações com o corpo são um reflexo de nossa civilização? Um organismo regido pelas leis do mercado, transformando-o em um "corpo-produto" eficiente e competitivo. Sempre mais alto, mais forte e mais rápido.

O artista de circo é um reflexo inconsciente do *status* do corpo em nossa sociedade atual? Os corpos do nosso tempo não são neutros. Eles são estigmatizados, socializados, com gênero, racializados. O corpo do circense, por sua moldura, evoca o corpo produzido, heroico, competitivo.

Eu tento, em minha linguagem, afastar-me tanto quanto possível da natureza extraordinária do corpo: muscular, forte, flexível. Na minha criação *Nebula*, trabalhei em um gênero neutro com meu parceiro, explorando a complexidade das relações entre dois seres cujos papéis sociais eram indefinidos.

Parece-me importante propor outro ponto de vista sobre o homem e a mulher. Criar uma harmonia, mostrar o que se reúne em um gesto artístico político. Tentar não mostrar os músculos, como resultado do esforço, é para mim a melhor maneira de normalizar meu corpo.

Não foi apenas o figurino que me permitiu questionar nossos corpos. Para chegar a um tônus comum, também me concentrei na presença e na mutação do corpo no gerenciamento da energia. A anatomia artística também serve para questionar novamente o lugar de nossos corpos no mundo, questionar como a sociedade quer nos definir às expensas de nossa morfologia. Eu tomo o partido de questionar nossos corpos qualquer que seja a minha temática, pois a essência do circense depende do seu corpo. Ela é inseparável, intrínseca a ele. O corpo evoca irrevogavelmente a extensão do esforço oferecido. Nós devemos questioná-lo, porque hoje o lugar do corpo está sempre em mutação: corpo-mercadoria, corpo-objeto, corpo-modelo, corpo velho, jovem, gordo, bom, corpo branco, corpo negro, corpo com gênero, corpo sem gênero, corpo sexualizado, corpo-máquina, corpo deficiente, corpo idolatrado, corpo reprimido.

O *status* do corpo está em constante reviravolta, e um não posicionamento já é um posicionamento.

Essa arte nos fala de um lugar primitivo, como antes, de uma linguagem inconsciente? Esta poderia ser a linguagem do circo – trazer à vida uma linguagem poética, um circo poético, dando origem ao pensamento da emoção?

> Com isso entendemos que a poesia é anárquica na medida em que questiona todas as relações e formas objeto-objeto com seus significados. É também anárquica na medida em que seu surgimento é consequência de uma desordem que nos aproxima do caos[7].

---

6   Em 2021, o *sadhu* Amar Bharati completou 45 anos com o braço direito levantado. Pelo longo período na mesma posição, seu braço já se encontra atrofiado. [N.E.]
7   Cf. Artaud, 2006.

Referências

ARTAUD, Antonin. *O teatro e seu duplo*. São Paulo: Martins Fontes, 2006.

ELIADE, Mircea. *O sagrado e o profano: a essência das religiões*. São Paulo: Martins Fontes, 1992.

FUCHS, Georg. *Die Revolution des Theaters: Ergebnisse aus dem Münchener Künstler-Theater*. München; Leipzig: Verlag der Autoren, 1909.

LEHMANN, Hans-Thies. *Teatro pós-dramático*. São Paulo: Cosac & Naify, 2007.

TARKOVSKI, Andrei. *Esculpir en el tiempo: reflexiones sobre el arte, la estética y la poética del cine*. Madri: Rialp, 1991.

A instalação de uma arte cênica nova no Chile: a arte do novo circo

Alejandra Jiménez Castro

Este artigo não tem nenhuma pretensão conceitual, tampouco teórica. Muito pelo contrário, sua premissa é se afastar o máximo possível de reflexões que deixem os discursos tensos. Seu único valor é contar a história da beleza de uma arte que se instala ousadamente em "uma faixa de terra longa e estreita".

Começamos assim
É impossível falar do novo circo no Chile sem reconhecer a contribuição que significou a obra de teatro *Las siete vidas de Tony Caluga*, de Andrés del Bosque, que estreou no início de 1994, contribuição à qual se somou o trabalho realizado por um grupo de jovens malabaristas que se juntaram para "ensinar circo" no Parque Florestal, no início dos anos 1990, e aquele realizado pelo Circo Social, iniciado em 1995, graças a um pequeno projeto de cooperação internacional entre a agência canadense Jeunesse du Monde, o Cirque du Soleil e a ONG chilena El Canelo de Nos. O resultado deu origem à fundação, em 2000, da ONG El Circo del Mundo – Chile, hoje uma das organizações de referência do novo circo e do circo social no país.

Até essa época o circo só era conhecido em seu formato tradicional, tanto é que, na primeira vez que um espetáculo de novo circo instalou sua lona no estacionamento de um centro comercial, na temporada circense (em setembro, mês do circo, e nos feriados da pátria), metade do público não entrou ao tomar conhecimento de que esse circo não tinha animais. Isso aconteceu em 2004. Graças às mudanças culturais no país, especialmente à obstinação de alguns artistas, hoje podemos dizer com orgulho que o novo circo no Chile é uma arte cênica, reconhecida pelas políticas públicas culturais como uma área, da mesma forma que o teatro e a dança. Esse reconhecimento adveio em 2007, quando se formou a primeira geração de artistas profissionais do novo circo e se festejou o X Congresso do Circo, reunindo mais de oitocentos amantes dessa arte, tanto do Chile como do exterior. Podemos afirmar com certeza que 2007 é um ano importante para a história do novo circo no país.

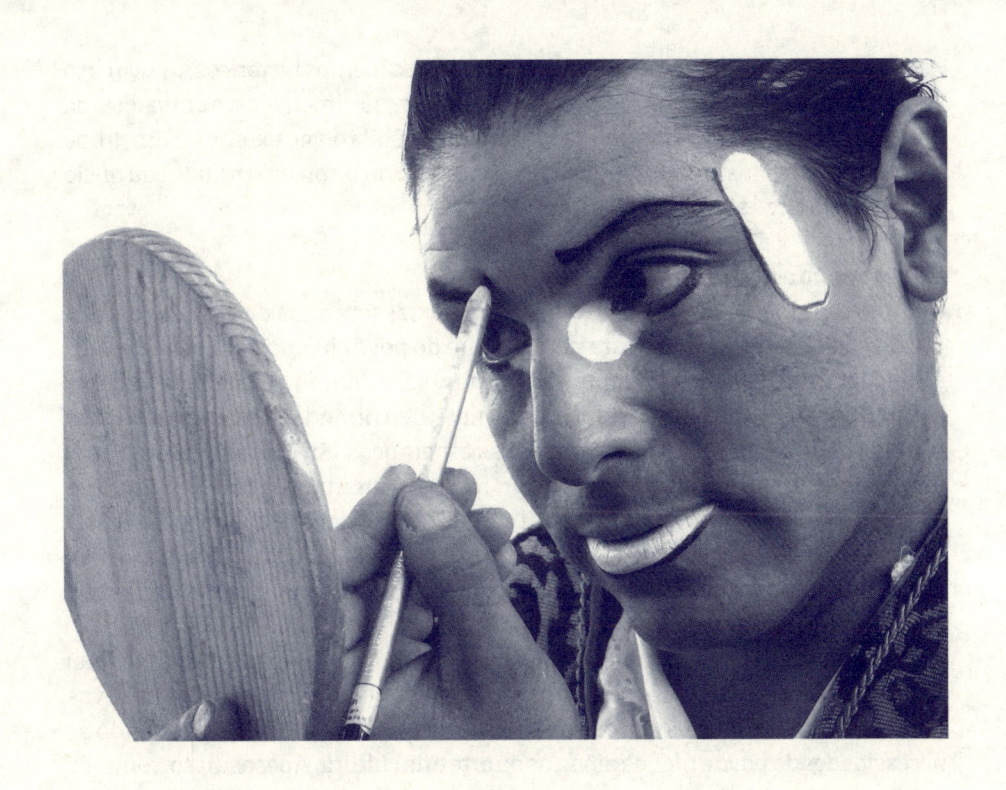

Exequiel Silva León. Artista de circo no camarim do Teatro Municipal de Ovalle, preparando-se para a apresentação de **Koreto, la magia continua**, no âmbito do projeto de Itinerância Nacional 2019. El Circo del Mundo – Chile. Foto: Tahía Muñoz Jiménez.

Mais de uma década depois daqueles acontecimentos históricos, o novo circo se desenvolveu em todas as regiões, em suas diversas dimensões, e em cada uma delas há dezenas de artistas que se formaram no Chile ou no exterior, e um grupo relevante de artistas amadores que, com grande esforço, foi construindo seu ofício e fazendo do circo sua vida.

De um sonho a uma arte
Quando terminou a ditadura no Chile, após dezessete anos de crimes contra a humanidade, violentando a luta permanente do povo chileno para derrubá-la, a arte ocupou um papel fundamental, os artistas resistiram ao "apagão cultural" perpetrado por Pinochet, manifestando-se sempre, percorrendo as ruas, os povoados, comunicando os horrores, mas também as esperanças. Eu me formei como atriz nesse contexto – um ambiente em que professores, instrutores, diretores e atores da época foram minhas referências para entender, ainda jovem, que ser uma artista é muito mais do que ficar em pé no palco; é uma responsabilidade, pois a arte tem o poder de transformar, e assumir esse compromisso é um percurso irrefreável, inesgotável, e um ato revolucionário.

Com essa ideia em mente, voltei para o Chile em 1991, a fim de contribuir para a democracia. Deparei-me com os artistas retomando seus espaços criativos, tentando encontrar um lugar numa sociedade que não estava respondendo às necessidades do povo e menos ainda às da arte e da cultura. Apesar disso, começou a se implantar no país uma estrutura na área cultural – um pequeno Departamento de Cultura no Ministério da Educação, que acolheu as necessidades, as reivindicações e projetos dos artistas que exigiam um espaço. O caminho era longo e árduo.

O esplêndido Festival Internacional das Nações, de 1993, que tirou o Chile do isolamento cultural, incentivou-me a buscar um espaço artístico que me permitisse criar e contribuir social, política e culturalmente, até que, em 1995, surgiu um convite para fazer algumas aulas de circo, que havia entrado na minha vida com a montagem que fiz ao final do curso na Escola de Teatro. Esse espaço transitório se transformou no lugar onde reúno, até os dias atuais, a criação, a contribuição social e cultural, a construção de uma sociedade mais justa, mais feliz, uma colaboração concreta para um Chile diferente, onde a arte e a cultura sejam realmente um direito humano e não apenas uma proposta para uma política pública. Para mim, isso é El Circo del Mundo – Chile.

Começa a ação
O circo social crescia cada vez mais. Centenas de crianças, meninos, meninas e jovens participavam de vários programas todos os anos; era uma ferramenta de mudança eficiente, que se refletiu na área social e até na sede que tivemos em Alto Hospicio (então uma das zonas mais pobres e desoladas do norte do Chile) por mais de cinco anos, com financiamento da Fundação Holandesa Bernard Van Leer, que fomentava a resiliência como um fator de proteção contra o risco social. Assim, aos

poucos fomos produzindo conhecimentos, metodologias, um arcabouço teórico e um mecanismo de avaliação coerente com nossas metodologias, em que os protagonistas eram as crianças e os jovens; nós éramos apenas um elo da cadeia para promover a arte como um espaço concreto de transformação social.

Artistas de várias disciplinas, de várias regiões do Chile e de países vizinhos vinham à nossa primeira casa, El Canelo de Nos, para aprender circo e ter aulas com instrutores do Cirque du Soleil durante seus programas de ensino e períodos de residência artística em Santiago. Nosso querido Paul Vauchon é inesquecível. Cito ainda Stephane Bernier, Allison Crawford, Rock Jutras e, claro, Alain Veilleux, considerado até hoje o "responsável" pela formação profissional de dezenas de artistas locais e da América Latina.

Foi assim que a arte circense emergiu a partir do circo social e se apropriou cada vez mais de cada um de nós, até que, em 1998, estreou o primeiro espetáculo de novo circo no Chile: *ZirKoZita, una cita con el Nuevo Circo* (ZirKoZita, um encontro com o novo circo), sob a direção de Alain Veilleux.

Vinte anos após aquela estreia no El Canelo de Nos, realmente teve início o desafio de inserir uma arte nova no Chile. Pouco a pouco, começaram a aparecer companhias e grupos, e, embora ainda não sejamos capazes de formar uma associação que nos congregue, as companhias e os grupos são fundamentais para ocupar espaços dentro das instituições culturais, como também no ambiente das artes cênicas, dos espaços culturais, nos festivais, e principalmente para fomentar a formação de público. Cabe destacar as companhias Circo Chile, Compañia Balance, Recicla Circo, Diminuto Circo e Circo Ambulante, além de muitas outras que se instalam todos os anos em Santiago e em outras áreas do país, destacando-se a trajetória da En La Cuerda, de Iquique; da La Carpa Azul, de Valparaíso; e a contribuição da Circo Las Máquinas, de Temuco; do grupo Circo del Sur, de Punta Arenas; do Circo La Cuarta Estación, de La Serena; e El Tren, de Arica, entre tantos outros.

Por outro lado, El Circo Social conseguiu trabalhar em conjunto, formar redes, colaborar para melhorar as práticas, realizar encontros, congressos, festivais nacionais e internacionais. Também logrou formalizar uma Rede Chilena de Circo Social e difundir o circo como uma ferramenta transformadora.

Talvez El Circo del Mundo – Chile tenha conseguido se manter durante 23 anos porque reúne ambas as ações e se define como um espaço formativo, criativo, artístico e social, onde o valor das pessoas está na essência do nosso ofício, onde a ética, a política e a estética nunca se separam.

Em que ponto estamos

No que se refere à institucionalidade
O circo foi reconhecido como uma arte cênica apenas no ano de 2007 e, a partir de 2011, contou com uma unidade especializada. Embora até hoje o orçamento seja baixo, em comparação ao teatro e à dança, pelo menos temos um nome. Desde

então estamos inseridos nas instituições culturais, com definição, orçamento e um projeto anual que produz suas próprias atividades, trabalha em colaboração com as organizações e apoia tanto o circo tradicional quanto o novo circo em seus próprios desafios.

Vinte e cinco anos parece muito tempo na história de uma pessoa, mas na construção cultural é apenas o início, em que se assentaram as bases para começar a implantar e, lentamente, a sistematizar, pesquisar, formar pessoas, vislumbrar várias linguagens, catalogar formas, estéticas, dramaturgias, interagir com outras disciplinas e com os atores do setor, e somos responsáveis por termos sido reconhecidos como uma arte cênica.

Poucos meses depois de começarmos a ter um Ministério da Cultura, das Artes e do Patrimônio, e na iminência de dispormos de um conselho para as artes cênicas, assim como existem ministérios para o livro, a música e o audiovisual, precisamos ficar alertas para que a política cultural não se atenha a uma proposta escrita e seja implementada, buscando incentivar a criação, a formação e a circulação do novo circo no Chile, e para que os fundos disponíveis por intermédio de editais estejam de acordo com as necessidades do nosso setor e sejamos capazes de obtê-los para o seu fomento.

Nossas ações
Artistas, criadores, administradores e estudiosos estão concentrados na formação, principalmente fora de Santiago, na profissionalização das nossas práticas, enfatizando a segurança. Tentamos descentralizar os conhecimentos e, com muito esforço, formamos público, saímos de nossas lonas e galpões para ocupar outros espaços cênicos relevantes da programação cultural; além disso, interagimos sempre com colegas de outras áreas. O teatro, a dança e a música, por sua vez, também interagem conosco, o que se reflete em criações e pesquisas cênicas.

Mirando o futuro
O crescimento do número de artistas, grupos e organizações do novo circo em todo o país nos últimos anos nos leva a desejar que nossos espaços tenham uma infraestrutura melhor, que contem com mais apoio do Estado para criar, circular e internacionalizar nossas obras, que possamos construir espaços de residência artística e de intercâmbio, nos agrupar, montar uma associação profissional nos moldes de um sindicato, a fim de aperfeiçoar nossas práticas e condições de trabalho e, naturalmente, contar com escolas de formação profissional preparatórias em todo o país, e com uma Escola Nacional de Artes Circenses que introduza o novo circo na academia.

Falar de academia implica abrir um novo leque de conhecimentos e de profissões que poderão fortalecer o novo circo e colocá-lo no mesmo nível de outras disciplinas artísticas; implica, também, começar a escrever a sua história para poder desconstruí-la depois.

Conclusão
Em cada país, a arte do novo circo se inspirou e se desenvolveu de várias maneiras, e foi introduzida por meio de múltiplas estruturas artísticas, formativas e culturais. Não há dúvida de que no Chile o novo circo se estabeleceu graças ao circo social e se desenvolveu como uma consequência deste. Talvez seja por isso que um significativo percentual de artistas e organizações do novo circo esteja ligado ao circo social como parte de sua missão e ação.

Somos poucos, mas parecemos muitos, pois o circo "agarra" e envolve, e desafia não apenas a gravidade. Ele nos instiga a lutar pelo direito à arte e, naturalmente, pelo direito a essa arte, a formar seu público, a profissionalizar seus artistas e a abrir seus espaços, a partir de um projeto social, de uma escola profissionalizante, da visão e das propostas de uma rede de artistas, de uma Lei da República e de centenas de ações que não são nada mais e nada menos do que transformar um sonho em arte.

Os artistas de circo Rodrigo Vivallo e Valentina Weingart. **Varieté**, setembro de 2019 em El Circo del Mundo – Chile. Foto: Tahía Muñoz Jiménez.

Sou de circo!

Verônica Tamaoki

A palavra "circo", na língua portuguesa brasileira, possui diversos significados, entre os quais um gênero de espetáculo e o local onde ele geralmente acontece, composto por uma pista redonda, o picadeiro, cercado de cadeiras e arquibancadas, e coberto por uma lona. Na linguagem do dia a dia, circo tem outros significados, em sua maioria pejorativos. Comumente, significa bagunça, coisa mal-feita e politicagem. Quantas vezes o Congresso Nacional não foi comparado a um circo, e os senadores e deputados, a palhaços? É uma metáfora utilizada especialmente pelo jornalismo, em suas charges e análises políticas, e pelos próprios políticos em seus discursos e apartes. Em 1985, Millôr Fernandes (1923-2012), numa de suas crônicas, declarou que considerava a comparação entre o circo e o Congresso "altamente ofensiva aos profissionais do circo"; para que não houvesse dúvidas, ressaltou: "e não tenho a mais remota intenção de ironizar"[8].

O termo "circo" também integra expressões e ditados populares usados por gerações, mesmo as que tiveram pouca intimidade com o circo em si. Por exemplo, "ver o circo pegar fogo" corresponde ao desejo de alguém que, ao invés de apaziguar os ânimos, espalha discórdia. Ou "alegria de palhaço é ver o circo pegar fogo", no sentido de um espetáculo em que todos, público e artistas, se divertem. Há também o costume de se afirmar que alguém "é de circo" por sua esperteza e capacidade para o inusitado. "Esta menina é de circo!", diz o pai, orgulhoso da astúcia da filha. "Porque eu sou de circo!", afirma o ator Domingos Montagner (1962-2016), interpretando um poema de Luiz Gustavo para justificar suas múltiplas habilidades.

Agora, "Sou de circo" é também um programa de formação e experimentação profissional de jovens circenses em museologia e história do circo, oferecido pelo Centro de Memória do Circo (CMC), da Secretaria Municipal de Cultura de São Paulo. Um piloto do programa foi realizado entre 11 de junho e 11 de dezembro de 2018, pela Associação de Amigos do Centro de Memória do Circo, e a experiência se mostrou tão promissora que foi transformada em curso regular.

8 Fernandes, 1985, p. 11.

O CMC é a primeira instituição brasileira – e, ao que tudo indica, da América Latina – consagrada exclusivamente à cultura e à memória circense. Fundado em 16 de novembro de 2009, tem como missão reunir, preservar, pesquisar, formar e difundir a memória e a história do circo em sua grande aventura no Brasil. Parte integrante do Centro Cultural Galeria Olido, o CMC encontra-se num dos mais importantes sítios históricos do circo brasileiro, o largo do Paissandu[9], na capital São Paulo.

9   A uma quadra da avenida Ipiranga com a avenida São João, esquina eternizada por "Sampa", canção de Caetano Veloso, o largo do Paissandu está na região paulistana que já foi conhecida como Cinelândia, pelos inúmeros cinemas que ali se instalaram. Mas, antes de os cinemas chegarem, ali bem poderia ter sido chamado de Circolândia.

     O mais antigo documento atestando a presença do circo no largo do Paissandu data de 1887. Trata-se de um cartaz, publicado pela *Província Paulistana*, que anuncia a temporada do Circo Irmãos Carlo. Nele, vemos um acrobata em pleno salto mortal sobre um cavalo. Dali até meados da década de 1930, muitos circos armaram sua lona no local. Mas foi com o Circo Alcebíades, entre 1926 e 1929, que o local viveu sua glória. Foi nessa temporada que a cidade de São Paulo descobriu o palhaço Piolin, Abelardo Pinto Piolin (1897-1973). Uma multidão acorreu para o Paissandu para rir de suas graças. Inclusive os poetas e artistas modernistas, que o elegeram "o maior talento cômico do Brasil", e seu local de atuação, o picadeiro, "o berço do teatro nacional".

     O encontro entre os modernistas e o palhaço foi celebrado no seu aniversário de 32 anos, em 27 de março de 1929, com um almoço num dos mais importantes restaurantes da época. O prato principal foi o próprio aniversariante – de maneira simbólica, é claro. Considerando que os modernistas se inspiravam nos indígenas que praticavam antropofagia, que comiam seus inimigos não por fome, mas para adquirir suas qualidades, comer simbolicamente Piolin foi a maior homenagem que um artista poderia receber. Em 1972, o dia 27 de março se consagraria como o Dia do Circo.

     No largo do Paissandu, a partir de 1925, também se instalaram ou foram ali concebidas associações da classe circense, como a Federação Circense, a Associação Brasileira de Empresários de Diversões e a Associação Brasileira do Circo, entre outras. Ele sediou, inclusive, a fundação do Sindicato dos Artistas, em 1934, no Circo do Danilo. Local de cabarés e restaurantes frequentados pela classe artística, o largo do Paissandu ficou famoso por abrigar também o encontro da comunidade circense às segundas-feiras, seu dia de folga, conhecido como Café dos Artistas.

     Não é difícil supor a importância de um ponto de encontro para uma classe nômade como a circense, em uma época em que não havia celular ou internet, e em que eram raros os telefones. Espalhados num país continental, em circos itinerantes de lona que dificilmente se encontravam, os circenses tinham no Café dos Artistas seu porto seguro. Era ali que os circenses, além de firmar contratos, encontravam parentes, colegas, amigos. Sabiam das novidades da comunidade, das mortes, dos nascimentos, dos casamentos feitos e desfeitos. Era para o Paissandu que se dirigiam quando as coisas davam errado ou quando, para usar uma expressão criada por eles, "erravam de trevo".

     O mais importante Café dos Artistas do Brasil (sim, existiram outros cafés, como os do Rio de Janeiro, de Recife e Fortaleza) reunia artistas e empresários de todo o país, tanto do circo como de outras expressões que se entrelaçaram a ele, como a música, especialmente a sertaneja, o teatro e o cinema popular, as lutas livres etc. E, se não se pode afirmar que o Café dos Artistas continua a existir, também é difícil atestar seu término, visto que todas as segundas-feiras é possível avistar alguns circenses que continuam a se encontrar ali. A partir de 2009, com a implantação do Centro de Memória do Circo no largo do Paissandu, o circo passou a ser revitalizado num de seus lugares mais importantes.

A criação do CMC respondeu ao desejo da categoria circense de perenizar sua história. Desejo esse acalentado por gerações e que se manifestou muito mais em ações de preservação do patrimônio material e imaterial do circo do que na idealização de um centro de memória em si. Na verdade, quando se imaginou algo parecido, sempre se pensou na criação de um museu, o que a experiência adquirida com a implantação de um centro de memória mostra que poderia ser um erro, visto que, para se chegar a um museu, o circo precisa antes revolver sua memória.

Aqui, cabe esclarecer que as ações de preservação do patrimônio material do circo, realizadas pela comunidade circense, consistem na reunião e preservação de documentos – textuais, iconográficos, icônicos, sonoros, audiovisuais, tridimensionais (aparelhos, figurinos, adereços) – produzidos pelos próprios circenses ou por terceiros. Já na preservação do patrimônio imaterial do circo, encontram-se histórias, técnicas, dramaturgias, artes e saberes de uma expressão multidisciplinar que, afinal, se preservou e evoluiu por meio da transmissão oral de geração a geração.

Também cabe esclarecer que, à criação do CMC, antecedeu-se um ciclo de pesquisa sobre o Circo Nerino (1913-1964), realizada por mim, sob a orientação de Roger Avanzi (1922-2018), o palhaço Picolino. A metodologia da pesquisa consistiu no cruzamento de informações oriundas dos patrimônios material e imaterial do circo, como recém-descrito. A iniciativa conquistou a confiança da herdeira oficial do Circo Garcia (1928-2003), que se solidarizou com o projeto, entregando-lhe o acervo documental da famosa companhia. A junção dos acervos de dois dos mais importantes circos brasileiros embasou e tornou possível a criação do CMC como órgão do Departamento do Patrimônio Histórico da Secretaria Municipal de Cultura da cidade de São Paulo, na gestão de Carlos Augusto Calil, em 16 de novembro de 2009. Atualmente, o CMC integra o Centro Cultural Galeria Olido.

A partir de sua inauguração, ele foi se estruturando, baseado em quatro núcleos que funcionam de maneira integrada: Acervo, Pesquisa, Difusão e Formação. Entre outras realizações, o CMC orgulha-se da exposição de caráter permanente *Hoje tem espetáculo!*, que ocupa toda a sobreloja da Galeria Olido e que já foi visitada por mais de 200 mil pessoas; do livro que conta sua história e leva seu nome; e de sua programação caprichada, com espetáculos, visitas monitoradas, saraus, oficinas etc. Mas, sem dúvida, o coração da instituição e o que a projeta para o futuro é o seu acervo.

Constituído por aproximadamente 80 mil documentos, o acervo do CMC está distribuído em uma centena de coleções e arquivos oriundos da comunidade circense, como os dos circos Nerino e Garcia. Entre cartazes, folhetos, fotografias, notícias da imprensa, figurinos, sapatos, luvas e colarinhos de palhaços, peças de circo-teatro, perucas, bonecos ventríloquos, partituras, instrumentos musicais e espadas feitas sob medida para serem engolidas, encontram-se documentos raros, como o cinturão de Joanita Pereira (1849-1892), recebido por ela em Londres, em 1868, por sua atuação no triplo trapézio, e preservado por quatro gerações.

Ao longo de sua trajetória, o CMC recebeu o reconhecimento de importantes instituições, como a Secretaria de Cultura do Estado de São Paulo (Prêmio Governador do Estado), o Ministério da Cultura (Ordem do Mérito Cultural) e a Organização das Nações Unidas para a Educação, a Ciência e a Cultura (Unesco) (Programa Memória do Mundo).

A necessidade de realizar tratamento técnico e catalogação adequada de seu acervo fez com que a instituição criasse o Programa "Sou de Circo". Com atividades de formação em história do circo e museologia, ancoradas no acervo da instituição, o programa é destinado principalmente a jovens circenses, que, nas últimas décadas, se multiplicaram, não mais somente através da tradição familiar, mas também adquirindo conhecimento junto às escolas de circo que, a partir de 1978, começaram a surgir em nosso país.

O circo é um universo muito complexo. Seu espetáculo é uma verdadeira suma das artes cênicas (malabarismo, equilibrismo, acrobacia, adestramento, ilusionismo, aéreos, teatro, dança, música). Sua tenda e seu nomadismo, mais que qualidades técnicas e artísticas, exigem um estilo de vida. O circo possui, inclusive, língua própria, o que torna difícil para um leigo compreender uma narrativa circense. Afinal, o que são *flip flap, retinida, volante, portô*?

A partir de questões como essas, o CMC, ao longo de sua trajetória de mais de uma década, compreendeu que é preciso começar a formar seus próprios pesquisadores, museólogos e curadores. E optou por escolher jovens circenses, não por corporativismo, mas por necessidade. Para se organizar e catalogar um acervo de circo, não basta saber história, museologia e arquivologia, entre outros conhecimentos: é preciso também ser de circo!

Na ponta de todo esse processo, encontra-se aquele sem o qual o circo nem existiria, o respeitável público, que poderá ter acesso ao acervo devidamente catalogado, assim como às exposições, publicações, registros audiovisuais etc. E, com isso, conhecer parte importante da história do Brasil.

Referências
AVANZI, Roger; TAMAOKI, Verônica. *Circo Nerino*. São Paulo: Selo Pindorama Circus; Codex, 2004.
FERNANDES, Millôr. "O Circo e o Congresso". *Jornal do Brasil*. Rio de Janeiro: 1985, p. 11.
FONSECA, Maria Augusta. *Palhaço da burguesia: Serafim Ponte Grande, de Oswald de Andrade, e suas relações com o universo do circo*. São Paulo: Polis, 1979.
TAMAOKI, Verônica (coord.). *Largo do Paissandu, onde o circo se encontra* (pesquisa). São Paulo: Selo Pindorama Circus, 2008.
TAMAOKI, Verônica. *Centro de Memória do Circo*. São Paulo: Secretaria Municipal de Cultura; Centro de Memória do Circo; Instituto CPBrazil, 2017.

Epílogo

Fernanda Vilela

Circo Futuro é uma plataforma de apoio à criação artística e ao desenvolvimento do circo na América do Sul, construída por uma rede internacional de operadores, produtores, centros culturais, escolas de circo, festivais e coletivos de artistas de diferentes países parceiros, atualmente, Brasil, Argentina, Chile, Uruguai e França.

O objetivo principal do Circo Futuro é contribuir, através de ações colaborativas de diferentes agentes artísticos e culturais, para o reconhecimento e o desenvolvimento do circo autoral no continente sul-americano, como uma arte inovadora, plural, profunda e atual.

Em julho de 2019, a cidade de Fortaleza recebeu as residências Circo Futuro. Um dispositivo único na paisagem circense, por seu foco no processo de criação artística, por seu funcionamento em rede e pela corresponsabilização dos parceiros com o desenvolvimento da arte circense em suas etapas essenciais – da pesquisa à apresentação pública.

Para essa ação, uma convocatória foi aberta a artistas sul-americanes e selecionou duas propostas: *Proyecto INDRA*, do Colectivo Clo, do Uruguai (@colectivoclo; @noel_rosas; @let_mar); e *Colisión*, do coletivo Oíd Mortales (OM), da Argentina (@lucia.toker; @mauroappugliese; @emiliano.sette).

As duas propostas selecionadas foram acolhidas em residência durante 15 dias no espaço do Galpão da Vila (@galpaodavilafortaleza; @colabcirco). Outras atividades, incluindo rodas de conversa e mostras de processo de ambos os projetos, foram realizadas em diferentes espaços parceiros da cidade, como o Teatro Universitário, a Escola Pública de Circo da Vila das Artes e os teatros da Rede Cuca Barra e Mondubim.

As residências são resultado de uma coprodução da Artelaria Produções (Grupo Fuzuê), de Fortaleza, e da Equilibre Produções Culturais, de São Paulo, com a colaboração de diversos membros da Rede Circo Futuro (@circofuturo). O projeto foi contemplado pela Fundação Nacional de Artes (Funarte) (@funarteoficial), por meio do programa Iberescena (@iberescena).

Fotografias 1 e 2: **Proyecto INDRA**, do Colectivo Clo, Uruguai. Criadoras: María Noel Rosas e Leticia Martínez. Fotografia de Breno de Lacerda.

Fotografias 3 e 4: **Colisión**, do coletivo Oíd Mortales (OM), Argentina. Criadores: Lucía Toker, Mauro Appugliese e Emiliano Sette. Fotografia de Breno de Lacerda.

Fernanda Vilela

Sobre os autores

ARGENTINA

JULIETA LORENA INFANTINO (organizadora)
Doutora em antropologia pela UBA – Universidad de Buenos Aires, onde também é docente. Pesquisadora assistente do Conicet – Consejo Nacional de Investigaciones Científicas y Técnicas. Integrou vários grupos de pesquisa dedicados ao estudo da cultura popular, políticas culturais, juventude e antropologia urbana. Especializada no estudo das relações entre juventude, artes circenses e políticas culturais. Publicou artigos em revistas acadêmicas nacionais e internacionais, coletâneas e livros sobre circo.

ANTONELA SCATTOLINI ROSSI
Graduada e licenciada em artes pela UBA – Universidad de Buenos Aires. É docente-pesquisadora no curso de artes circenses na Universidad Nacional de Tres de Febrero, onde leciona história do circo, e pesquisadora associada da disciplina Introdução às Linguagens das Artes Combinadas na UBA. Apresentou artigos em congressos e conferências nacionais e internacionais. Como atriz, estudou e trabalhou com mestres como Agustín Alezzo e Marcelo Savignone. Integrou grupos de pesquisa nas áreas de cinema, teatro e artes cênicas, e atualmente é professora de disciplinas nessas áreas em institutos de formação em nível superior.

ERICA STOPPEL
Trapezista, formada em artes cênicas pela Universidad Nacional de las Artes (Argentina) e mestre em artes cênicas pelo Instituto de Artes da Unicamp. Co-fundadora e *performer* do Piccolo Circo Teatro de Variedades desde 2013, e do Circo Zanni desde 2004. Atuou na Cia. Linhas Aéreas (1999) e na Central do Circo (1999 a 2003). Co-fundadora da Cia. Nau de Ícaros, onde atuou de 1993 a 1997. Foi professora e orientadora de 2003 a 2011 no Cefac – Centro de Formação Profissional em Artes Circenses, e em centros culturais e escolas em Belo Horizonte, Brasília, Goiânia, Campo Mourão e Campinas. Fez estudos de aperfeiçoamento na Argentina, Cuba e Canadá. É colaboradora de *casting* do Cirque du Soleil desde 2000.

GERARDO HOCHMAN
Formado em atuação, dança e mímica, integrou o grupo de teatro Calidoscopio. Formou-se em acrobacia com Osvaldo Bermúdez e na Escola Nacional de Circo de Cuba. Fundou a compahia de circo novo La Trup em 1993 e, desde 1998, dirige sua própria companhia, a La Arena. É professor e dirige, desde a fundação em 1994, a Escola de Circo La Arena. Teve espetáculos encenados na Espanha, México, Peru, Venezuela, Equador, Colômbia, Estados Unidos, Brasil, França e China. Foi diretor do CCPAC – Centro de Creación y Perfeccionamiento en Artes Circenses (2009 a 2011) e do CACU – Centro de Artes Circenses y Urbanas (2010 a 2013). Desde 2009, dirige a área de artes do circo da Universidad Nacional de San Martín.

JESICA LOURDES ORELLANA

Graduada em teatro e doutora em artes pela UNC – Universidad Nacional de Córdoba, é docente da cátedra de Pesquisa em Artes Teatrais e Poéticas da UPC – Universidad Provincial de Córdoba. Em sua pesquisa, especializou-se em interdisciplina, circo e arte popular, e atualmente é membro do grupo de pesquisa "Poder, práticas políticas e educacionais" da UNC. É autora de publicações sobre criação cênica e circo. Dramaturga, atriz e diretora, ganhou prêmios regionais em Córdoba, além de ter participado do Festival Internacional do Mercosul e da Festa Regional de Teatro do Instituto Nacional de Teatro.

LAURA MOGLIANI

Bacharel em artes combinadas e doutora em história e teoria das artes pela Universidad de Buenos Aires, onde também é docente. Leciona e coordena pesquisa sobre história do circo na Universidad Nacional de Tres de Febrero. É responsável pelo Fundo Jacobo de Diego, do Arquivo Documental do INET – Instituto Nacional de Estudos Teatrais. Foi professora na Andamio 90 – Educação Superior em Teatro, no IUNA – Instituto Universitario Nacional de las Artes e na UCES – Universidad de Ciencias Empresariales y Sociales. Coordena e participa de grupos de pesquisa em diversas instituições, incluindo o Getea – Grupo de Estudos Teatrais da Argentina e da América Latina.

MARIANA LUCÍA SÁEZ

Possui graduação em antropologia pela UNLP – Universidad Nacional de La Plata e doutorado em antropologia pela Universidad de Buenos Aires. É membro do Grupo de Estudos do Corpo e do Centro Interdisciplinar de Educação Corporal e Sociedade do Conicet – Consejo Nacional de Investigaciones Científicas y Técnicas do governo argentino, no qual tem participado de diversos projetos de pesquisa, em especial nas áreas de antropologia do corpo e de artes cênicas e performativas. Atualmente é bolsista de pós-doutorado no Conicet e docente na UNLP. Também é bailarina e professora de dança clássica e contemporânea.

PABLO TENDELA

Trabalha como artista de rua desde 1996. Como artista de variedades, apropriou-se de artes como teatro, música e circo de forma autodidata. Desde 2000, tem produção constante como intérprete e diretor de teatro e circo nas cidades de Rosário, Barcelona e Paris. Em projetos solo ou coletivos (Los Hnos. Boloño, Collectif TFT, Le Poulet Pendu e outros), excursionou por grande parte da Argentina e diversos países da Europa. Desde 2001, é docente de circo na EMAU – Escuela Municipal de Artes Urbanas de Rosario e, desde 2008, lá é também coordenador pedagógico da formação em intérprete das artes do circo. Em 2015, formou-se em direção teatral na Escola Provincial de Teatro e Marionetes de Rosário.

TOMAS SOKO

Estudou teatro, dança, circo (malabares) e yoga. Formado pela escola Circo La Arena (Argentina) e pelo Centre des Arts du Cirque Le Lido (França). Faz parte do Proyecto Migra, cooperativa e centro cultural itinerante com várias linhas de atuação, espetáculos voltados a diferentes faixas etárias e residência de criação para artistas circenses. Também coproduz, com o Teatro Galpón de Guevara, o Festival Internacional de Circo Independente (FICI), que já conta com sete edições.

BRASIL

DANIEL DE CARVALHO LOPES

Doutorando pela Faculdade de Educação da USP – Universidade de São Paulo e mestre em artes cênicas pela Unesp – Universidade Estadual Paulista "Júlio de Mesquita Filho". Licenciado pela Faculdade de Educação Física da Unicamp – Universidade Estadual de Campinas e integrante do Grupo de Estudo e Pesquisa das Artes Circenses (Circus – FEF/Unicamp). Coordenador do website www.circonteudo.com.br, juntamente com Erminia Silva, e educador de circo social na ICA – Instituição de Incentivo à Criança e ao Adolescente de Mogi Mirim. Publicou os livros *Construção de malabares passo a passo* (2016) e *Circos e palhaços no Rio de Janeiro: império* (2015), em coautoria com Erminia Silva.

ERMINIA SILVA

Integrante de quarta geração de artistas circenses no Brasil. Tem mestrado e doutorado em história pela Unicamp - Universidade Estadual de Campinas, onde é líder do grupo de pesquisa Circus da Faculdade de Educação Física, junto com Marco Antonio C. Bortoleto. É organizadora do site www.circonteudo.com.br, junto com Daniel de Carvalho Lopes. Publicou os livros *Circo-teatro: Benjamim de Oliveira e a teatralidade circense no Brasil* (2007), *Respeitável público... O circo em cena* (2009) com Luís Alberto de Abreu, e *Circos e palhaços no Rio de Janeiro: império* (2015) com Daniel de Carvalho Lopes. Organizou o livro *Circo: horizontes educativos* (2016) com Marco Antonio C. Bortoleto e Teresa Ontañón Barragán.

FABIO DAL GALLO

Docente da Escola de Teatro, do Programa de Pós-Graduação em Artes Cênicas e do Mestrado Profissional em Artes da Universidade Federal da Bahia. Possui graduação e mestrado pela Alma Mater Studiorum da Universidade de Bolonha (Itália) e doutorado em Artes Cênicas pela Universidade Federal da Bahia. Cursou pós-doutorado na Universidade de Pádua (Itália). Tem experiência nas áreas de teatro na educação e de processos educacionais em artes cênicas com ênfase em circo, teatro de rua e teatro em comunidades. Atua como malabarista, equilibrista, palhaço, diretor e ensaiador circense.

FERNANDA VILELA

Atua cultivando relações humanas, produtivas e criativas em gestão e produção cultural, acompanhamento de artistas, circulação nacional e internacional de espetáculos, intercâmbio cultural e artístico, articulações para o bem e redes de afeto. Formou-se em Mediação Cultural na Universidade Sorbonne-Nouvelle e no master Cooperação Artística Internacional na Universidade Paris VIII. No Brasil, fundou a empresa Equilibre – Produção Cultural Orgânica, e hoje elabora e executa projetos de diferentes perfis através de prêmios e editais de âmbito municipal, estadual, federal e internacional. É integrante do Movimento Circo Diverso e uma das idealizadoras do Circo Futuro.

MARCO ANTONIO COELHO BORTOLETO

Da área de educação física, é licenciado pela Universidade Metodista de Piracicaba (1997), mestre pela Unicamp – Universidade Estadual de Campinas (2000), doutor pelo INEFC da Universidade de Lleida, na Espanha (2004), e livre docente pela Unicamp (2016), onde é professor associado. Realizou pós-doutorado na Universidade de Lisboa (2011) e na University of Manitoba, Canadá (2018). Professor visitante na Universidad la Coruña, Espanha (2011), e na Universidad de La Plata, Argentina (2017). Professor de acrobacia na Escola de Circo de Barcelona (2001-2005). Membro do Comitê Ginástica para Todos (2012-2020) e da Comissão de Educação da Federação Internacional de Ginástica (2017-20).

MARIA CAROLINA VASCONCELOS OLIVEIRA

Artista circense, pesquisadora e professora. Mestre e doutora em sociologia pela Universidade de São Paulo, atuando nas áreas de cultura e arte, e pós-doutoranda no Instituto de Artes da Unesp. Atuou como docente em instituições como o Centro Universitário Senac SP e a Escola de Sociologia e Política de São Paulo. Como arte-educadora, vem orientando oficinas no Centro Cultural da Juventude, em São Paulo. Fundadora e integrante do Núcleo Desastre e orientadora de práticas artístico-pedagógicas, como o ateliê corpo-objeto em suspensão, destinado à experimentação de poéticas e dramaturgias para a movimentação aérea.

RAFAEL DE PAULA

Nascido em 1984, conheceu o circo aos 21 anos, tendo estudado quatro anos na Escola Popular do Circo de Belo Horizonte. Aos 25 anos, deu continuidade a sua formação no National Center for Circus Arts (França), onde estudou por três anos e estreou o espectáculo *This is the end*, dirigido por David Bobée. Em 2012, criou a Compagnie du Chaos, de circo contemporâneo, especializada na técnica circense, dança e arte digital, onde criou os espetáculos *Vigilia* (2014) e *Nebula* (2016). Também criou o solo *Nonada* (2017) e *Ikueman* (2019) explorando os limites coreográficos e dramatúrgicos da técnica do bastão chinês. Ministrou *workshops* na França, Alemanha, Itália e Portugal para públicos diversificados.

ROBSON MOL

Produtor, gestor e pesquisador da área de circo. Criou a Cadena Produções, produtora dedicada a companhias, eventos e projetos culturais circenses. Coordenador do Circo Picolino, escola de circo com 36 anos, a mais antiga do Nordeste e terceira do Brasil; e do Espaço Cultural Casa Rosada, instituição voltada a dança, teatro, circo, cinema, música, artes visuais e literatura. Membro fundador, diretor e artista da Trupeniquim Cia. de Circo. Ex-membro da Comissão Nacional de Incentivo à Cultura (2015 a 2016), do Conselho Nacional de Política

Cultural/Colegiado Nacional do Circo (2013 a 2016) e do Colegiado Setorial de Circo da Bahia (2013 a 2016). Membro e fundador do Fórum das Artes da Bahia.

RODRIGO MATHEUS

Formado pelo Circo Escola Picadeiro (1986 a 1988) e Fool Time Circus School – Inglaterra (1989 a 1990). Ator desde 1978, diretor de espetáculos circenses e professor de circo e teatro licenciado pela FPA - Faculdade Paulista de Artes (2008). Mestre em artes pela Unesp – Universidade Estadual Paulista "Júlio de Mesquita Filho" (2016). Fundador e diretor do Circo Mínimo (1988), do Cefac – Centro de Formação Profissional em Artes Circenses (2003 a 2011) e da Central do Circo (1999 a 2004). Apresentou-se em diversos países, deu aulas na Inglaterra, Austrália, Nova Zelândia e em vários estados brasileiros para a Funarte, Escola Livre de Teatro, Escola Nacional de Circo-RJ e Ballet da Cidade de São Paulo, entre outras.

VERÔNICA TAMAOKI

Equilibrista e malabarista, gradou-se em artes circenses (1982) pela Academia Piolin de Artes Circenses. Fundou, com Anselmo Serrat, a Escola Picolino de Artes do Circo (Bahia) em 1985. Participou de diversas montagens do Teatro Oficina como atriz e diretora de cena. É autora dos livros *Fantasma do circo* (1999), *Centro de memória do circo* (2017) e *Circo Nerino* (2004), resultante de pesquisa e exposições em parceria com Roger Avanzi, o palhaço Picolino. Curadora da exposição *Largo do Paissandu, onde o circo se encontra* (2008) e da ala de circo da exposição *Brasil de Pierre Verger* (2006). Em 2008, iniciou o processo de implantação do Centro de Memória do Circo da Prefeitura Municipal de São Paulo.

CHILE

ALEJANDRA JIMENEZ CASTRO

Tem formação em artes cênicas, é graduada em pedagogia teatral pela Universidad Católica e em gestão e administração de organizações sem fins lucrativos pela Unab – Universidad Andrés Bello. É mestre em gestão cultural pela Universidad de Chile. É fundadora e diretora executiva da ONG El Circo del Mundo (Chile), escola de artes circenses e projeto de circo social, desde 1995.

MACARENA SIMONETTI

Bacharel em ciências sociais e humanas, licenciada em antropologia, graduada em fotografia pela Universidad de Chile e pós-graduada em gestão cultural. Desde 2000, é produtora e gestora de companhias de teatro e dança. Desde 2004, produz companhias de circo novo, que têm participado de festivais e residências na Europa e América Latina. Participa da plataforma Agrupación Circo Chile, da gestão das Convenciones Nacionales de Circo y Arte Callejero e, desde 2010, realiza o Festival Charivari, La Fiesta del Circo. Foi coordenadora da área de artes circenses do Conselho Nacional de Cultura e Artes (2011 a 2015). Dedica-se à pesquisa, ao ensino, a encontros e simpósios no Chile e no exterior.

FRANÇA

JEAN-MICHEL QUY
Engenheiro e pesquisador do Ministério da Cultura e Comunicação da França, onde conduziu estudos sociológicos sobre o público de teatro, dança e circo. É autor de livros e artigos sobre circo em revistas especializadas. Co-roteirizou o filme *Un rêve de cirque* (2002), e co-concebeu os DVDs *Esthétiques du cirque contemporain* (2007) e *Le nuancier du cirque* (2010). Leciona análise crítica na École Nationale des Arts du Cirque e dramaturgia circense no Centre National des Arts du Cirque e na École Supérieure des Arts du Cirque de Bruxelles. É co-fundador da companhia La Scabreuse, consultor e conferencista. Foi presidente do júri do programa Jeunes Talents Cirque e é jurado do European Circus Next.

URUGUAI

VIRGINIA ALONSO SOSA
Criadora, pesquisadora e professora na área circense, além autora de diversas publicações e artigos sobre o tema. Cofundadora do El Picadero, espaço dedicado ao ensino e criação circense em Montevidéu. Co-organizadora do 1º Festival Internacional de Circo do Uruguai. Professora de educação física e mestre em ciências humanas pela Universidad de la República (Uruguai), onde também é professora adjunta no Instituto Superior de Educação Física e líder do grupo de pesquisa "Estudos sobre educação do corpo, técnica e estética". Doutoranda em educação na UNLP – Universidade Nacional de La Plata (Argentina).

Fontes Piazzolla, Museo Moderno
Papel Pólen Natural 70 g/m²
Impressão Ogra Indústria Gráfica Ltda
Data Fevereiro de 2023